近代晚期粤东客音研究

田志军 著

中国社会科学出版社

图书在版编目（CIP）数据

近代晚期粤东客音研究/田志军著．—北京：中国社会科学出版社，2015.12
ISBN 978-7-5161-7372-5

Ⅰ.①近… Ⅱ.①田… Ⅲ.①客家话—研究—广东省—近代 Ⅳ.①H176

中国版本图书馆 CIP 数据核字（2015）第 313160 号

出 版 人	赵剑英
选题策划	刘　艳
责任编辑	刘　艳
责任校对	陈　晨
责任印制	戴　宽

出　　版	中国社会科学出版社
社　　址	北京鼓楼西大街甲 158 号
邮　　编	100720
网　　址	http://www.csspw.cn
发 行 部	010-84083685
门 市 部	010-84029450
经　　销	新华书店及其他书店
印　　刷	北京明恒达印务有限公司
装　　订	廊坊市广阳区广增装订厂
版　　次	2015 年 12 月第 1 版
印　　次	2015 年 12 月第 1 次印刷
开　　本	710×1000　1/16
印　　张	23
插　　页	2
字　　数	393 千字
定　　价	86.00 元

凡购买中国社会科学出版社图书，如有质量问题请与本社营销中心联系调换
电话：010-84083683
版权所有　侵权必究

历史文献比较研究的有益尝试

——序田志军《近代晚期粤东客音研究》

刘晓南

（复旦大学古籍研究所教授、博士生导师）

自从上世纪初瑞典汉学家高本汉通过排比汉语方言语音、比较异同、来拟测中古音的音值取得巨大成功以来，十九世纪曾是西方显学的历史语言学，一反其原生地逐渐式微的颓势，在世界的东方开拓出一片广阔天地。二十世纪以来在汉语语音史研究领域，无论是通语史还是方言史，排比现代方音、比较内部差异以推测其历史语音的"高本汉模式"，逐渐成为考求或构拟历史音韵的重要的、甚至几乎是唯一的方法。当然，丰富多彩的现代方言，犹如一座储量之大无法计量的矿床，可以给历史语音的比较研究源源不绝地提供各种原材料，这种方法作为支撑汉语语音史宏大构架的强大基石也是当之无愧的。相较之下，同样蕴藏丰富的历史文献语言，在这个号称为"历史"的比较研究大潮中则相对冷落。一谈历史比较，势必现代方言，似乎成为围棋策略的"金角银边"定式，牢不可破了。

我想问，历史文献所记的语言，同样来自它所在的时代，也是当时口语或方言的实录，在研究它所在时代的语音的过程中，为何遭此冷遇？无论是再弹汉字不表音之类的陈辞滥调，还是认定文献语言过于封闭呆板、缺乏生气，还是指责文献脱离口语，不论怎么说，我还是想问：我们对文献语言到底了解多少？我想，汗牛充栋的汉语文献能不能作为历史比较的原材料，这不应该是一个理论问题。坐而空谈，不如试作践行。需要的是精力财力的投入与扎实细致的调查，开掘文献资源，作出新的研究。田志军《近代晚期粤东客音研究》（下简称田著）就是这样一部立足于扎实的文献调查，获取了丰富的历史方言语料，经过细致缜密的考证和构拟，求得若干个约两百年前粤东客家方言点的音系，再通过对这些由历史文献考得音系的比较研究，构建了近代粤东客方言音系的新著。这个音系，堪称汉语语音史上第一个来自历史文献比较研究的历史方言音系，毫无疑问是语音史研究中运用文献语料进行比较研究的有益尝试。我认为这是大家应该肯定的。

我们都知道，客家人是华夏大家庭中一个充满传奇的民系，历史上曾经聚族辗转而迁故被名为客，客家话也因此而成为汉语中唯一不以地名称呼的方言。她伴随客家先民的足迹，犹如点点繁星，散落在南方与沿海诸多省份，甚至远播海外。她在我国南方"安家立业"的历史并不久远，但词汇之典雅、语音之古朴，无一不显示她的与生俱来、深入骨髓的古老华夏文化印记，使她本身也一如辗转迁徙的客家人一样充满了神奇。其来源如何，早期的状况如何，系属如何，历史上曾经有哪些变化等等问题，不但饶有趣味，而且是汉语史研究中不可或缺的一环。为了探讨客家方言语音的历史，逐渐补上汉语史这一重要缺环，作为客家的一员，青年语言学者田志军同志就是带着这样一份厚重的期待，满怀对母语的崇敬，投入客家方言历史的研究。

田著的研究仍然从调查开始。与通常仅作田野调查不同，志军双管齐下，即在对现代客方言进行田野调查的同时，下大力气深入历史文献领域，调查发掘自鸦片战争以来，西方传教士所作的客家方言的系列文献。然而这种调查的困难比起当代客家方言的田野调查有过之而无不及。这些文献都是一些特殊人物、在一个特定的时代、为一个特定的目的而制作的，虽然初刊行时数量颇丰、区域内传播亦颇广，但时过境迁，风光难再。不但未能重版，而且大陆本土几乎没有收藏，仅存的少数本子都藏于境外、国外。志军克服经费、时间的不足，通过各种途径，终于收集到藏于香港、德国、美国、澳大利亚等国家和地区的诸多文本，从中选取可以确认是出于粤东地区的罗马字记音客家方言语料，作为近二百年前粤东客家方音的原始语料。有下列四种：

一是新安罗马字《新约》，包括《马太福音》1866年修订版、《路加福音》1866年版、《马可福音》1874年版、《使徒行传》1874年版和1879年版的《约翰福音》。

二是五经富罗马字《新约全书》，此书由中国牧师彭启峰编译，玛坚绣（M. C. Mackenzie）等牧师审订，1916年初版，1924年修订。

三是《客英词典》，1905年初版，英国长老会纪多纳（Rev. Donald MacIver）、玛坚绣著，上海美华书局印刷出版，正文1216页。

四是《客法词典》，巴黎外方传教会的赖嘉禄（Charles Rey 1866—1943）神父著，初版于1901年，增订版1926年由香港巴黎外方传教会那匝勒（Nazarath）印书馆再版，正文达1441页，篇幅超过了纪多纳、玛坚绣的《客英词典》。

我之所以不厌其烦地列出四个文献的相关信息，一是表彰材料收集之艰辛，二是借此展示近代客方言文献材料之丰富，以鼓舞有志于语音史的历史比较研究的同道对文献语料的信心。四种文献累计近4000页，全是用西方拼音文字所记写的二百年前客家方言语音。这是多么宏大的一个客方言历史语音宝库，这是多么宝贵的一笔文化遗产！

做好语料收集固然艰苦备尝，而为了论证四个文献的"基础方音"而考证译写者、编著者的生平经历同样困难重重，因为正统的史籍对那个时代的教会人物尤其是编译人员很少留下详细的纪载。为了考证上述资料编者背景及生平，获取语料的必要资讯，志军深入粤东地区，查检地方文献，考证三个近代外国在华教会的背景，走村串户，现场取证，访问乡野，追踪前人，探故神父之墓穴，过前教民之旧庐，终于查清了几种文献的真正编著者，堪称重要发现，首次揭示西方传教士所刊印之拼音文字方言读物中多有中国教众之贡献，确认四种粤东客话语料中，五经富客话《新约全书》出于中国牧师彭启峰之手，其他几种文献也有中国学者的参与。扫清了迷雾，确定了语料的准确可靠，犹如茫茫大海出现了灯塔，给确定语料的基础方音指明了方向。根据从事编译的中国牧师或辅助外国神父的中国学者的生平籍贯、所操母语，初步判定四种材料分别属于粤东新安（今深圳香港）、五经富（今揭西县）以及嘉应州（今梅州市）等地方音。看到这，我不禁想起了陆游的"尔欲学作诗，功夫在诗外"诗句，找书，考查作者里籍，好象不是做语言学，但它确实是做好语言学的"学外"的必备功夫。

四个方言文献的成功获取与确认，为实现近代粤东客音史的战略构想提供了有力保障。基础已打牢，下面的工作虽然仍然艰巨，但已经可以依计划、按程序而行动了。首先进行罗马拼音文字与汉字的对应识读，提取本字，获得罗马字记音的客家方言字音达12026个。再切分音节之音素，归纳音类,确认声、韵、调系统。再与香港深圳、揭西县五经富镇以及梅县等现代 9 个粤东客家方言点的语音进行内部差异的比较,构拟音值,结合文献编者的里籍,与各点对比异同,首次获得四个约二百年前粤东客家方言音系,并确立了其所代表的方言点:一是新安罗马字《新约》所记录的香港深圳客家音系,二是五经富罗马字《新约》所记录揭西客家音系,三是《客英词典》所记录的五华客家音系,四是《客法词典》所记录的梅县客家音系。四个音系大同小异:声调都是 6 个,声母则《客法词典》21 个、《客英词典》与新安《新约》23 个、五经富《新约》24 个;韵母则新安《新约》51 个、五经富《新约》49 个、《客英词典》51 个、《客法词典》65 个。

有了准确的时空定位之后,再来看四个音系的大同与小异,其价值充分显现,大同则同属于约二百年前的粤东地区范围内的客家方言,小异则各自又有因分布空间不同而产生内部差异。正如赵元任所说"原则上大概地理上看得见的差别往往也代表历史演变上的阶段。所以横里头的差别往往就代表竖里头的差别"(《语言问题》,商务印书馆 1980 年版,第 104 页)。四个音系表现的空间差异(横里头的差别)应当就是从时间上的演变发展而来。故此结合历史考证的结果,以空间分布显示的内部差异作为主要特征,进一步作历史上共时层面的比较,拟测它们的共同来源,由此得到所谓早期粤东客家方言音系:声母 23 个,韵母 53 个(其中阴声韵 18 个、阳声韵 18 个、入声韵 17 个),声调 6 个。

至此,由早期粤东客家音系到二百年前的四个粤东方音音系再到现代粤东客家方言,一条由三个环节构成的粤东地区客家方言语音的发展链条初步成形。链条显示,从早期粤东客音到二百年前左右发生了一次分化,再经过约二百年的演变终成为现代粤东诸客家方言的格局。尤为可信的是关于粤东客话近二百年来的变化,这是立足于文献实体的全面记载、纵向与现代语音比较、疏理出来的一系列时空明确的音变条例,如:圆唇化舌根声母消失;精庄知₂、知₃章分立格局瓦解,齿音合流;明微泥日疑等次浊声母变读全浊;六元音格局变动;舌尖元音产生;蟹、山摄二等出现介音,山摄三等介音消失;山摄三四等主元音低化;声调浊去变上等等。其中每一条演变规律都论据充分、信而有征,近二百年来在粤东地区客家语音究竟发生了一些什么变化,至此有了明确的述说。这对于客家方言史乃至于汉语史的研究都是很有意义的。虽然我们早就看到,利用传教士文献或其他文献考察某一个近代方言音系,在吴语、闽语、粤语甚至于客家等方言史研究中早已有不少成果,"莫道君行早,更有早行人",但田著的意义就在于将历史文献与现代方言有机的结合的基础之上,成功地进行了一次历史平面上的共时比较。我们通过田著,看到了在现代历史语言学的语音史、方音史论著中罕见的对历史文献进行的历史比较研究,这无疑是历史比较法的一次有意义的拓展与补充,它将有力地扩大历史比较研究的范围,充实和丰富历史比较的内容,推动历史语言学中汉语史研究的理论与方法,终将有利于构建中国特色的语言学理论。

最后,似乎还有一个疑惑,田著使用的文献语料属于拼音文字的方言记音,与汉字记录的文献是否不同?以西方拼音文字实录当时方言语音,是不是高于汉字文献的价值?

客观地说,拼音文字的表音功能确要强于汉字,但也不必作过高的估计,因为采用历史上不同系列的拼音文字书写的方音语料,终究不是统一的万国音标式的准确记录。这也是迄今为止,无论哪种拼音文字记的历史语料,都必须进行声母、韵母和声调的考证和确认,都必须根据内证外证,构拟其音值的原因。不但这些要做的工作与汉字文献一样,而且研究结论也常常存在歧异或不同的理解,如《西儒耳目资》即是如此,虽然研究成果众多,可是至今仍有分歧。可见,虽然拼音文字文献有侧重于记音的优点,但通过它们进行的历史方音研究工作在程序上与用汉字文献研究要做的工作几乎完全一样。

至于实录当时方音,汉字文献也从不缺乏。鲁迅《门外文谈》说"当时的口语的摘要,是古人的文;古代的口语的摘要,是后人的古文",即算是《尚书》那样诘屈聱牙,在当时也是"用民间之通语"记写(宋人陈骙《文则》语)。林语堂说"语言不但有时间上的不同,而且有地理上空间上的不同,在文言未结晶标准语未成立时期,一切的稿本都含着方音性质。时代愈古,方音的成分愈多。"至于古代的语言学家,虽然重文言,但也不乏重视口语方言,不要说扬雄连续27年"常把三寸弱翰,赍油素四尺,以问其异语,归即以铅摘次之于椠",也不说南北朝时"锋出"的"各有土风"的韵书,且看明代的音韵学家徐孝在编制《合并字学篇韵便览》的等韵图时是如何做的:"今复重订。于万历三十年正月初三日起,至二月二十五日止,查录过有形等韵一千四百九十音,无形等韵一千七百二十六音,共三千二百一十六音。"花一个多月的时间,核查旧等韵的有形与无形,这难道不是一次方言语音的系统调查与核实?

　　文献,只要将口语写成文字就是文献,古人的口语记录或摘要是文献,今天方言调查报告,明天就是文献。所以,中国古代韵书是文献,二百年前传教士所作方言读物(土白圣经、字典词典、课本等等)是文献,赵元任上世纪二十年代记录的南京音系,现在就已经成为一百年前的南京话文献。文献跟口语绝不是互不关联的对立物,恰恰相反,文献与口语相辅相成,是口语的流动的声音形象向稳定的视觉形象的转换,是口语的时间和空间的延展,更是口语历史状态的保留。在历史语言学的比较研究中不但不应当排斥文献语言,而且应当积极发掘,与口语共同展开研究,以取得历史语言学的全面科学构建。这恐怕是田著能给我们的又一点启示吧。

2015 年 4 月 19 日于复旦光华楼

目 录

第一章 引言 ·· (1)
  第一节 粤东客话的地位及其研究综述 ······················ (1)
  第二节 西方教会与粤东客家方言 ··························· (15)
  第三节 粤东教会客话文献研究及相关问题 ················ (41)
  第四节 研究的方法、思路、步骤 ··························· (59)

第二章 声母系统 ·· (73)
  第一节 声类及其拟音 ·· (73)
  第二节 声母内部差异 ·· (130)
  第三节 声母系统及特点 ····································· (135)

第三章 韵母系统 ·· (151)
  第一节 韵类及其拟音 ·· (151)
  第二节 韵母内部差异 ·· (220)
  第三节 韵母系统及特点 ····································· (229)

第四章 声调系统 ·· (246)
  第一节 调类及其拟测 ·· (246)
  第二节 声调内部差异 ·· (261)
  第三节 声调系统及特点 ····································· (262)

第五章 近二百年粤东客音演变 ···························· (270)
  第一节 基础方音 ·· (270)
  第二节 声母演变 ·· (273)

第三节　韵母演变 …………………………………………（289）
第四节　声调演变 …………………………………………（311）

结语 ……………………………………………………………（316）
附录一　发音合作人情况 ……………………………………（319）
附录二　晚近粤东客话音系 …………………………………（320）
附录三　现代粤东客话音系 …………………………………（328）
参考文献 ………………………………………………………（343）

后记 ……………………………………………………………（355）

第一章 引言

第一节 粤东客话的地位及其研究综述

一 粤东客话的特殊地位

（一）粤东概况①

粤东系指广东省东部地区，东接闽西、闽南，北交赣南、粤北，西接粤北、粤中。通常包括今梅州、惠州、汕头、汕尾、潮州、揭阳六个地级市，此为狭义的粤东。从广义上来说，珠江口以东的地方均可称粤东，因此东莞市、深圳市和香港特别行政区②也计算在内，这一地区主要由广梅汕铁路连接。本书所指称的粤东即指广义的粤东，大部分即所谓"岭外三州之地"，对应于清行政区划之嘉应州、惠州府、潮州府一州二府旧地。

因行政区划变化，今分出较多区域，为便于举称，我们还是按照旧一州二府的区划来分别叙述。

1. 嘉应州

即今梅州市，位于广东省东北部。梅州全境处于东经115°18′至116°56′、北纬23°23′至24°56′之间。东北邻福建省的武平、上杭、永定、平和四县，西北接江西省寻乌县，西面连广东省河源市的龙川、紫金县，西南、南面与汕尾市的陆河县、揭阳市的揭东县、揭西县相接，东南面和潮州市的潮安县、饶平县相连。最大的盆地是兴宁盆地，面积约350平方公里。梅州地处五岭山脉以南，全市总面积为15899.62平方公里，85%左右为海拔500米以下的丘陵山地。2008年户籍人口

---

① 粤东概况参考了粤东各相关市县地方志，文后参考文献均予以载明。
② 今东莞、深圳、香港原为广州府属地，但因靠近惠州府，当年传教士将这一带的客家方言视为惠州客话。本书为讨论方便，亦袭用这一做法，特此说明。

505.28万人。

民国元年（1912）由嘉应州改为梅县。1988年梅州市升格为地级市，现辖梅江区、兴宁市、五华、丰顺、大埔、平远、蕉岭、梅县计一区一市六县。梅州市除丰顺县小部分地区讲潮汕闽方言外，其余均为客家方言地域。梅州市地处闽、粤、赣三省交界处，与赣南、闽西客家方言地域连成一片，均讲客家方言，被世人视为客家大本营，今梅州市区（原梅县中心区域）也被尊为世界客都。

本书所采用的巴黎外方传教会历史语料所涉的地域为今梅州市梅江区和梅县。梅县地处东经115°47′至116°33′、北纬23°55′至24°28′之间，在广东省东北部，梅州市中东部，东北与福建上杭、永定县接壤，东西宽70公里，南北长110公里，地处闽、粤、赣三省要冲。总面积约2000平方公里，辖18个镇，2007年全县总人口61万人。

（1）梅县地理概况。梅县是山区县。境内山峦起伏，西北部有武夷山系延伸而下的项山山脉，形成一道天然屏障；东部、南部有莲花山系的阴那山脉，使县境与丰顺、大埔两县分隔。这两列山脉均为东北—西南走向。全县地势四周高中间低，自西南向东北倾斜。地形分为三个类型，即河谷盆地、丘陵、山地，向有"八山一水一分田"之说。有海拔千米山峰23座，明山嶂的银窿顶海拔1357米，为梅县最高山峰。大小河流43条，属韩江水系。主干流梅江，流经县境约75公里，于大埔县三河坝流入韩江。

（2）梅县历史沿革。梅县始建于南朝齐（479—502），时称程乡县，析海阳县置。南汉乾和三年（945）于程乡设敬州，领程乡一县。北宋开宝四年（971）改称梅州。明代撤梅州复设程乡县。清雍正十一年（1733）升为直隶嘉应州。民国元年（1912）撤州改设梅县。中华人民共和国成立后仍称梅县，1983年改设梅县市，1988年撤市分置梅县和梅州市梅江区。2007年底，梅县下辖18个镇和1个城区办事处、1个高新技术产业园区管理委员会，382个村委会和37个居委会。

西晋末年，中原汉人渡江南徙，有一部分后来辗转至粤闽赣三角地带。唐代梅地仍主为畲瑶，客为汉。北宋大量汉人自赣、闽迁来，人口大增。宋末元初（1276），元兵南进，两攻梅州，蔡蒙吉、文天祥率众抵抗失败，元纵兵屠杀，人口锐减。明清两代，原闽西、赣南汉族，陆续迁来，人口逐次增加，成为纯客住县，此后县内居民绝大部分是操客家方言的汉族。

2. 潮州府

潮州府沿革变易较大，今析为潮州、汕头、揭阳、汕尾四个地级市，习惯上统称为潮汕地区。这一地区行用潮汕闽方言、客家方言。闽客方言之间相互影响，有所谓"半山客"现象。本书所用的英国长老会历史语料所涉的具体地域为原西方在华教会习称的五经富（Wukingfu）地区，实际上是指潮汕客属地区。五经富是原揭阳县的一个乡镇，今属揭西县。但过去所称五经富地区从语言地理角度来看，也可能实际涵盖今揭西、揭东、陆河等县连成一片的客家地域。

（1）揭西地理概况。揭西县在东经115°36′至116°11′、北纬23°18′至23°41′之间，北回归线横贯县境。地处广东省东部，位于莲花山支脉大北山南麓，潮汕平原的西部，榕江南河的中上游，东连揭阳，南邻普宁，西接陆河，北与五华、丰顺接壤。揭西是潮汕的一个山区县，境内群山连绵，山高谷深，交通闭塞。县境东西长59.47公里，南北宽约41.2公里，总面积1365平方公里。全县辖20个乡镇，总人口89.23万人，旅居海外侨胞、港澳台同胞约54.6万人。

（2）揭西历史沿革。揭西是一个年轻的县份。1965年7月经国务院批准，由揭阳县划出12个公社和1个镇，陆丰县划出五云、上砂2个公社建立揭西县，因在揭阳之西而得名，县政府设在河婆镇。1975年又从普宁县划入贡山、湖西等四乡。

揭西县主要地域原属揭阳。秦汉三国属南海郡。东晋成帝咸和六年（331）属东官郡。东晋安帝义熙九年（413）属义安郡之海阳县。宋、齐、梁、陈建制不变。隋文帝开皇十一年（591）属潮州。唐代因袭之。北宋徽宗宣和三年（1121），揭西地域隶属潮州辖之揭阳县。南宋高宗绍兴二年（1132）并入海阳，绍兴八年（1138）复建揭阳县，均仍隶属潮州。元惠宗至元十六年（1350）属潮州路。明太祖洪武二年（1369）属潮州府。清沿明制，仍属潮州府。民国三年（1914），揭西主要地域隶属广东潮循道辖之揭阳县。

揭西县通行客家话和潮州话（属闽方言）。本县上砂、下砂、五云（以上三个乡原属陆丰县地）、西田、良田、坪上、河婆、龙潭、南山、灰寨、京溪园、五经富、大洋等乡镇操客家话，这些乡镇均在县城河婆镇以北，约占全县人口的56%。大溪、钱坑、金和、塔头、凤江、棉湖、东园等乡镇在县城河婆镇以南，均使用潮州话，约占全县人口的44%。①

根据揭西客属地域几个大姓如河婆张氏、蔡氏、黄氏，五经富镇曾氏，五云彭氏、庄氏，龙潭刘氏的族谱记载，各姓大体都在元末明初自嘉应诸县迁来开基。

3. 惠州府（原广州府东莞县、新安县一并讨论）

这一地域沿革变易也较大，今析为惠州市、东莞市、深圳市、香港特别行政区，行用粤方言、客家方言、闽方言。

本书采用的巴色会历史语料所涉的具体地域为原新安县，即今深圳市、香港特别行政区及东莞市部分地域。因历史原因，香港与大陆曾分开多年，下面分别予以介绍。

（1）深圳地理概况。深圳是中国南部海滨城市，位于北回归线以南，东经113°46′至114°37′、北纬22°27′至22°52′之间。地处广东省南部，东临大亚湾和大鹏湾，西濒珠江口和伶仃洋，南边深圳河与香港新界相连，北部与东莞、惠州两城市接壤。深圳市行政辖区内土地总面积1952.84平方公里，海域面积1145平方公里，有大、小岛屿24个。深圳全境地势东南高，西北低。地形大部分为低山、平缓台地和阶地丘陵。西部为滨海平原，平原占陆地面积的22.1%。梧桐山、七娘山、羊台山、大南山等山脉绵延，最高山峰为梧桐山，海拔943.7米。全市较大的河流有深圳河、茅洲河、龙岗河、观澜河和坪山河等。

（2）深圳历史沿革。1979年3月，原宝安县改为深圳市，同年11月改为省辖市。1980年深圳经济特区成立，并恢复宝安县建制。1988年国务院批准深圳市为计划单列市，赋予其相当省一级的经济管理权限。1993年，撤宝安县建制改为深圳市属的宝安、龙岗两区。1997年10月，国务院批准深圳市增设盐田区，至此全市共辖6个区：特区内4个区，即福田区、罗湖区、南山区、盐田区；特区外两个区，即宝安、龙岗。2003年，原为特区外的宝安、龙岗两区也转为城区。

深圳是移民城市，人口总量逐年攀升。至2005年末，全市常住人口827.75万人。深圳原住民的文化、习俗、方言正在经受移民大潮的冲刷、荡涤。

（3）香港地理概况。香港特别行政区位于我国广东省珠江三角洲南

---

① 林伦伦：《广东揭西县方音研究》，《汕头大学学报》（人文科学版）1994年第3期。

端，处于珠江出口之东，东、南濒南海，西望澳门，北隔深圳河与广东省深圳经济特区相接，在东经113°52′至114°30′、北纬22°9′至22°37′之间。香港原属广东省宝安县，全境包括香港本岛、九龙半岛南端及新界与大屿山、昂船洲等235座大小离岛，总面积约1830平方公里。香港岛地势陡峻，太平山最高峰552米，是全岛最高山峰。北岸与九龙半岛相对；中间为维多利亚港，面积约6000公顷，是世界三个最优良天然港口之一。九龙界限街以北至深圳河以南称北九龙，英国租借后，称为新界。新界丘陵起伏，大雾山海拔957米，是全区最高山峰。在界限街以南的大陆部分，是南九龙半岛。九龙北面一带，山岭连绵，成为天然的屏障。

（4）香港历史沿革。香港自古以来就是中国的领土。1840年英国发动鸦片战争，强迫清政府于1842年签订《南京条约》，割让香港岛。1856年英法联军发动第二次鸦片战争，迫使清政府于1860年签订《北京条约》，割让九龙半岛南端即今界限街以南的地区。中日甲午战争之后，英国又逼迫清政府于1898年签订《展拓香港界址专条》，强租界限街以北、深圳河以南的九龙半岛北部大片土地以及附近230多个大小岛屿（后统称"新界"），租期99年。

今深圳、香港均属于清新安县地。秦始皇统一中国后，先后在南方建立了南海、桂林、象郡三个郡，今深圳、香港地域隶属南海郡番禺县。汉朝隶属南海郡博罗县。晋永嘉丧乱，"五胡乱华"，大量中原人民举家南迁，经江西、福建进入广东。东晋咸和六年（331）置宝安县，隶属东莞郡，就是这次移民大潮的直接结果。隋朝时隶属广州府南海郡。唐朝肃宗至德二年（757），改宝安县为东莞县。宋元之交，大批抗元部队溃败，余众大都逃到南部沿海地区避难或谋生，形成了对岭南，特别是沿海地区的又一次移民高潮。深圳沙井镇陈氏和曾氏，福田黄氏，松岗镇文氏和陈氏，谷丰镇侯氏，公明镇的陈氏、梁氏和莫氏，西乡镇的温氏和刘氏，罗湖洪氏，香港新界邓氏、文氏、廖氏、侯氏、彭氏等，据谱牒记载均为这一时期自内地迁来。内地人口的大量南迁，促使这一地区的经济、文化得到很大发展。至明朝万历元年（1573），遂析东莞县置新安县。清朝初年，为防止郑成功及明遗民在沿海进行的抗清活动，以及倭寇、海盗的骚扰，清政府在康熙元年（1662）实行大规模的"迁界"，沿海各县均内迁50里。新安县近三分之二地域为迁界范围，故撤销建制并入东莞县，将境内居民遣往他乡，一时百姓骨肉离散，颠沛流徙，"自有粤东以来，生灵之祸，莫惨于此"①。直至康熙二十三年（1684）新安县才全面复界。但土著居民大部分迁往外地已安居乐业。清政府遂自康熙至雍正年间实行免地租、送耕牛、谷物等优惠的招垦政策，吸引了大批农民自嘉应地区，甚至江西、福建等地举家迁来，涌入新安县垦荒，形成深圳、香港地区古代历史上最大的一次移民潮，其中主要是客家人。

1842年7月至1898年4月间，清政府与英国相继签订《南京条约》《北京条约》和《展拓香港界址专条》，香港岛、九龙和新界割让租借给英国。至此，原新安县三分之一土地脱离其管辖，划境分治。民国三年（1913）广东省新安县恢复旧名，又称宝安县。1979年原宝安县改为深圳市，1980年成立深圳经济特区，且恢复宝安县建制，隶属特区。1993年，宝安撤县改区，隶属深圳市。香港于1997年回归祖国，设立特别行政区。

粤东是客家民系的基本住地，与赣南、闽西连成一片。早期粤东接纳了许多来自赣南、闽西的客家先民；后来，又有大量的客家人从粤东播迁到广西、四川、江西、湖南、台湾以至海外。粤东无疑是个中转站，与全国乃至全球客属地区联系十分紧密。闽西、赣南是粤东客属的祖地，而粤东又是广东其他地区、广西、湖南、四川、台湾、海外各国各地区客属，乃至江西客籍（所谓倒流客）的祖地。

（二）粤东客话的特殊地位

1. 目前分片情况

粤东客家话大体在新编《中国语言地图集》中分属粤台片、海陆片。

---

① （清）屈大均《广东新语》第二卷《地语》之"迁海"条："粤东濒海，其民多居水乡，十里许，辄有万家之村，千家之砦。自唐、宋以来，田庐丘墓，子孙世守之勿替，鱼盐蜃蛤之利，藉为生命。岁壬寅二月，忽有迁民之令，满洲科尔坤、介山二大人者，亲行边徼，令滨海民悉徙内地五十里，以绝接济台湾之患。于是麾兵折界，期三日尽夷其地，空其人民，弃赀携累，仓卒奔逃，野处露栖。死亡载道者，以数十万计。明年癸卯，华大人来巡边界，再迁其民。其八月，伊、吕二大人复来巡界。明年甲辰三月，特大人又来巡界，遑遑然以海边为事，民未尽空为虑，皆以台湾未平故也。先是，人民被迁者以为不久即归，尚不忍舍弃骨肉。至是飘零日久，养生无计，于是父子夫妻相弃，痛哭分携，斗粟一儿，百钱一女，豪民大贾，致有不损锱铢，不烦粒米，而得人全室以归者。其丁壮者去为兵，老弱者辗转沟壑，或合家饮毒，或尽帑投河。有司视如蝼蚁，无安插之恩，亲戚视如泥沙，无周全之谊。于是八郡之民，死者又以数十万计。民既尽迁，于是毁屋庐以作长城，掘坟茔而为深堑，五里一墩，十里一台，东起大虎门，西迄防城，地方三千余里，以为大界。民有阑出咫尺者，执而诛戮，而民之以误出墙外死者，又不知几何万矣。自有粤东以来，生灵之祸，莫惨于此……"

具体情况如下①：

（1）粤台片，本片分为2个小片。

① 梅惠小片

广东省：梅州市梅江区、梅县、兴宁市、蕉岭县、大埔县、平远县、惠州市惠城区及惠阳区、惠东县、东莞市、深圳市宝安区及龙岗区。

香港：新界地区。

② 龙华小片

广东省：五华县、丰顺县、揭西县。

（2）海陆片，共3个县市。

广东省：海丰县、陆丰市、陆河县。

粤台片的主要语音特点是：都是六个调类，平声、入声分阴阳，上声、去声不分阴阳。从调值来看，阴平绝大多数是高平调，少数是高升或中升调；阳平有两类，一类是低平或低降调，另一类是升调；上声是低降调，去声是高降调；入声是阴入调值低，阳入调值高。根据今阳平调的调值，本片分为2个小片，其中梅惠小片阳平调是一个低平调或低降调；而龙华小片阳平调是一个升调，是为两小片各自之特点。

海陆片方言以闽语为主，客家话只占少部分。本片客家方言的主要特点是：有7个声调，平声、去声、入声都分阴阳。

本书将今梅州市客家方言称为嘉应客话，今惠州市辖区内及东莞、深圳、香港的客家方言称为惠州客话，今汕头、汕尾、潮州、揭阳四市辖区内的客家方言则称为潮州客话。这样，一则方便举称及照顾客话历史来源；二则我们掌握的传教士文献分属嘉、惠、潮三地，也方便作对应研究。

2. 特殊地位

粤东客话的特殊地位在于：

（1）它和粤语、闽语等其他方言紧密接触，通过对粤东客话方音史的研究，我们可以更进一步地了解客话和粤方言、闽方言（主要是福建闽南话、广东潮汕话）之间的相互影响及其相互关系。②

（2）相对于其他地区的客话，粤东客话无疑是个中转站。闽西、赣

---

① 粤台片、海陆片情况及语音特点参见谢留文、黄雪贞《客家方言的分区（稿）》，《方言》2007年第3期。

② 我们在下文相关章节中讨论晚近粤东客话的特点和音变时，会指出某些客家话语音特点的形成及变化是与闽方言、粤方言有关的。

南是粤东客属的祖地，而粤东又是广东其他地区、广西、湖南、四川、台湾等地客属，乃至江西客籍（所谓倒流客）的祖地。因此，研究粤东客话，上可以接续比它早的闽西客话、赣南客话（除客籍话外的宁石话、本地话），下可以关照由它播迁到各省乃至海外的其他客家方言。

(3) 结合对移民情况的考察，对粤东所属的嘉应客话、惠州客话、潮州客话的历史语音状况、现代方音状况进行系统比较、对照，也能得出粤东客话内部各片之间的区分及其相互之间的关系。

总之，选取粤东客家方言作为研究对象，除了历史方言材料较为丰富这个便利条件之外，无疑对观察客家移民对客家方言的影响，厘清客家方言语音演变脉络，研究客家方言内部分区，客家方言与闽、粤、赣方言乃至官话的关系，都具有重要的作用。

二 粤东客话研究综述

客家话是唯一不以地域命名而以所属民系命名的汉语方言，在数大方言中显得非常独特；而其又因为客家源流问题仍无的解，也显得有几分神秘。正因其神秘、独特，故吸引了中外众多人士对客家方言进行描写、记录、研究，到目前为止，称得上硕果累累、蔚为大观——各地客家方言描写全面展开，客家方言语音、词汇和语法的描写进一步深入，论文和专著逐年增加，可以说，目前客家方言的研究已经取得了长足的进展。这里我们主要来看看粤东客家方言研究的相关情况。

(一) 粤东客家方言研究回顾

1. 传统语言学范畴客话研究

从我们目前掌握到的材料来看，对客家方言的描写最早可追溯到明朝中叶的正德、嘉靖年间，距今约 500 年[①]。明代祝允明正德十一年(1516)《正德兴宁志》及天一阁藏黄国奎修、盛继纂嘉靖三十年 (1551) 《嘉靖兴宁县志》简要记载了粤东兴宁县方言语音及词汇情况，其中《正德兴宁志》载：

---

① 学界一般认为客家方言研究肇始于广东蕉岭人黄钊（字香铁，1787—1853）编著的《石窟一征》，《石窟一征》实则在黄钊谢世 27 年后才付梓，比巴色会 1860 年初版的客话罗马字《马太福音》还晚了整整 20 年。

其声大率齐韵作灰、庚韵作阳，如"黎"为"来"、"声"为"商"、"石"为"铄"之类，与江南同，乃出自然，益信昔人制韵释经之不谬。亦有"杨"、"王"不辨之陋，如"天王寺"为"天洋"之类。至有姓王者自呼杨，问之，云"王乃吾上，避不敢犯"。此尤可笑尔。

《嘉靖兴宁县志》(1551)卷之三《人事部·方言》载：

谓父曰阿爸（双行夹注：闽人呼父为郎罢，顾况诗"囝别郎罢心摧血"，爸即郎罢），母曰阿姐；呼哥嫂辄以亚先之，如兄则曰亚哥，嫂曰亚嫂；呼小厮曰孻（音赖），呼儿曰泰；游乐曰料；问何物曰骂介，问何人曰骂鄞；无曰冒；移近曰埋；其不检者曰散子；其呼溪曰开，岭曰两。

将两志所载上述语音及词汇与现代粤东客话比较，语音、词汇多所对应，无疑当时的兴宁客话已经是一种成熟的客家话。所以，我们认为这是目前所见最早的有关客家话的文献记录[①]。

因为文献不足，约300年后的清末才又得见此类客话传统著述，且因为志书编纂和粤地土客纷争的需要，此类著作呈一时之盛。目前所见，这一时期较早的著述有黄钊（字香铁，1787—1853）的《石窟一征》（又名《光绪镇平县志》），内辟两卷专记方言，收录了不少镇平（今广东省蕉岭县）客家方言语词，对后世客家方言研究影响较大。光绪二十四年（1898）吴宗焯、李庆荣修，温仲和（1849—1904）纂光绪《嘉应州志》，其卷七《方言》收录嘉应客话词汇。延至民国，刘织超修、温廷敬等纂《民国新修大埔县志》（1942）仍在卷第十四《人群志》中立方言一章，除记大埔方言词汇外，较有特色的是在开篇与古音对照中，简单讨论了大埔方言的声韵。

光绪三十三年（1907）杨恭桓撰成《客话本字》一书。其正文包括五篇：《客话双字》、《客话迭字》、《客话单字》、《客话补遗》、《客话源流多本中原音韵考》。全书收"多向所疑土谈有音无字者，共一千四百余字"，每条先列所谓本字，后引用古籍以作考证，旨在说明客话语词"皆有所本"。这是目前所见最早的一部客家方言研究专著。章太炎则采撷温

[①] 田志军：《16世纪的兴宁客家方言》，《江西教育学院学报》2009年第2期。

仲和《嘉应州志·方言》和杨恭桓《客话本字》的客话语词编成《岭外三州语》，附于《新方言》之后。民国 11 年（1922）兴宁人罗翙云编撰《客方言》，在上述著作基础上增补，务求赅备，总其大成，按义类分成"释词、释言、释亲、释形体、释宫室、释饮食、释服用、释天、释地、释草木、释鱼虫、释鸟兽"共十二卷。

以上这些方志或专著客家语词收集非常丰富。一般是先举客家语词，分析词义，明其字音，接着援引古书佐证，考索语源，求证本字。其方法完全属于传统语言学的范畴。

2. 以西方来华人士为主体的客话研究

1840 年后，国门洞开，西方教会传教士蜂拥而至，外交官等驻华人员也接踵而来。许多人士来到中国各地时第一要务就是学习、研究当地方言，以备开展教务、公务之需。

西方来华人士研究客话几乎是和晚清国内学者的客话研究同步，甚至要更早一些。西方人士的客家方言研究成果有《圣经》客话土白译本、课本、语法书、词典、论文等，形式多种多样。《圣经》客家土白译本有汉字本和罗马字拼音本两种形式。巴色会牧师黎力基（Rev. Rudolph Lechler）1860 年于柏林出版《马太福音》，采用莱普夏斯（Lepsius）罗马字系统。据伟烈亚力（Alexander Wylie, 1867）称，这是最早编译成的客家土白圣经译本，游汝杰（2002：14）也考述此本为最早；同时我们认为这也是西方教会人士在当地中国人士参与、协助下用客家方言编译而成，并付梓刊行的第一部著作。1866 年大英圣书公会、巴色会出版罗马字本《马太福音》、《路加福音》修订本；1883 年开始出版汉字本客话圣经。1916 年在汕头五经富地区传教的英国长老会出版了五经富客话罗马字《新约全书》，1924 年修订再版，采用中华教育会罗马字拼音系统。值得称道的是，这部《新约全书》是由中国牧师彭启峰独力译成的。

除了翻译《圣经》之外，西方来华人士还编写词典、教材和语法书等，以方便学习当地方言。客话词典，如巴色会编写的《简明德客词典》、英国长老会牧师纪多纳（D. MacIver）和玛坚绣（M. C. Mackenzie）等编写的《客英词典》（An English-Chinese Dictionary in the Vernacular of the Hakka People in the Kwangtung Pro-vince）、法国巴黎外方传教会神父赖嘉禄编写的《客法词典》（Dictionnaire Chinois-Français, Dialecte Hac-ka，1901 年初版，1926 年增订）等。客话教材有巴色会编写的《启蒙浅学》（K'i-mung Ts'en-hok，1900）、波乃耶（James Dyer Ball）编写的《客话易学》（Hakka Made Easy，1896）、赖嘉禄神父（Charles Rey）编写的《客语会话》（Conversations Chinoises Prises sur le Vif, avec Notes Grammaticales, Lan-gage Hac-ka，1939）。客话语法书则有巴色会编写的《简明客家语法》（Kleine Hakka Grammatik，1909）等。

早在1880年英国驻华外交官庄延龄（Edward Harper Parker）于《中国评论》（The China Review）杂志上发表《客家方言音节表》（Syllabary of the Hakka Language or Dialect）时，就已经注意到了客家方言"浊上归阴平"的现象。此外，他还将客家话的声调与当时北京、汉口、福州、广州方言的声调调值进行了对比。巴色会牧师毕安（Charles Piton）同年发表《评〈客家方言音节表〉》（Remarks on Syllabary of the Hakka Language or Dialect），与庄延龄进行商榷。1897年荷兰学者商克（S. H. Schaank）出版《陆丰方言》（Het Loeh-Foeng Dialekt [The Lu-feng Dialect]）。1913年佛默尔（Johann Heinrich Vömel）在法国汉学杂志《通报》（T'oung Pao）上全文发表《客家方言》（Der Hakkadialect-lautlehre, silbenlehre und betonungslehre）。这是一篇博士论文，用德文撰写，分概述、文字、声韵、音节、声调、声韵调配合表六部分系统分析了客话语音。

西方来华人士为主体的客话研究在方法上有了重大革新，这就是为客话创制了各种罗马字系统，用罗马字为客话记音，迥异于以汉字记音的中土传统汉语方言文献，为后人研究客话语音提供了极大的便利。另外，所形成的客话文献也相当丰富、系统，是亟须开发、加以利用的"富矿"。

3. 现代语言学范畴客话研究

从20世纪30年代开始，客家方言的研究才进入现代语言学意义上的描写、研究时期。1933年罗香林出版《客家研究导论》一书，书中第四章"客家的语言"在现代方言学史上首次全面研究客话，并用国际音标记录兴宁方言语音。1942年张资平（广东梅县人）在《江南史地丛考》第1辑上发表了《粤音与客音之比较》。1947年俞敏先生在台北《国语通讯》第1期上发表了《客家人学国音的错误倾向》。

1950年，罗常培先生在《语言与文化》一书中收录《从客家迁徙的踪迹论客赣方言的关系》，此文率先从文化语言学的角度揭开了对客家方言源流、客赣方言关系的讨论。20世纪50年代，大陆推行普通话。为配合推普工作，广东省方言调查指导组编写了《客家人学习普通话手册》（1958），饶秉才编写了《客家人怎样学习普通话》（1957）；何炯在《方言与普通话集刊》第 4 期发表《以梅县方言为代表的客家话与北京语音的对应规律》(1958)，李作南也在同一期上发表了《北京语音和广东北部客家方音在声韵调上的比较》，以指导客话地区推普工作。这一时期，李富才也在《中国语文》上发表了《粤东桃源话的特殊变调规律》(1959)。

在海外，1948 年日本学者石田武夫在《中国语学》杂志上发表《客家语研究札记》。20 世纪 50 年代后，藤堂明保在《中国语音韵论》、林盛道在《中国语学事典》中对客家方言有所介绍。桥本万太郎也自 1957 年始发表专文研究梅县及台湾四县、海陆客话，1973 年写出专著《客家方言》(*The Hakka Dialect—A Linguistic Study of Its Phonology, Syntax and Lexicon*)，由剑桥大学出版社出版。就该书的语音部分来说，讨论了客家方言的音系，与中古音作了音韵历史比较，揭示了客家方言语音特色，描写、分析非常详尽。1967 年杨福绵 (Paul Fu-Mien Yang) 在《华裔学志》(*Monumenta Serica*) 上发表《客家方言研究基础》(Elements of Hakka Dialectology)，是他向美国华盛顿大学所提交学位论文的一部分。此前他也有数篇论文讨论台湾的饶平客家方言。易家乐 (Egerod Søren) 1959 年发表《中山客话调查》(A Sampling of ChungShan Hakka)，Henry Henne 1964 年发表《香港沙头角客家话音系》(Sathew-kok Hakka Phonology)，Kevin A O'connor 1976 年发表《原始客方言》(Proto-Hakka)，1977 年沙迦尔 (Laurent Sagart) 出版《香港新界客家方言音系》(*Phonologie D'un Dialect Hakka Des Nouveaux Territories De Hong Kong*)，系统描写了一个天主教小区崇谦堂村的客家方言。

大陆经过"文革"学术停滞期之后，自 20 世纪 80 年代以来，客家方言研究取得了长足的进展。就客家方言语音研究的情况来看，黄雪贞就客家方言声调在《方言》上发表了《客家方言声调的特点》等系列论文，比较详细地揭示了客家方言声调的特点为"古全浊上声和次浊上声今读都有部分字读阴平"现象。黄雪贞《梅县方言词典》(1995) 是以国际音标记音全面搜集整理单点客家方言词汇的专著。这一时期还陆续出版了一些单点的方言志，如周日健《新丰方言志》(1990)、谢永昌《梅县客家方言志》(1994)、陈修《梅县客家方言研究》(1993)。这些著作都是讨论单点的或者是有关某一地区客方言的论著。90 年代以来，陆续出版了数部规模较大的客家方言调查报告，涉及粤东的有李如龙、张双庆主编的《客赣方言调查报告》(1992) 等。这些著作以记录语音和词汇为主，有助于我们了解更多的客家方言的基本事实，也可以用来作为进行方言比较研究的材料。谢留文《客家方言语音研究》(2003)、熊燕《客赣方言语音系统的历史层次》(2004)、刘泽民《客赣方言历史层次研究》(2005)都是在这些大规模的方言调查报告所提供的方言语料基础上进行研究的。

从客家方言研究全面性来看，语音方面的成绩基本与客家词汇、语法的研究持衡。但就客话语音研究来看，其内部构成却未免有所失衡，目前还是共时平面的静态描写居多，历时的、比较性的研究较少；就客话语音历时的、比较性的现有研究来看，则从现代客家方言出发的、比较性的、"回顾"式的研究成果又远远胜过从客话历史文献语料出发的、历时的、"前瞻"式的研究成果[①]。

（二）客家方音史研究现状

从文献方面入手探讨客家方言历史，史学家罗香林开其端，语言学家罗常培继其后。罗常培在其1942年所作《从客家迁徙的踪迹论客赣方言的关系》一文中"既强调了研究客家及其语言的重要性，也提出了研究的方法论。近五十年来，中外的后续者们多是按照这一'语文发展和社会发展联系起来'的方法进行研究的"[②]。基本上循此方法，鲁国尧、刘伦鑫、何大安、罗美珍、邓晓华、桥本万太郎、罗杰瑞（Jerry Norman）、沙迦尔等海内外学者对客家方言的形成、源流，客家方言与周边方言关系等问题都作出过精彩的论说。其中鲁先生《客、赣、通泰方言源于南朝通语说》一文以翔实的史料及几个大方言之间关系的比较为基础提出论说，于诸说中别树一帜，令人耳目一新。此外，还有学者分别从原始客语构拟、客话历史层次分析入手，来探讨客家方言的历史。

有关客家方言的形成假说，客家方言与其他方言尤其与赣方言的关系，客、赣方言语音历史层次分析及客赣方言祖语构拟等热点问题，实际上都涉及对客家方言史，尤其是客家方音史问题的探讨。但目前这些问题也多以现代客、赣方言为基础进行历史比较，对历史文献的挖掘还欠深度，特别是尚缺乏历史方言文献记载的印证。从现阶段的研究来看，客家方言的历史语音研究还很不够。

"历史方言是整个链条，早期方言是链条上的各个环。环环相扣，

[①] 徐通锵：《历史语言学》，商务印书馆1991年版，第6页。另刘晓南师"汉语方音史"课程中将汉语方音史的研究亦循徐通锵先生思路区分为"回顾"式和"前瞻"式两种。

[②] 鲁国尧：《客、赣、通泰方言源于南朝通语说》，《鲁国尧语言学论文集》，江苏教育出版社2003年版，第123页。

联络成线之后方言的发展演变就可以一目了然了。从这个意义上讲,汉语方言都有一条或长或短的历史链条。现在要做的是明确这根链条上的每一环。"① 从汉语方言历史研究的角度来说,也就是要逐环逐环地再现、"重建"每一种汉语方言的历史链条。在鲁国尧先生等的倡行下,各大方言的历史语音研究已经逐步开展起来,目前已取得一定成果。但是客家方音史的研究还远未引起方言、音韵等学界学人足够的重视。究其原因,可能是因为客家民系、客家方言晚近方得名,且不以地域命名,似乎缺乏明确的地域性。罗香林先生构建的客家移民学说影响深远,又造成自永嘉丧乱至晚近千百年来客家先民似乎一直流徙不定、无固定住地的印象。② 这些因素无疑都影响了对客家历史方言文献的判别和选用,这样也就导致目前主要从准确的早期客话文献入手研究客家方言史的成果甚为少见。目前笔者仅见台湾两篇硕士论文系其中篇幅稍大者,分别讨论两部传教士所编客话词典(即《客英词典》、《客法词典》)的语音情况,但未对两部词典的基础音系作出考证,也未联系今音考察其所涉地域语音的演变。

目前笔者所掌握的瑞士巴色会、英国长老会及法国巴黎外方传教会所形成的客家话材料是本书主要依据的历史文献语料。粤东教会的这些语料十分系统、丰富,分属粤东新安、五经富、嘉应三个客家地区,形成于19世纪中期到20世纪初叶之间,最早为1860年,最晚为1916年。考虑到语言发展演变的滞后性,上推50年,则这些历史语料可以说反映了自1810年至1910年这百年间的粤东各地客话的发展。

汉语诸大方言无疑与汉语通语一样也有着悠久的历史,现代汉语方言所承续的历史方言也必须进行分期,以便分而治之。大致可参通语史的分期标准划分为古代汉语方言和近代汉语方言两大部分。从目前情况来看,近代汉语方言的研究最为迫切,材料相较也更为丰富。近代汉语方言视诸方言具体情况尚可划分为早期近代方言、中期近代方言和晚期近代方言三段。很显然,本书所研究的近200年起到近100年前这一时段的粤东客话

---

① 刘晓南:《汉语历史方言语音研究的几个问题》,《汉语历史方言研究》,上海人民出版社2008年版,第23页。

② 根据诸多赣南客家谱牒的记载和赣南方志中有关建制沿革的记载,赣南的本地客家自唐代迁来的不少,因人口增多,晚唐五代增置数县。另从明代正德、嘉靖间两部方志的记载看来,近500年前的粤东兴宁县方言也已是一种成熟的客家方言。

当属于晚期近代汉语方言，可称为晚期近代客家方言，为行文简洁，本书简称为"晚近客话"。后文中出现的"晚近"即等同于"近代晚期"，先于此处说明，兹不再赘。

对这些历史材料所反映的近代晚期历史语音进行描写、分析，并和粤东三地现代方言材料作比较，考察其近两百年来的演变，以此建构客家方言历史链条中距离现代客家方言最近的一环。

第二节 西方教会与粤东客家方言

一 西方教会在粤东客区传教情况

自1840年鸦片战争以来，西方基督教新教差会纷纷来到中国，逐渐从沿海深入内地，在华素有渊源的天主教各差会也不甘示弱，卷土重来，与新教争划势力范围，进行传教活动，希望"中华归主"。

在粤东客属地区进行传教活动的主要有巴色会、英国长老会和法国巴黎外方传教会。巴色会、英国长老会均属于基督教新教差会，而巴黎外方传教会属于天主教差会。巴色会早期的传教地域为新安县，即今深圳、香港新界，后来深入到嘉应地区。英国长老会在粤东地区主要活动范围就是潮汕地区，同时在客家方言区和潮汕方言区传教。其中客家地域就是所谓的五经富地区。巴黎外方传教会在广东的活动范围早期比较大，从香港到广州、汕头，一直深入到嘉应地区，划分为香港教区、广州教区、汕头教区（包括嘉应地区）。但因为巴黎外方传教会人力不足，1924年该会将客属的嘉应地区划归美国的天主教差会玛里诺会，遂成立嘉应教区。

（一）巴色会传教情况及其客话文字事工

巴色会（Evangelische Missionsgesellschaft zu Basel，简称 E. M. B，英文作 Basel Mission）是最早在客家人中开展传教活动的基督教新教差会，属于基督教新教的信义宗，1815年始创于瑞士北部德语区的巴色城（Basel，今译作巴塞尔），最初称德国差会（German Missionary Society），1924年在华的巴色差会改称崇真会，此后崇真会名称一直沿用至今[①]。

[①] 香港仍存在崇真会组织。新中国成立后，大陆基督教、天主教均贯彻"自立、自传、自养"三自宗教原则，不再依附任何外国教会。

1847年该会应先期来华的郭士腊①（Rev. Karl Friedrich August Gutzlaf）牧师的呼吁，派黎力基②（Rev. Rudolph Lechler）和韩山文③（Rev. Theodore Hamberg）两牧师来华，主要在广东客属（客家话）地区发展教务。总会设于广东老隆，下设有13个区会：香港、李朗、浪口、葵涌、古竹、河源、连平、和平、龙鹤、元紫、五华、兴宁、梅县。1919年，该会有布道区36个，正式教堂130所，教会职员135人，信徒1874人，办有小学72所、中学2所。至1949年，该会则有堂会112处，牧师45人，传道111人，信徒达21756人。有中学4所，医院2所，神学院1所。

早期建立的传教站点有：汕头（1849—1852）、香港（1852）、宝安布吉李朗（1859）、五华大田樟村（1858）、五华长布源坑里（1866）、紫金古竹（1879）、宝安龙华浪口（1882）、嘉应州（1883）、宝安观澜樟坑

---

① "郭士腊（1803—1851），德国人。1824年受荷兰布道会派遣，到暹罗传教，从该地华侨学会了福建方言。1831年以前多次在中国沿海游历，散发《圣经》和药品，曾到过天津。1832年郭氏作为翻译随英国东印度公司广州分行的阿美士德号（Lord Amherst）船北上厦门、福州、宁波、上海等地，侦查了我国沿海的防御情况，力主用武力强迫清朝政府开放海口。1840年郭士腊随英国侵略军北上，任翻译兼情报官。英军占据定海、宁波、镇江后，先后出任三地民政长官。《南京条约》谈判中郭氏是英方三翻译之一。1849年郭氏返欧，在英、荷、德、俄、瑞典、奥、法、意等国演讲，宣传使中国耶稣教化的计划。1851年死于驻华商务监督署汉文正使任上。郭氏著述颇多，计有英文61篇（部），德文7篇，荷文5篇，日文2篇，逻罗文1篇。慕尼黑大学藏其全部著作。其有关中国近代的著作有《中国史略》（A Sketch of Chinese History, Ancient and Modern: Comprising A Retrospect of the Foreign Intercourse and Trade with China, 1834），《1831、1832、1833年三次沿中国海岸航行日记，附暹罗、朝鲜、琉球介绍》（Journal of Three Voyages along the Coast of China in 1831, 1832 and 1833 with Notices of Siam, Corea and the Loochoo Islands, 1834），《道光皇帝传》（The Life of Taou-Kwang, Late Emperor of China, with Memoirs of the Court of Peking, 1852），《开放的中国——中华帝国概述》（China Opened, Or a Display of the Topography, History, Customs, Manners, Arts, Manufactures, Commerce, Literature, Religion, Jurisprudence, etc., of the Chinese Empire, 1838）等。"引自中国社会科学院近代史研究所翻译室《近代来华外国人名辞典》，中国社会科学出版社1981年版，第184—185页。

② "黎力基（1824—1908），德国教士。1846年来华，在广东省为巴色会（Basel German Evangelical Missionary Society）传教。旅华五十二年，是华南巴色会创办人之一，任该会干事四十年。编有《中国论集》（Acht Vortrage uber China, 1861）一书。"引自中国社会科学院近代史研究所翻译室《近代来华外国人名辞典》，中国社会科学出版社1981年版，第280—281页。

③ "韩山文（1819—1854），又译作韩山明，瑞典教士。1847年被巴色会派到香港。太平天国领导人洪仁玕尝与韩氏在香港研究耶稣教。著有《洪秀全之异梦及广西乱事之原始》（或译《太平天国起义记》，The Visions of Hung Siu-tshuen, and the Origin of the Kwang-si Insurrection, 1854）一书。"引自中国社会科学院近代史研究所翻译室《近代来华外国人名辞典》，中国社会科学出版社1981年版，第188—189页。

径（1883）、紫金乌石荷树湾（1885）、龙川鹤市下（1886）、兴宁宁中坪塘（1887）、五华默林（1889）、兴宁罗岗（1901）、河源（1901）、和平县（1903）、长乐县（五华城，1908）、连平州（1909）、宝安葵涌（1916）、龙川老隆（1926）等。巴色会牧师深入到客家地区，对客家方言和客家文化有较多的研究。

根据香港崇真会的会史年表及美国历史学者杰西·G. 鲁茨（Jessie Lutz）和罗岚·R. 鲁茨（Rolland Lutz）所著的《客家人遭遇基督教》（*Hakka Chinese Confront Protestant Christianity*, 1850 – 1900—*With the Autobiographies of Eight Hakka Christians*, 1998：57 – 58）一书所转录的巴色会原始教务档案记载，我们简要叙述巴色会教牧人员编写客话文字作品的情况如下。

1849 年韩山文在香港着手对客家方言进行系统研究，开始设计音节表、词汇手册以及词典，作为工具书来帮助传教士学习客家话，并用客话罗马字来编写教义文献等。1852 年韩山文开始教中国同工以及他们的家人学习拉丁字母（即韩山文编定的客话罗马字系统）。韩山文客话罗马字词典初版以黎力基名义于 1854 年出版。1855 年黎力基在新安布吉重编客话罗马字词典，至 1857 年底，该客话词典修订版基本完成，黎力基还将词典德文部分译成英文。此客话词典可能就是 1909 年出版的《简明客德词汇》。根据英国驻华外交官庄延龄（E. H. Parker）《客家方言音节表》（1880）及英国长老会牧师纪多纳（D. MacIver）《客英词典》初版（1905）序中所言，该词典曾长期以手抄本的形式在客家地区的西方传教士中流传，其英文部分后来成为纪多纳（D. MacIver）编写其《客英词典》的祖本。

1860 年黎力基回国休假时在柏林出版了客话罗马字《马太福音》。1866 年，黎力基、韦永福（P. Winnes）等译成客话罗马字《路加福音》，并修订客话罗马字《马太福音》，两篇合为一册出版。1875 年，毕安（Ch. Piton）将黎力基所编《颂主诗歌》增订出版。1883 年在黎力基、毕安等牧师的努力下，翻译完成客话罗马字《新约全书》全部篇什。1884 年，毕安、露润滋两位牧师开始翻译汉字客话《新约》。1886 年，毕安开始译汉字客话《旧约》。1904 年，汉字客话《新约》改订本出版。1916 年，史鄂图（Otto Schultze，又译"瑞霭多"）完成客话《旧约》全书的续译工作。

(二) 英国长老会传教情况及其客话文字事工①

英国长老会差会（English Presbyterian Mission，简称 E. P. M.）是英国长老会在海外的传教机构。1847 年，英国长老会差会开始向中国传教，宾威廉牧师（Rev. William Chalmers Burns）接受了这一使命，经香港到达厦门，在那里工作 10 年后，施饶理牧师（Rev. George Smith）加入。宾威廉在厦门创建了中国最繁荣的传教区之一，建立了教堂、学校和医院。英国长老会逐渐在中国发展了四个传教区域，依次为厦门区、汕头区、台南区（以上皆为闽语区）和客家区。客家区又建三个据点，分别为五经富（今属广东省揭西县）、三河坝（今属广东省大埔县）和上杭县（属福建省）。

1856 年新教英国宣道会派人来潮汕传教，成立长老会。1866 年英人施饶理牧师（Rev. George Smith）先到汕头市榕城设立传道所。1868 年进入揭阳棉湖（今揭西县棉湖镇）建教堂和牧师楼。三年后进入客家地域的五经富、河婆等处，在河婆军田洋建礼拜堂。后施饶理回国述职，感召了正在阿伯丁大学（Aberdeen University）就读的两位同班同学纪多纳（Donald MacIver, 1852—1910，又译麦爱华、马西伟）和李威廉（William Riddel, 1853—1910，又译列德），于是纪多纳在 1879 年出发来华，李威廉于次年来华，成为英国长老会在客家地区宣教的急先锋。纪多纳牧师与李威廉医生先定居于今属揭西县五云镇的上洞村。但由于这个地方太小，不适合做一个传教的中心区，因而迁移至五经富区（今属揭西县）。五经富一位叫曾税伯（Zam Shui-pok）的老人为他们提供了住处。

五经富客区教务在纪多纳、李威廉等人开创后，发展很快，颇具规模，除基督徒礼拜堂外，福音医院、神学院（观丰书院）、男校（道济学校）、女校（五育女子学校）一应俱全，而且都能保持稳定的发展。五经富区曾组织五经富长老大会，后改称中华基督教岭东大会五经富区会，成为一个地方教会的领导机构。五经富客属地区教会客观上为该地区甚至为广东省的文化、教育、医疗卫生等事业作出了巨大的贡献。

---

① 英国长老会传教情况参考基督教五经富堂曾惠堂、王伟和牧师提供的基督教五经富堂简史及英国长老会牧师胡德（A. Hood）所作关于五经富教会发展历史的札记（打字稿）；英国长老会牧师碧安然（Rev. W. Bernard Paton）所著《客家人》（*The Stranger People*: *A Story and A Chanllenge*, London: The Religious Tract Society, 1924)，此书原系五经富著名牧师郑少怀所藏，由其哲嗣汕头大学郑义教授惠赠电子扫描本。在此谨表谢忱。

纪多纳也是一位虚心、勤勉的学者，他热心于客家方言的研究，在中国当地人士彭景高等人的协助下曾于1905年编著出版《客英词典》(*A Chinese-English Dictionay, Hakka Dialect as Spoken in Kwangtung Province*)，1926年由另一位牧师玛坚绣（Murdo C. Mackenzie）在彭景高、黄衡（兆衡）协助下增补重版。这本词典的价值，可以和由英国长老会传教士杜嘉德（C. Douglas）编著、巴克礼（T. Barclay）增补的闽南语《厦英词典》(*Chinese-English Dictionary of the Vernacular or Spoken Language of Amoy*, 1873) 相媲美，也可见传教士对于语言学等相关学术领域的贡献。

陆丰县五云洞（今揭西县五云镇）人彭启峰（1859—1917）系英国长老会牧师。作为一名中国当地人士，他独力译成了五经富客话罗马字本《新约全书》，这在圣经汉译史中是值得大书特书的。彭牧师还编写了《颂主神诗》，翻译了《圣道问答》等。

（三）巴黎外方传教会传教情况及其客话文字事工①

法国巴黎外方传教会（Missions étrangères de Paris，简写M. E. P.，拉丁文为 Societas Parisiensis missionum ad exteras gentes）是法国天主教主教彼多禄·兰贝·德拉默（Pierre Lambert de la Motte, 1624—1679）和法兰斯瓦·巴鲁（François Pallu, 1626—1684）于1659年在巴黎倡导创立的。1664年8月11日正式获得圣座（教宗）批准，前往越南、柬埔寨、泰国、韩国、日本、中国台湾、中国香港等东南亚国家和地区传教。1680年抵达中国福建开始传教活动；1847年前往香港传教。历史上，中国的西南地区、两广和东北，乃至西藏的边缘地带，都是巴黎外方传教会重要的传教区域。在中国陆续开辟的教区有14个：成都教区、沈阳教区（1840）、康定教区（1846）、重庆教区（1856）、广州教区（1858）、宁远教区（西昌）、叙府教区（宜宾）、贵阳教区、昆明教区、南宁教区（1875）、吉林教区（1898）、汕头教区（1914）、北海教区（1920）、安龙教区。该会传教士全是法国人。

1844年由归侨天主教徒吴东在梅县城东书院传教，1850年由巴黎外方传教会汕头教区派李神父（Pierre Le Turdu, 1821—1861）到梅县建立

---

① 中华续行委办会调查特别委员会：《中华归主——中国基督教事业统计1901—1920》，中国社会科学出版社1987年版，第1056页；胡希张、莫日芬等：《客家风华》，广东人民出版社1997年版，第323页。

第一个祈祷所。此为天主教传入粤东客家地区之始。1850 年至 1925 年，法国巴黎外方传教会在汕头教区设立"嘉应州天主教教会"。

法国巴黎外方传教会在广东的活动范围早期比较大，从香港到广州、汕头，一直深入到嘉应地区，划分为香港教区、广州教区、汕头教区等。第一次世界大战之后，法国国力衰落，巴黎外方传教会于 1925 年将客属的嘉应地区划归美国的天主教差会玛里诺会，改设为"嘉应教区"。

巴黎外方传教会神父赖嘉禄（Charles Rey, 1866—1943）1889 年来华，在粤东嘉应、潮汕客属地区传教五十余年。于 1901 年编成《客法词典》(Dictionnaire chinois-français, dialecte hac-ka; précédé de quelques notions et exercices sur les tons) 初版，正文为 360 页。1926 年进行增订，出第二版，正文长达 1444 页。另在 1937 年还出版了《客家社会生活会话》(Conversations chinoises prises sur le vif avec notes grammaticales: langage hac-ka)，是一册对话形式的客家话教材。

二 粤东西方教会形成的客话文献

各大方言的历史语音材料往往难觅，客家方言亦不例外。别的方言以地域命名，在历史文献中较易分辨；而"客家人"、"客家话"晚近方得名，清朝中叶以前的客家方言文献极难判别。目前我们搜求、掌握到的客家方言历史文献，以粤东居多。其中就有以西方教会为主形成的系统客家方言资料[①]。此类粤东地方文献还有待进一步整理，本书主要采用在粤东客属地区传教的三个西方教会即巴色会、英国长老会及巴黎外方传教会所形成的客话历史语料。

（一）巴黎外方传教会方言文献

先看巴色会的情况。巴色会自 1860 年开始出版第一本客话罗马字《马太福音》(《新约》第一篇) 以来，形成了大量的早期客话材料，包括词典、语法书、课本、圣经客话土白罗马字译本、汉字译本等，游汝杰 (2002)、柯理思 (Christine Lamarre, 2002)、庄初升和刘镇发 (2002) 等人对此均有较详细的著录或论述。

这些巴色会客话材料在大陆已几无踪迹，丧失殆尽，香港也罕见。目

[①] 此类材料原来学界习惯称为西方传教士方言著述，这里应该指出的是这个概念不甚准确。因为当时参与方言著述的不仅有外国人，还有中国人；不仅有教内人士，也有教外人士。

前收藏最为宏富的机构首推瑞士巴塞尔的巴色会总部档案馆①。汤泳诗（2002）统计出巴色会图书馆收藏的有关中国教区的巴色会出版物（出版年度至 1946 年止）一共有 117 种。但据到过该馆的柯理思（Christine Lamarre）教授反映，该馆编目整理等并不完善，利用不便②。

其次当属英国圣经会（British and Foreign Bible Society，旧译大英圣书公会）。英国圣经会是世界上收藏圣经版本最多的机构，其中客家土白译本也藏有不少。但据英国圣经会 Lyn Morgan 女士及该会图书馆馆员 Rosemary Mathew 女士的回复，该会藏品现均由剑桥大学图书馆代管，利用也不甚方便。

最后是美国圣经会的收藏。根据该会图书馆馆长 Liana Lupas 博士惠赐笔者的该会图书馆排架表（Shelf List），该会目前共藏有 18 种客家罗马字、汉字土白版圣经。Lupas 博士还提供了数种巴色会圣经给笔者使用，至为感谢。还有一些国家图书馆如美国国会图书馆、英国国家图书馆、澳大利亚国家图书馆及各大学图书馆如哈佛大学图书馆等，以及其他圣经会等各种机构也有少量、零星的收藏。如澳大利亚国家馆就收购了当年伦敦会的图书，其中有一册巴色会客话罗马字《新约》单篇，感谢该馆免费提供给笔者使用。

巴色会客话文献不易觅得，但我们还是通过一些渠道，设法获得了数种珍贵的客话圣经资料，为本书新安客话部分的研究奠定了基础。兹开列如下：

1. 新安客话罗马字《马太福音》（1866 年修订版）

此版系据 1860 年柏林初版改订而成。封面行款格式先是英文题名："THE NEW TESTAMENT IN THE COLLOQUIAL OF THE HAKKA DIALECT"

接下来是客话罗马字书名，转写成汉字为"新约圣经全书客家俗话"。译著者标明："巴色差会若干教士（SOME MISSIONAR-IES OF THE BASEL EVANG. MISSIONARY SOCIETY）"。

因系大英圣经会出资印刷，所以在出版地点、出版年份"Basel（巴

---

① 游汝杰：《西洋传教士汉语方言学著作书目考述》，黑龙江教育出版社 2002 年版，第 44—45 页。游先生称为"巴色会文献中心"（the Basel Mission Documentation Centre）"。

② Christine Lamarre（柯理思），Early Hakka corpora held by the Basel Mission library: an introduction，*Cahiers de Linguistique-Asie Orientale*，2002，31（1）：71 – 104.

色，笔者案：今瑞士巴塞尔）1866"下边注明：

"PRINTED FOR THE BRITISH AND FOREIGN BIBLE SOCIETY"

此篇系美国圣经会收藏，封面钤有"AMERICAN BIBLE SOCIETY LIBRARY"椭圆形收藏印。在美国圣经会图书馆排架单中，此篇著录为：

Matthew in Chinese：Hakka. Basel Mission version

Basel：BFBS，1866. 109 pp.，20.5 × 13.5 cm. Roman character. Shangti

DM 2869.

(No number. Range 32，Shelf F 6) [bound with Luke]

从著录附注项中我们可以看出，《马太福音》系和《路加福音》合订在一起，于1866年在巴塞尔出版。《马太福音》修订版为109页。

在此本之前是1860年黎力基休假回国时在柏林出版的首版客家话罗马字《马太福音》，是最早的客家圣经土白译本，前文已述。惜客家话罗马字《马太福音》首版笔者至今未见，但德国语言学家莱普夏斯（K. Lepsius，1863：235）《标准字母》(Standard Alphabet For Reducing Unwritten Languages And Foreign Graphic Systems To A Uniform Orthography In European Letters)①附有客家方言拼法和样品，该样品即选自1860年客家话罗马字《马太福音》，所载拼法也即该本所采用的拼法。摘录如下：

1. Hi₁-lut₁ won₁ kaiˋ ši₁, Ya₁-si₁ kiˋ yen₁ tšhut₁ šeˋ, tshaiˋ Yu₁-thaiˋ kok₁ pa₁-liˋ-hen₁ yip₁, yu₁ kiˋ tšak₁ yu₁ tshoi₁ len₁ kaiˋ nyin₁ tshoi₁ tuṅ₁ phenˊ theu₁ loi₁ tauˋ Ya₁-luˋ-sa₁-lan̂₁ kin₁ šan̂₁. 2. Kan₁ yonˋ waˋ: yu₁ tšak₁ nyin₁ tšhut₁ šeˋ loi₁ tsoˋ Yu₁-thaiˋ nyin₁ kaiˋ wonˋ; ki₁ tshoi₁ laiˋ tšak₁ thanˋ li₁? Nai₁ tshoi₁ tuṅ₁ pen₁ khonˋ tauˋ kya₁ sin₁ syuk₁; soˋ yi₁ thit₁ sį̊ˋ loi₁ paiˋ foˋ ki₁.   Ev. Matth. 2, 1. 2.

对比1866年修订本客话罗马字《马太福音》第7页相应部分内容：

---

① 莱普夏斯（K. Lepsius）及其著作《标准字母》(Standard Alphabet For Reducing Unwritten Languages And Foreign Graphic Systems To A Uniform Orthography In European Letters) 下文再予以具体介绍。

Hi,-lut, woṅ, kai˺ ši,, Ya,-sz̧, ki˺-yen, tšhut, še˺   1
tshai˺ Yu,-thai˺ kok,, Pak,-li˺-hen, yip,, yu, ki˺-tšak,
yu, tshoi,-len, kai˺ nyin,, tshoi, tuṅ,-phen˺-theu, loi,
tau˺ Ya,-lu˺-sat,-laṅ, kin,-šaṅ,, kan,-yoṅ˺ wa˺: Yu,   2
tšak, nyin, tšhut, še˺, loi, tso˺ Yu,-thai˺ nyin, kai˺
woṅ,,, ki, tshoi, lai˺-tšak, than˺-li,? ṅai, tshoi, tuṅ,-
pen, khoṅ˺-tau˺ kya, sin,-syuk,, so˺-yi, thit,-sz̧˺ loi,
pai˺-fo˺ ki,.

窥一斑见全豹，我们可以看出，与初版对照，修订版有如下改动：

a. 拼法上有一个字母的改动，即将"耶稣"的"稣"罗马字韵母由 į 改为了 z，这显然是出于音质上的考虑。

b. 修订本全面采用了词语连写的方法。初版中已经把专有名词进行连写，修订本把词语连写规则推广到了普通语词，即把构成一个汉语普通语词的单字音之间用连字符连接起来，专有名词首音节的首字母大写，以此区别专有名词和普通语词。普通语词分词连写大大方便了词汇的整体认读，提高了阅读效率。这在罗马字方案正字法（Orthography，或称"正词法"）上是个不小的改进。

2. 新安客话罗马字《路加福音》（1866）

《路加福音》单篇也是1866年译定出版的，所以跟《马太福音》合订成一册，《路加福音》为115页，亦系美国圣经会收藏。

3. 新安客话罗马字《马可福音》（1874）

《马可福音》系1874年译出，《马可福音》是《新约全书》的第二篇，《路加福音》为《新约全书》第三篇，《马可福音》在《路加福音》刊印之后多年方译出，笔者揣度是因为《马太福音》与《马可福音》在内容上多所重复，所以1866年选择了先译出内容跟《马可福音》不一样的第三篇《路加福音》。而1874年又选择了第二篇《马可福音》和第五篇《使徒行传》译定出版。这说明当年巴色会教士的圣经翻译工作是按照在客家地区传播福音的实际需要，有所轻重缓急地分步推进的。

此篇页数为62页，和《使徒行传》合订成一册，封面行款格式同1866年版《马太福音》和《路加福音》合订本。新安客话罗马字《马可福音》和《使徒行传》合订本系澳大利亚国家图书馆（National Library of Australia）收购的伦敦传教会（London Missionary Society）特藏品。

4. 新安客话罗马字《使徒行传》（1874）

新安客话罗马字《使徒行传》上面已经提及与《马可福音》合订，《马可福音》在前，《使徒行传》在后，篇幅为106页，亦为澳大利亚国家图书馆的伦敦传教会特藏品。

5. 新安客话罗马字《约翰福音》（1879）

新安客话罗马字《约翰福音》也系美国圣经会收藏品，篇幅为83页，跟《罗马书》、《哥林多前书》及《哥林多后书》合订成一册。

以上五种巴色会罗马字新约单篇是本书借以研究新安客话的主要语料，其特点是均为客话罗马字，五篇体例基本无异，罗马字拼音系统贯穿始末，语音系统也高度均一。从头至尾没有出现任何一个汉字。

6. 客话汉字本《马太福音》（1908）

巴色会客话汉字本圣经译本比罗马字本均晚出。客话汉字本无疑也是一个创举，因为当年的巴色会传教士在着手客话汉字本的编译工作时曾声称他们面对的是一个从来都没有过相应口语文学作品的方言。① 要把客家方言中许多的有音无字词用汉字写定下来，这对西洋人士来说，无疑要比设计客话罗马字拼音系统还要难得多。

巴色会客话土白圣经等文献之所以出现罗马字本向汉字本过渡的现象，一是出于中国教众的实际需要，二是巴色会中毕安牧师、江云章牧师等的提倡和大力推动。

但是汉字本与罗马字本并不能逐字对照，显然是重新翻译的，而并非按照罗马字本转写的。从巴色会的教务逐渐从新安、香港发展到嘉应内地，以及传教人员逐步熟悉、学得嘉应客话，很可能汉字本大多数都是以嘉应客话作为基础音系译定的。这从汉字本所用词汇，以及传教士们认同时人以嘉应客话为客话标准音的语言态度②这两点可以推断出来。

此本当系较早出版的巴色会客话汉字《新约》单篇，是传统线装，

---

① 当年的巴色会传教士可能受历史条件局限或许见闻有限，事实上当时至少已有部分太平天国的文书是用客话写成的，前文已述。

② Piton, Charles（毕安）: Remarks on the Syllabary of the Hakka Dialect by Mr. E. H. Parker. *The China Review, or notes & queries on the Far East*, 1880, Vol. 8 No. 5. 另可参看《客英词典》初版纪多纳的"序言"。

共计60页。与客话罗马字本《马太福音》对照,不能逐字对应。但可以借此来辅助释读、转写客话罗马字本《马太福音》。此本也系美国圣经会收藏,但游汝杰教授《西洋传教士汉语方言学著作书目考述》未收。

7. 客话汉字本《旧新约全书》(1923)

客话汉字本《旧新约全书》1923年版,版权页竖排汉字署:

"客话旧新约圣经 上海大英圣书公会印发"

底下有小字英文注明:

"British and Foreign Bible Society, Shanghai, 1923 Hakka Bible"

此本系美国麻省圣经会(Massachusetts Bible Sociey)图书馆1930年入藏的版本。其中《旧约》计1355页,《新约》计411页,文后还附录若干地图。该书扉页上粘贴该馆著录单,著录非常详细、清楚,虽然限于当时条件,对客家方言的系属归类尚不甚准确。

和国内厦门大学图书馆所藏1934年版《新旧约全书》比较,发现两个版本基本一致。

客话汉字本《旧新约全书》全本是在客话汉字本《新约》、《旧约》单篇出齐后,将各个单篇按《新约》、《旧约》篇序汇总为全帙的。

此本游汝杰教授《西洋传教士汉语方言学著作书目考述》未收。另游先生考录客话汉字全本圣经最早为1916年版,美国圣经会有此版,其排架单(Shelf List)上著录为:

Bible in Chinese:Hakka. Basel Mission version

Shanghai:BFBS, 1916.1356 + 412 pp., 21.5 × 14.5cm. Shangti (20286. Range 32, Shelf F 6)

(二) 英国长老会方言文献

英国长老会曾在中国的闽方言区、客家方言区传教,形成了不少这两大方言的文献资料。其中我们搜集到的客语区文献有英国牧师纪多纳、玛坚绣编的《客英词典》1905年初版和1926年增订版,以及中国牧师彭启峰编译的五经富客话罗马字圣经《新约全书》。下面分别予以简要介绍。

1. 五经富客话罗马字《新约全书》

此书版权页用客话罗马字题书名为:"救主耶稣嘅新约圣经全书译作客家白话"。

书名下边注明出版地点、机构和出版时间为:"汕头:礼拜堂鸿雪轩印发1924"。

此书正文共 588 页。经过笔者比较，全书所用罗马字系统和纪多纳《客英词典》罗马字系统一致，全书也不出现一个汉字。拼写方法上也是句首字母大写，每个语词则用连字符"-"将所属各个音节连接起来，方便识读，除专有名词连写外，首音节的首字母大写。

五经富客话罗马字《新约全书》系杰出的中国牧师彭启峰所译，由玛坚绣等牧师审订，于 1916 年初版。我们搜集到的是 1924 年修订版，系由台湾圣经会制作全书影件，并制作教会罗马字字体无偿提供利用。

2.《客英词典》

英文题名作：*A Chinese-English dictionary, Hakka dialect as spoken in Kwangtung province*[①]。1905 年初版封面英文注明为五经富英国长老会纪多纳、玛坚绣著，上海美华书局印刷出版。正文为 1216 页。正文前有"说明"（Introduction）和"序言"（Preface）。"说明"分成客家人、客家话、客话声调、与其他方言关系及罗马字系统五个部分介绍了词典的相关情况。在"客家人"（The Hakka People）一节中指出广东省的客家人唐、宋以来自中原地区迁来。"客家"一名最早可能是广东本地人（Punti）对客家人的蔑称，后来由他称变成了自称。指出当时客家人分布于广东许多县、广西部分地区、福建汀州府、湖南西南角、江西南部。且根据玛坚绣的游历，江西无客家一说。江西南部的"土话"，就是广东、福建所称的"客家话"，而且所到之处，通话不成问题。编者指出广东省是客家人的主要聚居地，经过调查，当时有 45 个县说客家话，其中 11 个为纯客县（书中以斜体标出）。海南、台湾、香港乃至海外的新加坡、马来亚、爪哇、苏门答腊等地也有播迁。第二节"客家话"中指出当时广东客家人的语言态度是以嘉应客话为正宗。此前巴色会诸牧师及艾德理（Ernest Johann Eitel）、庄延龄等所描写的客家话，主要是新安一地的客家话。而此词典要描写的是嘉应州、潮州府、惠州府三种客家话，并列举了三地在声母、韵母和一些常用词上的区别。"声调"一节指出客家话有上平、下平、上声、去声、上入、下入六个声调，并说明各个调类的标示法。指出客家话的声调在不同的地区或多或少有所不同，但每个地区都有其固定的声调。另指出客家话声调中有两点是比较难的，也是特别有趣的：一是书面语（book language）中读上声、去声的许多字在客家话口语中读上平

---

① 逐字直译当为《汉英词典（广东省客家方言）》。

调;二是在广东西部的客家区域读去声的许多字,在东部区域(嘉应州,特别是潮州)读为上声。"与其他方言关系"一节中,编者指出,尽管各个方言仍有待进一步调查、认识,但同时也可以说明客家话一方面与粤方言,一方面与南方官话具有密切的联系。"罗马字系统"中说明尽管巴色会所采用的莱普夏斯标准字母系统是一种非常科学的罗马字系统,但因为印刷困难、费用高,其他差会都不予采用。《客英词典》中所采用的系统是在南方方言区其他差会所通用的一种系统,中华教育会已用来作为官话的标准罗马字系统,这种系统有望与威妥玛系统分庭抗礼。编者就部分符号和巴色会采用的罗马字(莱普夏斯标准字母)系统作了比较。

初版"序言"是1905年8月纪多纳在五经富所作。编者提到该词典系根据巴色会韩山文和黎力基牧师所编的一册部分客英、部分客德对照的词典为底本进行编撰的。巴色会这本词典广为当时客家地区传教士所传抄、使用五十余年,中间曾由毕安(Charles Piton)牧师修订及精简。纪多纳增修时,巴色会无法派人协助,但该会的史鄂图(O. Schultze)牧师写下了A到K及S的嘉应州话版本,在嘉应州C. Kastler牧师也不时提供协助。编者尤其提到《客英词典》的中文编者(原文为"Chinese writer")是他以前教的学生彭景高,他花了整两年的时间编写、增订中文及客话俚语。在编写体例上编者说明参考了翟理思(Herbert Allen Giles)的《华英词典》,卫三畏(Samuel Wells Williams)、艾德理的粤语词典和杜嘉德(Cartairs Douglas)的闽南语词典。因当时研究、学习客家话的外国人很少,出版这部词典资金风险很大,编者说明是在中国香港、新加坡和马来亚政府的资助下才得以出版。

该词典正文体例如下:

A

阿 A. A prefix to names of persons (where these are monosyllabic), and to designation of relatives, etc.

｜爸, *a pa*, father.

｜姆, *a mi* (*me*), mother.

｜公, *a kung*, grandfather

......

Ai

Ak

  Am
  An
  ……
  Cha
  ……

  《客英词典》以客家方言的罗马字拼音音节排序，罗马字节又以英文字母的顺序排列，但带送气音符号 h 的音节则排在相应不送气音节之后，如"tau（刀）"音节之后排"thau（滔）"。

  《客英词典》以客话音节（"字"）为单位，有音无字（写不出汉字）的音节也作为一个单位。同一个音节内的体例是：汉字字头（有音无字则阙如）；斜体罗马字拼音；英文字义；汉字例词、例句（有音无字也阙如）；例词、例句斜体罗马字拼音；例词、例句在客家方言中的用法英文解释。

  原则上，如果这个字头或者含有这个字头的词语能够写出汉字，那么汉字就一律放在罗马字拼音的左侧，与罗马字拼音相对照。另外，有的部分于英文释义后附有括号，括号内为又读音，或者为意义解释之补充。

  一字多音的情况或以括号表现，如"芝"Chi（Tsṳ），或以 or 来连接，如 Chau or cheu，也有在释文叙述中提及的，如"鸡"Kai……Also read Ke.，又如"初"Tshṳ……Also Tsho.，又如"坐"Tsho……（See also under Tshṳ）等。

  声调则主要标写于音节结构的主元音字母之上。

  我们所搜集的《客英词典》1905 年初版系香港大学图书馆所藏。而 1926 年增订版我们仅能见到台北古亭书局 1970 年影印本。玛坚绣（M. C. Mackenzie）在第二版序中说，《客英词典》初版发行十年后，他应英国长老会海外差会委员会的要求，着手进行增补修订。首先对初版的用例进行了清理，都按照用例的首字排在相应的字头下，这样就避免了用例重复出现的现象，节省了篇幅。除参考当时的汉英词典增补新词新语外，仍请协助纪多纳牧师编写初版的彭景高先生，另外还请黄兆衡（Vong Chheu-fen）牧师大力协助。历时十年始完成词典修订，于 1926 年仍在上海美华书局出版。

  我们主要以初版为底本，以第二版为参照进行字音的校勘。

（三）巴黎外方传教会方言文献

《客法词典》

法文题名为：*Dictionaire chinois-fransais, dialecte Hac-ka, precede de quelques notions sur la syntaxe chinoise*。作者是巴黎外方传教会在粤东客属地区传教五十余年，终老于客乡的赖嘉禄（Charles Rey）神父。《客法词典》初版于1901年，正文为360页，篇幅不大。但经过编者增订，1926年由在香港的巴黎外方传教会那匝勒（Nazarath）印书馆再版，增订后正文达1441页，篇幅上超过了纪多纳、玛坚绣的《客英词典》。《客法词典》扉页上题"献给广东汕头教区主教实茂芳（Adolphe Rayssac）阁下及教区所有传教的兄弟"；献词后面接着是巴黎外方传教会汕头教区主教实茂芳所写的序，序中热情洋溢地指出此词典实际上并非是第二版，经过增订补充，修改完善，这完全就是一部全新的词典了。"前言"（avant-propos）则简单说明了客家民系、客家方言形成的背景、分布的地域。"标音说明"对韵母、部分声母的读音、声调的情况进行了说明。"语法说明"则包括构词规则、各种词类词性的说明、比较级的形式、数字、量词、句尾虚词、迭字应用、对偶句、象声词等的说明。"用法说明"概要说明了谚语、汉字、文学的基本知识。最后列出词典正文所引用的22种文献的名称及缩写。正文后面附录部首检字索引，以及干支、节气、民俗节日、亲属称谓、珠算基础、度量衡、历史朝代、国家和地区、常见人名客法对照等。

词典正文也以客家方言的罗马字音节排序，客话罗马字音节则按照法文字母的顺序排列，但带送气音符号"'"的音节则排在相应不送气音节之后，如"tao（刀）"音节之后排"t'ao（滔）"。以客话音节（"字"）为单位，同一个音节内的体例是：汉字字头，部首代码，笔画数；斜体罗马字拼音，又读音；法文字义；汉字例词、例句；例词、例句斜体罗马字拼音；例词、例句法文解释。声调标写于音节结构的主元音字母之上。

我们目前能见到的是1988年由台北南天书局影印出版的1926年增订版。

三 粤东西方教会客话文献编著者

（一）外国作者

巴色会传教士大多勤于著述，有许多人参与了巴色会客话材料的翻译、编著工作，前面已经讲到不少。但这些作者中除了韩山文、黎力基、毕安等少数几位生平情况基本明了外，其他人的情况目前因材料匮乏，只能简要罗列。在瑞士巴色会总部档案馆仍保存有完整的巴色会在中国客家地区传教的档案，有望日后予以补充。

从前面的论述我们已经知道，巴色会客话文献最早的外国作者是韩山文（Theodore Hamberg，又作韩山明）和黎力基（Rudolf Lecher）这两位巴色会在华传教事业的开拓者。韩、黎二牧生平基本情况前面已经介绍，此处不赘。

毕安（Charles Piton，1835—1905），1835 年生于法国东北部的斯特拉斯堡，1859 年至 1862 年在巴色会的神学院学习，1862 年按立[①]为牧师。在西非黄金海岸待了一年被派往中国，1864 年来华即驻长乐县大田乡樟村（今属广东省五华县大田乡）[②]。1869 年他和夫人前往源坑里（今属广东省五华县长布乡）管理一所男校。1874 年去李朗，开始圣经的翻译。1884 年，在华 20 年之后，因夫人健康原因回国，1905 年在德国乌腾堡去世。著有《中国：宗教、风俗、差会》（*La Chine：sa religion, ses moeurs, ses missions*，1902）一书[③]。

邵波（Martin Schaub，1850—1900，又译作韶泼），瑞士传教士，曾参与圣经深文理和合本翻译工作，著有《天儒总论》、《圣经入门》、《旧约新约圣史记》、《教会史记》等。曾在《教务杂志》（*The Chinese Recorder*）发表其所收集的客家山歌。来华年度、具体生平待考。韦永福（Philip Winnes，1838—1908）、史鄂图（Otto Schultze，又译瑞霭多）、顾士曼（Gaussman）等生平情况待考。巴色会总部档案馆还保存有完整的巴色会在华教务档案，希望日后能方便利用，对巴色会客话语料的形成背景作进一步深入的考证。

汕头市档案馆保存有英国长老会在汕头进行传教活动的历史档案，而英国长老会总部也有完整的英文档案，现已制成缩微平片，香港浸会大学

---

① 举行仪式授予圣职。
② 樟村教堂"德华楼"为张复兴（亚新）1858 年所建，张于 1851 年在香港由黎力基牧师施洗进教。参见《五华县志》，广东人民出版社 1991 年版。
③ 中国社会科学院近代史研究所翻译室：《近代来华外国人名辞典》，中国社会科学出版社 1981 年版，第 387 页；以及《通报》所载毕安讣告 Nécrologie（Charles Piton，1835—1905），*T'oung Pao*, Second Series, 1905, Vol. 6, No. 4, 第 508—510 页。

购有整套档案平片，可资利用①。我们充分利用目前掌握的档案及其他资料来考证英国长老会客话文献的作者及背景情况。先看纪多纳牧师的生平情况：

纪多纳牧师（Rev. Donald MacIver, 1852—1910，又译麦爱华，马西伟），1879年来华，1909年回国，在粤东客属地区居住30年之久。根据汕头市档案馆所藏《纪多纳牧师小传》②记载：

> 纪牧师讳多纳，大英苏葛兰人也。溯其生长祖国，才学超群，蒙救主启迪，救人心切，爰于一千八百七十九年来至潮州。其时潮音、客属已有教会，故立志专习客音，以便传道客属教会。而大小学堂次第设立，规模与典章多由手定。牧师不第勤劳教授，而宣化开堂，引人归主，尤为恳切。故举凡韩江上流，北抵汀州府属，西至惠州之海陆丰等处，凡客人之地，足迹莫不遍及。而于大会总会分合要务，设立规条，更常留心注意。余暇即编辑客音字汇字典，裨益西人之学客音者，其功非浅。而师母相助，教诸妇女，不辞劳瘁。迨至一千九百有九年回国，适届来华三十年之期，开会纪念，以申感戴。原冀假满重来，襄理会务，乃主旨莫测，遽于一千九百有十年在家溘然长逝，警电飞传，殊深哀悼。所遗师母及一子三女在家，未免忧伤，其子既由道学院毕业。所望能继父志，想牧师毕工息劳，完全终始，教泽昭垂千古，爰叙传略，以志景仰焉。

其中"举凡韩江上流，北抵汀州府属，西至惠州之海陆丰等处，凡客人之地，足迹莫不遍及"一语，说明纪多纳牧师确实走遍了粤东客属地区，甚至还到了闽西汀州客属地区。所以他利用余暇所编辑的《客英词典》就能广泛收录粤东嘉、惠、潮三地的客家方言材料。

玛坚绣（Murdoch C. Mackenzie）牧师，生卒年待考。1888年来华，1926年回国，在揭阳五经富和大埔三河坝传教、教书共38年。他主持修订了《客英词典》，费时十年，于其回国那年出版。

---

① 这一点承山东大学历史系胡卫清教授告知，胡教授在岭东教会史研究领域成果卓著。另承胡教授惠赐他在汕头市档案馆抄录的部分档案材料，供笔者利用，在此谨致谢忱。

② 汕头市档案馆：民国资料C287《潮惠长老总会记事册》岭东长老大会第13次（1911年5月3—5日），《纪多纳牧师小传》。

巴黎外方传教会总部于 2003 年开通了法国宗座巴黎外方传教会（MEP）亚洲传教专题网站（http://www.mepasie.org），公布了一些巴黎外方传教会当年在亚洲传教的档案。我们在此网站上查找到了赖嘉禄神父传略（［1829］REY Charles），摘译如下：

  巴黎外方传教会神父赖嘉禄（Charles Rey，1866—1943），于 1866 年 4 月 9 日在法国里昂出生。1889 年 5 月离法赴华，7 月到达嘉应黄塘（笔者案：即今广东省梅州市梅江区黄塘村），接替 Hervel 神父主持嘉应教务，并协助在镇平（笔者案：今广东省蕉岭县）传教的 Bernon 神父。Hervel 神父 1889 年 10 月 29 日于黄塘病故。1891—1895 年，嘉应起抗教风潮，赖神父受到一定冲击。1898 年由 Jean-Pierre Combe 神父接掌嘉应教务，赖神父调往平远。1901 年写出《客法词典》第一版，次年到香港监印。1914 年汕头教区实茂芳主教委任他为副主教，遂前往赴任。1916 年赴陆丰。1923 年起教务受到陆丰农民运动影响，1925 年农运达到高潮，陆丰天主教会所被农会占用。赖神父遂赴香港，出版其达 1800 多页的《客法词典》第二版。1929 年赴揭阳五经富。该年起为五经富造一混凝土桥，长 102 米，1932 年始建成，惜当年即被洪水冲毁。1932 年 11 月，为刚来华的教士 Marcel Guesdon 讲授中文和礼仪。1933 年受汕头教区实茂芳主教委托，巡视山区各会堂。1936 年 10 月赖神父赴香港纳扎勒（Nazarath）印书馆出版《客家社会生活会话》。1939 年 6 月 6 日，教友在高屋寨为他举行了传教金庆（50 周年），并赠送给他一具精美寿木。1943 年 12 月 8 日，因患肠炎，加之年事已高，赖神父在五经富的高屋寨故去，留下了也许足以使他成为知名汉学家的未竟的有关语言、民族的研究计划。

赖神父故去后，五经富当地教众将他安葬在高屋寨。"文革"时其原墓被毁，但其遗骸得到教众保护，1982 年重新为其修造新墓。在揭西天主教堂庄建坚司铎的协助下，我们确认了安葬在高屋寨的赖神父即是编写《客法词典》的 Charles Rey。2001 年 3 月 5 日笔者委托张永辉（水军）先生在高屋寨找到了赖神父的墓地以及赖神父工作过的教堂。赖神父墓碑上题：

> 永光耀之
> 賴司鐸
> 名聖嘉祿墓
> 一九八二年重修
> 天主教眾教友立

据此，我们确知 Charles Rey 神父，中文名应该是"赖嘉禄"，而非后来台湾、香港学人所译的"雷却利"。二者虽然都是译音，但是外国历史人物我们还是要遵从历史上形成的习惯译名为好。

赖神父在当地乐善好施，积极捐助并亲自主持、参与建造学校、桥梁等公益事业，又喜为当地群众排难解纷，根据高屋寨 92 岁的村民高细铲口述，赖神父曾成功地斡旋、化解了一场可能要死伤百人的村民械斗。他传教之余还编写客语词典、课本等，并免费赠予村民，客观上提高了群众的文化水平。因此，赖神父在当地享有较高的声誉，其事迹至今还在当地流传。

我们再从赖神父的传略中，看看他来华后的行迹：

1889—1898，嘉应黄塘，偶往镇平；1898—1904，平远；1904—1906，汕头；1906—1925，陆丰；1925—1929，香港；1929—1943，揭阳五经富。

赖神父 1901 年出版《客法词典》初版，在此之前他在嘉应（今梅县）居住将近十年，而后在平远两年。来华的最初十年都是在梅县居住，且嘉应黄塘现在梅州市市区内，这就足以让我们相信赖神父所习得、掌握并用以交流的就是当时地道的梅县方音。而《客法词典》第一版应该就是一册"梅县方言词典"。到 1926 年词典增订时，赖神父又已到潮汕客属地区居住 20 余年，他的词典自然要加入潮州等其他客话的成分。

（二）中国作者（合作者、助手）

以西方教会为主体的西洋人士在形成汉语方言著述的过程中，往往必须在中国当地人士的协助或者直接参与下才能完成，甚至英国长老会的彭启峰（文山）牧师还独力完成了五经富客话《新约全书》的翻译工作。下面就所研究的各种材料，考证其中中国当地人士的贡献。另外，对参与形成汉语方言著述的中国人士里籍的考证，也是确定方言文献基础音系的重要依据。

从鲁茨（Lutz, Jessie G. & Rolland R. Lutz, 1998）勾稽出来的巴色会的原始档案中，我们知道有戴文光、李承恩、江亚云等中国人参与了巴色会文献的著作、编译工作，而且做了很大的贡献。材料难得，又很能说明问题，兹参考鲁茨原文将有关内容转译（译文用楷体字标明）。

1. 戴文光

*戴文光（1823—1889）对巴色教会语言文字事工作出了重要的贡献。戴文光是新安李朗（今深圳北部）附近吓村（笔者案：原文作 Xia cun）人*①*，接受过全面的传统经典教育，19世纪40年代在九龙任校长。在此期间戴文光加入了郭士腊的福汉会（Chinese Union）。1849年4月戴开始和韩山文接触。同年7月随韩山文到香港，担任韩山文的语言教师，戴喜欢教文言，至于客话他则让他的妻子 Zhang Zhongxin（笔者案：暂无法查出其中文名）来教，他妻子也来自新安。*

1849年7月，韩山文在重返香港不久，就着手对客家方言进行系统研究。他也开始设计音节表、词汇手册以及词典，作为工具书来帮助传教士学习客家话，并用客话罗马字来编写教义文献，等等。

直到1852年戴文光才参加韩山文的客话全面转写工作。因为整个项目要使用拉丁字母，而在此之前他的助手中没有谁熟悉字母。1852年1月以后韩山文才开始教中国同工以及他们的家人学习拉丁字母。尽管大多数人学习这种将口语用拉丁字母转写出来的技能都要花上几个月时间，但戴文光在一个月之内便掌握了。自此之后，在语言文字事工上他和韩山文、黎力基便能紧密配合了。

---

① 参见宝安县地方志编纂委员会《宝安县志》，广东人民出版社1997年版，第143页。第三章"人口、姓氏"载："戴姓：布吉镇下李、吉吓、吓村。"

1854年5月韩山文去世，这时他从1849年开始着手编写的客家话词典还未来得及统一体例。仅仅数月之后由黎力基最后完成，并以黎力基名义于1854年出版。出于对词典初版的不满意，黎力基、戴文光又几乎立即投入到了修订的工作中。黎力基曾报告：助手戴文光目前对我来说已是不可或缺，因他懂得如何用欧洲字母写下他的语言来。毋须置疑，用来表达口语的汉字数量不够，但所谓有音无字的词却能用我们的字母写下来。他所写下的东西，我检查一番之后就跟德文译义一起抄入书（词典）里。

到1857年底，客家话词典修订版基本完成。黎力基还将客德词典译成英语，也已译到R字母了。

词典修订工作完成后，戴文光又马上转入将《新约全书》中《马太福音书》翻译成客家话的工作中。戴同时还是黎力基的语言教师。黎力基1858年回国休假，1860年返回中国，同年在柏林出版了客话罗马字《马太福音》。

很显然，戴文光在翻译和语言事工上绝不仅仅是助手的角色，他事实上做了大部分的客话罗马字编写工作，而由黎力基或者韦永福来审定初稿。词典方面则是由他们加上德文译义。戴还负责巴色教会中所有使用汉字的中文出版物。

2. 李承恩

李承恩（1855—1908）系李正高三子。李承恩1859年在香港受洗，曾在李朗神学校学习，随后被黎力基携往瑞士巴塞尔，1871年至1878年曾在海外学习八年。1878年按立为牧师后回国，1883年至1888年在香港客家教堂传道。之后，李承恩负责管理李朗区的各个堂口，偶尔也负责对传道进行考试或者主持布道培训会。作为一名在欧洲受过教育的福音传教士，他常常直接向巴色会总部报告并写些关于占卜、葬仪等中国风俗习惯的文章送上去。其父李正高（1823—1885）原为清远（今广东省清远市）人，1858年他将家人（妻子和四个儿子）迁到香港。1859年，他的家人在香港才居住半年左右，就全都入了教。李正高是巴色会传道士，曾与洪秀全、洪仁玕交好。

李承恩跟巴色会女校的一位教师结婚。① 1897 年李承恩离开巴色会，1908 年于山东胶州去世。

有一段时间，他身体不佳，巴色会遂安排他将《诗篇》译成客家话。

传教士"为上帝而工作"，往往十分勤勉。笔者推测他当时需要在家养病，不便外出传教，遂主动要求承担体力消耗较轻的文字事工。

3. 江亚云（云章）

江亚云（Kong Ayun，教名 Fat-lin，1845—1928），1845 年 2 月 4 日生于李朗（今深圳北部），父亲为江觉仁，巴色会最早受洗的传道之一。江亚云 13 岁受洗，入巴色会学校学习，1865 年 3 月派往瑞士巴色会总部，在那里学习了英文、德文、拉丁文、希伯来文等，并于 1871 年 8 月在斯图加特按立为牧师。同年回国后，先至源坑里②，再到荷树湾传道 17 年。1901 年他离开巴色会，到青岛县（时德国占领）做翻译，1903 年去济南府，但 1911 年退休后至古竹，直至 1928 年 7 月 8 日去世。

江亚云（云章）牧师推动、参与了《新约》客话汉字本的翻译。

4. 彭启峰

英国长老会客话文献的中国作者中，首先就要提到杰出的彭启峰（1859—1917）牧师。汕头市档案馆藏民国资料 C287《潮惠长老总会记事册》之《岭东长老大会第二十一次（1919 年 4 月 29 日—5 月 1 日）》及民国资料 C299《汕头长老中会议案簿》之《汕头长老中会第 69 次（1917

---

① 李承恩的妻子是韩山文在布吉的房东凌振高的孙女，曾在樟村、古竹、李朗服务的著名牧师凌启莲的女儿。1903 年凌启莲牧师在退休前在新界建立了一个基督教小区崇谦堂村。凌牧师的九个儿子都在巴色会教会学校接受了教育，他的一个孙子即凌道扬是中国近代著名林学家，中国近代林业事业的奠基人之一，中国林学会的创始人之一。

② 据汕头档案馆藏 12—11—16《有关丰约翰、黄永亮等 96 名牧师传记等材料》之《彭松牧师传》记载，"牧师彭松号友谷，世居陆丰五云洞乡……牧师年十二，就学于五华源坑崇真会学校，与名牧钟清源为窗友。时我客属教会未有学校也，年十四由江云牧师受洗进教，道号崇光……"此处提到为少年彭松付洗的江云牧师当即巴色会牧师江亚云，时在 1876 年（根据碧安然《客家人》一书记载，彭松牧师生于 1863 年）。

年4月24—28日)》中均有《彭启峰牧师小传》,转录如下:

> 彭牧师讳启峰,号文山,惠州陆邑之五云洞人,天资聪颖,为人仁恕,且博览群书,善读善用,诚会中之卓然者。溯自少年由施饶理牧师而闻救道,倾心信从。即蒙荐往巴色宣道会,牧师接之,在源坑中学校肄业。迨一千八百七十八年来汕头道学院学道毕业,即被客属牧师纪多纳等聘在五云洞,旋移五经富课客属之道学院。一千八百九十一年大会立之为棉湖牧师,大造该会者綦深。一千八百九十八年汲约翰牧师聘之同译浅文理《圣经》,旋再回五经富道学院教授,解经详明,循循善诱,二十余年不懈,故客属传道教读诸人多感其教益焉。教读之余,尝编《颂主神诗》,译《圣道问答》,客话《新约》,惠及客家非浅。自立潮惠大会以至分立汕头、五经富中会,至今三十余年,每大会之开议牧师无不与其列,共襄会务,于大会规章尽心研究也。一千九百零七年五经富中会派之赴上海中国长老联会者两次,被举为会正者一次。中华民国元年派赴本省基督教议会,聚集时被举为圣道圣诗之审查委办。是年穆德博士之宣道进行会,亦被请赴会于广州及上海两次。迨余慈渡姑娘到潮汕宣道鼓励信徒后,牧师亦为所感,故数年来常往各堂勉励会众奋志行道。乃于一千九百一十七年二月初一染面疮之症,医药罔效,初十早溘然逝世,会众闻之,震悼良深。计牧师享寿五十九岁,遗母偕男子四、女子九人,善承乃父之志,诚心事主,尤为所祝。然牧师既往,典型犹存,大会同人系厥怀思,爰立小传,以志不忘。

另汕头档案馆:12—11—16《有关丰约翰、黄永亮等96名牧师传记等材料》有《彭启峰牧师传》,更为详细。兹摘录相关内容,补充如下:

> 生于一千八百五十九年,天资迈众,智识超凡,幼承庭训,过目不忘,神童之誉,遐迩倾闻。稍长,从学于宗人某孝廉之一门,薪传独得,饱读经、史、集,谙练诗、赋、文章;正音尤所娴熟……未几,德之巴色会布道于五云洞,而牧师因客音之便,与同道亲属数人,负笈游学于长乐源坑。在彼领洗,取名崇真……旋因客属人士,土音不谙,共学颇难,英教士会谋设神道学于客属地方。初则于五云

洞，后则于五经富，翁移任相助，肩任多科，力尽义务。暇则编《颂主神诗》，及《圣道问答》等要工。既而德音远播，棉湖之聘请弥殷，历任七年，群徒沫化。在任时因谙英文，助翻《新约》浅文……余女士来汕，集女界而奋兴，神工丕著。翁为之翻译，后乃继续进行，数年来北至闽赣诸方，南连惠潮岭海，翁之足迹几皆遍历……

从这两篇传中，我们可以知道彭启峰牧师从事教会文字事工的多方面能力和卓越的贡献。首先，彭牧师具有非凡的语言文字能力："饱读经、史、集，谙练诗、赋、文章"，传统文化根基扎实；"正音尤所娴熟"——能说流利的官话，余慈渡姑娘（Dora Yu）来汕用官话演说，于是彭牧师充任其翻译①；"棉湖之聘请弥殷，历任七年，群徒沫化"，棉湖是潮汕话区，彭牧师在此传道7年，自然要能说潮汕闽方言；"谙英文，助翻《新约》浅文"，至少精通一门外文。其次，彭牧师在教会文字事工上有骄人的成就，"尝编《颂主神诗》，译《圣道问答》，客话《新约》"，所编《颂主神诗》、所译《圣道问答》我们未能见到，但我们所见到的五经富客话《新约》，彭牧师一人译就，确实令人叹服。另1898年"汲约翰牧师②聘之同译浅文理《圣经》"，1904年印行。就单从彭启峰牧师留下宝贵的客话罗马字文献来说，也确乎"惠及客家非浅"。

5. 彭景高

参与《客英词典》编撰的有中国人彭景高先生、黄兆衡牧师等人，他们在《客英词典》编纂中担当了哪些工作，贡献究竟有多大，是个饶

---

① 用官话演说这一点可以参看 Timothy Tow: *Son of a Mother's Vow*, Singapore: FEBC Bookroom, 2001, 第33页有下面这句话: "That Dora Yu's preaching influenced not only the masses but also preachers and pastors, ..., is further augmented by this record from the E. P. Mission..., It reads: The year 1910 was remarkable for a season of revival in Swatow. In a series of meetings a Chinese woman evangelist Miss Yu made a deep impression. Speaking in Mandarin she was interpreted by Phang Khi-fung the Wukingfu tutor."

② 汲约翰（Rev. J. Campell Gibson, 1849—1919），英国长老会牧师，苏格兰人，1874年来华，在潮汕地区传教46年，翻译潮汕土白罗马字《新约全书》，并邀请彭启峰牧师（作为其助手）参与翻译浅文理和合本《新旧约全书》。参汕档：民国资料C287《潮惠长老总会记事册》之《岭东长老大会第二十三次（1921年6月21—23日）》中《汲约翰牧师》；汕档：民国资料C306《汕头长老中会纪事簿》之《汕头长老中会第83次会议（1921年10月18—21日）》中《汲约翰牧师》。

有兴趣的话题。特别是彭景高参与了《客英词典》初版的编写，纪多纳序中称之为词典的"Chinese writer"（中文编者）。彭景高曾是纪多纳的学生，那么他也可能像戴文光一样向纪多纳等英国传教士学习过客话罗马字系统。虽然纪多纳在序中强调彭景高不懂英文，但这似乎并不影响他掌握罗马字系统，并利用罗马字系统来协助纪多纳做汉字标音的工作。我们曾花了很多时间通过不少途径试图查找彭景高的生平里籍，但是除了在两版《客英词典》的纪多纳序和玛坚绣序中出现过他的名字之外，我们没有找到任何其他有关他的资料。山东大学胡卫清教授是岭东传教史的专家，他告诉笔者目前他所接触的教会档案及相关文献中也未见有关彭景高的点滴记述。汕头大学郑义教授提醒笔者《客英词典》序言中对彭景高的称谓是"Mr.（先生）"，说明彭景高当时有可能非教内人士，自然在教会档案中找不到他的情况。彭姓在当地是望族、大姓，当时五经富教会内也有著名的彭启峰牧师、彭松牧师及彭自迩牧师①等人。我们请了揭西县五云镇退休老教师彭诒炮、彭祥否代为查找五云彭氏各支谱，但一直没有线索②。

　　直到2013年，出现了转机。笔者当年暑假到五云梅江基督堂调查，得知彭松牧师嫡孙、彭自迩牧师四子，现居四川成都的彭淑果老医师（毕业于四川医学院，系西藏解放后第一批赴藏支援的医生）热心修谱，自己编撰了其曾祖父来仪公派下的五云田心寨彭氏支谱。笔者当即向彭淑果老医师电询彭景高先生的情况。得到彭医师电邮回复："（彭景高先生）我在家乡时知道有这么一位老前辈，他又名彭显仰，我叫他显仰叔公（笔者案：即叔祖父，即与淑果医师的祖父彭松牧师同辈）。原先也是一位传教士，也是一位教师，就住在原来的田心寨，现称梅江村。现存的彭

---

① 彭启峰牧师、彭松牧师是叔侄关系，彭松牧师及彭自迩牧师是父子关系。据彭淑果自编《五云田心寨彭氏族谱（来仪公派下）》所载，彭松，谱名春然，号友谷，道号崇光；彭自迩，谱名永恕，系彭松长子；彭淑果，彭自迩四子。

② 我们曾疑彭景高先生也曾受洗进教，或者因其与教会人士过从甚密，族人以为其进教，故致族谱不录。据陈梦家先生在其《青的一段》一文中说："……在此我先略一说明我家的来历，因为我们是入景教籍的人，宗祠不填我们的名字。……"见陈梦家《梦甲室存文》，中华书局2006年版。笔者案：该文实际上是陈梦家20岁前的传记。"景教"，沿用旧名，即基督教。根据该文所述，陈梦家先生的祖母是教徒，父亲陈金镛先生（1868—1939）也于1887年受洗进教，日后成长为著名的神学家，金陵神学院的创办人之一，1906—1918年在南京任教、主持院务。所以当时入教的族人不被加载宗谱，应确有其事。

汉忠先生，当时和他住得较近。可惜当年我还比较小，少不经事，对他的情况了解不多。但是这个人的存在应该没有问题，不过要查找他的著作或档案可能就困难了。关于彭景高先生的生平情况，我想到梅江村找年纪大一点的乡邻如我上面提到的彭汉忠可能能够找到有关家谱资料。我因离开家乡已65年，对当年人事已无法回忆。"

收到彭老医师的电邮，我即请当地的朋友打听彭汉忠先生的情况。但遗憾的是朋友反馈的消息是老先生不久前谢世了！朋友询问当地村民，也已经没有谁了解彭景高先生的生平情况了。

但是根据彭淑果医师的回忆，我们还是知道了彭景高先生的不少情况：首先知道了其名当为显仰，字景高，名和字密合（《论语》有"仰之弥高"句），可谓天衣无缝；其次确证了彭景高先生就是五云田心寨彭氏族人，比彭启峰牧师晚一辈而与彭松牧师平辈。最后还知道彭景高先生入了教，可能至少是传道；而且还是教师，有一定的文化素养，所以能够两度协助编纂《客英词典》。

6. 黄兆衡

玛坚绣《客英词典》1926年第二版序中称 Rev. Vong Chheu-fen 为"a licentiate of our Hakka Church（客属教会的饱学之士）"，Rev. Vong Chheu-fen 即黄兆衡牧师。其生平情况我们承其哲嗣暨南大学退休教授黄景纯老先生惠赐所编《黄少岳先生纪念册》（黄景纯等，2007，自印本）了解得相对比较清楚。我们根据《黄少岳先生纪念册》及黄景纯教授对有关情况的回忆，并参考碧安然牧师（Rev. W. Bernard Paton）所著《客家人》（The Stranger People: A Story and A Chanllenge, p. 42）一书中的记载，简要介绍黄兆衡牧师的生平如下：

> 黄少岳（1877—1978），又名黄庆南，字兆衡或衡，今广东省揭阳县玉湖镇观音山村人，生于1877年9月13日。10岁得上辈支持方入本乡小学，18岁聘为本乡小学教员，20岁受在教会传道及教书的九叔黄有进影响，且经小学校长介绍，入五经富基督教会的观丰书院学习，读新科学和神道学两年，并加入教会。1900年受聘任五经富道济中学主任教员。1920年起担任河婆堂会牧师。1924年任教于福建上杭培华中学，并举家迁往上杭。1930年因全家曾支持红军攻入上杭，遭通缉，被迫避难泰国曼谷。其三子景耀为共产党员，1931

年被杀害。1932 年回国，1933 年任揭阳五经富培英中学教务主任。1936 年起又担任河婆等堂会牧师。1945 年至 1949 年担任中华基督教会岭东大会会长，道济中学董事长。新中国成立后当选揭阳县政协委员，1951 年已 74 岁，光荣退休，与夫人返乡安度晚年。

兆衡先生对文学、史地及自然知识均有素养，曾撰《揭阳县志》。他到过许多客家地区，著有《客话考文》书稿，但时局动荡，无法出版。书稿最后散失，至为遗憾。他还绘制过详细的潮州九县地图。

黄景纯教授电邮告诉笔者，根据他的分析，其父少岳先生应该只参与了《客英词典》的修订工作。笔者推测《客话考文》书稿，当与《客英词典》的修订增补工作存在联系。

巴黎外方传教会赖嘉禄神父是如何学会客家话的，他的客话老师是谁？编写《客法词典》时是否有中国助手或者合作者？目前我们还没有掌握材料，无法回答这些问题。但是，我们注意到《客法词典》没有一个有音无字词，而把所记客家词语都一一"考证本字"，归入相应字头。这样的工作应该是极具挑战性的，《客英词典》只记其音，一、二版均如此，可以说回避了这样的挑战；而《客法词典》则接受了这个挑战。且无论《客法词典》考求本字的质量如何，这样的工作都是非常难的。我们认为没有中国人，而且是具有传统小学功底，对客家话素有研究的当地客家人的协助，几乎是不可能办到的。当然，这一点还有待史料的证实。

第三节　粤东教会客话文献研究及相关问题

一　粤东教会方言文献目前研究情况

对于巴色会、英国长老会及巴黎外方传教会客话材料的研究可以分为文献考录和语料研究两大类，下边分别简要介绍。

（一）文献考录

早在 1913 年，法国著名汉学杂志《通报》（*T'oung Pao*）第 14 卷就全文发表了佛默尔（Johann Heinrich Vömel）的《客家方言》（Der Hakkadialect-lautlehre, silbenlehre und betonungslehre），这是一篇提交给德国莱比锡大学的学位论文。据柯理思（Lamarre, 2002）考证，佛默尔

1878年生于普鲁士，1901年作为巴色会的传教士来华服务，到1911年回国，整整在客家地区待了十年，其具体传教地点待考。归国后两年他就写出了这部以德文撰写的论文。

在这篇论文中，佛默尔就已对当时有关客家民系和客家方言的资料进行了详细梳理。论文中开列了当时巴色会已经形成的各种客家方言语料，如罗马字本有1866年至1883年巴塞尔出版的《新约》单篇，1900年巴塞尔出版的第三版《启蒙浅学》客话课本等，客话汉字本有1907年版的修订本《新约圣书》，香港出版的《为主作证》等，客话研究著作有1909年出版的《简明客话语法》（Kleine Hakka-Grammatik）、《简明德客词典》（Kleines Deutsch-Hakka-Wörterbuch）等。

1967年，杨福绵在《华裔学志》（Monumenta Serica, vol. xxvi）上发表《客家方言研究基础》（Elements of Hakka Dialectology），系其博士学位论文节本）一文，在第二部分"前贤的客家方言研究"（Previous Studies On Hakka）中也简单提到了巴色会的客家方言文献及巴黎外方传教会Charles Rey神父的《客法词典》（1901年初版及1926年增订版）及《客语会话》（1939）。

1973年，桥本万太郎（Mantaro J. Hashimoto）出版《客家方言》（The Hakka Dialect—A Linguistic Study of Its Phonology, Syntax and Lexicon）一书，他在绪论第三节客家方言研究述评（A critical survey of Hakka studies）中，将此前的客家方言研究成果分为四个部分，即：

  a. 中国晚近语源研究（Etymological studies in pre-modern China）

  b. 传教士等编纂的词典和手册（Dictionaries and manuals by missionaries and others）

  c. 荷兰和日本的贡献（Dutch and Japanese contributions）

  d. 中国现代语言学者的描写和比较研究（Descriptive and comparative studies by modern Chinese linguists）

桥本先生的述评特别详尽，在第二部分中也详尽地列举了他所涉猎的巴色会客话资料和相关著述。

此后，游汝杰《西洋传教士汉语方言学著作书目考述》（2002）分方言圣经译本、传教士汉语方言著作（又包括方言语音研究、词汇词典、课本语法、通俗读物等）两部分对19世纪中期以来的以西方教会为主的汉语方言著作进行考录。其中客家方言部分考录的方言译本中属巴色会的计有 40 种（包括罗马字本和汉字本，单篇和全书），巴色会方言学著作计考录《简明客德词汇》(1919) 2 种，巴色会客话课本 3 种，《简明客家语法》(1909) 1 种，通俗读物约计 30 种。另考录德国佛默尔（Johann Heinrich Vömel）提交给莱比锡大学的学位论文《客家方言》(Der Hakkadialect-lautlehre, silbenlehre und betonungslehre) 1 种①。

考录英国长老会词典 2 种，即《客英词典》1905 年初版和 1926 年增订版。其条目下说明"作者为抗议派传教士。修订版为五经富 E. P. 传教会的 M. C. Mackenzie 所增补"。所谓"抗议派（Protestant）"即基督教新教，现在一般简称为"基督教"。"E. P. 传教会"即英国长老会，作者纪多纳（D. MacIver）和修订者玛坚绣（M. C. Mackenzie）实际上均为英国长老会牧师。

考录英国长老会客话圣经译本 1 种，列其条目如下：

"新约全书，上海英国长老会出版社（English Presbyterian Mission Press），汕头，1924 年，588 页，22.5cm。据 1916 年版修订。五经富方言。印 500 册。罗马字。同志社/天理/东洋。美经会。"

其中出版机构考录恐误，根据我们所见该书的版权页，实际上系在汕头的英国长老会印刷机构"鸿雪轩（Fung Siet Hien）"印刷的。

考录法国巴黎外方传教会课本 1 种，即赖嘉禄神父 1937 年所出版的《客语会话》台北东方文化书局 1973 年影印本；词典 2 种，即赖嘉禄神父《客法词典》1901 年初版，1926 年增订版。其中 1926 年增订版条目说明"书前有标音说明、语法，共 11 页"，疑误，笔者推测当系将罗马数字"XL"误作"XI"所致。我们查南天书局影印本，正文前一页罗马数字页码为"XL"，即"40"，所以正文前除标音说明、语法外还有汕头主教实茂芳（Adolphe Rayssac）序，前言计 5 页，而标音说明、语法有 35 页之多。

柯理思（Christine Lamarre）曾经编成《巴色会图书馆藏客话土白圣经及其他文献草目》(A tentative list of the Hakka Bibles and the other documents written in colloquial Hakka kept in the Basel Mission Library)，系作者亲自到该馆访书时所整理的书目，依据年代排序，当更为具体、详尽，

---

① 该论文刊在《通报》1913 年 2 月号（合订本第 14 卷），第 597—696 页。1914 年出单行本，即 Der Hakkadialect-lautlehre, silbenlehre und betonungslehre, E. J. Brill, 1914.

惜笔者未见此目。

2010年庄初升在《语言研究》第1期上发表《清末民初西洋人编写的客家方言文献》一文，也按照客家方言圣经、其他宗教性或教育性的客家方言文献、客家方言语法书、读物和词典、教会月刊五部分对巴色会、英国长老会及巴黎外方传教会等的文献均进行了扼要介绍，各类文献也仅作举例性的介绍。但庄文首次提到教会月刊这一类文献。

（二）语料研究

对于巴色会、英国长老会及巴黎外方传教会等形成的客话文献这个宝藏，目前参与挖掘、利用的中外学者还不算太多。主要原因可能有三：一是这些材料世所罕见，在特定的收藏机构收藏，难以利用；二是学界对用文献构建方言史的意识还不甚强；三是学界长期以来对以西方来华教会为主体形成的汉语方言著作存有偏见，认为神职人员等从事语言研究不够专业①，所著语言材料多粗疏②、不科学，不应采用。③

但这些情况正在逐步得到改善。全球图书馆及相关文献收藏机构出于保护和流通的目的，正在将大量近代文献数字化。相信在不久的将来，这些可以作为历史语料的文献，学界能够更为方便地检索、利用。汉语学界，特别是从事音韵和方言研究的学者，将会越来越多地关注方言史的研

---

① 这种说法可能最早渊源于高本汉，《中国音韵学研究》绪论甫开篇便说："没有一种学术的领域比汉学更广的了。从前不过经传教士跟外交家'爱美的'（amateur）作了一阵，在近二十年间，它已经升为专家所作的科学了。"

② 这个说法也源自高本汉，他说："我们现在知道要研究中国方言，材料不管好坏，总算不少。但是我们可以说这些材料都是很粗疏的。"见高本汉《中国音韵学研究》，商务印书馆1948年版，第11页。我们要注意的是，高本汉绪论中提到其中有9种是最好的，并承认他"从中借用了好多材料"。而且第四卷方言词汇中广州、客家、汕头、福州、温州、上海、南京、北京等点的材料都是用的传教士跟外交家'爱美的'（amateur）的作品，高氏实仅调查了华北17个点的材料，未调查过东南一带各大方言。

③ 值得一提的是，我们注意到胡适先生说他早在20世纪二三十年代在北京大学任教期间就收集了大量汉语方言圣经文献，其主要目的就是为了"研究中国方言"，看来这也是胡适先生"但开风气"的一个方面。他说："早些年在北京大学时，我开始收集用各种方言所翻译的《新约》或新旧约全书的各种版本的中文《圣经》。我收集的主要目的是研究中国方言。有许多种中国方言，向来都没有见诸文字，或印刷出版，或做任何种文学的媒介或传播工具。可是基督教会为着传教，却第一次利用这些方言来翻译福音，后来甚至全译《新约》和一部分的《旧约》。……我为着研究语言而收藏的《圣经》，竟然日积月累，快速增加。当'中国圣经学会'为庆祝该会成立五十周年而举办的'中文《圣经》版本展览会'中，我的收藏，竟然高居第二位——仅略少于该会本身的收藏。这个位居第二的《圣经》收藏，居然是属于我这个未经上帝感化的异端胡适之！"引自唐德刚译注《胡适口述自传》，华文出版社1992年版，第34页。

究，大力发掘，充分利用历史方言材料。学界对西方教会人士为主的汉语方言研究也在重新作出审视、评价，摒弃意识形态上的先入之见，以客观、公正、科学的精神，发掘、整理、利用这部分宝藏。

我们先来看巴色会客话语料的利用、研究情况。最早利用巴色会语料进行研究的学者，目前看来是庄延龄（Edward Harper Parker）①，1880 年他在《中国评论》（*The China Review*, or notes & queries on the Far East）第 8 卷第 4 期上发表《客家方言音节表》（Syllabary of the Hakka Language or Dialect）。文中根据巴色会所编的客话词典给出了 585 个客话音节，并将客话声调与北京、汉口、福州、广州的声调进行了比较。

此文发表后不久，巴色会牧师毕安（Charles Piton）即在该刊同年下一期（第 5 期）上发表《评庄延龄〈客家方言音节表〉》（Remarks on the Syllabary of the Hakka Dialect by Mr. E. H. Parker）一文，就庄文中数处音值、声调等方面的问题提出批评。

前文已经提到德国佛默尔 1913 年所撰写的《客家方言》（Der Hakkadialect-lautlehre, silbenlehre und betonungslehre）是提交给德国莱比锡大学的学位论文。早在 20 世纪初叶就对当时有关客家民系和客家方言

---

① "庄延龄（Edward Harper Parker, 1849—1926），英国领事官，汉学家。1867 年从汉学家苏谋斯（James Summers）习汉语文。1869—1871 年做驻华公使馆翻译学生。1871—1875 年在天津、大沽、汉口、九江及广州等领事馆任职。1877—1880 年在福州、镇江、广州领事馆任职，1883—1884 年代理驻温州领事。1885—1886 年调朝鲜暂代釜山、济物浦领事，1886—1887 年代理汉城总领事。1887—1888 年任上海领事，1889—1894 年任福州、海口、琼州领事。其间，1892—1893 年任缅甸的中国事务顾问。1895 年退休回英。1896 年任利物浦大学学院汉文讲师，1901 年任曼彻斯特维多利亚大学汉文教授，直到去世。译著有《蒙古游记》（*Travels in Mongolia*, 1870—1871），《比较中国家庭惯例》（*Comparative Chinese Family Law*, 1878），《关于鸦片战争的汉文记载：魏源〈圣武记〉卷十〈道光洋艘征抚记〉》（*Chinese Account of the Opium War*, 1888），《中国同外国人的关系》（*China's Relations with Foreigners*, 1888），《中国同欧洲的交往》（*China's Intercourse with Europe*, 1890），《上溯长江》（*Up the Yang-tze*, 1892），《缅中关系史》（*Burma, with special Reference to the Relations with China*, 1893），《鞑靼千年史》（*A Thousand Years of the Tartars*, 1895），《中国的风俗习惯》（*Chinese Customs*, 1899），《中国从古至今的历史、外交和商业》（*China: her History, Diplomacy, and Commerce, from the Earliest Times to the Present Day*, 1901）《福，仁者人也——中国佬及其它》（*John China and a few Others*, 1901），《愿尔中兴——中国的过去和现在》（*China, Past and Present*, 1903），《惟天惟一——中国和宗教》（*China and Religion*, 1905），《诸夏原来》（*Ancient China Simplified*, 1908），《中国宗教研究》（*Studies in Chinese Religion*, 1910）等书。除此之外，庄氏还经常在《中国评论》（*China Review*），《亚洲文会会刊》（*The Journal of the Royal Asiatic Society*），《教务杂志》（*The Chinese Recorder*）和《通报》（*T'oung Pao*）上发表文章。"引自中国社会科学院近代史研究所翻译室《近代来华外国人名辞典》，中国社会科学出版社 1981 年版，第 373—374 页。

的资料进行了详细梳理。同时，此文还是就客家方言音韵等问题展开科学研究而撰写的一部科学严谨的学术专著，也是我们目前所见的第一部现代学术论文范式的客家方言研究专著。我们现在从《通报》所载可以看出，佛默尔此文分绪论、声调、声母韵母、音节、声韵调配合表，另附有客话分布图，包括台湾、海南、闽西、赣南、湘南、粤北、桂西。

此后巴色会的材料在将近沉寂百年之后，才有中外学者重新对其进行研究。

首先要提到的是 1998 年美国历史学者杰西·G. 鲁茨（Jessie Lutz）和罗岚·R. 鲁茨（Rolland Lutz）所著的《客家人遭遇基督教》（*Hakka Chinese Confront Protestant Christianity*, 1850–1900, *with the autobiographies of eight Hakka Christians*）一书。该书虽属近代基督教历史著作，但因其系采用巴色会原始档案撰成，我们却可从历史的角度知悉当时巴色会客话文献编著的语言背景情况，其中关于中国人戴文光等参与客话文献编写的史料对考证巴色会客话基础音系尤为重要。

2002 年柯理思（Christine Lamarre）发表《巴色会图书馆藏早期客话材料述评》（Early Hakka corpora held by the Basel Mission library: an introduction）对巴色会文献分客话圣经的编译、巴色会材料的语言学价值、关于莱普夏斯（Lepsius）罗马字系统三部分进行了论述、评介。

2005 年，法国社科院东亚语言研究中心（Centre de Recherches Linguistiques sur l'Asie Orientale）出版由 Hilary Chappell（曹茜蕾）和 Christine Lamarre（柯理思）英译的《初学者简明德客词典》（*Kleines Deutsch-Hakka Wörterbuch für Anfänger*）和《简明客话语法》（*Kleine Hakka-Grammatik*），并附其他一些重要的研究资料所汇集成的《客家话语法、词汇，及瑞士巴色会图书馆所藏史料》（*A Grammar and Lexicon of Hakka, Historical Materials from the Basel Mission Library*）一书。

国内张双庆、庄初升、刘镇发等人围绕香港新界方言的历史，也对巴色会文献语音、语法及音系演变等问题进行了探讨。主要成果如下：

庄初升、刘镇发《巴色会与客家方言研究》（《韶关学院学报》2001 年第 7 期）；张双庆、庄初升《从巴色会出版物看一百多年前新界客家话的否定词和否定句》（《语言研究》2001 年第 4 期）；张双庆、庄初升《一百多年来新界客家方言音系的演变》（香港中文大学《中国文化研究所学报》2003 年新第 12 期）。

庄初升《一百多年前新界客家方言的反复问句》(香港中文大学《中国语文研究》2003 年第 2 期);庄初升《一百多年前新界客家方言的体标记"开"和"里"》(《暨南学报》2007 年第 3 期);庄初升、罗秋平《一百多年前新界客家方言的语音系统》(香港中文大学《中国语文研究》2009 年第 2 期);张双庆、庄初升《香港新界方言》[商务印书馆(香港)有限公司,2003],该书为香港新界方言的调查报告,在第一章《导言》中的"新界方言研究现状"一节简要谈到了西方传教士时期巴色会的客话研究情况。在第四章《新界方言的语音特点》中"客家话的语音特点"一节谈到了新安客话一百多年来的语音演变。庄初升、黄婷婷《19 世纪香港新界的客家方言》(2014)一书分语音、词汇、语法和方言用字四个方面对新安客话及其百年来的变化作了全面的研究。

这些成果当中,语音方面以《一百多年来新界客家方言音系的演变》(2003)为主谈香港新界客话的语言演变。主要依据客话罗马字《马太福音》和汉罗对照本《圣经书节择要》对香港新界客家方言一百多年来音系演变,主要是声母的演变,做了简要的分析。《一百多年前新界客家方言的语音系统》(2009)则依据《启蒙浅学》罗马字拼音本(1879)和汉字本(1880)得出一百多年前新界客家方言的声韵调表和收录 2300 余字的同音字汇,文末并归纳了当时新界客话声韵调特点共 14 点。

英国长老会的文献中五经富客话罗马字《新约全书》目前据笔者所见尚还没有研究成果发表,但《客英词典》台湾学人已有研究。如 2002 年吕嵩雁《〈客英大辞典〉的客语音韵特点》(《花莲师范学院学报》2002 年第 4 期),2003 年赖文英《〈客英大辞典〉的客话音系探析》(《暨大学报》2003 年第 2 期)和黄诗惠《〈客英大辞典〉音韵研究》(台湾彰化师范大学国文研究所硕士论文,罗肇锦教授指导)及 2005 年彭钦清《〈客英大辞典〉海陆成分初探》(《台湾语言与语文教育》2005 年第 6 期)。

吕嵩雁《〈客英大辞典〉的客语音韵特点》一文在简单归纳出《客英词典》的声韵调系统的基础上,再从声母、韵母、声调三方面探讨了《客英词典》的音韵特点。全文与台湾四县客话及海陆客话、大陆的梅县客话展开比较,但缺乏演变的观点,也未对《客英词典》的基础音系作出考证。赖文英《〈客英大辞典〉的客话音系探析》则主要是描写、归纳《客英词典》的平面音系。

《〈客英大辞典〉音韵研究》则是黄诗惠 2003 年的硕士论文。其中绪论对《客英词典》的写作背景做了简介，但未作考证。第二章"《客英大辞典》音韵系统"对《客英词典》的声母符号、韵母符号和声调符号进行了构拟，提出了《客英词典》的声韵调系统并讨论了其声韵调配合关系。第三章"《客英大辞典》的历史音韵考察"从中古音韵格局对《客英词典》的音韵进行了梳理。第四章"《客英大辞典》的异读音"则从声母、韵母、声调三方面收集了《客英词典》一字多音的实例，并分析了多音的来源。第五章"结论"主要提出了《客英词典》所反映的语音特点。

巴黎外方传教会的文献资料中赖嘉禄神父的《客家社会生活会话》（1937）笔者尚未见有语音研究成果发表[①]；对《客法词典》（1926 年增订版）[②] 进行研究的则在台湾有林英津《论〈客法大辞典〉之客语音系》（《声韵论丛》第二辑，1994）及汤培兰《〈客法大辞典〉音韵研究》（台湾暨南大学中国语文学系硕士论文，1999）两种[③]。

林英津《论〈客法大辞典〉之客语音系》（1994）分引言、声韵调位的描述、音节结构、结论并若干问题的省思等几部分对《客法词典》的声调、声母、韵母从音位和音节结构的角度进行了细致的分析、讨论。

汤培兰硕士论文《〈客法大辞典〉音韵研究》分绪论、《客法大辞典》音韵系统、《客法大辞典》历史音韵——声母部分、《客法大辞典》历史音韵——韵母与声调、结论共五章。绪论简要介绍了《客法词典》情况。第二章从现代语音学角度对《客法词典》声母、韵母、声调进行了讨论，归纳了其声韵调系统。三、四两章历史音韵部分则联系《广韵》讨论了从中古音到《客法词典》所记客话语音的音韵演变情况。

纵观目前对巴色会、英国长老会、巴黎外方传教会客话语音文献的已有的研究成果，我们觉得还有几方面的工作要做：一是对这些文献的形成背景要做历史考证；二是对客话文献的基础方音要做细致的考求；三是在

[①] 法国柯理思（Ch. Lamarre）《〈客话新约圣书〉以及〈客家社会生活会话〉两书所见动词后置成分"倒"（上声）》一文（收录在《第一届台湾语言国际研讨会论文选集》中，台北文鹤出版有限公司 1995 年版），描写的是嘉应历史客话的语法项目。

[②] 《客法词典》1901 年初版目前尚未见有研究成果。

[③] 台湾中研院语言研究所林英津研究员惠赠笔者其《论〈客法大辞典〉之客语音系》一文电子扫描本并代为联系汤培兰，蒙汤培兰惠赠其硕士论文一册，在此谨致谢忱。

编写背景、基础方音考求准确的基础上,调查现代方言、联系现代方音做早期历史文献方音到现代方音的演变考察;四是充分利用这数种客话历史材料所涉地域相同、制成年代接近的优势,结合现代粤东客话,对它们作综合的横向与纵向的比较研究,在这种纵横立体式比较中充分揭示粤东客音的历史语言事实,把握粤东客音的历史演变规律。

二 粤东教会方言文献利用的有关问题

(一)罗马字系统考证

1. 莱普夏斯(Lepsius)系统①

巴色会客话罗马字材料采用的是莱普夏斯(Lepsius)"标准字母(Standard Alphabet,简称 S. A.)"。这个问题参与其事的毕安(C. Piton, 1880)、《客英词典》作者纪多纳(D. MacIver, 1905)等都在著述中指明,收藏巴色会客话罗马字文献的图书馆也都在书目中注明,已无须赘言。

卡尔·理查德·莱普夏斯(Karl Richard Lepsius, 1810—1884),普鲁士人,1846 年起任柏林大学埃及学教授,是近代著名的埃及学家、语言学家及现代考古学的开创者之一。

莱普夏斯(Lepsius)标准字母系统是在对许多欧洲以外的语言(莱普夏斯就曾亲自到非洲调查多种语言)调查、转写实践的基础上逐步完善、建立起来的,1855 年撰成 *Standard Alphabet For Reducing Unwritten Languages And Foreign Graphic Systems To A Uniform Orthography In European Letters* 一书,在柏林、伦敦分别以德、英两种文字同时出版,此书 1863 年经修订后再版。②

莱普夏斯(Lepsius)标准字母在某种意义上就是国际音标的前身,按照发音学的原理制定,在当时确实是最科学的③。笔者细读《标准字母》一

---

① 参考 Brown, Keith et al. *Encyclopedia Of Language And Linguistics*, Elsevier, 2005, 2nd ed.
② 本书参考的首版、修订版均系英文版,特此说明。德文首版著录为 Lepsius, R., *Das allgemeine linguistische Alphabet: Grundsätze der Übertragung fremder Schrift-systeme und bisher noch ungeschriebener Sprachen in eu-ropäische Buchstaben.* Berlin: Verlag von Wilhelm Hertz, 1885.
③ 游汝杰教授也认为:"Lepsius 是十九世纪后半叶的著名语音学家,在语音学界创制国际音标之前,Lepsius 系统是权威拼音系统。后来陆续出版的客家话罗马字圣经都是使用这个系统的。别种方言罗马字圣经的拼音方案也是在 Lepsius 系统的基础上制定的。"游汝杰:《汉语方言学导论》,上海教育出版社 2000 年版,第 256 页。

书，发现其元音系统是在确立 a-i-u 三个正则元音（莱普夏斯称之为元音三角）之后，严格按照舌位的高低前后、唇形的圆展来逐一区分的，并用各种语言材料举出实例，辅音也是分发音部位、发音方法来进行分类的。经过对比我们可以发现，现在的国际音标有不少符号还沿用了莱普夏斯（Lepsius）标准字母系统的方案。甚至莱普夏斯（Lepsius）早在 1855 年就明确提出了通用音标设计必须依据的原则是"一音一标，一标一音"①。

莱普夏斯（Lepsius）标准字母系统形成于 1855 年，比 1888 年才出现的国际语音学会国际音标第一次方案早了 33 年②。

当然，莱普夏斯（Lepsius）标准字母也有其严重局限，其一就是附加符号过多，显得笨重。当时就有人抱怨难写难认，难打字难排版。所以当时德国以外的差会传教士往往对这个系统不予采纳，并多有诟病③。

巴色会采用的莱普夏斯（Lepsius）标准字母的声母、韵母、声调符号我们在第二、三、四章再分别介绍。

2. 中华教育会④罗马字系统

《客英词典》第一版《导论》（Introduction）中指出该词典所用的罗马字系统异于巴色会的莱普夏斯标准字母系统，而是基督教同工当时普遍用来描写、记录汉语南方方言的一种系统，且已经中华教育会（The Educational Association of China）⑤采用，作为标准的官话罗马字系统。随

---

① 原文为："I. Every simple sound ought to be represented by a single sign. This excludes the combinations ng, ch, th. II. Different sounds are not to be expressed by one and the same sign; contrary to which principle ch, j, th have been each used with a double value." 第 31—32 页。

② 所以后来国际语音学会公布第一次国际音标方案时，同时登载了制定和使用此套方案的相关原则，其中第六条就是"附加符号应该避免，因为看起来费力，写起来麻烦"。参考李荣译《国际语音学会关于国际音标的说明》，上海教育出版社 1998 年版。

③ 同上，第 28 页。

④ 中华教育会（The Educational Association of China）：第二次鸦片战争后，西方各教派所办的教会学校趋于联合。最初的联合是 1877 年召开的第一次在华基督教传教士大会。美国传教士狄考文（Calvin Wilson Mateer）左右了这次会议。在这次会议上，各教派的传教士成立了学校教科书委员会，它的成员有丁韪良（W. A. P. Martin）、韦廉臣（Alex-ander Williamson）、狄考文等。这是最早的一个对中国进行文化教育侵略的组织，其主要任务是编辑和出版教会学校用的教科书，它就是中华教育会的前身。1890 年，第二次在华基督教传教士代表大会议决，将学校教科书委员会改为"中华教育会"，这个教会学校的联合组织从此形成，它从单纯编辑出版教科书，扩展为对整个在华基督教教育进行指导。到 19 世纪后期，西方传教士在华开设了一大批教会学校，而没有一所是经过当时中国政府批准的，它们均由"中华教育会"批准和管辖。

⑤ 参见《客英词典》第一版《说明》，第 ix 页。

着英、美国力的迅速上升，英、美差会也迅速崛起，在19、20世纪之交就基本上能左右在华传教的其他各国势力。这种罗马字系统实际上就是在这种背景下以英文正字法为基础设计的。我们可以名之为中华教育会系统，台湾的基督教组织则简单称之为教会罗马字。

3. 法文式罗马字系统

《客法词典》所采用的客话罗马字系统，很明显是以法文正字法为基础设计的。这种法文式罗马字系统目前我们所知不多，但法国汉学传统悠久，应渊源有自。1890年创刊的著名汉学杂志《通报》①的标题中"通报"二字的汉语罗马字即写为"T'oung Pao"，与《客法词典》中"通"、"报"二字的罗马字写法是一样的，其中"'"表送气，"ou"表 [u]，"ao"表 [au]，更是这种法文式罗马字的特点。这说明《客法词典》所用罗马字系统至少在1890年之前就已经形成了。

4. 参照罗马字系统进行拟音

新安客话罗马字系统前文已证是根据莱普夏斯标准字母系统编写的，所以在新安罗马字的拟音上，莱普夏斯《标准字母》一书的相关论述具有参考价值，所以我们在讨论新安历史语料拟音过程中，先参考此书，再看相关音类在现代客家方言，特别是与新安客话一脉相承的香港荔枝庄、杨小坑及深圳龙岗爱联方言的表现，以较为准确地拟定新安方音各音类的音值，并为其他历史文献方言材料拟音提供参照。五经富客话罗马字《新约全书》和《客英词典》所用系统一致，该系统我们可以称为中华教育会罗马字系统，前文已经作出说明。但五经富客话《新约》和《客英词典》初版和增订版②都没有标音说明，所以我们只能以现代方言表现，及参考新安《新约》所据莱普夏斯《标准字母》相关论述及《客法词

---

① 自1890年创刊至今的国际著名汉学杂志，由法国巴黎东方现代语言专科学校和政治学自由学院的亨利·考狄（Henri Cordier, 1849—1925）教授和荷兰莱敦大学的首任中文教授薛力赫（又名施古德，Gustave Schlegel, 1840—1930）联手创办，初名全称是《通报，供东亚（中国、日本、朝鲜、印度支那、中亚和马来西亚）历史、语言、地理和民族学研究的档案》。不久，省去标题中的国名和地区名，只称"东亚"，即《通报，或关于东亚历史、语言、地理和民族学的档案》(T'oung Pao ou Archives concernant l'histoire, les langues, de la geographie et de l'ethnographie de l'Asie orienttale)。主要刊出研究东南亚各地，尤其是关于中国的历史、地理、语言、风土等方面的文章，也有书评和汉学家的生平传略，撰稿者大多是欧洲著名学者，多以法文刊出，也有英文或德文等。《通报》自创刊起，即一直由荷兰莱顿的布里尔（Brill）出版社出版。

② 《客英词典》中仅有6个声调调类说明，声母、韵母说明阙如。

典》相关音类符号的说明,对五经富客话罗马字《新约全书》和《客英词典》的音类符号作出拟音。《客法词典》在《发音说明》中有部分韵母、声母符号以及6个声调的说明,我们在讨论到相关音类时均予以参考。

(二) 客话罗马字长篇语料整理

1. 语料整理前提、方法

首先,整理者最好就是客话圣经等历史语料所记方言地点的当地人士,退而求其次,也应当能说客家话,有良好的语言学素养,有方言调查经验;具有较好的现代客家方言语感;能够通过内省的方式释读罗马字的客话字词。

笔者是赣南的客籍,族谱载开基祖直金公自广东长乐县长埔作塘肚(今广东省五华县长布乡作塘肚)迁来江西上犹,到笔者这辈已历十世。按一世20年到25年测算,应在清朝乾隆末年、嘉庆初年自嘉应祖地迁出,笔者所说客籍话曾被上犹本地同样说客家话的本地人称为"广东话",至今仍与上犹本地客话截然有别。所以在这些粤东客话历史语料释读、整理上,笔者虽非粤东客家人,但仍然具有一定优势。

其次,整理者尚须参照各种可资利用的客家语音、词汇及语法材料以利准确释读原文。如巴色会客话罗马字《马太福音》8:29①,页28,出现kwan,-hyap,一词,久思不得其解。后在《客英词典》189页"涉"字下检得"毫无干涉"短语例,英文解释为"not the least responsibility",其中"干涉"标音为kon hiáp。经此提醒,笔者由此悟出此节kwan,-hyap,一词即"关涉","干涉"与"关涉"在"关系、牵连"这个义项上是基本同义的。而官话和合本用的是"相干"这个词②,也与"关涉"、"干涉"同义。这样就可以在保证释文与圣经其他版本相应章节文意完全一致的基础上,尽量准确地将客话罗马字转写为汉字。

最后,音节释读时一定要做到与其他版本书意吻合且释出的文字当文从字顺,否则宁缺毋滥。有疑问处要反复对勘,排除校对排版错误;出现频率只有一两次且又有疑问的字音,只能存疑,不予采用。

---

① 称引《圣经》原文以此方式表示章节,"《马太福音》8:29"即指《新约·马太福音》的第8章第29节。

② 原文为:"他们喊着说:神的儿子,我们与你有甚么相干。时候还没有到,你就上这里来叫我们受苦么。"(马太8:29)

2. 圣经版本对勘释读举例

巴色会、英国长老会罗马字客话圣经和圣经各种译本一样，都在篇内区分章节，即《新约全书》、《旧约全书》都先分篇，篇内分章，章内再分节，以方便称引。而且圣经翻译时也同样严格要求以节为最小单位，非常谨严，以力求保证不同版本的圣经之间同一节的文意完全对应一致。这样，各种语言或方言版本圣经的同一章节，其内容应是完全相同或基本相同的。也就是说，圣经翻译的严谨性为释读和转写罗马字版圣经提供了莫大的便利。

在没有汉字对照本的情况下，我们可以利用其他版本，来释读罗马字本的圣经语料。如《新约》马太福音第二章第九节各参照版本内容分列如下：

(1) 英文钦定本（King James Version，简称 KJV，1611）：

Mat 2:9 When they had heard the king, they departed; and, lo, the star, which they saw in the east, went before them, till it came and stood over where the young child was.

(2) 中文文理委办本（大美国圣经会文理《旧新约圣书》，1910）：

博士闻命而行，忽东方所见之星前导，至婴儿所居，则止其上。

(3) 中文文理和合本（圣书公会《新旧约全书》文理和合译本，1919）：

马太2:9 博士闻王命而往，东方所见之星忽导于前，至儿所，则止其上。

(4) 中文官话和合本（上海美经会《新旧约全书官话》和合译本上帝版，1923）：

马太2:9 他们听见王的话，就去了。在东方所看见的那星，忽然在他们前头行，直行到小孩子的地方，就在上头停住了。

(5) 客话汉字本1（圣书公会《客话马太福音》单篇，1908）：

马太2:9 博士听倒王讲就去，忽然有东片看倒嘅星，同佢等先行，行到细子住噠，就停紧在顶高。

(6) 客话汉字本2（圣书公会《客话旧新约全书》，1931）：

马太2:9 博士听倒王讲就去，忽然有东片看倒该星，坐佢等先行，行到细子住该里，就停紧在顶高。

(7) 其他方言汉字本（《新约全书》中西字广东话新译本，上海：美国圣经会，1927）：

马太2:9　佢哋听闻王所讲，就起程行，系东方所见嘅星，在前头引带佢哋，直到婴儿所住个处，就停止在佢上头。

有以上这些版本的译文作为基础，来释读、转写巴色会、英国长老会的罗马字原文，就相对容易把握了。下文我们逐字转写这一节的原文。

(8) 巴色会客话罗马字本原文与对照释文：

9　loi, waʻ ṅai, ti,, ṅai, ya, loi, hiʻ paiʻ-kenʻ ki,. Kaiʻ
　　　　　　　　　　　　　　　　　　　　　　　　①(2:9) 该
　　yu, tshoi,-len, kaiʻ nyin, thaṅ woṅ, minʻ, tshyuʻ hiʻ;
　　有　才　能　嘅　人　听　王　命，　就　去；
fut,-yen,-kan, thuṅ, tshoi, tuṅ,-foṅ, soʻ khonʻ-tauʻ
忽　然　间　同　在　东　方　所　看　倒
kaiʻ sin,, kin,-haʻ hyenʻ-tshut, tshai, ṅan, tshen, yin,
嘅　星，今　下　现　出　在　眼　前　引
luʻ, yit, tšhit, yin, tauʻ oṅ,-ṅa,-tsaiʻ tšhuʻ kaiʻ soʻ-
路，一　直　引　到　□　伢　崽　住　嘅　所
10 tshaiʻ, sin, tšaṅʻ thin,-tšiʻ tshoi, kya, wuk,-šoṅʻ. Kaiʻ
在，　星　正　停　止　在　其　屋　上。

其中"yin,"经对照各种版本，从文意看应为"引"字。但其声调此处标为阴平，与今梅县、香港等客话中均读上声不合，令人起疑。但是在客话罗马字《使徒行传》20:30（第78页）中出现"yin,-yu ʻ"一词，参照其他译本可确定为"引诱"，《使徒行传》28:23（第105页）中出现"yin,-tauʼ"一词，参照其他译本可确定为"引倒（'倒'为客家方言体貌助词）"，经对勘，三处均标阴平，所以可以排除排版、校对错误，并确证"引"字在当时的新安客话里头也是读入阴平的。

"oṅ,-ṅa,-tsaiʼ"为一个三音节词，对照诸种版本，当为"婴儿"意，

---

① 大写首字母"Kaiˋ"字前面内容属上节2:8。早期巴色会罗马字本圣经译本都是在每节开始所在行行首标节号，每一节的头一个前缀字母大写，以区别前节内容。

其中"ṅaɬ"可以转写为"伢"字，"tsai'"可转写为"崽"，"oṅ/"不知其本字或无本字可写，只好阙如。

（9）英国长老会客话罗马字本（《救主耶稣的新约圣经全书》译作客家白话，汕头：礼拜堂鸿雪轩印发，1924）：

2:09 Kâi-teu sâ then vông kâi và，tshiù khì； kî-teu tshài tung-fong
（釋文） 誐箋儕聽 王嘅話， 就 去； 佢箋 在 東 方
só kièn-tó kâi sen，khòn-hà，yin-tài tshài kî-teu thêu-tshiên，tò sè-tsṳ́ só
所 見倒嘅 星， 看 下，引帶 在 佢箋 頭 前，到細子所
tshài kâi vùi-tshṳ̀，tshiù hiet tshài kâi shòng-thêu.
在 嘅 □ □，就 歇在 誐 上 頭。

其中"vùi-tshṳ̀"一词疑为"位置"，但"tshṳ̀"送气，"置"为知母字，客家话通常不读送气，可"vùi-tshṳ̀"一词文中出现多次，基本可排除误植送气符"h"这一情况。为审慎起见，这一词我们暂不予转写，也仍付阙如。客话罗马字圣经材料转写过程中遇到的此类疑难字音数量还比较多，且圣经文本篇幅很大，暂时未便统计，且留待进一步的研究。

3. 本书所用客话文献整理情况

用以上方法，笔者首先对巴色会客话罗马字《新约》中的《马太福音》、《马可福音》、《路加福音》、《约翰福音》、《使徒行传》五篇进行了整理。《新约》共分 29 篇，这五篇依次是《新约》的第一篇至第五篇，但在篇幅上已经占了全书的一半。（官话和合本《新约全书》约 272 千字，前五篇为 158 千字，其中《马太福音》35 千字、《马可福音》22 千字、《路加福音》37 千字、《约翰福音》29 千字、《使徒行传》35 千字。）笔者全文转写了客话罗马字《马太福音》34 千字、《马可福音》22 千字、《使徒行传》36 千字。《路加福音》、《约翰福音》系 2009 年 10 月美国圣经会图书馆馆长 Lupas 博士在笔者向其提交《马太福音》、《马可福音》、《使徒行传》三篇的汉字转写释文后，方又赠笔者此二篇的。时间仓促，来不及全文转写。笔者便在前面三篇整理基础上，边释读，边随文摘出这两篇当中新出现的（也即已转写的三篇未出现的）字音材料。

从上文所列各篇字数对照可以看出，客话罗马字经转写后跟官话和合

本各篇字数相当，客话《路加福音》、《约翰福音》虽然未经全文转写，但其字数也当和官话和合本大致相当。所以笔者整理的这部分材料约为 160 千字，经过对材料穷尽性的释读并反复对勘，仅得到 1846 个准确的单字音材料。

英国长老会五经富客话罗马字本《新约全书》则采用了释读全书，从中提取不重复的单字音的办法。从约 300 千字的全书中得到准确的单字音 1695 个。

《客英词典》初版序言中提到在编写体例和收字范围上均参考了卫三畏（Samuel Wells Williams）《英华分韵撮要》(*A Tonic Dictionary of the Chinese Language in the Canton Dialect*) 和翟理思（Herbert A Giles）《华英字典》(*A Chinese-English Dictionary*)。《客英词典》1905 年第一版计正文 1216 页，字头共 13514 个[①]，其中有音有字者 12319 个，有音无字者 1284 个。我们逐字将《客英词典》的字音摘录下来，做成数据库。

《客法词典》篇幅更大，正文达 1412 页，字头计 11327 个，与《客英词典》相较，《客法词典》无有音无字的情况。究其原因是因为《客法词典》编者做了"考本字"的工作，将大量有音无字词归到编者所认为的本字义项下去了。这就造成《客法词典》异读音比《客英词典》还要更加复杂的情况。

因为两部词典收字很多，字音情况也异常复杂，我们目前没有足够的时间进行系统的整理、比较。为了保证较为准确地反映、比较两部词典及其他材料的语音情况，在本书中我们还是依据《方言调查字表》的收字范围对两部词典的字音进行了筛选。《客英词典》取 4393 个字音，《客法词典》取 4212 个字音。

（三）语料同一性问题

柯理思（2002）曾提出巴色会客话罗马字材料的同构型问题。她指出，她个人对这些语料的评价是相当高的，在研究这些语料中的一些具体语法结构时，她从中取得的例句表现总是均一同质的，也跟现代方言田野调查的结果以及其他相关的文献相一致。张双庆等人也和她持相似观点。她认为，巴色会客话罗马字语料高度同一这一点也可能被进一步的研究所

[①] 黄诗惠计算《客英词典》1926 年增订版共 1142 页，约收录 12605 个字（包含有音无字者）。

确证①。

　　而语料的同一性对于语音的研究是很关键的，这关系到语料中反映的是单一音系还是两个或多个音系的问题。如果非单一音系，而又不能很好地判别、厘清，则将直接影响语音研究结果的正确性。

　　笔者在对这五个《新约》单篇，共 16 万字的语料进行释读、转写的整理过程中，发现虽然这五篇译成于众手，时间也从 1860 年（客话罗马字《马太福音》初版为 1860 年，修订版为 1866 年）持续到 1879 年几乎 20 年之久，但就语音上看来，除了 1879 年出版的《约翰福音》泥母洪音偶尔不混入来母，如《约翰福音》3：20（第 10 页）"恼"作"nau"，3：36（第 11 页）"怒"作"nu"，而不作"lau"、"lu"，与其他各篇泥母洪音作来母的表现稍有不同之外，可以说五个单篇反映出了一个完整的、高度均一的、距今约 150 年的客话语音系统。

　　之所以在 20 年间分别出版的五个新约单篇语音上能保持如此高度统一，笔者推测有两个原因：一是各位译者在翻译中所使用的客话高度一致，均为同一地域且内部几无歧异；二是译者有意为之，即后来的译者都以最早出版的客话罗马字《马太福音》以及《客德词典》的语音系统为准，用这个语音系统来译写《马太福音》以后的各篇，以力求保持各篇乃至整部《新约》的语音面貌相互统一。看来前者可能性要大一些。

　　英国长老会五经富客话《新约全书》是彭启峰牧师一人所译，我们经过全书的释读，发现全书语料也是高度同质均一的，其语音显然是单一音系。

　　而《客英词典》、《客法词典》两部词典为求适应在粤东客属各地开展教务的实际需要，采用了兼收并蓄的原则，这样就难以做到完全同质，语音上肯定有异质的成分。如《客英词典》在序中还明确表示，此部词典要记录嘉应、潮州、惠州三地的客话。而且在有些字音下，确实有 C.（潮州）、F.（惠州）、K.（嘉应）三种标注，来分别表示三地之音。我们在整理过程中对两部词典的字音进行了一定程度上的筛选、分类处理。筛选的原则：一是尽管两部客话词典收字甚多，但用作本书语料的字音只

---

① 原文为："My personal appreciation of these corpora is very high: when I studied some specific grammatical con-struction in it... the data I obtained were always homogeneous. and congruent with field data or other independent sources. This opinion is shared by Zhang Shuangqing et al (1999) and will likely be confirmed by further studies."

以汉语方言调查字表的收字范围为限；二是所选的字音材料我们逐一进行了甄别，根据词典给出的字义及词、句用例及其标音，判断该字字音和字义是否和《广韵》中该字的字音和字义紧密联系甚至密合无间，联系不上的字音均不予收录。至于两部词典究竟以何地音系为基础，后面我们还要加以讨论。

（四）基础方言的推测

外国人主持编著的汉语方言著作，如何厘清、确定其所依据的基础方言，是个值得探讨的问题。就巴色会、英国长老会的具体个案看，我们主要从以下几个方面着手考求。

考证外国作者的汉语方言教师，查明其语言教师的里籍生平；考证外国作者学习汉语方言的具体地点；考证外国作者汉语方言著作的中国助手或合作、参与者。

这类汉语方言著作往往都有中国人的协助、参与，但作品出版时中国人的工作往往被外国作者有意无意地忽略，在作品中只字不提。我们只有设法利用各种相关历史文献对此进行考索求证。

从上文外国译者、中国译者的情况看来，不难看出，巴色会客话罗马字材料的基础音系当为新安客话，而且具体说来当以新安李朗一带为中心。理由如下：

教过韩山文、黎力基的戴文光夫妇是李朗人，也即是说韩山文、黎力基系统学习的客话为李朗客话。

戴文光协助、参与了早期巴色会的客话文献编译工作，且贡献很大，从上文我们看出很多实际工作都是他做的，这样也就决定了巴色会文献必然会以戴文光的李朗话为音系基础。

巴色会在李朗办有神学校，早期牧师都在这里工作过。后来刚来华的牧师往往在李朗的神学校先学习客家话，学习自然口语之外，还包括早期的罗马字文献。同时李朗的神学校也以巴色会客话罗马字教材、圣经等进行授课、教学。

英国长老会五经富客话罗马字《新约全书》系杰出的中国牧师彭启峰所译。彭启峰系"惠州陆邑之五云洞人"，即原陆丰县五云洞人，今揭西县五云镇。而且在五经富还设有男校、女校及神学院（观丰书院），至少男校、女校的学生当时是要学习客话罗马字圣经，另外还有不识字的妇女通过学习，掌握客话罗马字来读经，这样五经富客话罗马字《新约全书》必然要以当地方言编译，否则不识字的妇女是无从阅读的。这样我们推测五经富客话罗马字《新约全书》就是以当时的五经富地区（今揭西县客属地区）的客话为基础方言。

以上可以说是从鲁国尧先生所倡行的文史语言学①的角度来对此类以西方教会人士为主体所形成的特殊的汉语方言历史语料作宏观的、外在的考察，也是文献考证法在考察历史语言材料产生的文化、历史、社会背景上的具体应用。

第四节　研究的方法、思路、步骤

一　研究方法

鲁国尧先生倡导的历史文献考证和历史比较法相结合的新二重证据法，是本书的根本指导方法。将这两种方法紧密结合，以客观科学的态度进行研究，从而揭示客家方言语音事实。

本书所面对的是汉语语音史研究中比较特殊的材料——西方教会人士为主形成的罗马字汉语方言材料，这些材料的形成背景也十分特殊，虽然只有一两百年的历史，可是我们已经对此不甚了了。所以本书力求就粤东客话历史文献材料本身的诸多问题及其形成历史背景，尽可能地找到答案，作出考证，并已经在上一节作详细的阐述。下面再就几个具体问题来说明我们的作业方法。

（一）比较法的多维度综合运用

本书充分运用了比较法。比较从多个角度进行：历史方音与历史方音比较，即新安、五经富、《客英词典》、《客法词典》等近代客家文献方音之间进行相互比较；现代方音与现代方音比较，即香港荔枝庄、揭西五经富、五华、梅县等九个点的比较；历史客家方音与现代客家方音的比较。这样多角度的比较能够在大规模数据库上轻松实现。

---

① 利用史料及其他各种文献来研究语言发展演变的理论和方法，鲁国尧先生认为可成为历史语言学的一个分支，且名之曰"文史语言学"。鲁先生云："研究语言史当然应该重视语言本体的研究，但是语言本体对语言史的研究未必能提供所有的，或者足够的信息。而且，就汉语语言史而言，它是中国史的一部分，研究语言史也应该重视有关语言史的文史资料的研究。……我们认为，'文史语言学'值得提倡，值得大力提倡！"见鲁国尧《鲁国尧语言学论文集》，江苏教育出版社 2003 年版，第 735—736 页。

在这种多角度的比较中，能够彰显各个近代或现代方言的个体差异和共同特点（个性和共性），也能迅速找出各方言之间的联系和区别。比如《客英词典》、《客法词典》虽然掺入了异质的成分，但是我们在比较中能够发现其"有人所无"的独特特征，就为进一步确立其基础方音做好了铺垫。

近代音与现代音相联系，多点历史方言和多点现代方言可作充分比较。我们在比较中以现代音考求近代音的方法，并参考相关文献材料的标音说明，来揭示近代晚期粤东客话的语音面貌，求出近代音的声韵调系统。

多个历史方言材料同时进行排比、分析，这也是本书运用比较法的特色之一。事物的特征总是在比较中才能发现的，通过各个音类的比较，指其同，别其异，每个历史次方言各自的特征就一点一点地展现出来。看上去这种比较法是和盘托出，但实际上经过以音类为枢纽的比较，其各自特征实则眉目分明。

近代晚期新安罗马字《新约》、五经富罗马字《新约》、《客英词典》、《客法词典》四个材料所反映的音系，编写时间均为150年前到100年前左右，时距不远，经上文考证地域也均在粤东。所以下文我们会将粤东四个材料看作晚近粤东客家次方言四个"土语"点，予以综合研究。这种综合研究的办法类似于现代方言调查中对同一个次方言区内若干个不同居住地的发音人所作的综合考察。四个材料同属一个次方言，能够求出它们之间的大同；但由于各自有不同居住区域的差别，则其中必定又有小异，故可综合进行考察。综合根据四个材料所揭示的音类，对照现代粤东客音，参考有关文献材料的标音说明，拟出音类音值，求出晚近粤东声韵调系统，此即大同。同时得出各个"土语"音系之间的内部区别，即为小异。

刘晓南先生在论述历史方言的本体与特征时指出，"描述方言与通语或方言与方言音系差异最简明的办法就是罗列其语音系统中的个性成分，也就是说，列出其方音特征"。并得出如下公式：

"方言＝同质（通语及其他方言的核心共性）＋异相（自己的个性）"

又指出"而方言之所以成为方言乃在于它们之间有其个性之'异相'，方言之区别尽管有地域分隔的因素，但更重要的还是不同地域的方言具有不同的特征。所以，方言特征说到底就是方言区分的主要依据。在方言研究中应当占有重要的地位"①。

我们以这段论述为指导，在作业的过程中，发挥我们占有四个差不多共时的历史语料的优势②，运用比较法充分揭示出四个客话历史文献的共性和个性，存其大同，别其小异。事物之间的比较是揭示其共性和个性的唯一途径。具体到本书对于粤东客话声韵调系统的分析、描写来说，就是，一方面我们要从粤东四个文献中求出"同质"，这就是粤东晚近客话的特点；一方面我们还要从比较中得出四个文献材料的"异相"，找出每个材料独具的个性，与我们前面的历史、地理、社会等背景考证相印证，与现代粤东客家方音相联系，在文史考证的基础上进一步从语言本体内求证四个材料所描写的具体方言点，确认其基础方言。

多个历史方言材料的比较具有单个材料（或专书）研究所不能有的便利。黄诗惠《〈客英大辞典〉研究》、汤培兰《〈客法大辞典〉研究》等均各自只从一个材料研究，加上缺乏历史文献考证，所以最终未能确立两部词典的基础音系，也就无法展开历史比较。

我们根据文献考证的结果，确定相对应的现代客话方言点。一方面利用学界已有的调查成果，另一方面开展了相应方言点的调查工作。这里也一并将本书用到的相关现代方言材料介绍如下。

1. 已有的调查成果

2003年张双庆、庄初升出版了《香港新界方言》一书，我们选用了其中西贡荔枝庄客话材料及屯门杨小坑客话材料，因香港新界发音人难觅，这两个材料未经复核。

梅县方言材料我们选用了李如龙、张双庆《客赣方言调查报告》中梅县点的材料，发音人为林立芳；并用林立芳《梅县方言语法论稿》所附的同音字表材料予以对校、补充，并作了复核。五华方言材料我们参考了魏宇文的《五华同音字汇》(《方言》1997年第3期)。

2. 笔者调查的方言

本书涉及的现代客家方言点为数不少，除了充分利用方言学者已发表的严谨、可靠的方言调查资料之外，还需要对没有可靠材料的方言点进行

---

① 刘晓南：《汉语历史方言语音研究的几个问题》，《汉语历史方言研究》，上海人民出版社2008年版，第15—17页。

② 历史方言多点比较研究的优势是只做一个材料的单点研究所无法比拟的，很多问题在孤立、封闭的状态下发现不了或者难以说清，在比较、联系的过程中却能了然于目。

调查，有可靠资料的方言点也须进行补充调查核实。因为经费紧张、时间紧迫、方言点分布广、距离远等原因，为本书的田野调查工作造成了极大的困难。承嘉应学院冯丽云老师及她的几位学生为笔者提供协助，主动做发音人或代为联系发音人，揭西县基督教五经富堂 82 岁的曾惠堂牧师、年轻的王伟和牧师，大主教河婆堂 80 岁的庄建坚司铎，《揭西县志》（1994）方言部分的编写者张永辉先生为我提供了许多背景材料，同时也为我的调查提供了许多便利，加上诸位发音人的无私奉献、紧密配合，我们还是完成了现代粤东方言近 10 个点的调查、记录，或补充、复核。且发音人年龄从 80 余岁到 20 岁，身份从牧师、教师、学生到自由职业者、个体商贩，代表性较强。扎实的田野工作，是历史比较结论信实准确的保证。

我们的具体做法是在熟悉历史文献的基础上，根据历史文献所反映出来的方音信息，有的放矢地对相关方言点的音系进行较为详细的调查。有些字音调查到词汇层面，以求尽量揭示丰富而复杂的客话方音事实。

前文已说过，为照顾历史隶属和方便举称，我们整理的历史方言材料可分为嘉应、潮州、惠州客话三片。我们手头掌握的已有的粤东客家方言调查成果，三片中每一片都感觉不足，于是我们根据所掌握、整理的历史方言材料进行了方言点的选取和补充调查工作。

对于惠州片，我们另行调查了深圳市龙岗爱联方言，以便和新安客家方言历史材料全面对应。嘉应片，我们另行调查了五华县河东镇河口村方言。潮州片所属的五经富客话历史材料包括五经富客话罗马字《新约全书》和《客英词典》，这两个材料的形成地点，主要是在现在的揭西县境内。目前我们所能见到的揭西客家方言调查材料有李如龙、张双庆《客赣方言调查报告》揭西点的材料，发音人为年轻的大学生，且未注明具体乡镇；另外，还有林伦伦《广东揭西县方言研究》（《汕头大学学报》1994 年第 3 期）以及《揭西县志》第九章《方言》所描写的县城河婆镇客话简单音系材料。在《揭西县志·方言》一章的撰写者张永辉先生（现主要从事文学创作，笔名水军、水均）的协助下，按照该县客家方言内部特点先进行分片调查，最后采用了笔者调查的五经富、五云、下砂①和揭西县城河婆镇四个点作为代表点材料。

---

① 下砂原是一个乡，现已并入五云镇，但下砂客话具有特色，我们仍单独列出，不归入五云镇。

这样我们一共采用了 9 个点的现代方言材料,加上巴色会新安客话罗马字《新约》、英国长老会五经富客话罗马字《新约》、英国长老会《客英词典》和巴黎外方传教会《客法词典》4 个历史文献材料方言点,共计 13 个方言点材料,开列如下:

新①:巴色会新安客话罗马字《新约》

富:英国长老会五经富客话罗马字《新约》

英:英国长老会《客英词典》

法:巴黎外方传教会《客法词典》

荔:香港新界西贡荔枝庄

杨:香港新界屯门杨小坑

深:深圳市龙岗爱联*②

经:揭西县五经富镇*

云:揭西县五云镇*

砂:揭西县原下砂乡*

河:揭西县河婆镇*

五:五华县河东镇*

梅:梅县

其中新、富、英、法诸材料我们称为历史文献客音,其余则称为现代客音,如表 1-1 所示。

表 1-1　　　　　　　　粤东客方言点简称

文献客音				现代客音								
新	富	英	法	荔	杨	深	经	云	砂	河	五	梅

历史文献方言点在表 1-1 中以双竖线和现代方言点材料隔开。

现代方言中"荔、杨、深"对应于惠州片,与巴色会新安客话材料相联系;"经、云、砂、河"对应于潮州片,与英国长老会五经富客话材料相联系;"五、梅"对应于嘉应片,与《客英词典》(以下简称《客英》)和《客法词典》(以下简称《客法》)相联系。

---

① 为行文简洁,每个方言材料均取一字作为简称,后面表格中方言点都以简称代表。

② 带*者为笔者本人调查。

（二）方言材料的计算机处理[①]

我们对本书涉及的历史方言、现代方言材料进行系统整理、反复核对之后，最后采用了13个方言点的系统语料。手工处理一人之力短期内难以完成，我们为此引入了方言数据库处理的方法，在保证材料、数据客观可靠和全面、系统的前提下，将现代方言、历史方言（如西方传教士记录的系统客家方言资料）分别入库用软件处理，进行系统的排比分析。

一开始我们想采用国内学者常用的TFD（汉语方言计算机处理系统）[②]进行处理，但TFD只能做到两个方言点同时比较，且比较时只能以方言数据（方言声母、韵母、声调）为条件，不能以中古音韵要素为条件，显示结果也不直观，只有分类汇总，无明细数据。最终我们改用Access结合sql语言进行查询的办法，取得了较好的效果。Access是MS office组件，具有强大的数据库功能，与Word、Excel、PowerPoint等其他office组件具有良好的通用性，数据导入导出、格式转换及共享均十分方便。TFD是用foxpro编写的，能适用的字符集小，国际音标及超大字符集汉字均不能正常存储、显示。Access数据库具有非常简明的关系功能，表和表之间能以关键字段方便地关联起来。同时，结合sql语言可以做到极强的筛选、多关键字排序等功能，这样可以很好地实现多方言点大规模的数据比较。我们选用的4个文献材料方言点即新安、五经富（旧）、《客英》、《客法》，建表为xa-o、wo-o、he-o、hf-o；9个现代方言点即荔枝庄、杨小坑、深圳爱联、五经富、五云、下砂、河婆、五华、梅县，建表为lz、yx、sz、wn、wy、xs、hp、wh、mx；另外建立了一个中古音韵信息基表jb，收字3980字，以《方言调查字表》收字范围为限，其中中古音韵数据我们逐字进行了校核。其他13个表都和中古音韵信息基表jb建立关系。然后我们再依各种查询要求建立声母查询表、韵母查询表、声调查询表等，可以非常方便地以各种条件（中古音韵条件、现代方音条件）迅速查询、比对这13个点的相关信息，且13个点的数据与相应中古音韵数据都可以做到同时呈现，一览无余，极其方便观察、比较、归纳。

表1-2是以新安声调xa_pt为上平（表中标为1）作为条件进行筛

---

① 本书方言数据计算机处理得同门雷励兄及笔者同乡廖先晖及其夫人刘娜女士在技术上慷慨相助，谨此致谢。

② 上海师范大学语言所编制，国家社会科学基金重点项目。

选，则其中新安读上平的字全部依序选出显示（有120字，这里选了头上一部分），中古清浊（uv, u1全清, u2次清, v1全浊, v2次浊）、调类（mt, a平声, b上声, c去声, d入声），相应其他点的调类_pt都依次排列。

表1-2　　　　　　　　　　　声调查询

chr	uv	mt	xa_pt	wo_pt	he_pt	hf_pt	lz_pt	yx_pt	sz_pt	wn_pt	wy_pt	xs_pt	hp_pt	wh_pt	mx_pt
波	u1	a	1	1	1	1	1	1	1	1	1	1	1	1	1
悲	u1	a	1	1	1	1	1	1	1	1	1	1	1	1	1
包	u1	a	1	1	1	1	1	1	1	1	1	1	1	1	1
班	u1	a	1	1	1	1	1	1	1	1	1	1	1	1	1
鞭	u1	a	1	1	1	1	1	1	1	1	1	1	1	1	1
边	u1	a	1	1	1	1	1	1	1	1	1	1	1	1	1

二　研究思路

首先，我们对巴色会等形成的四种粤东客话历史文献材料进行深入的考证，对其形成背景、作者生平里籍，特别是对参与这些文献编写的中国作者、助手情况进行细致的考证，一方面通过文史考证对文献形成的地点作尽可能的准确定位，一方面考订文献语料所反映的次方言基础音系。同时，明确文献语料所用的罗马字系统，文献语料是同质还是异质等问题。在此基础上全面对四种文献语料进行整理、描写、分析。

其次，我们对四种材料的语音情况进行初步观察，发现四种材料声韵调系统总体结构大致相同，声类均可分成5组且声类基本相同，韵部为33个，调类均为6个。主元音均为6个，介音和韵尾格局也表现一致。从文献形成地点的现代客家方言情况来看，也均属于6个调类的粤台片。总体来看，四个材料所反映的语音情况是大同小异的[1]。另外，四个点的文献语料形成时间也从100年到150年前左右，大致相当。正是基于晚近粤东历史语料语音上大同小异的语言事实，我们可以打破时空的局限，将四个点的文献材料视为一个整体，统一比较、分析，进行音值构拟，循此

---

[1] 分布地域如此广阔的客家方言语音面貌整体说来也是大同小异，内部具有很强的一致性，这也是客家话之所以成其为客家话的原因之一。

分别得出各历史语料点的声母、韵母、声调系统，再求出其综合声类系统、韵类系统和调类系统，即晚近粤东客音系统。在分析中，也充分考虑到四个材料的差别，指同别异，更好地找出其个体特征和总体特点。并从方言特色的角度进一步求证各个材料的基础音系，从语言本体出发做微观的、内在的考察。

最后，我们将粤东近代晚期教会文献语料所反映的语音平面和现代粤东客家方言语音平面联系起来，观察、分析这近两百年来粤东客话的语音演变、接触情况，探讨其特点和成因。

粤东地域较大，目前发表的粤东现代方言调查材料也并不是很多，且现有调查成果分布也不平衡①，而且就本书的研究条件来说，也不允许全面展开调查。鉴于此，我们采取了突出重点，先集中力量于历史文献方言形成地点的做法，充分利用现有准确的方言调查成果，并在此基础上补充必要的方言点进行调查。我们经过考证确定巴色会新安客话《新约》文献材料形成地域是现在的深圳、香港两地；英国长老会五经富客话《新约全书》所记方言是今揭西县境内的客家方言。英国长老会《客英词典》和巴黎外方传教会《客法词典》兼收并蓄，但以嘉应音为主，对应于现在的梅州市客家方言，我们选择了梅县方言和五华方言作为对照。

另外，要说明的是，晚近粤东客话材料不少，但我们所选用的巴色会新安客话《新约》、五经富客话《新约全书》、《客英词典》和《客法词典》这四种文献材料无论从形成年代还是形成地域，无论是其形成历史背景还是材料自身的特点来看，都具有一定的代表性。同时，这四个材料也能够代表当时的粤东客音，能够较好地反映出近代晚期粤东客话的概貌。

三　研究步骤

从下一章起，我们要分别讨论晚近粤东客音的声韵调系统及其特点和内部差异，并探讨粤东客话近两百年来的发展演变。我们先在此将考察晚近粤东客音（声母、韵母和声调）的具体步骤和相关方法予以说明，后

---

① 詹伯慧先生曾指出："梅县、增城、新丰、南雄等地都有过专著刊行，但毕竟为数太少。就梅州地区而言，除了梅县话有过系统研究成果外，邻近的兴宁、五华、蕉岭、平远、大埔等地的客家话，多少跟梅州话有些差异，迄今尚未有专门的研究成果面世。"十多年来粤东客家方言研究情况看来并没有完全改观。参见詹伯慧《广东客家方言研究之我见》，《学术研究》1997年第7期。

文则不再赘言。

前文已述我们考察晚近粤东客家方音的材料主要是西方教会所形成的罗马字文献，即是将一个个汉语基本单位转写成拼音文字的基本单位，也即字音音节。限于当时历史条件及罗马字拼音方案本身的要求，罗马字音节虽然包含了声母、韵母和声调的记录，但显然还不是声、韵、调系统而准确的表现。所以，从具体罗马字音节到音类系统及其当时实际音值①仍需予以考证、归纳。考证的具体步骤和方法简述如下。

（一）离析音类符号

1. 声类符号：分别穷尽四个文献语料中罗马字所记音节，每个音节中均去除非起首辅音字母符号②及声调符号，保留首辅音符号。即文献中有多少个音节，就有多少个首音符号（含零首辅音符号），再归并为罗马字音节起首辅音符号系统。这些首辅音符号就是声类符号的初态。

2. 韵类符号：从去除首辅音符号和声调符号的音节剩余部分（即传统音韵学所称尾音）中，我们可归纳出韵类符号的初态。

3. 调类符号：穷尽归纳四个材料的声调符号我们能得出调类符号初态。

（二）分析音类符号关系

上一步骤中将四个材料的音类符号从音节中离析出来，得到音类符号初态。那么这些符号之间的关系又当如何呢？我们认为这些符号的关系可分为两种：一是同一材料（也即同一罗马字系统）内部各音类符号之间的关系；二是不同材料（也即不同罗马字系统）之间各音类符号之间的关系。

1. 同系统符号关系：我们认为粤东客话各罗马字系统当时都基本上是以客话语音中音素为单位进行设计的，不同符号之间存在一定的语音对立关系。但是否作了比较严格的音位归并，也就是说，每个罗马字系统内的符号从音位角度来看是否尚可分、可合，还未可知。同一罗马字系统内部符号之间的关系涉及严格的音位推定，仍需要在晚近方言和现代方言比较的基础上，对具体音值作出拟测，才能进一步分其当分，合其当合。为

---

① 我们认为，求出音类及各音类具体音值（实际读法）后方能得出声母、韵母、声调及完整的语音系统。

② 传统音韵学区分音节为两部分，一为首音，一为尾音，这里非起首辅音字母符号也可称为"尾音"，起首辅音也可称为"首音"。

行文简洁、显豁,晚近声母系统、韵母系统的讨论中我们均先予归纳出以罗马字标示的晚近粤东声类系统和韵部系统,而音类(声类、韵类)符号初态分合的具体讨论则详见各章中"比较与拟测"部分。

2. 异系统符号关系:三种罗马字系统各自的符号之间可能出现三种关系:

(1) 同音同符,即相同的语音三个罗马字系统都采用了相同的符号来标记;

(2) 同音异符,即相同的语音各罗马字系统使用了不同的符号来标记;

(3) 异音同符,即各罗马字系统采用了相同的符号来标记不同的语音。

比较、区分不同文献(不同罗马字系统)所使用符号之间存在的同音同符、同音异符、异音同符等关系,对属于同音同符、同音异符关系的符号也予以归并。

对所得符号内部关系进行分析之后,我们采用音位学原理,根据对立与否,比较同异,归纳音位。如考察所归并的每个首音是否具有音位区别的性质,凡具有音位性质的首音符号就确定为一个声类,凡不具有音位性质的首音符号,分别予以归并。依此可得出以罗马字标示的晚近粤东客音声类、韵类和调类的音类系统。

(三) 点面比较,推测音值

将晚近方言语料与现代方言材料相互联系、相互比较,辅以历史文献的考证,从而确定或构拟晚近粤东客话语音系统中每一音类的音值。考证是指对粤东客话文献内部的语音表现以及文献作者的一些表述进行勾稽、考索。联系、比较则指四个晚近材料之间音类的联系、比较,晚近与现代粤东客话相同汉字的语音联系、比较。我们以考证和比较双重方法来推定晚近粤东客话各音类的音值。

在本书中,我们尽可能作穷尽、全面的比较。但我们意识到,本书涉及4个不同罗马字系统的历史语料,9个现代粤东客方言材料,符号繁多,关系复杂。比较要做到穷尽、全面,行文要做到明白晓畅,委实不易。我们在此尝试13个语料均参与比较,以表格形式呈现,以求一览无余,且层次分明,关系清楚,这就要求我们精心制表。13个语料中所有的字音显然不可能在文中均一一予以比较,这就要求我们科学"取样",

即精心选取比较例字，以全面反映所有音类的具体情况。为此这里要先予说明以下两点。

1. 纵横立体式普遍比较：本书凡在声类、韵类的比较和拟测、声调调类的比较和拟测小节中，每一个音类讨论前总先列出一个比较表。比较表式样如表 1-3 所示。

表 1-3　　　　　　　　　晚近粤东客话音类比较例表

例字	新安音读	声	新	荔	杨	深	富	经	云	砂	河	英	五	法	梅
波	po¹①	帮	p	[p]	[p]	[p]	p	[p]	[p]	[p]	[p]	p	[p]	p	[p]
飞	pui¹	非	p	[p]	[f]	[p]	p	[p]	[f]	[f]	[f]	f	[f]	p	[p/f]
捧	puŋ³	敷	p	[p]	[p]	[p]	—	[p]	[p]	[p]	[p]	p	[p]	p	[p]
妇	pu¹	奉	p	[f]	[f]	[f]	f	[f]	[f]	[f]	[f]	f	[f]	f	[f]

为使在一行中，尽量反映出晚近粤东客音与现代粤东客音各个语料在每一音类中的相互关系及音类的中古来源情况，并初步反映出晚近粤东客音的语音特色及内部差异，我们对比较表格进行了精心的设计，以作纵横立体式的比较。比较表格划分为五个区域（以双竖线间隔开）。第一区域一般分为三栏（以单竖线间隔），分列"例字"、"新安音读"②及该音类相应中古来源（如"声"、"摄"等）。接下来四个区域则分别为四个历史语料音类与相应现代粤东客方言点音值③的对照，每一区域中先列历史语料点，再列与之相对应的现代方言点，历史点音类均以罗马字标示，现代方言点音值均以国际音标标示（加"[ ]"以区别于罗马字）。

四个历史语料点以形成时间的先后顺序次第排列，新安《新约》编译时间最早，比其他三个材料所描写的客话差不多要早半个世纪，所以列在首位。另外，因为我们的比较是 13 个点的多项比较，而非仅仅两个点参与的双项比较，所以每个表格作音类比较时就只能以其中一个点的该音

---

① 为求简洁、直观、统一，本书正文中各历史语料罗马字字音声调均以上标数字在罗马字末尾标出，其中 1 为上平，2 为下平，3 为上声，4 为去声，5 为下入，6 为上入。

② 韵类比较表格中因韵类罗马字、韵母国际音标较占空间，故韵类比较表中不设"新安音读"栏。

③ 粤东历史方言点与现代方言点的对应关系参第五章"近二百年粤东客音演变"第一节"基础方音"。

类作为枢纽。① 而因为各点的差异，在其他点中出现不同的音类（即同一例字所属音类不同，例如："拿"字新安《新约》声类为"l"，其他点为"n"；"飞"字新安《新约》、《客英》、《客法》三个历史点均为"p"，而五经富《新约》则为"f"；"少"字新安《新约》、《客英》、《客法》韵类为"au/ao"，而五经富《新约》为"eu"）。换言之，即在讨论音类甲时，却在比较中出现了少量的音类乙、音类丙、音类丁等，这种情况本身并不足为奇，这也正是我们要以比较的方法来揭示的语言的丰富事实、语言的复杂关系。不能因为在某一音类的比较中出现了不同的音类，就怀疑整个音类确立存在问题。应该说，在各个音类的比较、对照中，历史语料的音类也好，现代方音的音值也罢，总是呈现出大同小异的局面。这种"小异"反映出来的正是历史语料的内部差异、现代客音的地域差异或者粤东客音的发展流变。比较表中所体现的音类或音值的参差，正是我们讨论粤东晚近客音内部差异和粤东客音演变的前提。

本书在讨论某一音类时这种纵横立体式比较表基本上是以新安《新约》（表中简写为"新"）为枢纽展开比较的，即所举例字在新安《新约》语料中全部属于所讨论的该一音类，这样做基本上能保证比较的全面性，必要时我们也以其他历史点作枢纽予以补充。

本书纵横立体式比较表中均筛选部分例字参与比较。例字的选用原则是以区分中古音类的音韵特征（如声、韵、调、开合、等第、韵摄、阴阳入声韵尾等）为主、区分晚近及现代客话音类的音系特征为辅。如此做到科学取样，尽可能照顾到例字的代表性，保证所比较的各个音类的语音性质能够得以全面地展现而不至于有所遗漏。也即音类例字选取均具代表性。

2. 晚近—现代音点对点穷尽性比较：在纵横立体式比较表之外，我们还在每一音类讨论中设计了晚近—现代客音点对点的比较和统计表，以济立体式比较表在穷尽性比较上的不足。因历史客音和现代客音共有13点之多，篇幅所限，不能一一对比，故我们在讨论每一音类时，只选取四个现代粤东方言点和四个历史点作相应的点对点的两两比较。即取新安《新约》—荔枝庄、五经富《新约》—五经富、《客英词典》—五华、《客法词典》—梅县四个历史方言点、四个现代方言点，从历史方言点音

---

① 如果以四个历史点中每一个点的该音类都作枢纽，就应该要列出四张表，这是本书篇幅所不允许的。

类的角度出发，依次作两两穷尽性对比。表 1-4 为历史点 p 声类的穷尽性比较。

表 1-4　　　　　　　　历史点 p 声类的穷尽性比较

罗马字	可比字数	现代音值	字数	百分比	例外
新 p	50	荔 [p]	45	90%	[pʰ] 扮彼伴 [ᵐb] 忘 [f] 否
富 p	57	经 [p]	54	95%	[pʰ] 并 [f] 放粪
英 p	57	五 [p]	51	89%	[pʰ] 并彼 [f] 复腹粪斧
法 p	55	梅 [p]	49	89%	[pʰ] 彪扮泼遍斧

表 1-4 中，第一行表示新安《新约》中总共只有 50 个标为 p 声类符号的汉字音节和香港荔枝庄调查材料所记的汉字音节可以一一对比。这些相互可以对应上的晚近和现代汉字音节，我们称为可比字音，其数量称为可比字数。则这 50 个字有 45 个在香港荔枝庄读为 [p]，为核心成分，我们称为现代主流音值，则其所占可比字数的百分比为 90%，其中"扮彼伴"读为 [pʰ]，"忘"读为 [ᵐb]，为游离成分，我们称之为例外。其余行以此类推。

这里要说明的是，因为粤东客话历史语料本身有限，如从新安《新约》和五经富《新约》中能转写出来的字音有限，均为 1000 余字，但这两种有限的语料却是经过笔者穷尽整理，是目前对于该材料最完整的转写（除去一些有疑问的或暂无法转写的字词外），从中古音类角度看也已经基本完备，完全足以代表当时传教士所记的客话语音。本书利用已有的方言调查成果中的字数也大都为两千字以内，而笔者受研究时间、调查经费等条件的限制，暂时也只得围绕各历史材料字音实际情况并且兼顾体现各中古音类的代表性，选取了 1500 字进行调查。但与历史语料对应的现代客方言点的选字也是经过科学取样而完全能代表现代粤东各点客话音系。历史语料和现代方言材料所记字音存在参差不齐，多寡不一之处，在相同音类之间，各自所辖字不能完全重合，仅为部分重合。部分字音传教士予以记录但现代方言却不使用而无法调查，有一些现代方言能查到的字音，文献中又不出现。文献所记与现代方言材料之间不能完全重合。所以材料各个音类两两之间能对比的字音总是少于历史材料中该音类的总字数。可比较之字有时数目虽然不大，但其代表性却是可以肯定的。也即就目前本书的研究状况而言，我们已力所能及地保证了材料比较的代表性、全面性及可靠性，当然等条件许可时我们还要尽可能全面补充材料，包括历史材料和现代材料。

从两两对应的字中，观察其现代音值的主流（即"核心成分"），作为历史方言音类音值拟测的主要依据。例外（即"游离成分"）的情况比较复杂，有些是演变的结果，包括规律的音变和不合规律的音变；有些是来源的不同，包括早期异读的存留，或与官话、粤、闽等其他方言接触的结果。对于例外（即"游离成分"）我们只举出其表现，略其具体说明，如属规律的音变以及我们能予说明的来源则详见第五章的讨论。不能说明的情况我们则暂时存疑，留待进一步的研究。例外总是甚少，也并不会影响我们的构拟。

讨论各个音类时，立体式普遍比较表和穷尽性比较表结合运用，取长补短，相得益彰。前者从质的角度，充分展现粤东客音的时空差异；后者从量的角度，准确把握粤东客音演变的趋势。

（四）分析语音特点及内部差异

1. 语音特点：指晚近粤东客话和现代粤东客话及清末官话相比较得出的声母、韵母和声调特点。

2. 内部差异：指晚清粤东客话材料所表现出来的地域性差异，也即是不同历史语料的相同例字在比较表中所表现出来的音类出入、参差之处，或者说不同历史语料的同一音类所出现的各自辖字的差异。也就是四个历史语料作为粤东客家次方言的"土语"层次之间的不同。

3. 以拟音为基础进行比较、讨论：因为本书涉及四个罗马字语料，罗马字系统不一，符号繁多，关系复杂。为方便讨论及比较，求统一、直观，本书凡在涉及语音特点、内部差异和语音演变的相关内容中我们一般均采用拟音。分析特点和差异也是为了作历史发展的研究，考察两百年前的客家话到现代究竟起了怎样的演变。

总之，本节所述步骤和方法，就是实现从晚近粤东客话一个个字音音节（含声调）中如何归纳出声类、韵类、调类，并推测出其当时的实际读音，从而求出声母、韵母、声调，并进一步观察其特点及差异。这些方法贯穿全书，以期严谨、客观、科学。

第二章 声母系统

第一节 声类及其拟音

一 声类符号

（一）首音离析

我们对四个近代晚期粤东客音所使用的材料即罗马字音节符号的首音进行穷尽分析。首先分离音节单位。四个历史语料中新安《新约》我们共录出 1726 个字音，五经富《新约》共录出 1695 个字音，《客英词典》取 4393 个字音，《客法词典》取 4212 个字音。四个材料的字音经并同存异，其各各不同的包含声韵调的音节数实为：新安《新约》1001 个，五经富《新约》1002 个，《客英词典》1493 个，《客法词典》1574 个。

这些各不相同的音节中仍包含了声调不同首尾音相同的音节，我们可从这些音节中先行将声调符号忽略①，只留声韵部分，再一次并同存异，得到只含声韵符号的音节（即线性的音素组合音节，仅包含声母韵母，不含超音段的声调成分）。在这个基础上，对所有音节线性组合，离析首音，分别得到四个材料所有的音节首音，并且予以初步分类如下（无起首辅音音节暂称 0 类）。

1. 新安《新约》（共 524 个音素组合音节，21 类首辅音符号）

0 类：a/ai/ak/am/an/ap/au/en/eu/oi/ok/on

f 类：fa/fai/fam/fan/fap/fat/fet/feu/fo/foi/fon/foṅ/fu/fui/fuk/fun/fuṅ/fut

h 类：ha/hai/hak/ham/han/haṅ/hap/hau/he/hen/het/heu/hi/hin/ho/hoi/

---

① 四个文献中的声调符号在罗马字音节拼写形式中都能和声韵符号分离开来，详参第四章"声调系统"。

hok/hon/hoṅ/hot/hyak/hyam/hyap/hyau/hyen/hyet/hyoṅ/hyu/hyuk/hyun/hyuṅ

k 类：ka/kai/kak/kam/kan/kaṅ/kap/kau/ke/ken/ket/keu

kh 类：khai/kham/khap/khau/khen/khet/kheu/khi/khin/khip/khit/kho/khok/khon/khoṅ/khu/khui/khuk/khun/khuṅ/khyam/khyaṅ/khyap/khyau/khyo/khyu/khyuk/khyun/khyuṅ/ki/kim/kin/kip/ko/koi/kok/kon/koṅ/kot/ku/kui/kuk/kuṅ/kya/kyam/kyaṅ/kyap/kyok/kyoṅ/kyu/kyun/kyuṅ

khw 类：khwa/khwai/khwui

kw 类：kwa/kwai/kwan/kwaṅ/kwat/kwet/kwui/kwun/kwut

l 类：la/lai/lam/lan/laṅ/lap/lau/lei/len/let/leu/li/lim/lin/lip/lit/liu/lo/loi/lok/lon/loṅ/lu/lui/luk/lun/luṅ/lut/lyam/lyaṅ/lyau/lyok/lyoṅ/lyu/lyuk

m 类：ma/mai/mak/man/maṅ/mat/mau/men/met/meu/mi/min/mit/mo/moi/moṅ/mu/mui/muk/mun/muṅ/mut/myaṅ/myau/myoṅ

ṅ 类：ṅ/ṅa/ṅai/ṅan/ṅaṅ/nau/ṅau/ṅi/ṅo/ṅoi/ṅok/ṅoṅ/ṅu/ṅui

n 类：nya/nyak/nyam/nyaṅ/nyap/nyau/nyen/nyet/nyim/nyin/nyip/nyit/nyok/nyoṅ/nyu/nyuk/nyun

p 类：pa/pai/pak/pan/pat/pau/pe/pen/pet/pi/pin/pit/po/poi/pok/poṅ/pu/pui/puk/pun/puṅ/put/pyaṅ/pyau

ph 类：pha/phai/phak/phan/phaṅ/phat/phau/phen/phet/phi/phin/phit/pho/phoi/phok/phoṅ/phu/phui/phuk/phun/phuṅ/phyak/phyaṅ/phyau/phyoṅ

s 类：sa/sai/sak/sam/san/saṅ/sat/sau/se/sen/set/seu/si/sia/sim/sin/sioṅ/sip/sit/so/soi/sok/son/soṅ/sot/sui/suk/sun/suṅ/sut/sya/syaṅ/syau/syok/syoṅ/syu/syuk/syuṅ/sz

š 类：ša/šak/šam/šaṅ/šau/še/šen/šet/ši/šim/šin/šip/šit/šoi/šon/šoṅ/šot/šu/šui/šùk/šun/šut

t 类：ta/tai/tam/tan/taṅ/tap/tau/ten/tet/teu/ti/tit/to/ton/toṅ/tu/tui/tuk/tun/tuṅ/tyam/tyau/tyu/tz

th 类：thai/tham/than/thaṅ/thap/that/thau/then/thet/theu/thi/thin/thit/tho/thoi/thok/thon/thoṅ/thot/thu/thui/thuk/thun/thuṅ/thyak/thyam/thyaṅ/thyap/thyau/thz

ts 类：tsa/tsai/tsak/tsam/tsan/tsap/tsat/tsau/tsen/tset/tseu/tsi/tsim/tsin/tsit/tso/tsoi/tsok/tsoṅ/tsui/tsuk/tsun/tsuṅ/tsut/tsya/tsyak/tsyam/tsyaṅ/tsyap/tsyau/tsyok/tsyoṅ/tsyu/tsyuk tš 类：tša/ tšak/ tšaṅ/ tšau/ tšen/ tši/ tšim/ tšin/ tšip/ tšit/ tšoi/ tšok/ tšon/ tšoṅ/ tšu/ tšui/ tšuk/ tšuṅ

tsh 类：tsha/ tshai/ tshak/ tsham/ tshan/ tshaṅ/ tshat/ tshau/ tshe/ tshen/ tshet/ tsheu/ tshi/ tshiaṅ/ tshim/ tshin/ tshit/ tsho/ tshoi/ tshok/ tshon/ tshoṅ/ tshui/ tshuk/ tshun/ tshuṅ/ tshya/ tshyam/ tshyaṅ/ tshyap/ tshyoṅ/ tshyu/ tshyuṅ

tšh 类：tšha/ tšhau/ tšhi/ tšhim/ tšhin/ tšhit/ tšhon/ tšhoṅ/ tšhu/ tšhui/ tšhuk/ tšhun/ tšhuṅ/ tšhut

w 类：wa/ wak/ wan/ wat/ wo/ woi/ won/ woṅ/ wu/ wui/ wuk/ wun/ wuṅ/ wut

y 类：ya/ yam/ yan/ yaṅ/ yap/ yau/ yen/ yet/ yi/ yim/ yin/ yit/ yok/ yoṅ/ yu/ yui/ yuk/ yun/ yuṅ

2. 五经富《新约》（共 557 个音素组合音节，24 类首辅音符号）

0 类：a/ ai/ ak/ am/ ap/ e/ en/ o/ oi/ ok/ on

ch 类：cha/ chak/ cham/ chang/ chen/ cheu/ chi/ chim/ chin/ chip/ chit/ chiu/ choi/ chok/ chon/ chong/ chu/ chṳ/ chui/ chuk/ chun/ chung

chh 类：chha/ chheu/ chhi/ chhim/ chhin/ chhit/ chhoi/ chhok/ chhon/ chhong/ chhu/ chhuk/ chhun/ chhung/ chhut

f 类：fa/ fai/ fam/ fan/ fap/ fat/ fen/ fet/ fo/ foi/ fong/ fu/ fui/ fuk/ fun/ fung/ fut

h 类：ha/ hai/ ham/ han/ hang/ hap/ hau/ he/ hen/ het/ heu/ hêu/ hi/ hiam/ hiau/ hien/ hiet/ hin/ hiong/ hiu/ hiuk/ hiun/ hiung/ ho/ hoi/ hok/ hon/ hong/ hui

k 类：ka/ kai/ kak/ kam/ kan/ kang/ kap/ kau/ ke/ ken/ ket/ keu/ ki/ kiam/ kiang/ kiap/ kiau/ kien/ kiet/ kim/ kin/ kiok/ kiong/ kit/ kiu/ kiun/ kiung/ ko/ koi/ kok/ kon/ kong/ kot/ ku/ kua/ kun/ kung

kh 类：khai/ khak/ kham/ khang/ khau/ khe/ khet/ kheu/ khi/ khiam/ khiang/ khiap/ khien/ khiet/ khim/ khiong/ khip/ khit/ khiu/ khiuk/ khiun/ khiung/ khiut/ kho/ khoi/ khok/ khon/ khong/ khot/ khu/ khung

khw 类：khwai/ khwan/ khwat/ khwong/ khwui/ khwuk/ khwun

kw 类：kwa/ kwai/ kwan/ kwat/ kwet/ kwo/ kwong/ kwui/ kwuk/ kwun/ kwung/ kwut

l 类：la/ lai/ lam/ lan/ le/ len/ let/ leu/ li/ liam/ liang/ liau/ lien/ liet/ lim/ lin/ liok/ liong/ lip/ lit/ liu/ liuk/ lo/ loi/ lok/ lon/ long/ lu/ lui/ luk/ lun/ lung/ lut

m 类：ma/ mai/ mak/ man/ mang/ mao/ mat/ mau/ me/ men/ met/ meu/ mi/ miang/ miau/ mien/ min/ mio/ miong/ mit/ mo/ moi/ mok/ mong/ mu/ mui/ muk/ mun/ mung/ mut

n 类：na/ nai/ nam/ nan/ nap/ nau/ ne/ nen/ ni/ niam/ niong/ no/ nok/ nu/ nui/ nun/

nung/nya/nyak/nyam/nyang/nyap/nyau/nyen/nyet/nyi/nyim/nyin/nyip/nyit/nyok/nyon/nyong/nyuk/nyun

ng 类：ng/nga/ngai/ngan/ngang/ngau/ngeu/ngo/ngok/ngu/ngui

ngw 类：ngwa/ngwai

p 类：pa/pai/pak/pan/pang/pat/pau/pen/pet/pi/piak/piang/piau/pien/pin/piong/pit/po/poi/pok/pong/pot/pu/pui/puk/pun/put

ph 类：pha/phai/phak/phan/phat/phau/phen/phi/phiang/phiau/phien/phiet/phin/phiok/phiong/phit/pho/phoi/phok/phong/phot/phu/phui/phuk/phun/phung

s 类：sa/sai/sam/san/sang/sat/se/sem/sen/set/seu/si/sia/siak/siang/siap/siau/sien/siet/sim/sin/siok/siong/sip/sit/siu/siuk/siung/so/soi/sok/son/song/sṳ/sui/suk/sun/sung/sut

sh 类：sha/shak/sham/shang/she/shen/shet/sheu/shi/shim/shin/ship/shit/shiu/shoi/shon/shong/shu/shui/shuk/shun

t 类：ta/tai/tam/tan/tap/te/ten/tet/teu/ti/tiam/tiau/tien/tiet/tit/tiu/to/ton/tong/tu/tui/tuk/tun/tung

th 类：tha/thai/tham/than/thap/that/thau/the/then/thet/theu/thi/thiam/thiang/thiap/thiau/thien/thiet/thin/thit/tho/thoi/thok/thon/thong/thot/thu/thui/thuk/thun/thung

ts 类：tsa/tsai/tsak/tsam/tsan/tsau/tsen/tset/tseu/tsi/tsia/tsiak/tsiam/tsiang/tsiap/tsien/tsiet/tsin/tsiong/tsit/tsiu/tsiuk/tso/tsok/tsong/tsṳ/tsui/tsun/tsung/tsut

tsh 类：tsha/tshak/tsham/tshan/tshap/tshat/tshau/tshen/tshet/tshi/tshia/tshiak/tshiam/tshiang/tshiau/tshien/tshiet/tshim/tshin/tshiong/tship/tshit/tshiu/tshiung/tsho/tshoi/tshok/tshon/tshong/tshṳ/tshui/tshuk/tshun/tshung

v 类：va/vak/van/vang/ve/vet/vo/voi/vong/vu/vui/vuk/vun/vung/vut

y 类：ya/yam/yang/yap/yen/yet/yeu/yi/yim/yin/yit/yok/yong/yu/yui/yuk/yun/yung

3.《客英词典》（共 669 个音素组合音节，23 类首辅音符号）

0 类：a/ai/ak/am/ap/au/em/en/eu/o/oi/ok/on

ch 类：cha/chai/chak/cham/chang/chap/chat/chau/chen/chet/chi/chim/chin/chip/chit/chiu/chok/chon/chong/chot/chu/chui/chuk/chun/chung

chh 类：chha/chhak/chhan/chhang/chhau/chhe/chhen/chhet/chhi/chhim/chhin/chhit/chhiu/chhoi/chhok/chhon/chhong/chhu/chhui/chhuk/chhun/chhung/

chhut

f 类：fa/fai/fam/fan/fap/fat/fen/fet/feu/fo/foi/fon/fong/fu/fui/fuk/fun/fung/fut

h 类：ha/hai/hak/ham/han/hang/hap/hat/hau/he/hen/het/heu/hi/hiam/hiap/hiau/hien/hiet/him/hin/hio/hiok/hiong/hip/hit/hiu/hiuk/hiun/ho/hoi/hok/hon/hong/hot/hui

k 类：ka/kai/kak/kam/kan/kang/kap/kau/ke/ken/ket/keu/kha/ki/kiam/kiang/kiap/kiau/kiet/kim/kin/kiong/kip/kit/kiu/kiun/kiung/ko/koi/kok/kon/kong/kot/ku/kung

kh 类：khai/khak/kham/khan/khang/khap/khat/khau/khe/khen/khet/kheu/khi/khia/khiak/khiam/khiang/khiap/khiau/khiet/khim/khin/khio/khiok/khiong/khip/khit/khiu/khiuk/khiun/khiung/khiut/kho/khoi/khok/khon/khong/khot/khu/khung

khw 类：khwa/khwai/khwan/khwat/khwen/khwok/khwon/khwong/khwui/khwuk/khwun/khwut

kw 类：kwa/kwai/kwan/kwang/kwat/kwen/kwet/kwo/kwok/kwon/kwong/kwui/kwuk/kwun/kwut

l 类：la/lai/lak/lam/lan/lang/lap/lat/lau/len/let/leu/li/liam/liang/liap/liau/lien/liet/lim/lin/liok/liong/lip/lit/liu/liuk/liung/lo/loi/lok/lon/long/lot/lu/lui/luk/lun/lung/lut

m 类：m/ma/mai/mak/man/mang/mat/mau/men/met/meu/mi/miang/miau/mien/min/miong/mo/moi/mok/mong/mu/mui/muk/mun/mung/mut

n 类：na/nai/nam/nap/nat/nau/nen/net/neuni/nim/nin/nit/no/nok/non/nong/nu/nui/nun/nung/nya/nyai/nyak/nyam/nyang/nyap/nyau/nye/nyen/nyet/nyeu/nyi/nyim/nyin/nyip/nyit/nyoi/nyok/nyon/nyong/nyu/nyuk/nyun/nyung

ng 类：ng/nga/ngai/ngam/ngan/ngang/ngau/ngo/ngoi/ngok/ngu/ngui/ngut

p 类：pa/pai/pak/pan/pang/pat/pau/pen/pet/pi/piak/piang/piau/pien/piet/pin/pit/po/poi/pok/pong/pu/pui/puk/pun/pung/put

ph 类：pha/phai/phak/phan/phang/phat/phau/phe/phen/phet/pheu/phi/phiak/phiang/phiau/phien/phiet/phin/phiok/phiong/phit/pho/phoi/phok/phong/phu/phui/phuk/phun/phung/phut

s 类：sa/sai/sam/san/sang/sap/sat/sau/se/sem/sen/set/seu/si/sia/siak/

siam/ siang/ siap/ siau/ sien/ siet/ sim/ sin/ sio/ sioi/ siok/ siong/ sip/ sit/ siu/ siuk/ siung/ so/ soi/ sok/ son/ song/ sot/ sṳ/ sui/ suk/ sun/ sung/ sut

sh 类： sha/ shak/ sham/ shan/ shang/ shap/ shau/ she/ shen/ shet/ shi/ shim/ shin/ ship/ shit/ shiu/ shoi/ shok/ shon/ shong/ shot/ shu/ shui/ shuk/ shun/ shut

t 类： ta/ tai/ tam/ tan/ tang/ tap/ tau/ te/ ten/ tet/ teu/ ti/ tia/ tiam/ tiap/ tiau/ tien/ tiet/ tin/ tit/ to/ toi/ tok/ ton/ tong/ tot/ tu/ tui/ tuk/ tun/ tung

th 类： tha/ thai/ thak/ tham/ than/ thang/ thap/ that/ thau/ the/ then/ thet/ theu/ thi/ thiak/ thiam/ thiang/ thiap/ thiau/ thien/ thiet/ thin/ thio/ thit/ tho/ thoi/ thok/ thon/ thong/ thot/ thu/ thui/ thuk/ thun/ thung/ thut

ts 类： tsa/ tsai/ tsak/ tsam/ tsan/ tsang/ tsap/ tsat/ tsau/ tse/ tsem/ tsen/ tset/ tseu/ tsi/ tsia/ tsiak/ tsiam/ tsiang/ tsiap/ tsiau/ tsien/ tsiet/ tsim/ tsin/ tsiok/ tsiong/ tsip/ tsit/ tsiu/ tsiuk/ tsiung/ tso/ tsoi/ tsok/ tson/ tsong/ tsṳ/ tsui/ tsuk/ tsun/ tsung/ tsut

tsh 类： tsha/ tshai/ tshak/ tsham/ tshan/ tshang/ tshap/ tshat/ tshau/ tshe/ tshem/ tshen/ tshet/ tsheu/ tshi/ tshia/ tshiam/ tshiang/ tshiap/ tshiau/ tshien/ tshiet/ tshim/ tshin/ tshio/ tshioi/ tshiong/ tship/ tshit/ tshiu/ tshiuk/ tshiung/ tsho/ tshoi/ tshok/ tshon/ tshong/ tshot/ tshu/ tshṳ/ tshui/ tshuk/ tshun/ tshung/ tshut

v 类： va/ vai/ vak/ van/ vang/ vat/ ve/ vet/ vo/ voi/ vok/ von/ vong/ vu/ vui/ vuk/ vun/ vung/ vut

y 类： ya/ yak/ yam/ yang/ yap/ yau/ ye/ yen/ yet/ yi/ yim/ yin/ yip/ yit/ yok/ yong/ yu/ yui/ yuk/ yun/ yung/ yut

4.《客法词典》（共 690 个音素组合音节，25 类首辅音符号）

0 类： a/ ac/ ai/ am/ ao/ ap/ e·/ em/ en/ eou/ o/ oc/ oi/ on

ch 类： cha/ chac/ cham/ chan/ chang/ chao/ chap/ chat/ che/ che·/ chi/ chim/ chin/ chiou/ chip/ chit/ choc/ choe·/ chon/ chong/ chou/ chouc/ choui/ choun/ chout

f 类： fa/ fac/ fai/ fam/ fan/ fap/ fat/ fen/ feou/ fet/ fi/ fin/ fit/ fo/ foe·/ fon/ fong/ fou/ fouc/ foui/ foun/ foung/ fout

gn 类： gne·/ gneou/ gnet/ gni/ gnia/ gniai/ gniao/ gnie·/ gnim/ gnin/ gniou/ gnip/ gnit

h 类： ha/ hac/ hai/ ham/ han/ hang/ hao/ hap/ hat/ he·/ hem/ hen/ heou/ het/ hi/ hiam/ hiao/ hiap/ hien/ hiet/ him/ hin/ hio/ hiong/ hiou/ hiouc/ hioun/ hioung/ hit/ ho/ hoc/ hoi/ hon/ hong/ hot

k 类： ka/ kac/ kai/ kam/ kan/ kang/ kao/ kap/ ke·/ ken/ keou/ ket/ ki/ kia/ kiai/

kiam/kian/kiang/kiao/kiap/kien/kiet/kim/kin/kio/kiong/kiou/kiouc/kioun/kioung/kip/kit/ko/koc/koi/kon/kong/kop/kot/kou/koua/kouai/kouan/kouang/kouat/kouc/kouen/kouet/koui/koun/koung/kouo/kouoc/kouon/kouong/kout

k'类：k'a/k'ac/k'am/k'an/k'ao/k'ap/k'at/k'e・/k'en/k'eou/k'et/k'i/k'ia/k'iac/k'iam/k'ian/k'iang/k'iao/k'iap/k'iet/k'im/k'in/k'io/k'ioc/k'iong/k'iou/k'iouc/k'ioun/k'ioung/k'iout/k'ip/k'it/k'o/k'oc/k'oi/k'on/k'ong/k'ou/k'oua/k'ouai/k'ouan/k'ouang/k'ouat/k'ouc/k'oui/k'oun/k'oung/k'ouoc/k'ouong/k'out

l类：la/lac/lai/lam/lan/lang/lao/lap/lat/le・/leang/leong/leou/lep/li/liam/liao/liap/lien/liet/lim/lin/lioc/liou/liouc/lioung/lip/lit/lo/loc/loi/lon/long/lot/lou/louc/loui/loun/loung/lout

m类：ma/mac/mai/man/mang/mao/mat/me・/men/meou/met/mi/miang/miao/mien/min/mio/miong/mit/mo/moc/moe・/mon/mong/mou/mouc/moui/moun/moung/mout

n类：na/nac/nai/nam/nan/nao/nap/nat/ne・/nen/neou

ng类：ng/nga/ngai/ngam/ngan/ngang/ngao/ngo/ngoc/ngoe・/ngong/ngou/ngoua/ngouan/ngoui

n类：ni/nia/niac/niam/nian/niang/niao/niap/nieou/nin/nioc/nion/niong/niou/niouc/nioun/nioung/nit/no/noc/non/nong/nou/noui/noun/noung

p类：pa/pac/pai/pan/pang/pao/pat/pe・/pen/pet/pi/piac/piang/piao/pien/piet/pin/piong/pit/po/poc/poe・/poi/pong/pot/pou/pouc/poui/poun/poung/pout

p'类：p'a/p'ac/p'ai/p'an/p'ang/p'ao/p'at/p'en/p'eou/p'et/p'i/p'iac/p'iang/p'iao/p'ien/p'iet/p'in/p'ioc/p'iong/p'it/p'o/p'oc/p'oi/p'on/p'ong/p'ou/p'ouc/p'oui/p'oun/p'oung/p'out

s类：sa/sai/sam/san/sang/sao/sap/sat/se/se・/sem/sen/seou/sep/set/si/sia/siac/siam/siang/siao/siap/sien/siet/sim/sin/sioc/sioi/siong/siou/siouc/sioung/sip/sit/so/soc/soi/son/song/sot/souc/soui/soun/soung/sout

t类：ta/tai/tam/tan/tang/tao/tap/tem/ten/teou/tet/ti/tia/tiam/tiao/tien/tiet/tin/tit/to/toc/toi/ton/tong/tot/tou/touc/toui/toun/toung

t'类：t'a/t'ac/t'ai/t'am/t'an/t'ang/t'ao/t'ap/t'at/t'e・/t'en/t'eou/t'et/t'i/t'iac/t'iam/t'iang/t'iao/t'iap/t'ien/t'iet/t'in/t'iou/t'it/t'o/t'oc/t'oi/t'on/t'ong/t'ot/t'ou/t'ouc/t'oui/t'oun/t'oung/t'out

tch类：tcha/tchac/tcham/tchan/tchang/tchao/tchap/tchat/tche/tche・/tchim/

tchin/tchiou/tchip/tchit/tchoc/tchoi/tchon/tchong/tchot/tchou/tchouc/tchoui/tchoun/tchoung

tch' 类：tch'a/tch'ac/tch'an/tch'ang/tch'ao/tch'at/tch'e・/tch'im/tch'in/tch'iou/tch'it/tch'oc/tch'oi/tch'on/tch'ong/tch'ou/tch'ouc/tch'oui/tch'oun/tch'oung/tch'out

tj 类：tje

ts 类：tsa/tsac/tsai/tsam/tsan/tsang/tsao/tsap/tsat/tse/tse・/tsem/tsen/tseou/tsep/tset/tsi/tsia/tsiac/tsiam/tsiang/tsiao/tsiap/tsien/tsiet/tsim/tsin/tsioc/tsiong/tsiou/tsiouc/tsioung/tsit/tso/tsoc/tson/tsong/tsouc/tsoui/tsoun/tsoung/tsout

ts' 类：ts'a/ts'ac/ts'ai/ts'am/ts'an/ts'ang/ts'ao/ts'ap/ts'at/ts'e・/ts'em/ts'en/ts'eou/ts'et/ts'i/ts'ia/ts'iac/ts'iam/ts'iang/ts'iao/ts'iap/ts'ien/ts'iet/ts'im/ts'in/ts'io/ts'ioi/ts'ion/ts'iong/ts'iou/ts'iouc/ts'ioung/ts'ip/ts'it/ts'o/ts'oc/ts'oi/ts'on/ts'ong/ts'ot/ts'ouc/ts'oui/ts'oun/ts'oung/ts'out

tz 类：tze

v 类：va/vac/vai/van/vang/vat/ve・/vet/vi/vo/voc/voe・/vong/vou/vouc/voui/voun/voung/vouon/vout

y 类：y/ya/yac/yai/yam/yan/yang/yao/yap/yat/ye・/ym/yn/yoc/yong/you/youc/youn/young/yout/yp/yt

据上表，四个材料所用声类符号可归纳比较如表 2-1 所示。

表 2-1　　　　　　　晚近粤东客话首音比较

新安	五经富	《客英》	《客法》	新安	五经富	《客英》	《客法》
	ch	ch	ch	s	s	s	s
	chh	chh			sh	sh	
f	f	f	f	š			
			gn	t	t	t	t
h	h	h	h	th	th	th	
k	k	k	k				t'
kh	kh	kh					tch
			k'				tch'

续表

新安	五经富	《客英》	《客法》	新安	五经富	《客英》	《客法》
khw	khw	khw					tj
kw	kw	kw		ts	ts	ts	ts
l	l	l	l	tsh	tsh	tsh	
m	m	m	m				ts'
n	n	n	n	tš			
	ng	ng	ng	tšh			
ṅ							tz
	ngw				v	v	v
p	p	p	p	w			
ph	ph	ph		y	y	y	y
			p'	0	0	0	0

（二）符号关系

从表 2-1 看，四种材料中的首音符号有许多相同之处，也有不同之处。一是数目参差，二是写法不同。但很显然，我们不能简单地认为这四种材料的首音符号系统即为当时四种历史语料所记客家方言的声母，有必要厘清、确定各符号之间是什么关系。只有在确定不同的符号之间是否具有最小辨义作用之后，我们方能确定其音位系统。

我们且先根据文献有关说明和现代粤东客音音值（现代音值表现详见下一小节关于"音值拟测"的讨论）来理顺四种历史语料的首音符号之间存在的这三种关系。

1. 同音同符

1) 四个材料均同的有符号 f、h、k、l、m、n、p、s、t、ts、y 及零声母（我们记作"0"）；

2) 三个材料均同的有新安、五经富、《客英》中的符号 kh、khw、kw、ph、th、tsh，五经富、《客英》、《客法》中的符号 ng、v；

3) 两个材料均同的有五经富、《客英》中的符号 ch、chh、sh。

2. 同音异符

1) 送气符《客法》为"'"，其他三个材料为"h"，那么 kh = k'、

ph = p'、th = t'、tsh = ts'。

2) w = v。毕安（1880）评庄延龄的客话音节表时，在文末指出巴色会客话罗马字系统的 w 按其实际音色更接近 v，故他提出应将新安罗马字文献中所有的 w 修改成 v。四个历史材料中，唯有新安《新约》用 w 符号标音，其他三个材料都是 v 符号。我们依据新安的 w 主要和现代客话浊擦音［v］对应的实际情况，认为毕安的意见是对的，新安的 w 和其他三点的 v 一样都表示浊擦音［v］，并无不同。也可能当时的实际音值为［ʋ］，所以听感上近［w］。张双庆、庄初升（2003：19—20）也指出香港新界荔枝庄、杨小坑、麻雀岭客家话音系中［v］的摩擦较轻，接近［w］。我们调查的深圳龙岗爱联客话［v］的摩擦也较轻。可见，100 多年来香港、深圳地区客话［v］的音色变化不大。

据现代客话表现，新安的 w 和其他三个材料的 v 所对应的音值相同，所以 w = v。

3) 莱普夏斯（Lepsius，1855：32）在谈到德语 ng 时说 "德语和英语（如德语 enge，英语 singing）中 ng 表示舌根的 n，语言学上通常采用 ṅ 来表示，特别是转写梵语的时候"①，所以当时的西方语言学界习用 ṅ。很显然，ṅ 的音值当为［ŋ］无疑。据现代客话表现，新安的 ṅ 和其他三个材料的 ng 所对应的音值并无不同，所以 ṅ = ng。

4) 莱普夏斯（Lepsius，1855：64）解释 š 时说英语的 sh、法语的 ch、德语的 sch，这些拼法都是字母组合，违反了一标一音的原则。所以莱普夏斯采用了变通的办法，即在字母 s 的基础上加附加符号。根据英语的 sh、法语的 ch、德语的 sch 的实际读音，这个音无疑等同于国际音标的［ʃ］。所以 tš、tšh、š 等同于［tʃ tʃʰ ʃ］。再根据现代客音表现，š（新安）= sh（五经富、《客英》）= ch（《客法》），而 tš（新安）= ch（五经富、《客英》）= tch/tj（《客法》）②，tšh（新安）= chh（五经富、《客英》）= tch'（《客法》）。

5)《客法》的 tz 和 ts 从现代音值推断无别，即 tz = ts，详见下一小节。

3. 异音同符

这种情况仅 ch 一种符号。据现代客话推测，《客法》的 ch 所记为擦

---

① Lepsius, C. R: *Standard Alphabet For Reducing Unwritten Languages And Foreign Graphic Systems To A Uniform Orthography In European Letters*, London: Seeleys, 1855, p. 32.

② 《客法》中 tj 和 tch 据文献说明及现代客音推断当无区别，详见下一小节。

音，而五经富、《客英》的 ch 所记为塞擦音，即 ch（《客法》）≠ ch（五经富、《客英》）。

（三）符号归并

经上文分析，四个材料中同音同符和同音异符的情况均可归并，以明其各自所记音类的异同。

莱普夏斯（1855：30—32）将辅音按发音部位作了划分，莱普夏斯标准字母 p、ph、m、f、v 属于唇音，t、th、n、l 和 tš、tšh、š、y 及 ts、tsh、s 三组莱普夏斯都归为齿音，k、kh、ṅ、h 归为舌根音。

下面我们就以新安《新约》所采用的莱普夏斯标准字母符号为中心，参照莱普夏斯所区分的辅音发音部位，将四个材料的符号按其同音关系归并，分成 p 组、t 组、k 组、tš 组和 ts 组共五个声组排列，见表 2-2（括号中为同音异符，即语音完全等同可以合并的符号）。

表 2-2　　　　　　　　晚近粤东声类符号类别表

p 组	p	ph（p'）	m	f	w（v）
t 组	t	th（t'）	n		l
k 组	k kw	kh（k'） khw	ṅ（ng） ngw gn	h	0
tš 组	tš（ch/tch） tj	tšh （chh/tch'）	š（sh/ch）		y
ts 组	ts tz	tsh（ts'）	s		

表 2-2 中，k 组中 kw、khw、ngw、gn 几个符号从现代客音音读观察和 k、kh（k'）、ṅ（ng）三个声类联系紧密，为讨论方便，暂将 kw、khw、ngw、gn 四个符号系于 k、kh（k'）、ṅ（ng）三个声类下。无起首辅音音节的"0"类则按汉语方言学习惯暂排在 k 组。y 类现暂依莱普夏斯分类排在 tš 组。但 y 的音值如何？是否为零声母符号，和"0"类是什么关系？这些问题均须经音值构拟之后方可回答。

可以说表 2-2 就是以符号同音关系为基点得出的晚近粤东客音声类的初态。这些符号之间从音位上看是否仍存在当分当并的可能性，仍从符号关系的角度出发已经无法解答。我们认为从符号关系出发得出的音类初态，必须以具体音值构拟为基础进行音位推定，方能真正确立音类，从确定音值。

为行文便捷，我们在此先将晚近粤东客音声类系统按声组、声类顺序排出，见表2-3。

表2-3　　　　　　　　　　晚近粤东声类系统

声组	声类	新安 符号/字数	五经富 符号/字数	《客英》 符号/字数	《客法》 符号/字数	例字
p组	p	p（73）	p（71）	p（163）	p（163）	巴布喷捧
	ph	ph（73）	ph（82）	ph（225）	p'（213）	缚婆喷谱
	m	m（73）	m（81）	m（184）	m（181）	魔麻迷微
	f	f（90）	f（82）	f（217）	f（232）	府赴伏和
	w	w（41）	v（54）	v（124）	v（130）	文窝禾遗
t组	t	t（67）	t（71）	t（137）	t（128）	多肚胆答
	th	th（115）	th（105）	th（275）	t'（257）	旦拖驼敌
	n		n（31）	n（61）	n（123）	闹饶验狱
		ny（36）				年认验业
	l	l（138）	l（101）	l（260）	l（234）	拿农炉另
k组	k	k（158）	k（140）	k（324）	k（385）	哥加姑基
	kw	kw（15）	kw（22）	kw（70）		寡卦诡括
	kh	kh（62）	kh（75）	kh（234）	k'（257）	枯考圈求
	khw	khw（5）	khw（11）	khw（46）		夸亏
	ṅ	ṅ（41）	ng（25）	ng（62）	ng（68）	蛾吾涯义
			ny（44）	ny（111）	gn（49）	愚义言逆
	ngw		ngw（2）			瓦外
	h	h（95）	h（73）	h（204）	h（216）	虚戏喝香
	0	（23）	（19）	（25）	（49）	鸦哀奥安
tš组	tš	tš（73）	ch（60）	ch（172）	tch（164）/tj（25）	猪智著遮
	tšh	tšh（47）	chh（40）	chh（138）	tch'（127）	耻迟车深
	š	š（90）	sh（83）	sh（196）	ch（185）	舍施树市
	y	y（107）	y（111）	y（298）	y（276）	如倚冤因
ts组	ts	ts（82）/tz（4）	ts（67）	ts（207）	ts（198）/tz（16）	左借诈责
	tsh	tsh（110）/thz（8）	tsh（112）	tsh（297）	ts'（245）	且此才蚕
	s	s（108）	s（127）	s（336）	s（287）	唆需沙色

表 2-3 中"声类"栏各声类主要选用新安《新约》罗马字符号代表，只有在新安《新约》无相应声类符号时方另行选用其他历史语料的符号充任。每个声类中，各历史语料都列出该声类的符号并统计出该声类符号所辖的字数。每个声类中所举例字在四个语料中均属该一声类。

而具体的音位推定，声类符号在音位学意义上的分并则详见下文"比较与拟测"的讨论。

二 比较与拟测

我们根据现代粤东各点客音声母的实际读音，结合部分材料所揭示的声类符号的标音说明，来探讨晚近粤东客音声类的表现、拟定其具体音值。下面我们依照上文概括的五个声组及其所含声类的顺序来分别阐述。

在比较中，基本上对应一致的音类我们只做简要说明。只有比较复杂的，存在当分、当合情况的音类才予以详细分析。详其当详，略其当略。

（一）p 声组

p 声组包括 p、ph、m、f、w（v）五个声类。莱普夏斯（Lepsius, 1855：31）标准字母也分别写作 p、ph、m、f、v，并且将这组音归为唇音，即应当是国际音标标示的 [p pʰ m f v]。

1. p 声类- [p]

p 声类新安《新约》、五经富《新约》、《客英》、《客法》四个材料均标为 p 符号，分别为 73 字、71 字、163 字、163 字。[①]

我们先对四个材料中标 p 音节，以新安《新约》（表中简为"新"）为枢纽取样作全面对比，见表 2-4。

表 2-4　　　　　　　p 声类普遍对照表

例字	新安音读	声	新	荔	杨	深	富	经	云	砂	河	英	五	法	梅
波	po¹	帮	p	[p]	[p]	[p]		[p]	[p]	[p]	[p]	p	[p]	p	[p]
饼	pyaṅ³	帮	p	[p]	[p]	[p]		[p]	[p]	[p]	[p]	p	[p]	p	[p]
百	pak⁵	帮	p	[p]	[p]	[p]		[p]	[p]	[p]	[p]	p	[p]	p	[p]

---

① 新安《新约》、五经富《新约》、《客英词典》、《客法词典》中各声类符号的字数也请参表 2-3。

续表

例字	新安音读	声	新	荔	杨	深	富	经	云	砂	河	英	五	法	梅
斧	pu³	非	p	[p]	[p]	[p]	p	[p]	[p]	[f]	[f]	p	[pʰ]	p	[pʰ]
飞	pui¹	非	p	[p]	[f]	[p]	p	[p]	[f]	[f]	f	[f]	[f]	p	[p/f]
粪	pun⁴	非	p	[p]	[p]	[p]	p	[f]	[f]	[f]	[f]	p	[p]	p	[f]
捧	puṅ³	敷	p	[p]	[p]	[p]	—	[p]	[p]	[p]	[p]	p	[p]	p	[p]
妇	pu¹	奉	p	[f]	[f]	[p]	f	[f]	[f]	[f]	[f]	p	[f]	f	[f]

从表2-4可以看出，四个历史材料中并非所有标p的字都重合，如有的标作f，这正反映出晚近粤东客音在土语层面上的语音差异，音类参差。凡晚近粤东客音这种音类上表现出来的同异，我们均在"内部差异"一节中一总予以讨论。

表2-4中显示，新安的p声类符号基本上对应于现代9个方言点的声母[p]，现代少量字念[pʰ]、[f]或[p]／[f]两读，属个别的例外现象，是可以说明其原因的，详见后文。五经富、《客英》、《客法》的p符号，对应现代各点声母的读法也与新安的情况一致，都基本上读[p]。

点对点穷尽性比较如下：

我们取"新安《新约》—荔枝庄"、"五经富《新约》—五经富"、"《客英词典》—五华"、"《客法词典》—梅县"四个历史方言点、四个现代方言点以历史方言点的p声类依次作两两点对点穷尽性对比。列表如下：

罗马字	可比字数	现代音值	字数	百分比	例外
新 p	50	荔 [p]	45	90%	[pʰ] 扮彼伴 [ᵐb] 忘 [f] 否
富 p	57	经 [p]	54	95%	[pʰ] 並 [f] 放粪
英 p	57	五 [p]	51	89%	[pʰ] 並彼 [f] 复腹粪斧
法 p	54	梅 [p]	49	91%	[pʰ] 彪扮泼遍斧

表中穷尽历史材料标p的音节，从中找出可与现代对应方言点比较的所有音节，以考察它们在现代的实际音值。如新安（新）的73个标p音节中，现代荔枝庄（荔）方言材料中有50个与之相对应。但这50个字

音中荔枝庄（荔）只有45个读 [p]，另有5个不读 [p]，其读 [p] 者对应于新安标 p 者，百分比为90%，余类推。

上表 p 声类中出现的游离成分为 [pʰ]、[ᵐb]、[f] 三个声母，其中"扮彼伴並"今读 [pʰ]，晚近标 p，疑系早期客话存在送气、不送气两类读法；"忘"字荔枝庄今读 [ᵐb]，晚近新安标 p，也疑早期客话"忘"字有 [p]、[m] 两读。今读 [f] 的字参见第五章中"轻唇音扩大"的讨论。

四个文献方言点 p 符号相互也对应一致，少量字为 f 或 ph/f 两读，说明当时已经存在轻唇化现象。现代九点客方言的 [p] 声母也基本上对应于晚近四点的 p 声类。综上所述，粤东文献所记客音 p 声类的音值可确定为 [p]。

2. ph 声类 - [pʰ]

ph 类有两个符号：新安、五经富、《客英》材料符号均标为 ph，字数分别为 73 字、82 字、225 字，《客法》标为 p'，为 213 字，据前文已知，p' = ph，见表 2-5。

表 2-5　　　　　　　　ph（p'）声类普遍对照表

例字	新安音读	声	新	荔	杨	深	富	经	云	砂	河	英	五	法	梅
怕	pha⁴	滂	ph	[pʰ]	[pʰ]	[pʰ]	ph	[pʰ]	[pʰ]	[pʰ]	[pʰ]	ph	[pʰ]	p'	[pʰ]
判	phan⁴	滂	ph	[pʰ]	[pʰ]	[pʰ]	ph	[pʰ]	[pʰ]	[pʰ]	[pʰ]	ph	[pʰ]	p'	[pʰ]
拍	phat⁵	滂	ph	[pʰ]	[pʰ]	[pʰ]	ph	[pʰ]	[pʰ]	[pʰ]	[pʰ]	ph	[pʰ]	p'	[pʰ]
步	phu⁴	並	ph	[pʰ]	[pʰ]	[pʰ]	ph	[pʰ]	[pʰ]	[pʰ]	[pʰ]	ph	[pʰ]	p'	[pʰ]
盆	phun²	並	ph	[pʰ]	[pʰ]	[pʰ]	ph	[pʰ]	[pʰ]	[pʰ]	[pʰ]	ph	[pʰ]	p'	[pʰ]
白	phak⁶	並	ph	[pʰ]	[pʰ]	[pʰ]	ph	[pʰ]	[pʰ]	[pʰ]	[pʰ]	ph	[pʰ]	p'	[pʰ]
纺	phyon³	敷	ph	[f]	[f]	[f]	ph	[f]	[pʰ]	[pʰ]	[pʰ]	f	[pʰ]	p'	[f]
扶	phu²	奉	ph	[f]	[f]	[f]	f	[f]	[pʰ]	[pʰ]	[pʰ]	f	[pʰ]	p'	[f]
肥	phui²	奉	ph	[pʰ]	[pʰ]	[pʰ]	ph	[pʰ]	[pʰ]	[pʰ]	[pʰ]	ph	[pʰ]	p'	[pʰ]
伏	phuk⁶	奉	ph	[pʰ]	[pʰ]	[pʰ]	ph	[pʰ]	[pʰ]	[pʰ]	[pʰ]	ph	[pʰ]	p'	[pʰ]

新安的 ph 声类符号基本上对应于现代 9 个方言点的声母 [pʰ]，现代部分字读 [f]，当为重唇读为轻唇的演变表现。五经富、《客英》、《客法》的 ph、p' 符号，对应现代各点声母的读法也与新安的情况一致，都基本上读 [pʰ]。

点对点穷尽性比较如下：

罗马字	可比字数	现代音值	字数	百分比	例外
新 ph	50	荔 [pʰ]	47	94%	[p] 币 [f] 纺蓬
富 ph	64	经 [pʰ]	62	97%	[f] 伏纺
英 ph	62	五 [pʰ]	62	100%	
法 p'	50	梅 [pʰ]	47	94%	[f] 纺肺冯

游离成分中新安"[p] 币"疑为晚近客音异读；其余今读 [f] 者参见第五章中"轻唇音扩大"的讨论。

四个文献方言点 ph 符号也基本对应一致，只有五经富、《客英》有 f 声类，应是当时的轻唇化现象。现代九点客方言的 [pʰ] 声母也基本上对应于晚近四点的 ph 声类。所以四点文献方言的声类 ph（p'），其音值应拟为 [pʰ]。

3. m 声类 - [m]

本声类只有一个符号 m，其中新安 73 字、五经富 81 字、《客英》184 字、《客法》181 字，见表 2 - 6。

表 2 - 6　　　　　　　　m 声类普遍对照表

例字	新安音读	声	新	荔	杨	深	富	经	云	砂	河	英	五	法	梅
毛	mau¹	明	m	[ᵐb]	[ᵐb]	[m]	m	[m]	[m]	[m]	[m]	m	[m]	m	[m]
命	myaṅ⁴	明	m	[ᵐb]	[ᵐb]	[m]	m	[m]	[m]	[m]	[m]	m	[m]	m	[m]
麦	mak⁶	明	m	[ᵐb]	[ᵐb]	[m]	m	[m]	[m]	[m]	[m]	m	[m]	m	[m]
微	mi²	微	m	[ᵐb]	[ᵐb]	[m]	m	[m]	[m]	[m]	[m]	m	[m]	m	[m]
尾	mui¹	微	m	[ᵐb]	[ᵐb]	[m]	m	[m]	[m]	[m]	[m]	m	[m]	m	[m]
问	mun⁴	微	m	[ᵐb]	[ᵐb]	[m]	m	[m]	[m]	[m]	[m]	m	[m]	m	[m]
毛	mau¹	明	m	[ᵐb]	[ᵐb]	[m]	m	[m]	[m]	[m]	[m]	m	[m]	m	[m]
命	myaṅ⁴	明	m	[ᵐb]	[ᵐb]	[m]	m	[m]	[m]	[m]	[m]	m	[m]	m	[m]

新安的 m 声类符号基本上对应于现代除香港两个点外的 7 个方言点的声母 [m]，而很有特色的是香港荔枝庄和杨小坑均为鼻冠浊塞音声母 [ᵐb]。鼻冠浊塞音声母 [ᵐb] 实际上是鼻音 [m] 的后续演变，详见后文第五章声母演变部分的讨论。五经富、《客英》、《客法》的 m 符号，

对应现代各点声母的［m］。

点对点穷尽性比较如下：

罗马字	可比字数	现代音值	字数	百分比	例外
新 m	55	荔［ᵐb］	55	100%	
富 m	66	经［m］	65	97%	［v］舞
英 m	70	五［m］	67	96%	［v］诬妄舞
法 m	59	梅［m］	58	98%	［v］望

其中游离成分今读［v］参第五章中"轻唇音扩大"的讨论。

四个文献方言点 m 符号也对应一致。现代九点客方言的［m］与［ᵐb］声母也全对应于晚近四点的 m 声类。四点文献方言的声类 m，其音值可拟为［m］。

4. f 声类-［f］

f 声类四个材料中都只有一个符号 f，新安 90 字、五经富 82 字、《客英》217 字、《客法》232 字，见表 2-7。

表 2-7　　　　　　　　　　f 声类普遍对照表

例字	新安音读	声	新	荔	杨	深	富	经	云	砂	河	英	五	法	梅
富	fu⁴	非	f	［f］	［f］	［f］	f	［f］	［f］	［f］	［f］	f	［f］	f	［f］
方	fon¹	非	f	［f］	［f］	［f］	f	［f］	［f］	［f］	［f］	f	［f］	f	［f］
福	fuk⁵	非	f	［f］	［f］	［f］	f	［f］	［f］	［f］	［f］	f	［f］	f	［pʰ］
番	fan¹	敷	f	—	—	［f］	f	［f］	［f］	［f］	［f］	f	［f］	f	［f］
浮	feu²	奉	f	［f］	［f］	［f］	f	—	［f］	［f］	［f］	f	［f］	f	［f］
防	fon²	奉	f	［f］	［f］	［f］	f	［f］	［f］	［f］	［f］	f	［f］	f	［f］
服	fuk⁶	奉	f	［f］	［f］	—	f	［f］	［f］	［f］	［f］	f	［f］	f	［f］
货	fo⁴	晓	f	［f］	［f］	［f］	f	［f］	［f］	［f］	［f］	f	［f］	f	［f］
欢	fon¹	晓	f	［f］	［f］	［f］	f	［f］	［f］	［f］	［f］	f	［f］	f	［f］
慧	fui⁴	匣	f	［f］	［f］	［v］	f	［f］	［f］	［f］	［f］	f	［f］	f	［f］
魂	fun²	匣	f	［f］	［v］	［f］	v	［f］	［f］	［f］	［f］	f	［f］	f	［v］
或	fet⁶	匣	f	［f］	［f］	［f］	f	［f］	［f］	［f］	［f］	f	［f］	f	［f］

新安的 f 声类符号对应于现代 9 个方言点的声母［f］，其中只有少量来自中古匣母合口字念［v］，如"魂、慧"，非母字念［pʰ］，如"福"。五经富、《客英》、《客法》的 f 符号，对应现代各点声母的读法也与新安

的情况一致，都基本读［f］。

点对点穷尽性比较如下：

罗马字	可比字数	现代音值	字数	百分比	例外
新 f	65	荔［f］	64	99%	［v］祸
富 f	51	经［f］	51	100%	
英 f	59	五［f］	53	90%	［v］蝗换还［k^h］阔快苦
法 f	55	梅［f］	52	95%	［v］还［k^h］毁［h］贺

其中游离成分的［k^h］、［h］、［v］是更早层次读音的存留，分别源于溪、晓、匣母，参见粤东客音声母特点的讨论。

四个文献方言点 f 符号也基本对应一致。现代九点客方言的［f］声母也基本上对应于晚近四点的 f 声类。声类 f，其音值可定为［f］。

5. w 声类-［v］

w 声类有两个符号：新安的 w，41 字，五经富、《客英》、《客法》的 v，分别为 54 字、124 字、130 字，见表 2-8。

表 2-8　　　　　　　　　w（v）声类普遍对照表

例字	新安音读	声	新	荔	杨	深	富	经	云	砂	河	英	五	法	梅
舞	wu³	微	w	[ᵐb]	[ᵐb]	[v]	m	[v]	[v]	[v]	[v]	m	[v]	m	[m]
万	wan⁴	微	w	[ᵐb]	[v]	[v]	v	[v]	[v]	[v]	[v]	v	[v]	v	[v]
物	wut⁶	微	w	[v]	[v]	[v]	v	[v]	[v]	[v]	[v]	v	[v]	v	[v]
乌	wu¹	影	w	[v]	[v]	[v]	v	[v]	[v]	[v]	[v]	v	[v]	v	—
弯	wan¹	影	w	[v]	[v]	[v]	v	[v]	[v]	[v]	[v]	v	[v]	v	[v]
屋	wuk⁵	影	w	—	—	[v]	v	[v]	[v]	[v]	[v]	v	[v]	v	[v]
禾	wo²	匣	w	[v]	[v]	[v]	v	[v]	[v]	[v]	[v]	v	[v]	v	[f]
黄	woṅ²	匣	w	[v]	[v]	[v]	v	[v]	[v]	[v]	[v]	v	[v]	v	[f]
位	wui⁴	云	w	[v]	[v]	[v]	v	[v]	[v]	[v]	[v]	v	[v]	v	[v]
王	woṅ²	云	w	[v]	[v]	[v]	v	[v]	[v]	[v]	[v]	v	[v]	v	[ø]

新安的 w 声类符号基本上对应于现代 9 个方言点的浊擦音声母［v］，现代香港荔枝庄、杨小坑少量微母字如"舞、万"念［ᵐb］。五经富、《客英》、《客法》的 v 符号，对应现代各点声母的读法也与新安的情况一致，都基本上读［v］。

点对点穷尽性比较如下:

罗马字	可比字数	现代音值	字数	百分比	例外
新 w	32	荔 [v]	28	88%	[f] 皇 [ᵐb] 万务舞
富 v	49	经 [v]	47	95%	[f] 魂和
英 v	36	五 [v]	34	94%	[f] 抚秒
法 v	20	梅 [v]	18	90%	[f] 禾黄

游离成分中 [f] 是 [v] 清化音变。

四个文献方言点 v 符号也对应一致。现代九点客方言的 [v] 声母也基本上对应于晚近四点的 w 声类。

晚近方言中有作 m 者、作 f 者当系粤东方言内部差异。四点文献方言的声类 v,其音值应拟为 [v]。

(二) t 声组

t、th、n、l:这一组和 tš、tšh、š、y、ts、tsh、s 两组莱普夏斯 (Lepsius, 1855: 31) 都归为齿音。t、th、n、l 实际音值大致为 [t tʰ n l]。但要指出的是,巴色会罗马字中的 n 只是与 -y 共现,构成 ny- 组合,是否等同于 [n],我们后文再予以分析。

1. t 声类①- [t]

本声类只有一个符号 t,分别为新 67 字、富 71 字、英 137 字、法 128 字。四个材料并非所有标 t 的字都重合,如有的标作 ch、tj,系晚近客音异读,见表 2-9。

表 2-9   t 声类普遍对照表

例字	新安音读	声	新	荔	杨	深	富	经	云	砂	河	英	五	法	梅
斗	teu³	端	t	[t]	[t]	[t]	t	[t]	[t]	[t]	[t]	t	[t]	t	[t]
钉	tan¹	端	t	[t]	[t]	[t]	t	[t]	[t]	[t]	[t]	t	[t]	t	[t]
搭	tap⁵	端	t	[t]	[t]	[t]	t	[t]	[t]	[t]	[t]	t	[t]	t	[t]
队	tui⁴	定	t	[t]	[t]	[t]	t	[t]	[t]	[th]	[t]	t	[t]	t'	[th]
跌	tet⁵	定	t	—	—	[t]	t	[t]	[t]	[t]	[t]	t	[t]	t	[t]
知	ti¹	知	t	[t]	[t/tʃ]	[t]	t	[t]	[t]	[t]	[t]	t/ch	[t]	tj	[ts]

---

① 新安 tz̧ (tz) 音节的声母不属 t 声类,属 ts 声类,详见下文讨论。

新安的 t 声类符号基本上对应于现代 9 个方言点的声母 [t]，现代少量字念 [tʰ]，如"队"，是全浊声母在粤东客话里头存在送气和不送气两种情况并存的异读表现，参见声母特点的讨论。"知"字今读 tʃ、ts 是文读，ch 和 tj 也是"知"字文读的声类符号。

点对点穷尽性比较如下：

罗马字	可比字数	现代音值	字数	百分比	例外
新 t	41	荔 [t]	40	98%	[tʰ] 调
富 t	59	经 [t]	59	100%	
英 t	57	五 [t]	55	96%	[tʰ] 帝旦
法 t	38	梅 [t]	35	92%	[tʰ] 垫肚队

其中游离成分的 [tʰ] 声母为现代粤东客音全浊声母存在送气和不送气两种情况并存的异读表现。

经比较，新安、五经富、《客英》、《客法》的 t 声类，其音值可拟为 [t]。

2. th 声类①- [tʰ]

th 声类有两个符号：新、富、英为 th，分别为 115 字、105 字、275 字；法为 t'，为 257 字。从写法上看这两个符号当是与上一声类 t 相对应的送气形式；从表 2-10 观察对应今音也相当一致，应是同一音值的不同罗马字形式，前文也已作说明。

表 2-10　　　　　　　　th（t'）声类普遍对照表

例字	新安音读	声	新	荔	杨	深	富	经	云	砂	河	英	五	法	梅
拖	thoˡ	透	th	[tʰ]	[tʰ]	[tʰ]	th	[tʰ]	[tʰ]	[tʰ]	[tʰ]	th	[tʰ]	t'	[tʰ]
贪	thamˡ	透	th	[tʰ]	[tʰ]	[tʰ]	th	[tʰ]	[tʰ]	[tʰ]	[tʰ]	th	[tʰ]	t'	[tʰ]
踢	thyak⁵	透	th	[tʰ]	[tʰ]	[tʰ]	th	[tʰ]	[tʰ]	[tʰ]	[tʰ]	th	[tʰ]	t'	[tʰ]
驼	tho²	定	th	[tʰ]	[tʰ]	[tʰ]	th	[tʰ]	[tʰ]	[tʰ]	[tʰ]	th	[tʰ]	t'	[tʰ]
停	thin²	定	th	[tʰ]	[tʰ]	[tʰ]	th	[tʰ]	[tʰ]	[tʰ]	[tʰ]	th	[tʰ]	t'	[tʰ]
特	thit⁶	定	th	[tʰ]	[tʰ]	[tʰ]	th	[tʰ]	[tʰ]	[tʰ]	[tʰ]	th	[tʰ]	t'	[tʰ]

---

① 新安 thz（thz）音节的声母不属 th 声类，属 tsh 声类，详见下文讨论。

新安 th 声类符号基本上对应于现代 9 个方言点的声母 [t^h]，五经富、《客英》的 th，《客法》的 t' 符号，对应现代各点声母的读法为 [t^h]。

点对点穷尽性比较如下：

罗马字	可比字数	现代音值	字数	百分比
新 th	85	荔 [t^h]	85	100%
富 th	86	经 [t^h]	86	100%
英 th	90	五 [t^h]	90	100%
法 t'	83	梅 [t^h]	83	100%

四个文献方言点 th（t'）符号也对应一致。现代九点客方言的 [t^h] 声母都对应于晚近四点的 th 声类。四点文献方言的声类 th，其音值应拟为 [t^h]。

3. n 声类 - [n]

本声类只有一个符号 n。从表 2-11 中我们注意到新安 n 符号辖字皆为细音字，为 36 字。

表 2-11　　　　n 声类普遍对照表（1）：以新安音为枢纽

例字	新安音读	声	新	荔	杨	深	富	经	云	砂	河	英	五	法	梅
拈	nyam[1]	泥	n	[ᵑg]	[ᵑg]	[n]	n	[n]	[n]	[n]	[n]	n	[n]	n	[ɲ]
年	nyen[2]	泥	n	[ᵑg]	[ᵑg]	[n]	n	[n]	[n]	[n]	[n]	n	[n]	n	[ɲ]
人	nyin[2]	日	n	[ᵑg]	[ᵑg]	[n]	n	[n]	[n]	[n]	[n]	n	[n]	gn	[ɲ]
肉	nyuk[5]	日	n	[ᵑg]	[ᵑg]	[n]	n	[n]	[n]	[n]	[n]	n	[n]	n	[ɲ]
牛	nyu[2]	疑	n	[ᵑg]	[ᵑg]	[n]	ng	[ŋ]	[n]	[n]	[n]	n	[ŋ]	n	[ɲ]
验	nyam[4]	疑	n	[ᵑg]	[ᵑg]	[n]	n	[n]	[n]	[n]	[n]	n	[n]	n	[ɲ]
逆	nyak[5]	疑	n	[ᵑg]	[ᵑg]	[n]	n	[n]	[n]	[n]	[n]	n	[n]	n	[ɲ]

而五经富、《客英》、《客法》的 n 符号所辖的字洪细皆有，分别为 31 字（洪音 25 个，细音 6 个）、61 字（洪音 45 个，细音 16 个）、123 字（洪音 48 个，细音 75 个），如表 2-12（从五经富的 n 声类观察）所示。

表 2-12　　n 声类普遍对照表（2）：以五经富音为枢纽

例字	五经富音读	声	新	荔	杨	深	富	经	云	砂	河	英	五	法	梅
拿	na¹	泥	l	[l]	[l]	[n]	n	[n]	[n]	[n]	[n]	n	[n]	n	[n]
纳	nap⁶	泥	l	[l]	[l]	[n]	n	[n]	[n]	[n]	[n]	n	[n]	n	[n]
念	nyam⁴	泥	n	[ŋg]	[ŋg]	[n]	n	[n]	[n]	[n]	[n]	n	[n]	n	[ŋ]
耳	nyi³	日	ṅ	[ŋg]	[ŋg]	[n]	n	[n]	[n]	[n]	[n]	n	[n]	gn	[ŋ]
业	nyap⁶	疑	n	[ŋg]	[ŋg]	[n]	n	[n]	[n]	[n]	[n]	n	[n]	n	[ŋ]

粗横线以上是洪音字，粗横线以下是细音字。我们注意到洪音字中，新安的声母符号为 l，现代香港荔枝庄、杨小坑声母也相应为 [l]。且新安的 n、l 符号以读音的洪细截然两分，香港荔枝庄、杨小坑也因洪细截然分成 [ŋg]、[l] 两个声母。所以，很显然：

n（新）≠ n（富、英、法）

n（新）= n 细（富、英、法）

新安的 n 不等同于晚近其他三点的 n，下面我们分别讨论之。

（1）新安的 ny 符号

我们还注意到新安的 n 符号后面必定跟着 y 符号，没有例外，形成 ny-这样一个特殊的符号组合方式。①

新安的 n 只和 y 结合的情况，请看配合表：

ya	yak	yam	yaṅ	yap	yau	yen	yet	yim	yin	yip	yit	yok	yon	yoṅ	yun
惹	逆	验	迎	业	饶	愿	月	任	认	入	日	弱	软	娘	扭

从粤东现代各点方言看来所配音节都是细音。

如我们把 n 视为声母的话，y 似可拟成常见的介音 [i]。可是在上述配合表中出现了 -yi- 组合，如：

nyim	nyin	nyip	nyit
任	认	入	日

---

① 五经富和《客英词典》中也存在 ny 这样一种符号组合，同时《客法词典》中也有一个 gn 符号组合和 ny 符号组合的历史音韵和现代语音表现有密切的联系，后文我们将在 k 组声类中分别予以讨论。

我们无法把它们转成 niim、niin、niip、niit。

毕安（Piton, 1880）评论庄延龄的《客话音节表》时，指出 ny 是个齿音，由 n 和半元音符号 y 组成。他还举例说明，英文中一些以 y 字母起头的单词如 yet 等前面加上 n，读起来就像新安客话的"月（nyet）"等字音，请看下表中毕安所举的例子：

英文词	新安音读	汉字
yet	（n + yet）= nyet	月
yam	（n + yam）= nyam	冉
yean	（n + yean）= nyen	年
yap	（n + yap）= nyap	业
you	（n + you）= nyu	牛

毕安所举的五个英文单词中的 y 字母都对应于国际音标的半元音 [j]，且新安 ny 对应的现代粤东客话声母几乎都是 [n]。那么，新安的 ny 实际上就可看成是一个颚化的 [n]，即 [nʲ]，按照我们记音的习惯，不妨拟作舌面前鼻音 [ȵ]。

庄延龄（E. H. Parker, 1880）将 ny 误以为是 [ŋi-]，在他的音节表中将新安的 ny 统统转写成了 ngi-，由此遭到毕安的激烈批评。

而且我们如将 ny 视为一个声类符号，拟作 [ȵ]，将音节中的 ny 整体提出，作如下变换，音节-yi-中 y 和 i 的矛盾也就迎刃而解了，如下：

	a	ak	am	aṅ	ap	au	en	et	im	in	ip	it	ok	on	oṅ	u
ny	惹	逆	验	迎	业	饶	愿	月	任	认	入	日	弱	软	娘	扭

这里的 ny 拟作 [ȵ]，[ȵ] 本来可以直接和除 [i] 以外的元音 [a e o u] 等直接结合，国内研究民语的学者都是这样标写的。但从考虑与历史音韵联系且区分洪细出发，将 [ȵ] 从宽记作 [n] 然后加介音-i-，如汉语方言学界习惯的做法，不但方法上可行，也符合新安罗马字的实际情况。因为新安客话罗马字音节中凡 ny 后接 a、e、o、u 元音符号

者，其中的 ny-都可替换成其他声类符号，如 nyam 音节就有 lyam 音节与
之相对应，所以 yam 当是韵母。

请看如下比较：

nya	nyak	nyam	nyaň	nyap	nyau	nyen	nyet	nyok	nyoň	nyu
惹	逆	验	迎	业	饶	愿	月	弱	娘	扭
sya	thyak	lyam	lyaň	kyap	lyau	hyen	hyet	lyok	lyoň	lyu
邪	踢	帘	岭	劫	料	献	穴	略	粮	留

但 nyim、nyin、nyip、nyit 音节所对应的却是其他声类中的 im、in、
ip、it，请比较：

nyim 任	nyin 认	nyip 入	nyit 日
lim 临	lin 邻	lip 立	lit 力

显见，l 声类中并非构成 *lyim、*lyin、*lyip、*lyit 这样的音节与
nyim、nyin、nyip、nyit 音节对应，可知 yim、yin、yip、yit 之类不是韵母，
由此可推知，其中的 y 不是介音，而是声母的后附成分；也可进一步推知
ny 中的 y，在主元音为舌面前高元音 i 与非舌面前高元音的音节中性质有
所不同，在前者当看作声母的附属性质，即腭化，在后者则兼具腭化与介
音的双重身份。

所以 ny 中被替换的不是 ny，而是 n。关键在于 ny 的 y，与一般仅作
介音的 y 确实不同，仅从 -y- 来看，它具有双重身份，即在一些音节中作
介音，在另一些音节中作声母后附。条件是在 n 声母后，作声母后附或兼
具腭化与介音作用，在其他声母后，作介音。举例说明之，即 nya 中 y 为
声母后附＋介音，nyim 中 y 为声母后附，其他声母如 sya 中的 y 则纯为介
音。以上说明，y 有三个作用，但 y 的这些功能在整个音系中出现的机会
是互补的，因而是不冲突的。因其出现的场合不同，而分别充当介音，或
声母后附，或声母后附兼介音。

（2）其他点的 n 符号

我们现在再来看其他各点 n 声类的一般情况。

新安的 n 声类符号对应于现代荔枝庄和杨小坑的 [ᵑg]，而深圳不分洪细都为 [n]。其他点点对点穷尽性比较如下：

罗马字	可比字数	现代音值	字数	百分比	例外
富 n	64	经 [n]	62	97%	[ŋ] 银愚
英 n	21	五 [n]	21	100%	
法 n	46	梅 [n] / [ȵ]	46	100%	

游离成分中"银愚"读 [ŋ] 当为现代方言中"银愚"两个疑母字未读入泥母的早期音读。

五经富《新约》、《客英》、《客法》三个文献方言点 n 符号也基本对应一致。

现代九点客方言的 [n] 声母（梅县分洪细，分别记为 [n]、[ȵ]）除洪音对应于新安的 l 及少量字对应于 gn、ṅ 声类外，绝大部分对应于晚近四点的 n 声类。综上看来，四点文献方言的声类 n，新安可拟为 [ȵ]，其他三点为 [n]。但从音位角度考虑，四点均拟为 [n] 也是妥当的。

合而观之，n 声类中新安的 ny 符号从严拟作 [ȵ]，其他三点的 n 作 [n]。但从宽四点均可拟作 [n]。四个材料中的 n 声类所辖范围不同，表现出音类之间的参差，在本章声母内部差异部分再予讨论。

4.1 声类-[l]

本声类也仅一个符号 l，分别为新 138 字、富 101 字、英 260 字、法 234 字，见表 2-13。

表 2-13　　　　　　　　l 类声母普遍对照表

例字	新安音读	声	新	荔	杨	深	富	经	云	砂	河	英	五	法	梅
拿	la¹	泥	l	[l]	[l]	[n]	n	[n]	[n]	[n]	[n]	n	[n]	n	[n]
南	lam²	泥	l	[l]	[l]	[n]	n	[n]	[n]	[n]	[n]	n	[n]	n	[n]
纳	lapʰ	泥	l	[l]	[l]	[n]	n	[n]	[n]	[n]	[n]	n	[n]	n	[n]
炉	lu²	来	l	[l]	[l]	[l]	l	[l]	[l]	[l]	[l]	l	[l]	l	[l]
领	lyaṅ¹	来	l	[l]	[l]	[l]	l	[l]	[l]	[l]	[l]	l	[l]	l	[l]
六	luk⁵	来	l	[l]	[l]	[l]	l	[l]	[l]	[l]	[l]	l	[l]	l	[l]

从表 2-13 可知，新安的 l 声类符号对应其他三点的 n 和 l，其中 n 来自中古泥母，l 来自中古来母。反之，其他三点的 l 也仅对应"新"中 l 的一部分，这种状况表明，四个材料的 l、n 符号所辖字的范围不同。所以我们从 4 个材料整体看来就先讨论其中相同的部分，其中不同的部分在下文"内部差异"中讨论。

新安的 l 声类符号基本上对应于现代 9 个方言点的声母 [l]，有部分来自中古的泥母字则对应为 [n]，也相应对应于其他 3 个历史点的 n 声类符号。我们在 n 声类的分析中，已知这部分字是泥母的洪音字。

五经富、《客英》、《客法》的 l 符号与现代各点声母 [l] 的对应非常整齐。点对点穷尽性比较如下：

罗马字	可比字数	现代音值	字数	百分比
新 l	95	荔 [l]	95	100%
富 l	73	经 [l]	73	100%
英 l	69	五 [l]	69	100%
法 l	56	梅 [l]	56	100%

四个文献方言点 l 符号也基本对应一致。现代九点客方言的 [l] 声也基本对应于晚近四点的 l 声类。综上来看，四点文献方言的声类 l，其音值可拟为 [l]。

(三) k 声组

k、kh、ṅ、h：莱普夏斯（Lepsius，1855：31）将这一组归为舌根音组，大致同 [k kʰ ŋ h]。

1. 圆唇舌根音问题

首先我们注意到 k 声组中一个很引人注目的问题是 k、kh、ṅ（ng）符号之后有跟 w 符号的音节，尤其突出的是有些音节在 w 符号之后还接 u。而且我们注意到在晚近粤东文献客家方言的音节表中，这个类似介音性质的 -w- 只跟声类符号 k、kh、ṅ（ng）配合，此外不跟任何其他声类符号拼合。但这样的音节只出现在新安《新约》、五经富《新约》、《客英词典》三个文献中，《客法词典》中则没有，下边我们将新安《新约》、五经富《新约》、《客英词典》中此类音节各举一例字，一一排比列出，以便比较，如表 2-14 所示。

表 2-14　　新安、五经富、《客英》kw-、kwh-、ngw-音节表

	新安			五经富			《客英》		
	k	kh	ṅ	k	kh	ng	k	kh	ng
wa	挂	夸		卦		瓦	挂	胯	
wo				过			过		
wai	怪	块		拐	快	外	怪	筷	
wan	关			灌	款		罐	款	
wat	括			括	阔		括	阔	
waṅ/wang	秆						茎		
wen							迥	裙	
wet	国			国			国		
wok							郭	扩	
won							罐	看	
wong				光	旷		广	旷	
wui	诡	亏		贵	亏		季	溃	
wuk				谷	哭		谷	酷	
wun	棍			棍	捆		棍	困	
wut	骨			骨			骨	窟	
wung				公					

从表 2-14 大致可看出，上面诸音节例字中除"秆、茎①、看"数字为开口外，其余均为合口字。这样的话我们似可把-w-拟成[u]，表示合口呼介音。但我们却无法处理 kwui、kwun、kwung、kwuk、kwut 五个音节中还紧跟 w 之后的 u。如果这个 u 也拟成[u]的话，那明显就不合音理了。为什么当时有这样似重床叠屋的音节呢？

袁家骅《汉语方言概要》说明梅县韵母时提到："客家话实际上可以说没有韵头-u-。合口呼韵母 ua、uai、uan、uaŋ、uen、uon、uoŋ、uat、uak、uet、uot、uok 只能与声母 k、kʰ-配合，相拼时韵头实际上不是圆唇元音，而是唇齿摩擦音 v，如瓜 kva，快 kʰvai。其实，如果在声母系统中增加 kv、kʰv 两个声母，这一套带韵头-u-的韵母就都可以取消韵头，而归入相当的开口韵。"②

按照以上这段话的提示，我们发现，若考虑巴色会客话罗马字系统和五经富《新约》、《客英词典》中也存在 kw、khw、ngw 三个唇化声母符

---

① "茎"字，《说文》：艹木干也。《广韵》：户耕切，梗开二平耕匣。《客英》、《客法》均有文白两读，文读均作 kin，白读《客英》作 kwang，《客法》作 kouang，现代客话中表此意时仍作 kin、kuaŋ 两读，是否训读字，暂存疑。

② 袁家骅：《汉语方言概要》，语文出版社 2001 年版，第 150 页。

号的话，将-w-看成是声母唇化符号，上面罗马字系统-w和u冲突的问题也就迎刃而解了。请看：

新安《新约》：

	a	ai	an	aṅ	at	et	ui	un	ut
kw	挂	怪	关	秄	括	国	诡	棍	骨
khw	夸	块						亏	

五经富《新约》：

	a	o	ai	an	at	ang	en	et	ok	on	ong	ui	uk	un	ut	ung
kw	卦	过	拐	灌	括			国				光贵	谷	棍	骨	公
khw				快	款	阔						旷亏	哭		捆	
ngw	瓦		外													

《客英词典》：

	a	o	ai	an	at	ang	en	et	ok	on	ong	ui	uk	un	ut
kw	挂	过	怪	罐	括	茎	迥	国	郭	罐	广	季	谷	棍	骨
khw		胯		筷	款	阔		裙		扩	看	旷	溃	酷	困	窟

这样，我们确信巴色会、英国长老会的客话文献中，较早地使用了这样一套唇化声母符号来记录当时客话中保留在牙音中的合口现象。

在南方方言中，粤方言是存在一套舌根圆唇音 k^w、k^{hw}、w 的，袁家骅主编的《汉语方言概要》认为"k^w-、k^{hw}-可以说是 k-、k^h-和 w-的结合辅音"[①]。

李新魁认为：

（粤语）这套 kw、k'w 声母既存在于上古汉语，也存在于南方地区各少数民族语言如壮侗语族的侗语、么佬语、水语、毛难语、黎语以及瑶语、京语之中。唇化声母的存在，是古代汉语及少数民族语言的共同特点。中原共同语的唇化声母，促使中古合口介音 u 的产生，

---

① 袁家骅：《汉语方言概要》，语文出版社2001年版，第181页。

而粤语的圆唇声母，则一直保存至今，没有转变为合口介音。①

雅洪托夫（1960）②、李方桂（1971）认为上古汉语中存在一套唇化舌根音。李方桂先生则说："……就大体而言可以立一套圆唇舌根音 * kw-、* khw-、* gw-、* ngw-、* hw-，及 * · w-，这些声母也就是中古的大部分的合口的来源。"③

但雅洪托夫（1960）谈到粤方言的圆唇舌根音时认为：

> 圆唇软腭音 kw 和 kwh 在现代粤方言里还存在，为广东人制定的拼音字母表中就有表示这两个音的特殊符号。但是，看来这些音不是粤方言从上古汉语里继承下来的，而是受邻近的壮语（属台语支）影响而新出现的。

粤东客话和粤方言有许多相同的语音特点，在古合口的表现上也是大体一致的。尽管现代粤东客音中已无唇化舌根音，但我们仍尊重历史文献，将晚近新安、五经富、《客英词典》中的 kw-、khw-、ngw- 三个声类保留，不予归并，且拟成 [kʷ]、[kʷʰ]、[ŋʷ]。

有人也许要怀疑唇化舌根音与合口介音是否实有不同，是否从音位学角度看来，唇化舌根音与合口介音并无不同，只是处理方式不同而已，举例来说就是"关 [kʷan] = [kuan]、骨 [kʷut] = [kut]"。

很显然，这个观点是糊涂的。唇化声母 [kʷ] 与带合口介音 [u] 的 [k]（即 [ku-]）音质上是截然有别的，可举 [kʷa] 与 [kua] 作比较，前者是单元音韵母 [a]，后者是复合元音韵母 [ua]，相比单元音韵母 [a]，复合韵母 [ua] 在发音时听感上有明显的从 [u] 到 [a] 的动程音色变化，发音动作上也有明显的唇形变化。享誉世界的语言学大师李方桂先生，曾经师从 Daniel Jones 先生学习语音学的方言学大家袁家骅先生在这一常识上显然不会有误。也就是说，从音系处理方式的角度上讲也许可甲可乙，但实际音值上却只能各居其一，不能模棱两可。音位的归并，音系的处理，必须以严

---

① 李新魁：《广东的方言》，广东人民出版社 1994 年版，第 149—151 页。
② 《上古汉语的唇化元音》，见 [苏] 谢·叶·雅洪托夫：《汉语史论集》，北京大学出版社 1986 年版，第 53—77 页。
③ 李方桂：《上古音研究》，商务印书馆 1981 年版，第 17 页。

格的音素标音为基础，这也是语言调查的基本常识。这是其一。

接下来也许有人要怀疑当时传教人员的记音能力是否专业，也许把合口介音误记成了 kw、khw、ngw 呢？这个问题我们觉得可能性并不大，因为合口介音就是元音 [u]，只需要用一个 u 字母就足以表示，而且这样罗马字系统也相当简洁划一。新安等三个罗马字系统中用 u 符号来记 [u] 元音的情况可谓俯拾皆是，还犯得着再去找一个字母 w 来添乱吗？更有甚者，有些罗马字音节中还把 w、u 组合在一起，像 wui、wun、wung、wuk、wut，如此的重床叠屋，且和 kwa、kwo、kwai 等音节标法又不统一。如果这样做真是为了标注合口介音的话，不是多此一举，自乱其例，让人匪夷所思吗？合理的解释只能是 kw、khw、ngw 所记当不可能是合口介音。这是其二。

另外，我们还注意到新安、五经富、《客英》等三个材料之间带 w 的音节是互有出入，参差不齐的。如只有五经富才有 ngw，新安和《客英》皆无。又如五经富的 kwung（公攻），新安、《客英》只有不带 w 的 kuṅ、kung（攻功工公贡）与之相应；而三个材料中均无带 w 的 khwuṅ、khwung，均只有不带 w 的 khuṅ、khung（空孔）音节。

另外，我们还注意到其实三个材料内部也不整齐划一，存在不少记为 k 或 kh 的音节，见表 2-15。

表 2-15　　　　粤东三点客音 k 类、kw 类音节比较

声＼点＼韵	k/kw			kh/khw		
	新安	五经富	《客英》	新安	五经富	《客英》
o	**k** 果	kw 果过	kw 果过	—	—	—
oṅ/ong	**k** 光	kw 光	kw 广	**kh** 况	kw 旷	kw 旷
ui	**k** 贵鬼/kw 诡规归	kw 贵	kw 季	**kh** 跪盔/khw 亏	khw 亏	khw 溃
uk	**k** 谷	kw 谷	kw 谷	**kh** 哭	khw 哭	khw 酷
un	kw 棍	kw 棍	kw 棍	**kh** 困	khw 捆	khw 困
uṅ/ung	**k** 攻功工公	kw 工公攻	**k** 攻功工公贡	**kh** 空孔	**kh** 空孔	**kh** 空孔

注：为方便区别，表中 k 或 kh 及例字以粗体标出。

表 2-15 中各个历史语料中这种内部互有参差，不平衡的现象该怎么解释呢，又说明了什么呢？我们认为这正好说明了传教人员用 kw、khw、ngw 等符号所记当为唇化舌根声母，而且还准确地反映出了新安、五经富、《客英》

三个历史语料中唇化舌根声母当时在某些音节已开始消退的情况。

《客法词典》中没有这样一组符号，其 k、k'、ng 符号只跟 ou 符号（拟成 [u]），不见有任何表示唇化舌根音的迹象，看来唇化舌根音已然完全消失。

也许有人会问为什么《客法词典》不可以所记实为唇化舌根音，而符号上却是用 ou 这个元音（出现在声母和韵腹之间我们称为合口介音）来标示呢？也就是说，赖嘉禄神父作了音系上的处理，省去一套唇化舌根音符号而统一归之为合口介音。我们说确实存在这种可能性。但是我们知道，《客法词典》在粤东诸客话罗马字材料中面世最晚。在当时的环境下，赖嘉禄神父在编写《客法词典》时必定能够参考、利用早已面世的巴色会新安客话材料及稍前面世的五经富英国长老会的客话语料。如果《客法词典》所记实为唇化舌根音，他完全可以照搬巴色会、英国长老会客话材料的成法，直接用 kw 这样的符号来记录之。如果他真费心思作了"音系处理"，也应该在其词典的《标音说明》或相关音节、字头上有所说明才合常理。但我们遍查全书也未见到这样的解释文字。因此，我们认为《客法词典》没有记唇化舌根音。

据上所述，我们认为新安、五经富、《客英》存在唇化舌根音，《客法》则已然消失。这是我们继续讨论圆唇舌根音差异及演变的立论基础，后文不再赘述。

下面再来看 k、kh（k'）、ṅ（ng）、h 这组声类符号的一般表现。

2. k 声类-[k]

本声类只有一个符号 k，其中新 158 字、富 140 字、英 324 字、法 385 字，见表 2-16。

表 2-16　　　　　　k 声类普遍对照表

例字	新安音读	声	新	荔	杨	深	富	经	云	砂	河	英	五	法	梅
果	ko³	见	k	[k]	[k]	[k]	k	[k]	[k]	[k]	[k]	k	[k]	k	[k]
戒	kai⁴	见	k	[k]	[k]	[k]	k	[k]	[k]	[k]	[k]	k	[k]	k	[k]
九	kyu³	见	k	[k]	[k]	[k]	k	[k]	[k]	[k]	[k]	k	[k]	k	[k]
兼	kyam¹	见	k	[k]	[k]	[k]	k	[k]	[k]	[k]	[k]	k	[k]	k	[k]
见	ken⁴	见	k	[k]	[k]	—	k	[k]	[k]	[k]	[k]	k	[k]	k	[k]
割	kot⁵	见	k	[k]	[k]	[k]	k	[k]	[k]	[k]	[k]	k	[k]	k	[k]
洁	ket⁵	见	k	[k]	[k]	[k]	k	[k]	[k]	[k]	[k]	k	[k]	k	[k]

新安的 k 声类符号对应于现代 9 个方言点的声母 [k]。五经富、《客英》、《客法》的 k 符号，对应现代各点声母的读法也与新安的情况一致，均读 [k]。

点对点穷尽性比较如下：

罗马字	可比字数	现代音值	字数	百分比	例外
新 k	113	荔 [k]	113	100%	
富 k	96	经 [k]	94	97%	[h] 酵 [k^h] 家
英 k	79	五 [k]	77	97%	[k^h] 境家
法 k	103	梅 [k]	103	100%	

其中游离成分中"酵"读 [h] 为见母读入晓母音变；"境家"读 [k^h] 为见母读入溪母音变。

四个文献方言点 k 符号对应一致。现代九点客方言的 [k] 声母也对应于晚近四点的 k 声类。所以四点文献方言的声类 k，其音值可定为 [k]。

3. kh 声类 - [k^h]

kh 声类有两类符号：kh，其中新 62 字、富 75 字、英 234 字；法 k'，257 字。见表 2-17。

表 2-17　　　　　　　　　　kh 声类普遍对照表

例字	新安音读	声	新	荔	杨	深	富	经	云	砂	河	英	五	法	梅
苦	khu³	溪	kh	[k^h]	[f]	[k^h]	kh	[k^h]	[k^h]	[k^h]	[k^h]	f	[k^h]	f	[f]
轻	khyaṅ¹	溪	kh	[k^h]	[k^h]	[k^h]	kh	[k^h]	[k^h]	[k^h]	[k^h]	kh	[k^h]	k'	[k^h]
刻	khet⁵	溪	kh	[k^h]	[h]	[k^h]	kh	[k^h]	[k^h]	[k^h]	[k^h]	kh	[k^h]	k'	[k^h]
旧	khyu⁴	群	kh	[k^h]	[k^h]	[k^h]	kh	[k^h]	[h]	[h]	[k^h]	kh	[k^h]	k'	[k^h]
穷	khyuṅ²	群	kh	[k^h]	[k^h]	[k^h]	kh	[k^h]	[k^h]	[k^h]	[k^h]	kh	[k^h]	k'	[k^h]
极	khit⁶	群	kh	[k^h]	[k^h]	[k^h]	kh	[k^h]	[k^h]	[k^h]	[k^h]	kh	[k^h]	k'	[k^h]
况	khoṅ³	晓	kh	[k^h]	[f]	[k^h]	kh	[k^h]	[k^h]	[k^h]	[k^h]	khw	[k^h]	k	[k^h]
畜	khyuk⁵	晓	kh	[h]	[h]	[ʃ]	h	[h]	[h]	[h]	[h]	h	[ʃ]	h	[h]

新安的 kh 声类符号对应于现代 9 个方言点的声母［kh］，现代有"可、旧"等少量字念［h］，"科、况"等少量字读［f］。五经富、《客英》kh 及《客法》k' 符号，对应现代各点声母的读法也与新安的情况一致，都是读［kh］。采样比较如下：

罗马字	可比字数	现代音值	字数	百分比	例外
新 kh	50	荔 [kʰ]	48	96%	[h] 畜可
富 kh	49	经 [kʰ]	49	100%	
英 kh	35	五 [kʰ]	35	100%	
法 k'	63	梅 [kʰ]	58	92%	[k] 篐 [h] 丘狭吸 [f] 阔

其中游离成分中的［k］及表 2-17 中的［ʃ］是异读音，［h］参见声母内部差异中"溪晓分混"讨论；［f］参见声母特点"晓匣母部分合口字与非组合流"的讨论。

四个文献方言点 kh 符号对应一致。现代九点客方言的 kh 声母也对应于晚近四点的 kh 声类。所以四点文献方言的声类 kh（k'），其音值拟为［kʰ］。

4. ṅ 声类-［ŋ］

本声类有四个符号，其中新安为 ṅ，41 字。五经富洪音为 ng，25 字；细音为 ny，44 字。《客英》洪音为 ng，62 字；细音为 ny，111 字。《客法》洪音为 ng，68 字；细音为 gn，49 字。见表 2-18。

表 2-18　　　　　ṅ 声类普遍对照表

例字	新安音读	声	新	荔	杨	深	富	经	云	砂	河	英	五	法	梅
女	ṅi³	泥	ṅ	[ŋ]	[n]	[n]	ng	[ŋ]	[n]	[ŋ]	[ŋ]	ny	[n]	gn	[n]
二	ṅi⁴	日	ṅ	[ᵑg]	[ᵑg]	[ᵑg]	ny	[n]	[n]	[n]	[n]	ny	[n]	gn	[ɲ]
耳	ṅi³	日	ṅ	[ᵑg]	[ᵑg]	[ᵑg]	ny	[n]	[n]	[n]	[n]	ny	[n]	gn	[ɲ]
牛	ṅyu²	疑	ṅ	[ᵑg]	[ᵑg]	[ᵑg]	ng	[ŋ]	[n]	[ŋ]	[ŋ]	ny	[ŋ]	gn	[ɲ]
鱼	ṅ²	疑	ṅ	[ᵑg]	[ᵑg]	[ᵑg]	ng	[ŋ]	[n]	[ŋ]	[ŋ]	ny	[ŋ]	gn	[ɲ]
硬	ṅaṅ⁴	疑	ṅ	[ᵑg]	[ᵑg]	[ᵑg]	ng	[ŋ]	[ŋ]	[ŋ]	[ŋ]	ny	[ŋ]	ng	[ŋ]
乐	ṅok⁶	疑	ṅ	[ᵑg]	[ᵑg]	[ᵑg]	ng	[ŋ]	[ŋ]	[ŋ]	[ŋ]	ny	[ŋ]	ng	[ŋ]

从表 2-18 可以看出 ṅ 声类比较复杂，其中新安不论当时音读洪细均为 ṅ 符号，而其他三点按照时音洪细，符号有别：洪音皆为 ng 符号，细音则五经富、《客英》为 ny 符号，《客法》为 gn 符号，下面分别讨论、比较。

(1) 新安的 ṅ 符号和其他三点的 ng 符号

此类有两种罗马字写法：新安的 ṅ 和五经富、《客英》、《客法》的 ng。新安的 ṅ 声类符号基本上对应于现代荔枝庄与杨小坑的声母 [ᵑg]，当为 [ŋ] 同部位浊塞化的结果。其他 7 个方言点的声母则为 [ŋ]，还有部分字对应于现代的声母 [n]、[ȵ]，原因当为部分泥、疑细音与日母合流，其中新安的情况可看作是中古泥日母归入疑母，而其他材料应当是部分日疑母字与泥母细音合流，在现代方言中同读 [n] 或 [ȵ]。五经富、《客英》、《客法》的 ng 符号，对应现代各点声母的读法也与新安的情况相似，也基本上读 [ŋ]，只有荔枝庄、杨小坑读为声母 [ᵑg]。

点对点穷尽性比较如下：

罗马字	可比字数	现代音值	字数	百分比
新 ṅ	24	荔 [ᵑg]	24	100%
富 ng	21	经 [ŋ]	21	100%
英 ng	32	五 [ŋ]	32	100%
法 ng	36	梅 [ŋ]	36	100%

四个文献方言点符号 ng、ṅ 对应也基本一致。现代九点客方言的 [ŋ]、[ᵑg] 声母也基本上对应于晚近四点的 ng、ṅ 声类。不一致的地方是，现代有个别 [ŋ] 声母字对应于晚近的 n 声类，晚近有少量 ng、ṅ 声类对应于现代的 [n] 声母。

法语中无 ng 字母组合，也无 [ŋ] 音，所以赖嘉禄神父（Charles Rey，1926：xi）在"发音说明"中用拉丁语词来说明这个 ng，"与拉丁文 an，forsan 的尾音 n 相近（à peu près comme dans l'n finale des mots latins *an*，*forsan*）"。

综上所述，四点文献方言的 ṅ（ng）声类符号应拟为 [ŋ]，但该声类文献方言四点互有出入，内部辖字不同。

(2) 五经富和《客英》的 ny 符号

我们注意到五经富《新约》、《客英词典》中也存在跟新安《新约》

中完全一样的 ny-这样的声类符号组合，它们的情况是否和新安一样，可拟作［ɲ］，入 n 声类呢？经过比较，回答是否定的。首先，五经富《新约》、《客英词典》中的 n 之后不只是跟 y 结合，跟 a、e、o、u 甚至 i 都能结合，所辖字从现代客音观察，洪细皆有。特别是存在 ni-这样的组合，如《客英词典》中有就有"ni 泥（文读）、nim 任、nin 吝（白读）、nit 溺"等音节，而 ny-组合中就有"nyi 语、nyim 壬、nyin 人、nyit 日"这样的音节与之形成对立：

| ni 泥（文读） | nim 任 | nin 吝（白读） | nit 溺 |
| nyi 语 | nyim 壬 | nyin 人 | nyit 日 |

我们可以看出，五经富《新约》、《客英词典》中的 n 符号自成一个声母，主要来源于中古泥母及部分日母、疑母细音字。五经富《新约》、《客英词典》的 ny-，因与 n 声母中的 ni-组合对立，所以不能并入 n 声类中。

查中古声母来源，五经富《新约》、《客英词典》的 ny-组合字，其主体是中古疑母三四等，再加上部分泥母三四等和部分日母字构成（其他泥母字在 ni-组合中；其他日母字一部分在 ni-组合、一部分在 y-中），而疑母的一二等在五经富《新约》、《客英词典》中其声类符号为 ng，且 ng 声类中不存在 ngi-这样的组合。也就是说五经富《新约》、《客英词典》中 ng、ny 主体均来源于疑母，且二者不存在对立。

而新安的 ny 组合字虽然也是泥、疑、日母混并，但 ṅ 声类中有 ṅi、ṅi-此类组合，这样 ny 和 ṅ 就形成对立。由此我们可以看出，新安和五经富《新约》、《客法词典》的 ny 形式相同，实质则不一样。经过上面分析，新安 ny-可以看成是泥母细音，而五经富《新约》、《客法词典》的 ny-则要看成是疑母的细音，与 ng 声类（只有洪音）形成互补关系。从音系上来看，可以视为 ng［ŋ］声母①的颚化音［ŋʲ］，三者列表如下：

---

① ng 声类的拟音见后文讨论。

文献方言	罗马字	中古来源主体	与 ni-对立	与 ńi-（ngi-）对立	本书处理
新安	ny	泥母	-	+	[n̠]
五经富	ny	疑母	+	-	[ŋʲ]
《客英》	ny	疑母	+	-	[ŋʲ]

（3）《客法词典》的 gn 符号

《客法词典》中没有 ny 这样一个符号组合，但是却有一个 gn-组合形式。很显然这是袭用了法语的拼法，在法语中 gn 读 [ɲ]，发音同于西班牙语的 ñ 字母。这个 gn 是不是与其他三个材料的 ny 一样呢？我们经过分析发现《客法词典》的 gn-和新安《新约》ny 不同，但与五经富《新约》、《客英词典》的 ny-情况基本是一样的，所以我们也放在这里一并加以讨论。

《客法词典》中 gn 所辖字也是疑母的细音、部分泥母、日母字，n 声类下存在 ni-音节与之对立，但 ng 声类下全是洪音，不存在 ngi-音节，即无细音字。故 gn、ng 来源基本一致，可以互补，如下表所示。

文献方言	罗马字	中古来源主体	与 ni-对立	与 ngi-对立
《客法》	gn	疑母	+	-

与上表合而观之，我们就会发现 gn（《客法》）= ny（五经富、《客英》）。

（4）ny 和 gn 符号的比较

现在我们概括一下新安、五经富、《客英》ny 和《客法》gn 的中古主要来源及它们与 ni-、ńi-（ngi-）是否存在对立的情况，见表 2–19。

表 2–19　　　　　　　　**ny、gn 来源和对立情况**

文献方言	罗马字	中古来源主体	与 ni-对立	与 ńi-（ngi-）对立
新安	ny	泥母	-	+
五经富	ny	疑母	+	-
《客英》	ny	疑母	+	-
《客法》	gn	疑母	+	-

从表 2–19 中我们清楚地看出，新安的 ny 和其他三点的 ny-、gn-是很不一样的。我们在上文中已经拟新安 ny 为 [n̠]，或者从宽记作 [n]，因为 ńi 拟作 [ŋi]，不会在系统上造成冲突。

但是五经富、《客英》、《客法》的 ny 或 gn 却不宜再拟为 [n̠]。因为这三个历史方言材料音系中存在 ni-音节，汉语方言中舌尖前鼻音细音字和舌面前鼻音罕有音位对立，[ni]、[ȵi] 普通人从听感上是难以区分的，而且从省力原则出发，一般人都是发舌面前音，不发舌尖前音。

上文提到《客法》中的 gn-，在法语中读［ɲ］。［ɲ］在国际音标表中是舌面中鼻音，舌面前鼻音是［ȵ］。在国际音标表中，这几个相关的鼻音是这样排列的：

舌尖前	舌面前	舌面中	舌面后
[n]	[ȵ]	[ɲ]	[ŋ]

舌面前鼻音［ȵ］在音色上近［n］，听感上约同于［ni-］；舌面中鼻音［ɲ］在音色上近［ŋ］，听感上约等于［ŋi-］。一般情况下不需要区分［ȵ］和［ɲ］这两个舌面鼻音，通常大陆学人多用［ȵ］记，海外、台港学人多用［ɲ］记。黄诗惠（2003）将《客英》的 ny-认为是 ng 的"有定分音"，这是对的；但认为符号 ny-"可改写为舌面前鼻音［ɲ］"①，却欠之于笼统。汤培兰（1999）在分析《客法》的 gn 时也一样存在这个问题②。汤文在前，黄文在后，黄文在这一点上的表述几乎和汤文同。实际上，《客英》、《客法》的 ny、gn 不当是舌面前鼻音，即大陆习用的［ȵ］；而应该是舌面中鼻音，即真正的［ɲ］，在音色上接近［ŋ］。

潘家懿（2000）在讨论两岸海陆客方言的声母时谈到：

两岸海陆客的［ŋ］与洪音相拼时都是舌根音，如牙［ŋa］，但与细音相拼时，本土（笔者案：指大陆）读舌面中音［ɲ］，如人［ɲin］，而台湾的海陆客则读舌面前的［ȵ］，如人［ȵin］，由于［ŋ ɲ ȵ］三者并不对立，可以看成同一个音位并用［ŋ］作代表。③

---

① 黄诗惠：《〈客英大辞典〉研究》，硕士论文，台湾彰化师范大学国文研究所，2003 年，第 10 页。

② 汤培兰：《〈客法大辞典〉研究》，硕士论文，台湾暨南国际大学中文系，1999 年，第 4—5 页。

③ 潘家懿：《海陆丰客家话与台湾"海陆客"》，《汕头大学学报》（人文科学版）2000 年第 2 期。

在这里他也很好地区分了舌面中鼻音 [ɲ]、舌面前鼻音 [n̠]，正好可以为我们的拟音提供佐证。

上面我们从文献材料本身作了论述，下面我们再看近现代音点对点穷尽性比较：

罗马字	可比字数	现代音值	字数	百分比	例外
新 ny	27	荔 [ⁿg]	26	96%	[ʒ] 狱
富 ny	40	经 [n]	38	95%	[ŋ] 愚银
英 ny	44	五 [n]	41	91%	[ŋ] 牛偶 [j] 愚
法 gn	15	梅 [n̠]	12	80%	[ø] 儿 [ŋ] 藕 [n] 鱼

其中现代粤东客音五经富（经）、五华（五）均从宽记作 [n]，实际音值为 [n̠]，梅县音值黄雪贞（1995：引论5）认为是 [ɲ]。

综合文献表现和语音历史比较表现，新安 ny 从音位上看可作/n/；五经富、《客英》、《客法》的 ny 或 gn 从音位上看可归入 [ŋ]。

(5) ṅ 声类的音位归并

至此，我们清楚了，本声类中，新安《新约》不论洪细，均只用一个符号 ṅ 表示，可拟为 [ŋ]。而其他三个材料因洪细不同而分用符号，洪音符号均为 ng，亦拟为 [ŋ]；细音符号五经富、《客英》为 ny，《客法》为 gn，均拟为 [ɲ]，洪细符号呈互补分布，故可合并为一个音位 [ŋ]。

5. h 声类 - [h]

本声类只有一个符号 h，其中新安 95 字、五经富 73 字、《客英》204 字、《客法》216 字，见表 2-20。

表 2-20　　　　　　　　h 声类普遍对照表

例字	新安音读	声	新	荔	杨	深	富	经	云	砂	河	英	五	法	梅
序	hi⁴	邪	h	[ʃ]	[tʃ]	[s]	s	[s]	[s]	[s]	[s]	s	[s]	s	[s]
器	hi⁴	溪	h	[h]	[h]	[h]	kh	[kʰ]	[h]	[kʰ]	[kʰ]	h	[kʰ]	h	[h]
坑	haṅ¹	溪	h	[h]	[h]	[h]	kh	[kʰ]	[kʰ]	[kʰ]	[kʰ]	h	[h]	h	[h]
渴	hot⁵	溪	h	—	—	[h]	kh	[kʰ]	[h]	[kʰ]	[kʰ]	h	[h]	h	[h]
海	hoi³	晓	h	[h]	[h]	[h]	h	[h]	[h]	[h]	[h]	h	[h]	h	[h]

续表

例字	新安音读	声	新	荔	杨	深	富	经	云	砂	河	英	五	法	梅
献	hyen⁴	晓	h	[h]	[h]	[h]	h	[h]	[h]	[h]	[h]	h	[ʃ]	h	[h]
河	ho²	匣	h	[h]	[h]	[h]	h	[h]	[h]	[h]	[h]	h	[h]	h	[h]
行	haṅ²	匣	h	[h]	[h]	[h]	h	[h]	[h]	[h]	[h]	h	[h]	h	[h]
学	hok⁶	匣	h	[h]	[h]	[h]	h	[h]	[h]	[h]	[h]	h	[h]	h	[h]

五经富中尚有例字标作 kh，皆为溪母字，反映出溪晓分混的差异。

新安的 h 声类符号基本上对应于现代 9 个方言点的声母 [h]，少量来自中古邪母的字如"序"对应于声母 [tʃʰ]、[ʃ]、[s] 或 s 声类符号。五经富、《客英》、《客法》的 h 符号，对应现代各点声母的读法也与新安的情况相似，也基本上读 [h]。

点对点穷尽性比较如下：

罗马字	可比字数	现代音值	字数	百分比	例外
新 h	78	荔 [h]	74	95%	[f] 训 [ʃ] 序 [tʃʰ] 畜 [kʰ] 霍
富 h	49	经 [h]	48	98%	[kʰ] 肯
英 h	60	五 [h]	30	50%	[kʰ] 口开糠客狭 [ʃ] 戏显希嫌气歇献现血起享蝎喜乡香训向虚响饰兄畜胸凶晓
法 h	69	梅 [h]	64	91%	[kʰ] 口客起糠肯

其中游离成分中 [kʰ] 溪母保留更早读法，未混入晓母；"序"邪母字读 [ʃ] 可能受官话接触影响；[tʃʰ] 畜为彻母异读，古音来源不同；经一五例外音读 [ʃ] 参见第五章中"五华晓母演变"讨论。

四个文献方言点符号均为 h，且对应也基本一致，其中五经富溪母字声类为 kh 符号。现代九点客方言的 [h] 声母也基本上对应于晚近四点的 h 声类。所以我们把四点文献方言的声类 h 的音值拟为 [h]。

6.0 声类-[ø]

新安、五经富、《客英》、《客法》中以元音字母 a、e、o 起首的音节是真正的零声母，分别为 23 字、19 字、25 字、49 字，见表 2-21。

表 2-21　　　　　　　　　　零声类普遍对照表

例字	新安音读	声	新	荔	杨	深	富	经	云	砂	河	英	五	法	梅
鸦	a¹	影		[ø]	[ø]	[ø]		[ø]	[ø]	[ø]	[ø]		[ø]		[ø]
矮	ai³	影		[ø]	[ø]	[ø]		[ø]	[ø]	[ø]	[ø]		[ø]		[ø]
哀	oi¹	影		[ø]	[ø]	[ø]		[ø]	[ø]	[ø]	[ø]		[ø]		[ø]
沤	eu⁴	影		[ø]	[ø]	[ø]		[ø]	[ø]	[ø]	[ø]		[ø]		[ø]
暗	am⁴	影		[ø]	[ø]	[ø]		[ø]	[ø]	[ø]	[ø]		[ø]		[ø]
恩	en¹	影		[ø]	[ø]	[ø]		[ø]	[ø]	[ø]	[ø]		[ø]		[ø]
按	on⁴	影		[ø]	[ø]	[ø]		[ø]	[ø]	[ø]	[ø]		[ø]		[ø]
晏	an⁴	影		[ø]	[ø]	[ø]		[ø]	[ø]	[ø]	[ø]		[ø]		[ø]
恶	ok⁵	影		[ø]	[ø]	[ø]		[ø]	[ø]	[ø]	[ø]		[ø]		[ø]
压	ap⁵	影		[ø]	[ø]	[ø]		[ø]	[ø]	[ø]	[ø]		[ø]		[ø]
轭	ak⁵	影		[ø]	[ø]	[ø]		[ø]	[ø]	[ø]	[ø]		[ø]		[ø]

近现代对应非常整齐，点对点穷尽性比较如下：

罗马字	可比字数	现代音值	字数	百分比	例外
新	14	荔 [ø]	14	100%	
富	17	经 [ø]	17	100%	
英	50	五 [ø]	49	98%	[ŋ] 恶
法	13	梅 [ø]	13	100%	

游离成分中"恶"读 [ŋ] 存疑。

这些以 a、o、e 等表元音符号起首的音节，是粤东客音真正的零声母，当拟为 [ø]。

（四）tš 声组

tš、tšh、š、y：莱普夏斯（Lepsius, 1855：31）将 tš、tšh、š 和 ts、tsh、s 都排在齿音组，但显然有区别。在晚近四个文献材料中，我们注意到类似于齿音的声类均有两组：一为 tš 组，包括 tš（ch/tch/tj）、tšh（chh/tch'）、š（sh/ch）等声类；一为 ts 组，包括 ts（tz/tz̧）、tsh（thz̧）、s 声类，形成严整的对立。

但在现代粤东客方言中，齿音的这种两分对立情况却已经只见于揭西数点和五华点了，而香港新界、深圳以及梅县都已经混为一组，香港新界混同为舌叶音［tʃ tʃʰ ʃ］①，深圳、梅县则混同为［ts tsʰ s］。

1. tš 声类 - ［tʃ］

《客法词典》中存在声类上可归并的声类符号 tch、tj，两个符号仅写法不同，音值并无不同，前文已述为同音异符。下边我们分点讨论 tš 声类。

（1）tš、ch、tch 符号

新安 tš，73 字；五经富、《客英》ch 分别为 60 字、172 字；《客法》tch（tch 后接韵类符号 e 构成 tche 音节的情况此处暂不予讨论，即此处的 tch 后只接非 e 的韵类符号），164 字，见表 2 - 22。

表 2 - 22　　　　tš 声类（tš、ch、tch 符号）普遍对照表

例字	新安音读	声	新	荔	杨	深	富	经	云	砂	河	英	五	法	梅
猪	tšu¹	知	tš	[tʃ]	[tʃ]	[ts]	ch	[tʃ]	[tʃ]	[tʃ]	[tʃ]	ch	[tʃ]	tch	[ts]
张	tšoṅ¹	知	tš	[tʃ]	[tʃ]	[ts]	ch	[tʃ]	[tʃ]	[tʃ]	[tʃ]	ch	[tʃ]	tch	[ts]
著	tšok⁵	知	tš	[tʃ]	[tʃ]	[ts]	ch	[tʃ]	[tʃ]	[tʃ]	[tʃ]	ch	[tʃ]	tch	[ts]
争	tšaṅ¹	庄	tš	[tʃ]	[tʃ]	[ts]	ts	[ts]	[ts]	[ts]	[ts]	ts	[ts]	tch	[ts]
遮	tša¹	章	tš	[tʃ]	[tʃ]	[ts]	ch	[tʃ]	[tʃ]	[tʃ]	[tʃ]	ch	[tʃ]	tch	[ts]
准	tšuṅ³	章	tš	[tʃ]	[tʃ]	[ts]	ch	[tʃ]	[tʃ]	[tʃ]	[tʃ]	ch	[tʃ]	tch	[ts]
汁	tšip⁵	章	tš	[tʃ]	[tʃ]	[ts]	ch	[tʃ]	[tʃ]	[tʃ]	[tʃ]	ch	[tʃ]	tch	[ts]

新安的 tš 声类符号基本上对应于现代 7 个方言点的声母［tʃ］，只有深圳、梅县为［ts］。深圳、梅县音系中没有［tʃ tʃʰ ʃ］，只有［ts tsʰ s］组声母。五经富、《客英》、《客法》的 ch、tch 符号，对应现代各点声母的读法也与新安的情况一致，都基本上读［tʃ］。

点对点穷尽性比较如下：

---

① 张双庆、庄初升指出："古精、庄、知、章组声母合流，老派一般读为舌叶音 tʃ、tʃʰ、ʃ，还有一些中老年人塞擦音读 tʃ、tʃʰ，擦音读 s，青派则一般读为舌尖前音 ts、tsʰ、s。"见张双庆、庄初升《香港新界方言》，商务印书馆（香港）有限公司 2003 年版，第 28 页。

罗马字	可比字数	现代音值	字数	百分比
新 tš	57	荔 [tʃ]	57	100%
富 ch	32	经 [tʃ]	32	100%
英 ch	39	五 [tʃ]	39	100%
法 tch	44	梅 [ts]	44	100%

其中《客法》tch 对应现代梅县 [ts]，参见第五章"精知庄章分混演变"讨论。

四个文献方言点 tš、ch、tch 三个符号对应一致，现代七点客方言的 [tʃ] 声母多数对应于晚近四点的 tš、ch、tch 三个符号，还有部分字对应于晚近的 ts 声类。至此可确定 tš、ch、tch 三个符号音值相同，只不过属不同罗马字系统，写法不一，可拟为 [tʃ]。

（2）《客法》音节 tje 的声类

另外，我们注意到在《客法词典》出现四个特殊音节即 tje、tche 和 tze、tse，它们的相似之处是其韵类字母为 e（赖嘉禄神父说明这里的 e 类似法语中不发音的 e，我们拟成舌面央高元音 [ɨ]）。这一组中我们讨论 tje、tche，先请看表 2-23 中 tje 音节的表现。

表 2-23　　　　tš 声类（tje 符号）普遍对照表

例字	客法音读	声	新	荔	杨	深	富	经	云	砂	河	英	五	法	梅
智	tje⁴	知	tš	[tʃ]	[tʃ]	[ts]	ch	[tʃ]	[tʃ]	[tʃ]	[tʃ]	ch	[tʃ]	tj	[ts]
致	tje⁴	知	tš	[tʃ]	[tʃ]	[ts]	ch	[tʃ]	[tʃ]	[tʃ]	[tʃ]	ch	[tʃ]	tj	[ts]
指	tje³	章	tš	[tʃ]	[tʃ]	[ts]	ch	[tʃ]	[tʃ]	[tʃ]	[tʃ]	ch	[tʃ]	tj	[ts]
至	tje⁴	章	tš	[tʃ]	[tʃ]	[ts]	ch	[tʃ]	[tʃ]	[tʃ]	[tʃ]	ch	[tʃ]	tj	[ts]
纸	tje³	章	tš	[tʃ]	[tʃ]	[ts]	ch	[tʃ]	[tʃ]	[tʃ]	[tʃ]	ch	[tʃ]	tj	[ts]

tj 只接 e，tje 和下文即将讨论到的 tche 音节所辖字皆为止开三或蟹开三知章组字。表 2-23 中《客法词典》中 tj 和不接 e 的 tch 声类二者对应的现代音读一致，均为 [tʃ] 或 [ts]，所以均可拟成不送气的 [tʃ]。其中，

$$[tʃ] \begin{cases} \text{tch} & \text{接除 e 之外的韵类符号（参上文 tš 类声母符号中的表 2-22）} \\ \text{tj} & \text{接韵类符号 e（见表 2-23）} \end{cases}$$

所以二者在分布上看是互补的，当归为一，即 tš 声类，拟音为 [tʃ]。

2. tšh 声类 - [tʃʰ]

tšh 声类《客法词典》中也存在可归并的声类符号 tch'、tch（e），两个符号仅写法不同，音值并无不同。下边我们分点讨论 tšh 声类。

（1）tšh、chh、tch' 符号

新安的 tšh，47 字；五经富、《客英》的 chh，分别为 40 字、138 字；《客法》的 tch'，127 字。从写法上看是上一声类三个符号 tš、ch、tch 的送气形式，见表 2 - 24。

表 2 - 24　　　tšh 声类（tšh、chh、tch' 符号）普遍对照表

例字	新安音读	声	新	荔	杨	深	富	经	云	砂	河	英	五	法	梅
超	tšhau⁴	彻	tšh	[tʃʰ]	[tʃʰ]	[tsʰ]	—	[tʃʰ]	[tʃʰ]	[tʃʰ]	[tʃʰ]	chh	[tʃʰ]	tch'	[tsʰ]
宠	tšhuṅ³	彻	tšh	[tʃʰ]	[tʃʰ]	[tsʰ]	—	[tʃʰ]	[tʃʰ]	[tʃʰ]	[tʃʰ]	chh	[tʃʰ]	tch'	—
住	tšhu⁴	澄	tšh	[tʃʰ]	[tʃʰ]	[tsʰ]	chh	[tʃʰ]	[tʃʰ]	[tʃʰ]	[tʃʰ]	chh	[tʃʰ]	tch'	[tsʰ]
丈	tšhoṅ¹	澄	tšh	[tʃʰ]	[tʃʰ]	[tsʰ]	chh	[tʃʰ]	[tʃʰ]	[tʃʰ]	[tʃʰ]	chh	[tʃʰ]	tch'	[tsʰ]
直	tšhit⁶	澄	tšh	[tʃʰ]	[tʃʰ]	[tsʰ]	chh	[tʃʰ]	[tʃʰ]	[tʃʰ]	[tʃʰ]	chh	[tʃʰ]	tch'	[tsʰ]
吹	tšhui¹	昌	tšh	[tʃʰ]	[tʃʰ]	[tsʰ]	chh	[tʃʰ]	[tʃʰ]	[tʃʰ]	[tʃʰ]	chh	[tʃʰ]	tch'	[tsʰ]
充	tšhuṅ¹	昌	tšh	[tʃʰ]	[tʃʰ]	[tsʰ]	chh	[tʃʰ]	[tʃʰ]	[tʃʰ]	[tʃʰ]	chh	[tʃʰ]	tch'	[tsʰ]
出	tšhut⁵	昌	tšh	[tʃʰ]	[tʃʰ]	[tsʰ]	chh	[tʃʰ]	[tʃʰ]	[tʃʰ]	[tʃʰ]	chh	[tʃʰ]	tch'	[tsʰ]
试	tšhi⁴	书	tšh	[ʃ]	[ʃ]	[s]	chh	[tʃʰ]	[tʃʰ]	[tʃʰ]	[tʃʰ]	chh	[ʃ]	ch	[tsʰ]
深	tšhim¹	书	tšh	[tʃʰ]	[tʃʰ]	[tsʰ]	chh	[tʃʰ]	[tʃʰ]	[tʃʰ]	[tʃʰ]	chh	[ʃ]	tch'	[tsʰ]

新安的 tšh 声类符号基本上对应于现代 7 个方言点的声母 [tʃʰ]，只有深圳、梅县是 [tsʰ] 或 [s]，另外有少量字对应于声母 [ʃ]。五经富、《客英》的 chh、《客法》的 tch' 符号，对应现代各点声母的读法也与新安的情况一致，都基本上读 [tʃʰ]。

点对点穷尽性比较如下：

罗马字	可比字数	现代音值	字数	百分比	例外
新 tšh	40	荔 [tʃʰ]	37	92%	[tʃ] 昨 [ʃ] 伸试
富 chh	25	经 [tʃʰ]	23	92%	[tʃ] 召 [ʃ] 伸
英 chh	23	五 [tʃʰ]	20	85%	[ʃ] 深试式
法 tch'	35	梅 [tsʰ]	35	100%	

其中《客法》tch'对应现代梅县 [tsʰ]，参见第五章"精知庄章分混演变"讨论。游离成分中 [tʃ] 为全浊仄声字读不送气现象；[ʃ] 声母则为书母文读，是异读。

四个文献方言点 tšh、chh、tch 三个符号对应一致，只是写法上不同。现代九点客方言的 [tʃʰ] 声母也对应于晚近四点的 tšh、chh、tch 三个符号。综上分析，我们可以把四点文献方言的声类 tšh、chh、tch 的音值同拟为 [tʃʰ]。

(2)《客法》音节 tš 声类（tche 符号），见表 2-25。

表 2-25　　　　　　tš 声类（tche 符号）普遍对照表

例字	客法音读	声	新	荔	杨	深	富	经	云	砂	河	英	五	法	梅
迟	tche²	澄	tšh	[tʃʰ]	[tʃʰ]	[tsʰ]	chh	[tʃʰ]	[tʃʰ]	[tʃʰ]	chh	[tʃʰ]	tch	[tsʰ]
治	tche⁴	澄	tšh	[tʃʰ]	[tʃʰ]	[tsʰ]	chh	[tʃʰ]	[tʃʰ]	[tʃʰ]	chh	[tʃʰ]	tch	[tsʰ]
池	tche²	澄	tšh	[tʃʰ]	[tʃʰ]	[tsʰ]	chh	[tʃʰ]	[tʃʰ]	[tʃʰ]	chh	[tʃʰ]	tch	[tsʰ]
齿	tche³	昌	tšh	[tʃʰ]	[tʃʰ]	[tsʰ]	—	[tʃʰ]	[tʃʰ]	[tʃʰ]	chh	[tʃʰ]	tch	[tsʰ]
始	tche³	昌	—	[tʃʰ]	[tʃʰ]	[tsʰ]	chh	[tʃʰ]	[tʃʰ]	[tʃʰ]	chh	[tʃʰ]	tch	[tsʰ]

从表 2-25 可知，tch 接 e 后的现代音读表现和前文不接 e 的情况迥异其趣，却和表送气的 tch' 表现一致，均可拟成送气的 [tʃʰ]，tche 音节所辖字也为止开三或蟹开三知章组字。则其中：

$$[tʃʰ] \begin{cases} \text{tch' 接除 e 之外的韵类符号（参上文 tšh 类声母符号中的表 2-24）} \\ \text{tch 接 e 韵类符号（见表 2-25）} \end{cases}$$

所以以上 tš（[tʃ]）、tšh（[tʃʰ]）两个声类（声母）中，《客法》两类声类符号均为互补关系，不构成对立。但赖嘉禄神父却以韵类的区别为它们分别设计了两套符号来表示，究其原因，可能是他觉得 tje 和 tche 音节中的韵母 [ɨ]（这个音在梅县、深圳今天演变为 [ɿ]）比较特殊，与其他韵类不同，与当时粤东其他地方这两个音节所辖字的韵母读音也不同。所以声类符号他也别出心裁，加以突出。

在《客法词典》正文"TCHE ou TCH'I"（TCHE 或 TCH'I）音节下面

作者赖嘉禄神父加了一个案语：

"案——总之，tche 只是 tje 的送气音；在其他地方 tche 发成 tch'i，tje 则发成 tchi。"①

他在这里清楚地告诉我们，tje 和 tche 是送气与不送气的关系，且告诉我们他所记录的地点这两个音节辖字韵母的特殊之处：别的地方为 i （[i]），此地则为 e （[ɨ]）。

止开三或蟹开三知章组字读 [ɨ] 不读 [i]，在我们考察的晚近粤东客话材料乃至现代客话中都显突出。在表 2-26 中我们以止开三或蟹开三知章组字声母后接 [i] 者为 "+"，不接 [i] 者为 "-"。

表 2-26　　　　　止开三或蟹开三知章组字声韵配合

新	荔	杨	深	富	经	云	砂	河	英	五	法	梅
+	+	+	−	+	+	+	+	+	+	+	+	−

从表 2-26 中我们可以看出，除深圳以外，《客法词典》反映出来的晚近止开三或蟹开三知章组字独特的声韵配合情况只和现代梅县的情况是一致的，所以这一点就是《客法词典》所表现出来的"异相"，尽管《客法词典》事实上兼记粤东各地之客音，语音上各点混杂而非同质，但是在比较中我们仍能找出它的主体特征所在，最终确立它的基础音系。我们由此可看出，《客法词典》反映的音系和梅县音系显然有很深的渊源。

3. š 声类-[ʃ]

本声类有三个符号：新安 š，90 字；五经富、《客英》sh，分别为 83 字、196 字；《客法》ch②，185 字；与前面 tš、tšh 两类符号形成整齐对应。从表 2-27 今读表现看，三个符号音值当一致。

---

① 原文为："Remarque. —Les mots en tche ne sont, en somme, que les mots tje aspirés. Ailleurs on prononce tch'i pour tche et tchi pour tje." 赖嘉禄《客法词典》，第 945 页。

② 《客法》的 ch 符号要注意与五经富《新约》、《客英》的 ch 符号相区别，上文已述五经富《新约》、《客英》的 ch 符号拟作不送气塞擦音 [tʃ]。

表 2-27　　　　　　　　　　　　š 声类普遍对照表

例字	新安音读	声	新	荔	杨	深	富	经	云	砂	河	英	五	法	梅
示	ši⁴	船	š	[ʃ]	[ʃ]	[s]	sh	[ʃ]	[ʃ]	[ʃ]	[ʃ]	sh	[ʃ]	ch	[s]
神	šin²	船	š	[ʃ]	[ʃ]	[s]	sh	[ʃ]	[ʃ]	[ʃ]	[ʃ]	sh	[ʃ]	ch	[s]
食	šit⁶	船	š	[ʃ]	[ʃ]	[s]	sh	[ʃ]	[ʃ]	[ʃ]	s	sh	[ʃ]	ch	[s]
书	šu¹	书	š	[ʃ]	[ʃ]	[s]	sh	[ʃ]	[ʃ]	[ʃ]	[ʃ]	sh	[ʃ]	ch	[s]
声	šaṅ¹	书	š	[ʃ]	[ʃ]	[s]	sh	[ʃ]	[ʃ]	[ʃ]	[ʃ]	sh	[ʃ]	ch	[s]
识	šit⁵	书	š	[ʃ]	[ʃ]	[s]	sh	[ʃ]	[ʃ]	[ʃ]	[ʃ]	ch	[ʃ]	ch	[s]
受	šu⁴	禅	š	[ʃ]	[ʃ]	[s]	sh	[ʃ]	[ʃ]	[ʃ]	[ʃ]	sh	[ʃ]	ch	[s]
常	šon²	禅	š	[ʃ]	[ʃ]	[s]	sh	[ʃ]	[ʃ]	[ʃ]	[ʃ]	sh	[ʃ]	ch	[s]
十	šip⁶	禅	š	[ʃ]	[ʃ]	[s]	sh	[ʃ]	[ʃ]	[ʃ]	[ʃ]	sh	[ʃ]	ch	[s]

新安的 š 声类符号基本上对应于现代 8 个方言点的声母 [ʃ]，只有梅县为 [s]。五经富、《客英》、《客法》的 ch、sh 符号，对应现代各点声母的读法也与新安的情况一致，都基本上读 [ʃ]，梅县读 [s]。

点对点穷尽性比较如下：

罗马字	可比字数	现代音值	字数	百分比	例外
新 š	61	荔 [ʃ]	61	100%	
富 sh	67	经 [ʃ]	64	96%	[tʃʰ] 纯 [s] 属穗
英 sh	94	五 [ʃ]	92	98%	[tʃʰ] 纯伸
法 ch	52	梅 [s]	52	100%	

今梅县主流读 [s]，参见第五章"精知庄章分混演变"讨论；游离成分 [tʃʰ] 为文白异读表现，前文已述；五华"属穗"读 [s]，原因待考。

四个文献方言点中 š = ch = sh，三个符号对应一致。现代八点客方言的 [ʃ] 声母多数对应于晚近四点的 š、ch、sh 三个符号。综上分析，我们可以把四点文献方言的声类 š（ch、sh）的音值拟为 [ʃ]。

4. y 声类-[j]

晚近四个文献材料中都有以 y 字母起首的音节，分别为新安 107 字、五经富 111 字、《客英》298 字、《客法》276 字，对应现代方言并非只有零声母 [ø]，而多有 [j] 或 [ʒ] 声母的情况。那么很可能这个 y 并非零声母，所以我们在这里另起加以分析，见表 2-28。

表 2-28　　　　　　　　　y 声类普遍对照表

例字	新安音读	声	新	荔	杨	深	富	经	云	砂	河	英	五	法	梅
柔	yu²	日	y	[ʒ]	[j]	[j]	y	[j]	[j]	[j]	[ʒ]	y	[j]	y	[ø]
绒	yuṅ²	日	y	[ʒ]	[j]	[j]	y	[j]	[j]	[j]	[ʒ]	y	[j]	y	[ø]
若	yok⁶	日	y	[ʒ]	[j]	[j]	y	[j]	[j]	[j]	[ʒ]	y	[j]	y	[ø]
衣	yi¹	影	y	[ʒ]	[j]	[j]	y	[j]	[j]	[j]	[ʒ]	y	[j]	y	[ø]
冤	yen²	影	y	[ʒ]	[j]	[j]	y	[j]	[j]	[j]	[ʒ]	y	[j]	y	[ø]
一	yit⁵	影	y	[ʒ]	[j]	[j]	y	[j]	[j]	[j]	[ʒ]	y	[j]	y	[ø]
有	yu¹	云	y	[ʒ]	[j]	[j]	y	[j]	[j]	[j]	[ʒ]	y	[j]	y	[ø]
永	yun¹	云	y	[ʒ]	[j]	[j]	y	[j]	[j]	[j]	[ʒ]	y	[j]	y	[ø]
越	yet⁶	云	y	[ʒ]	[j]	[j]	y	[j]	[j]	[j]	[ʒ]	y	[j]	y	[ø]
夜	ya⁴	以	y	[ʒ]	[ʒ]	[j]	y	[j]	[j]	[j]	[ʒ]	y	[j]	y	[ø]
缘	yen²	以	y	[ʒ]	[j]	[j]	y	[j]	[j]	[n]	[ʒ]	y	[j]	y	[ø]
叶	yap⁶	以	y	[ʒ]	[j]	[j]	y	[j]	[j]	[j]	[ʒ]	y	[j]	y	[ø]

我们先来分析新安的情况。首先我们考虑罗马字巴色会文献中这个 y 是否就是 [a o e u] 主元音之前的介音 i，只不过在音节首转写为 y，或者主元音 [i] 前添写的符号 y，一如普通话拼音方案的做法。这样的话，我们即可把 y 视为零声母符号。但是我们注意到现代深圳、香港客家方言这类字的声母为 [ʒ] 或 [j]，例如：

例字	新安	荔枝庄	杨小坑	深圳	例字	新安	荔枝庄	杨小坑	深圳
医	yi¹	[ₑʒi]	[ₑji]	[ₑji]	越	yet⁶	[ʒɛt₋]	[jɛt₋]	[jiet₋]
野	ya¹	[ₑʒa]	[ₑʒa]	[ₑjia]	音	yim¹	[ₑʒim]	[ₑjim]	[ₑjim]
厌	yam⁴	[ʒamᵒ]	[jiamᵒ]	[jiamᵒ]	引	yin¹	[ᵉʒin]	[ᵉjin]	[ₑjin]
叶	yap⁶	[ʒap₋]	[jiap₋]	[jiap₋]	约	yok⁵	[ʒɔk₋]	[jiɔk₋]	[jiɔk₋]
摇	yau²	[ₑʒau]	[ₑjiau]	[ₑjiau]	养	yoŋ¹	[ₑʒɔŋ]	[ₑjiɔŋ]	[ₑjiɔŋ]
烟	yen¹	[ₑʒɛn]	[ₑjɛn]	[ₑjien]	役	yit⁶	[ʒit₋]	[jit₋]	[jit₋]
营	yaŋ²	[ₑʒaŋ]	[ₑjiaŋ]	[ₑjien]	允	yun¹	[ᵉʒun]	[ᵉjiun]	[ₑjiun]

如果新安客话 y 表零声母的话，难以解释后来 [j]、[ʒ] 的演变。
我们还是同样地参照前面唇化声母、颚化声母的拟音方法，把下面的

y-提出为声母：

ya	yam	yan	yaṅ	yap	yau	yen	yet	yi	yim
夜	厌	怨	影	叶	耀	院	越	预	饮
yin	yip	yit	yok	yoṅ	yu	yui	yuk	yun	yuṅ
应	邑	译	药	样	诱	乳	欲	隐	用

转换如下：

-y-	a	am	an	aṅ	ap	au	en	et	i	im
	夜	厌	怨	影	叶	耀	院	越	预	饮
-y-	in	ip	it	ok	oṅ	u	ui	uk	un	uṅ
	应	邑	译	药	样	诱	乳	欲	隐	用

那么这个 y 声母符号应该拟成什么音呢？莱普夏斯在谈到德语字母 j 时说："德语 j 是半元音，英语中如 year、yes，法语中如 mayence、bayonne，都用 y 表示。依据这个先例和语言学书籍通常采取的做法，我们也一样用 y 来表示它。"①

莱普夏斯所举四个英、法文单词的 y 都读成 [j]，很显然这个 y 等同于国际音标的 [j]。

再参照现代香港荔枝庄、杨小坑和深圳爱联的客家方音，我们就完全可以在这里把 y 拟成 [j]，不作零声母。

这样既与罗马字系统相吻合，也能呼应、解释后来香港新界、深圳现代方言到 [ʒ] 的变化。

我们在前文讨论 ny-符号时已经提到，[j] 本来就可以直接和除 [i] 声母之外的 [a e o u] 等直接结合。但是考虑到音韵学上区分洪细的习惯，并且考虑到韵母一章中韵头（介音）区分的需要，我们可以在主元音为 [a e o u] 的音节中，认为 y-既充当声母 [j] 又充当介音 [i]，即 y 出现在 a、e、o、u 符号之前时可拟为 [ji-]。即"夜" ya = [jia]，"厌" yam = [jiam]，"夜"、"厌"的韵母中实有介音 [i]。

---

① Lepsius, C. R: *Standard Alphabet For Reducing Unwritten Languages And Foreign Graphic Systems To A Uniform Orthography In European Letters*, London: Seeleys, 1855, p. 63.

五经富《新约》、《客英词典》y-音节结合的情况和新安的一致。

《客法词典》y-稍有不同，y 符号除了能够单独成音节，还能与 m、n、p、t 直接结合，而不在 y 后面缀上表元音的 i 符号，如下所示：

y	ym	yn	yp	yt
忆	淫	萤	揖	役

其他音节 y 后接 a、o、e、u，与新安、五经富、《客英词典》相应音节写法无异。且因存在 ym 这样的音节，更能说明 y 拟为 [j] 或 [ji] 的合理性，二者可视为同一音位的条件变体。

我们再从现代方音的对应来看，点对点穷尽性比较如下：

罗马字	可比字数	现代音值	字数	百分比	例外
新 y	79	荔 [ʒ]	77	97%	[k] 跃 ⁰[g] 雅
富 y	95	经 [j]	94	99%	[n] 让
英 y	91	五 [j]	90	99%	[n] 仁
法 y	64	梅 [ø]	62	97%	[ɲ] 日然

游离成分中"跃"为以母字读 [k]，原因待考；而 ⁰[g]、[n]、[ɲ] 与主流音值构成文白异读，参见第五章"日母演变"讨论。

那么我们根据现代方言的表现，拟 y 为半元音 [j]，现代粤东客方言的 [j]、[ʒ] 来源于此。另 y、ym、yn、yp、yt 几个音节则必须在 [j] 后添元音 [i]，即在这个音节中 y = [ji]。另四点罗马字声类 y 紧跟符号 a、e、o、u 的音节中，以及《客法》y、ym、yn、yp、yt 几个音节中，则其中的 y 声类拟音必须在 [j] 后添元音 [i]，在这些音节中 y = [ji]，即 y 具声母、介音双重身份。

（五）ts 声组

ts、tsh、s：上文已述莱普夏斯（Lepsius, 1855：31）将 tš、tšh、š 和 ts、tsh、s 都排在齿音组。这一组基本上现在国际音标沿用，同 [ts tsʰ s]。

1. ts 声类 - [ts]

ts 声类新安《新约》ts、t（z）符号，《客法词典》ts、tz（e）符号也分别可予归并，只是写法不同，音值并无不同。下边我们分点讨论 ts 声类。

（1）ts 符号

本声类四个历史语料中均有一个 ts 符号，分别为新安 82 字、五经富 67 字、《客英》207 字、《客法》198 字。但《客法》ts 后接韵类符号 e 构成 tse 音节的情况比较特殊，且留待后文讨论，即此处仅讨论 ts 后只接非 e 的韵类符号，见表 2-29。

表 2-29　　　　　　　　ts 声类（ts 符号）普遍对照表

例字	新安音读	声	新	荔	杨	深	富	经	云	砂	河	英	五	法	梅
左	tso³	精	ts	[tʃ]	[tʃ]	[ts]	ts	[ts]	[ts]	[ts]	[ts]	ts	[ts]	ts	[ts]
尊	tsun¹	精	ts	[tʃ]	[tʃ]	[ts]	ts	[ts]	[ts]	[ts]	[ts]	ts	[ts]	ts	[ts]
接	tsyap⁵	精	ts	[tʃ]	[tʃ]	[ts]	ts	[ts]	[ts]	[ts]	[ts]	ts	[ts]	ts	[ts]
摘	tsak⁵	知	ts	[tʃ]	[tʃ]	[ts]	ts	[ts]	[ts]	[ts]	[ts]	ts	[ts]	ts	[ts]
桌	tsok⁵	知	ts	[tʃ]	[tʃ]	[ts]	ts	[ts]	[ts]	[ts]	[ts]	ts	[ts]	ts	[ts]
债	tsai⁴	庄	ts	[tʃ]	[tʃ]	[ts]	ts	[ts]	[ts]	[ts]	[ts]	ts	[ts]	ts	[ts]
庄	tsoṅ⁴	庄	ts	[tʃ]	[tʃ]	[ts]	ts	[ts]	[ts]	[ts]	[ts]	ts	[ts]	ts	[ts]
侧	tset⁵	庄	ts	—	—	[ts]	ts	[ts]	[ts]	[ts]	[ts]	ts	[ts]	ts	[ts]

新安的 ts 声类符号对应于现代荔枝庄、杨小坑两个方言点的声母 [tʃ] 及深圳、五经富、五云、下砂、河婆、五华河东、梅县七个方言点的声母 [ts]，对应非常整齐。五经富、《客英》、《客法》的 ts 符号，对应现代各点声母的读法也与新安的情况一致，都基本上读 [ts] 和 [tʃ]。

点对点穷尽性比较如下：

罗马字	可比字数	现代音值	字数	百分比	例外
新 ts	52	荔 [tʃ]	52	100%	
富 ts	43	经 [ts]	43	100%	
英 ts	45	五 [ts]	45	100%	
法 ts	56	梅 [ts]	49	89%	[tsʰ] 此瓷慈助初醋粗

上表游离成分中 [tsʰ] 是《客法》tse 音节所对应的现代梅县声母，

tse 音节下文再讨论。

四个文献方言点 ts 声类也对应一致。现代九点客方言的 [ts] 和 [tʃ] 声母也对应于晚近四点的 ts 声类。综上分析，我们可以把四点文献方言的声类 ts 的音值拟为 [ts]。

（2）新安 tz̦ 音节的声类

在 ts 组中新安《新约》出现两个特殊音节 tz̦（4 字）、thz̦（8 字），两个音节无一般印象中的元音字母，所辖字为遇摄合口一等精组，遇摄合口三等庄组和止摄开口三等的精组字。我们先看表 2 – 30 的 tz̦。

表 2 – 30　　　　　　　新安 tz̦ 音节普遍对照表

例字	新安音读	声	新	荔	杨	深	富	经	云	砂	河	英	五	法	梅
祖	tz̦³	精	tz̦	[tʃ]	[tʃ]	[ts]	ts	[ts]	[ts]	[ts]	[ts]	[ts]	[ts]	tz	[ts]

从表 2 – 30 可以看出，新安《新约》的 tz̦ 其声母当为 [ts]。tz̦ 中的 tz 要视为一个整体，不能拆开，其中的附加符号表示成音节。以此来模拟类似于舌尖塞擦音 + 近似舌尖元音组合而成的发音 [tsɿ]（我们拟成 [tsɨ]，原因在下一章讨论韵母时再予说明）。所以在这一组中，新安接 z 的 t 并不表 [t]，而是整体代表 [tsɨ]，即新安《新约》舌尖前音可用两组符号表示，一是 ts，一是 t (z̦)，它们呈如下分布：

$$[ts] \begin{cases} ts \text{ 与各个韵类构成的音节} \\ tz̦ \text{ 音节} \end{cases}$$

所以新安《新约》这两类声母符号均为互补关系，不构成对立，可予归并。

（3）《客法》tze 音节的声类

本组《客法词典》中则出现 tze 及 tsh 声类中要讨论的 tse 两个特殊音节，所辖字也为遇摄合口一等和止摄开口三等的精组字。先看表 2 – 31 中的 tze。

表 2-31　　　　　　《客法》tze 音节声类普遍对照表

例字	声母	客法音读	新	荔	杨	深	富	经	云	砂	河	英	五	法	梅
祖	精	tze³	t	[tʃ]	[tʃ]	[ts]	ts	[ts]	[ts]	[ts]	[ts]	ts	[ts]	tz	[ts]
滋	精	tze¹	—	[tʃ]	[tʃ]	[ts]	tsh	[ts]	[ts]	[ts]	[ts]	tsh	[ts]	tz	[ts]

tz 只接 e。从表 2-31 中很显然可以看出，《客法词典》中 tz 和不接 e 的 ts 声类一致，均可拟成不送气的 [ts]。其中：

[ts] { ts 接除 e 之外的韵类符号（参见 ts 类声母符号中表 2-29）
      tz 接 e 韵类符号（参见表 2-31）

所以两个符号呈互补分布，当合并。

2. tsh 声类 - [tsʰ]

tsh 声类新安《新约》tsh、th（z）符号，《客法词典》tsh、ts（e）符号也分别可予归并，只是写法不同，音值并无不同。下边我们分点讨论 tsh 声类。

（1）tsh（ts'）符号

本声类有两个符号：tsh，新安 110 字、五经富 112 字、《客英》297 字；《客法》ts'，245 字。从形式上看应是与上一声类 ts 相对应的送气音，见表 2-32。

表 2-32　　　　　　　　tsh 声类普遍对照表

例字	新安音读	声	新	荔	杨	深	富	经	云	砂	河	英	五	法	梅
草	tshau³	清	tsh	[tʃʰ]	[tʃʰ]	[tsʰ]	tsh	[tsʰ]	[tsʰ]	[tsʰ]	[tsʰ]	tsh	[tsʰ]	ts'	[tsʰ]
清	tshianl¹	清	tsh	[tʃʰ]	[tʃʰ]	[tsʰ]	tsh	[tsʰ]	[tsʰ]	[tsʰ]	[tsʰ]	tsh	[tsʰ]	ts'	[tsʰ]
七	tshit⁵	清	tsh	[tʃʰ]	[tʃʰ]	[tsʰ]	tsh	[tsʰ]	[tsʰ]	[tsʰ]	[tsʰ]	tsh	[tsʰ]	ts'	[tsʰ]
坐	tsho¹	从	tsh	[tʃʰ]	[tʃʰ]	[tsʰ]	tsh	[tsʰ]	[tsʰ]	[tsʰ]	[tsʰ]	tsh	[tsʰ]	ts'	[tsʰ]
全	tshen²	从	tsh	[tʃʰ]	[tʃʰ]	[tsʰ]	tsh	[tsʰ]	[tsʰ]	[tsʰ]	[tsʰ]	tsh	[tsʰ]	ts'	[tsʰ]
贼	tshet⁶	从	tsh	[tʃʰ]	[tʃʰ]	[tsʰ]	tsh	[tsʰ]	[tsʰ]	[tsʰ]	[tsʰ]	tsh	[tsʰ]	ts'	[tsʰ]
谢	tshya⁴	邪	tsh	[tʃʰ]	[tʃʰ]	[tsʰ]	tsh	[tsʰ]	[tsʰ]	[tsʰ]	[tsʰ]	tsh	[tsʰ]	ts'	[tsʰ]
寻	tshim²	邪	tsh	[tʃʰ]	[tʃʰ]	[tsʰ]	tsh	[tsʰ]	[tsʰ]	[tsʰ]	[tsʰ]	tsh	[tsʰ]	ts'	[s]

续表

例字	新安音读	声	新	荔	杨	深	富	经	云	砂	河	英	五	法	梅
席	tshit⁶	邪	tsh	[tʃʰ]	[tʃʰ]	[tsʰ]	s	[s]	[s]	[s]	[s]	s	[tsʰ]	s	[tsʰ]
撑	tshaṅ⁴	彻	tsh	[tʃʰ]	[tʃʰ]	[tsʰ]	tsh	[tsʰ]	[tsʰ]	[tsʰ]	[tsʰ]	tsh	[tsʰ]	ts'	[tsʰ]
拆	tshak⁵	彻	tsh	[tʃʰ]	[tʃʰ]	[tsʰ]	tsh	[tsʰ]	[tsʰ]	[tsʰ]	[tsʰ]	tsh	[tsʰ]	ts'	[tsʰ]
吵	tshau⁴	初	tsh	[tʃʰ]	[tʃʰ]	[tsʰ]	tsh	[tsʰ]	[tsʰ]	[tsʰ]	[tsʰ]	tsh	[tsʰ]	ts'	[tsʰ]
窗	tshuṅ¹	初	tsh	[tʃʰ]	[tʃʰ]	[tsʰ]	tsh	[tsʰ]	[tsʰ]	[tsʰ]	[tsʰ]	tsh	[tsʰ]	ts'	[tsʰ]
察	tshat⁵	初	tsh	[tʃʰ]	[tʃʰ]	[tsʰ]	tsh	[tsʰ]	[tsʰ]	[tsʰ]	[tsʰ]	tsh	[tsʰ]	ts'	[tsʰ]

新安的 tsh 声类符号基本上对应于现代 9 个方言点的声母［tsh］和［tʃh］，只有部分邪母字对应于［s］。五经富、《客英》、《客法》的 tsh 符号，对应现代各点声母的读法也与新安的情况一致，都基本上读［tsh］和［tʃh］。

点对点穷尽性比较如下：

罗马字	可比字数	现代音值	字数	百分比	例外
新 tsh	84	荔 [tʃʰ]	82	98%	[ʃ] 遂囟
富 tsh	83	经 [tsʰ]	82	99%	[ts] 践
英 tsh	77	五 [tsʰ]	77	100%	
法 tsh	63	梅 [tʃʰ]	59	94%	[s] 筛袖寻巢

其中游离成分反映的是文白异读现象，主流音值为文读音。

四个文献方言点 tsh 声类也对应一致，只是有少量邪母字标写为 s 声类。现代九点客方言的［tsh］和［tʃh］声母也基本上对应于晚近四点的 tsh 声类。综上分析，我们可以把四点文献方言的声类符号 tsh、ts' 的音值拟为［tsʰ］。

（2）新安 thz 音节的声类

我们再看表 2-33 中新安《新约》另一个与 tẓ 对应的特殊音节 thẓ 的情况。

表 2-33　　　　　　　新安 thz̥ 音节声类普遍对照表

例字	新安音读	声	新	荔	杨	深	富	经	云	砂	河	英	五	法	梅
醋	thz̥⁴	清	th	[tʃʰ]	[tʃʰ]	[tsʰ]	tsh	[tsʰ]	[tsʰ]	[tsʰ]	[tsʰ]	tsh	[tsʰ]	ts	[tsʰ]
助	thz̥⁴	崇	th	[tʃʰ]	[tʃʰ]	[tsʰ]	tsh	[tsʰ]	[tsʰ]	[tsʰ]	[tsʰ]	tsh	[tsʰ]	ts	[tsʰ]
次	thz̥⁴	清	th	[tʃʰ]	[tʃʰ]	[tsʰ]	tsh	[tsʰ]	[tsʰ]	[tsʰ]	[tsʰ]	tsh	[tsʰ]	ts	[tsʰ]
慈	thz̥²	从	th	[tʃʰ]	[tʃʰ]	[tsʰ]	tsh	[tsʰ]	[tsʰ]	[tsʰ]	[tsʰ]	tsh	[tsʰ]	ts	[tsʰ]
辞	thz̥²	邪	th	[tʃʰ]	[tʃʰ]	[tsʰ]	tsh	[tsʰ]	[tsʰ]	[tsʰ]	[tsʰ]	tsh	[tsʰ]	ts	[tsʰ]

粗横线分隔开的依次为遇合一、遇合三、止开三。从表 2-33 可以看出，新安《新约》的 thz̥ 其声母当为 [tsʰ]。新安接 z̥ 的 th 也并不表 [tʰ]，而是整体代表 [tsʰɨ]，即新安《新约》舌尖前音可用两组符号表示，一是 tsh，一是 th（z̥），它们呈如下分布：

[tsʰ] { tsh 与各个韵类构成的音节 / thz̥ 音节

所以两类声母符号均为互补关系，也不构成对立，当为一个声类。

（3）《客法》tse 音节的声类

再看表 2-34 中《客法词典》的 tse 音节的情况。

表 2-34　　　　　　　《客法》tse 音节普遍对照表

例字	声母	客法音读	新	荔	杨	深	富	经	云	砂	河	英	五	法	梅
醋	清	tse⁴	th	[tʃʰ]	[tʃʰ]	[tsʰ]	tsh	[tsʰ]	[tsʰ]	[tsʰ]	[tsʰ]	tsh	[tsʰ]	ts	[tsʰ]
助	崇	tse⁴	th	[tʃʰ]	[tʃʰ]	[tsʰ]	tsh	[tsʰ]	[tsʰ]	[tsʰ]	[tsʰ]	tsh	[tsʰ]	ts	[tsʰ]
慈	从	tse²	—	[tʃʰ]	[tʃʰ]	[tsʰ]	tsh	[tsʰ]	[tsʰ]	[tsʰ]	[tsʰ]	tsh	[tsʰ]	ts	[tsʰ]
辞	邪	tse²	—	[tʃʰ]	[tʃʰ]	[tsʰ]	tsh	[tsʰ]	[tsʰ]	[tsʰ]	[tsʰ]	tsh	[tsʰ]	ts	[tsʰ]

我们看到，ts 接 e 后却和表送气的 ts' 粤东客话今读表现一致，二者均可拟成送气的 [tsʰ]。则其中：

$[ts^h]$ {ts' 接除 e 之外的韵类符号（参见 tsh 类声母符号中表 2-32）
ts 接 e 韵类符号（参见表 2-34）

所以以上 [ts]、[ts^h] 声母中，《客法》两类声母符号均为互补关系，不构成对立，当予归并。表示如下：

拟音/罗马字　　　　罗马字韵类

[ts] { ts　-非 e (a\e\i\o\u)
　　　 tz　-e

[ts^h] { ts'　-非 e (a\e\i\o\u)
　　　　　ts　-e

3. s 声类 - [s]

本声类只有一个符号 s，其中新安 108 字、五经富 127 字、《客英》336 字、《客法》287 字。四个材料写法大致相同，但五经富从母字存在"tsh"写法，见表 2-35。

表 2-35　　　　　　　s 声类普遍对照表

例字	新安音读	声	新	荔	杨	深	富	经	云	砂	河	英	五	法	梅
字	sz̥^{4}	从	s	[ʃ]	[ʃ]	[tʃ^h]	tsh	[tʃ^h]	[tʃ^h]	[tʃ^h]	[ts]	s	[s]	ts	[s]
墙	syoṅ^2	从	s	[ʃ]	[tʃ^h]	[tʃ^h]	tsh	[tʃ^h]	[tʃ^h]	[tʃ^h]	[tʃ^h]	s	[tʃ^h]	s	[s]
集	sip^6	从	s	[tʃ^h]	[tʃ^h]	[ts]	tsh	[ts]	[ts]	[ts]	[ts]	s	[tʃ^h]	s	[s]
士	sz̥^{4}	崇	s	[ʃ]	[ʃ]	[s]	s	[s]	[s]	[s]	[s]	s	[s]	s	[s]
豺	sai^2	崇	s	[tʃ^h]	[tʃ^h]	[s]	s	[s]	[s]	[s]	[s]	s	[tʃ]	s	[s]
愁	seu^2	崇	s	[ʃ]	[ʃ]	[s]	s	[s]	[s]	[s]	[s]	s	[s]	s	[s]
囚	syu^2	邪	s	—	—	[s]	s	[s]	[s]	[s]	[tʃ^h]	s	[tʃ^h]	s	[ts^h]
象	sion^4	邪	s	[ʃ]	[ʃ]	[s]	s	[s]	[s]	[s]	[s]	s	[s]	s	[s]
俗	syuk^6	邪	s	[ʃ]	[ʃ]	[s]	s	[s]	[s]	[s]	[s]	s	[s]	s	[s]
写	sia^3	心	s	[ʃ]	[ʃ]	[s]	s	[s]	[s]	[s]	[s]	s	[s]	s	[s]
算	son^4	心	s	[ʃ]	[ʃ]	[s]	s	[s]	[s]	[s]	[s]	s	[s]	s	[s]
惜	sit^5	心	s	[ʃ]	[ʃ]	[s]	s	[s]	[s]	[s]	[s]	s	[s]	s	[s]
师	sz̥^{1}	生	s	[ʃ]	[ʃ]	[s]	s	[s]	[s]	[s]	[s]	s	[s]	s	[s]
衫	sam^1	生	s	[ʃ]	[ʃ]	[s]	s	[s]	[s]	[s]	[s]	s	[s]	s	[s]
色	set^5	生	s	[ʃ]	[ʃ]	[s]	s	[s]	[s]	[s]	[s]	s	[s]	s	[s]

新安的 s 声类符号基本上对应于现代 9 个方言点的声母 [ʃ]（为香港新界两个方言点）和 [s]，只有部分从母字对应于 [tsʰ] 或 [ts]。五经富、《客英》、《客法》的 s 符号，对应现代各点声母的读法也与新安的情况一致，都基本上读 [ʃ] 和 [s]。

点对点穷尽性比较如下：

罗马字	可比字数	现代音值	字数	百分比	例外
新 s	77	荔 [ʃ]	73	95%	[tʃʰ] 赐豺产斜
富 s	100	经 [s]	99	99%	[tsʰ] 旬
英 s	109	五 [s]	101	93%	[ts] 籍席囚存墙产豺集
法 s	77	梅 [s]	77	100%	

其中游离成分反映的是精庄组擦音与塞擦音异读现象。

四个文献方言点 s 声类也对应一致，只是五经富中有少量从母字标写为 tsh。现代九点客方言的 [s] 声母大多对应于晚近四点的 s 声类，还有少量字对应于晚近的 š 声类。综上分析，我们可以把四点文献方言的 s 声类的音值拟为 [s]。

三 四点声母系统

我们依据以上声类确定、比较和音值拟测的结果，分别得出晚近粤东客音四个方言点各自的声母系统，见表 2 - 36 至表 2 - 39。

表 2 - 36　　　　　新安《新约》声母（23 个）

拟音	p [p]	ph [pʰ]	m [m]	f [f]	w [v]
例字	飞跛变八	肥婆纺白	摩麻蚊牧	夫浮欢阔	禾围王屋
拟音	t [t]	th [tʰ]	ny [ȵ]		l [l]
例字	多朵丹搭	妥大动脱	牛惹年月		拿内岭六
拟音	k [k]	kh [kʰ]	ṅ [ŋ]	h [h]	[ø]
例字	哥佢捐蝎	慨可看曲	牙二岸乐音	虚何肯合	鸦矮安轭
拟音	kw [kʷ]	khw [kʷʰ]			
例字	寡鬼关谷	快亏况扩			
拟音	tš [tʃ]	tšh [tʃʰ]		š [ʃ]	y [j]
例字	遮猪种祝	池车重直		蛇树神识	由腰荣然
拟音	ts [ts]	tsh [tsʰ]		s [s]	
例字	左找宗桌	初就青凿		写沙森恤	

表 2-37　　　　　　　　五经富《新约》声母（24 个）

拟音	p [p]	ph [pʰ]	m [m]	f [f]	v [v]
例字	背斧半八	谱破步白	摩麻问木	夫妃烦护	威禾万划
拟音	t [t]	th [tʰ]	n [n]		l [l]
例字	知多丹搭	他大唐特	拿奴南弱		罗露蓝列
拟音	k [k]	kh [kʰ]	ng/ny [ŋ] ([ɲ])	h [h]	[ø]
例字	加句茎革	概可具极	蛾牙愚热	虚何肯合	哑矮暗鸭
拟音	kw [kʷ]	khw [kʰʷ]	ngw [ŋʷ]		
例字	果寡关谷	快跪况哭	瓦外		
拟音	ch [tʃ]	chh [tʃʰ]		sh [ʃ]	y [j]
例字	志猪掌汁	车住沉直		树蛇身式	乳腰园约
拟音	ts [ts]	tsh [tsʰ]		s [s]	
例字	租燥桌卒	莱罪像七		酥沙愁萨	

表 2-38　　　　　　　　《客英词典》声母（23 个）

拟音	p [p]	ph [pʰ]	m [m]	f [f]	v [v]
例字	补杯粪壁	肥败盘伏	枚无晚木	花非番乏	武围文屋
拟音	t [t]	th [tʰ]	n [n]		l [l]
例字	多都单答	图大唐择	奴内难纳		罗雷粮辣
拟音	k [k]	kh [kʰ]	ng/ny [ŋ] ([ɲ])	h [h]	[ø]
例字	个加间各	科期看吸	我雅严热	何海寒合	鸦矮暗轭
拟音	kw [kʷ]	khw [kʷʰ]			
例字	瓜果罐骨	快裙狂酷			
拟音	ch [tʃ]	chh [tʃʰ]		sh [ʃ]	y [j]
例字	追朱中折	柱吹陈出		世蛇船食	儒友院译
拟音	ts [ts]	tsh [tsʰ]		s [s]	
例字	左最斩责	次草寻七		些沙三煞	

表 2-39　　　　　　　　《客法词典》声母（21 个）

拟音	p [p]	P' [pʰ]	m [m]	f [f]	v [v]
例字	跛补变剥	怕婆判白	麻梅蚊木	夫花烦罚	无话王物
拟音	t [t]	t' [tʰ]	n [n]		l [l]
例字	知多当答	头大同塔	恼忍迎业		螺雷量落
拟音	k [k]	k' [kʰ]	ng/gn [ŋ] ([ɲ])	h [h]	[ø]
例字	瓜困捐合	科葵空吸	我语岸入	虚河坑客	鸦矮暗轭
拟音	tch/tj [tʃ]	tch'/tch [tʃʰ]		ch [ʃ]	y [j]
例字	志遮中竹	助车深轴		蛇世扇湿	衣夜圆一
拟音	ts/tz [ts]	tsh/ts [tsʰ]		s [s]	
例字	租早张责	初茶状凿		些沙山杀	

第二节 声母内部差异

一 泥来分混

谢留文（2003：4）把客家话的泥母、来母分混情况分成三种类型：一是不混型，"是客家话最主要类型"。二是半混型，"洪音韵母前，读同来母，音值一般是 l；在细音韵母前，泥母仍读鼻音声母，与来母有别"。三是全混型，"不论韵母洪细，泥母都读同来母，如江西的大余方言"。客家话泥母来母以"不混型"为主要类型，"半混型"是少数。全混型则罕见。

在晚近粤东客家方言中，新安是泥来半混型，中古泥母在洪音前读[l]，在细音前读[n]，中古来母在晚近无论洪细则都读[l]；而五经富、《客英》、《客法》则均为泥来不混型，中古泥母在晚近读[n]，来母在晚近读[l]。

例字	古声母	洪细	新安	五经富	《客英》	《客法》
拿	泥	洪音	ₒla	ₒna	ₒna	ₒna
奴	泥	洪音	ₒlu	ₒnu	ₒnu	ₒnu
男	泥	洪音	ₒlam	ₒnam	ₒnam	ₒnam
拈	泥	细音	ₒȵam	ₒȵam	ₒȵam	ₒniam
娘	泥	细音	ₒnioŋ	—	ₒȵoŋ	ₒnioŋ
年	泥	细音	ₒnien	ᶜȵen	ₒȵen	ₒnian
类	来	洪音	luiᵓ	luiᵓ	luiᵓ	luiᵓ
路	来	洪音	luᵓ	luᵓ	luᵓ	luᵓ
另	来	洪音	laŋᵓ	leŋᵓ	laŋᵓ	laŋᵓ
礼	来	细音	ₒli	ₒli	ₒli	ₒli
硫	来	细音	ₒliu	ₒliu	ₒliu	ₒliu
邋	来	细音	—	—	liapᵓ	liapᵓ

在反映晚近粤东客话的四个文献材料中，只有新安罗马字《新约》的泥母洪混细分，泥母洪音读入来母，例如："拿［泥］=拉［来］la¹；南［泥］=篮［来］lam²；难［泥］=兰［来］lan²；囊［泥］=狼

［来］lon²；脑［泥］=老［来］lau³；内［泥］=泪［来］lui⁴；泥［泥］=犁［来］lai²；宁［泥］=连［来］len²；乳汁［泥］=炼［来］len⁴；奴［泥］=炉［来］lu²；怒［泥］=路［来］lu⁴；嫩［泥］=论［来］lun⁴；挪［泥］=罗［来］lo²"。

而细音则泥、来有别，例如："拈［泥］nyam¹ ≠ 敛［来］lyam¹；粘［泥］nyam² ≠ 帘［来］lyam²；娘［泥］nyoṅ² ≠ 粮［来］lyoṅ²"。

五经富《新约》、《客英词典》、《客法词典》三个文献材料反映的声母系统则均属泥来不混型，泥母、来母完全分立。

由四个历史语料所反映的晚近粤东客话上推，并且关照现代客话泥来不混的主要情况，我们认为粤东客话本也属泥来分立，与《切韵》同。发展到新安客话的泥来半混，泥母洪音入来，细音则留为泥母，二百年后又并入疑母，其原因尚待考察。

二 唇化声母的有无

晚近粤东客话牙喉音见组合口还残存有舌根唇化声母 k^w、k^{wh}、η^w，与粤方言表现一致，究竟是上古音遗存还是受侗台语影响我们且不予深究。四个文献中唯有《客法词典》无唇化舌根声母，前文已论证。如下表：

晚近客话文献：	新安《新约》	五经富《新约》	《客英词典》	《客法词典》
有无圆唇声母：	+	+	+	-

且 k^w、k^{wh}、η^w 在新安《新约》、五经富《新约》和《客英词典》中的分布如下：

圆唇声母	k^w	k^{wh}	η^w
新安《新约》	+	+	-
五经富《新约》	+	+	+
《客英词典》	+	+	-

上表中只有五经富《新约》音系反映的唇化舌根音 k^w、k^{wh}、η^w 俱

全，说明这组舌根音晚近也已处在磨损之中，新安《新约》、《客英词典》中只有唇化舌根塞音，到《客法词典》则不留一点痕迹了。所以新安、五经富、《客英》可归为唇化舌根音型，而《客法》当属合口介音型。

袁家骅（2001：180）所记现代广州音系中至今有一套唇化舌根音，而且在讨论客家话音系中也曾提出梅县客话实际上可以设立一套唇化舌根音来取代只在舌根音后面出现的合口介音。徐通锵（1991）、胡方（2001）曾根据传教士留下的宁波话文献材料，研究百余年来宁波话的演变。陆铭（2004）在此基础上继续研究，他认为睦麟德（P. G. Mollendorf）的 *Ningpo Handbook*（《宁波方言便览》）中也记录了这样一套唇化舌根声母，且睦麟德在 k^{wh} 这个音节中还把表送气的 h 放在了表唇化的 w 后面，这一点要比新安巴色会罗马字系统和五经富英国长老会罗马字系统都要更加严密（这两个系统均作 khw）。

根据四点历史语料唇化舌根声母的有无，及新安《新约》、五经富《新约》、《客英词典》三点中唇化舌根音的逐渐磨损情况，我们可合理地认为粤东客音本具完全的唇化舌根声母，后世发生磨损，遂至部分地域消失，最后全然消失，参第五章中唇化舌根声母演变的讨论。

三　止开三知章组声韵配合差异

晚近粤东客方言止开三（含蟹开三）知章组声母都为 [tʃ、tʃʰ、ʃ]，没有不同。所配韵母却不一致——新安《新约》、五经富《新约》、《客英词典》三点都只跟纯元音韵母 i [i] 结合，但《客法词典》不跟 i [i] 结合，只跟 e [ɨ] 结合（这两个韵母的讨论详见第三章第一节）。例如：

例字	声母	新安	五经富	《客英》	《客法》
智	知	tʃiᵒ	tʃiᵒ	tʃiᵒ	tʃɨᵒ
耻	彻	ᶜtʃʰi	ᶜtʃʰi	ᶜtʃʰi	ᶜtʃɨ
指	章	ᶜtʃi	ᶜtʃi	ᶜtʃi	ᶜtʃɨ
诗	书	₀ʃi	₀ʃi	₀ʃi	₀ʃɨ

由此，在晚近粤东客方言止开三（含蟹开三）知章组声母条件下，新安、五经富和《客英》为 i [i] 韵母型，而《客法》则为 e [ɨ] 韵母型。

再请看历史点和现代点止开三（含蟹开三）知章组声母所配韵母的比较：

新	富	英	法	荔	杨	深	经	云	砂	河	五	梅
i	i	i	ɿ	i	i	ɿ	i	i	i	i	i	ɿ

从上表的晚近与现代粤东客家方言的联系表现来看，《客法词典》的止开三（含蟹开三）知章组的韵母 [ɿ] 和现代梅县的 [ɿ] 是紧密联系的，这也应是《客法词典》表现的晚近嘉应方音的个性和特色之一，其中音变情况详见第五章谈论。

由上述分析可知，从四个历史语料反映的晚近粤东客话上推，我们认为粤东客话中止开三（含蟹开三）知章组声母字本当仍为舌面韵母 i [i]，《客法词典》的 e [ɿ] 显然是新起的变化，是知章组混入精庄组的先声。

四 溪晓分混

晚近粤东客方言中的新安《新约》、《客英词典》、《客法词典》音系中均有部分溪母字（经统计约占全部溪母字的15%强）读 [h]，同晓母，看不出其分化条件。而五经富《新约》中的溪母字无读入晓母的情况。请看例字比较：

例字	声母	新安	五经富	《客英》	《客法》
肯	溪	ᶜhen	ᶜkʰen	ᶜhen	ᶜhen
客	溪	hak˳	kʰak˳	hak˳	hak˳
坑	溪	ᶜhaŋ	ᶜkʰaŋ	ᶜhaŋ	ᶜhaŋ
口	溪	ᶜheu	ᶜkʰeu	ᶜheu	ᶜheu
起	溪	ᶜhi	ᶜkʰi	ᶜhi	ᶜhi
开	溪	ᶜhoi	ᶜkʰoi	ᶜhoi	ᶜhoi
壳	溪	hok˳	kʰok˳	hok˳	hok˳
糠	溪	ᶜhoŋ	ᶜkʰoŋ	ᶜhoŋ	ᶜhoŋ
渴	溪	hot˳	kʰot˳	hot˳	hot˳

纪多纳（1905）在《客英词典》前言中曾比较嘉应州、惠州和潮州

三地客话在声母、韵母上的差异。在声母中前面两条是:"惠州和嘉应州的 H 在潮州通常作 Kh,如 Hi'去'为 Khi,Heu'口'作 Kheu;而惠州的 F 在嘉应州和潮州偶尔作 Kh:Fu'裤'为 Khu,Fai'快'作 Khwai。"①

他提到了嘉应州和惠州部分溪母字读同晓母的情况,但我们发现惠州所对应的新安材料这种溪母读入晓母的情况实际上不多见。而这两条都凸显出来潮州的溪母不读入晓母,潮州所对应的五经富《新约》这种溪晓严格分立的情况确实较为常见,且现代揭西各点方言也还保留这种分立。这就进一步证实五经富客话罗马字《新约》是反映的潮州客话,与现代揭西客话联系紧密。

所以,新安、《客英》、《客法》当属溪混入晓型,而五经富则为溪晓不混型。

尽管四点历史语料中有三点是溪混入晓型,但是我们认为粤东客话本当为溪晓分立,与《切韵》同。理由:一是粤东客话长期与粤方言接触,溪混入晓是粤方言的特色,客话难免受到感染;二是我们知道五经富地区相对于嘉应、新安更为偏僻、闭塞,周边不受粤方言势力影响,而主要是闽方言、潮汕文化的势力范围,所以五经富《新约》就仍能反映出粤东客话溪晓不混的本来面貌,这也符合从《切韵》的分立,到早期粤东客音的分立,再到四个历史语料所记晚近客话多数点混并的发展逻辑。

五 日母分化

晚近客话四个历史材料中日母字也发生了分化,大致有两种类型:其一为二分型,五经富《新约》、《客英词典》中大致白读、口语常用字读 ɲ,混入疑母细音;文读、非常用字读 j,与影母细音(主要是开口字),云母(主要是开口字)、以母合流。请看例字:

	二	耳	软	入	柔	若
富:	ɲi°	ᶜɲi	ᶜɲion	ɲip°	ᶜjiu	jiok°
英:	ɲi°	ᶜɲi	ᶜɲion	ɲip°	ᶜjiu	jiok°

---

① 原文为:"H. in F. and K. offten is Kh. in C., e.g., Hi 去 is Khi. Heu 口 is Kheu. F. in F. sometimes is Kh, in K. and C.:Fu 裤 Khu;Fai 快 Khwai."《客英词典》,第 vii 页。

其二为三分型，《客法词典》、新安《新约》属此类。新安《新约》则为 ŋ、ȵ、j 三分，三者分化条件十分清晰。我们且看新安《新约》的情况：

	二	耳	惹	入	柔	若
新：	ŋi°	ˉŋi	ˉnia	nip˳	ˉjiu	jiok˳

从上表例字我们看到新安日母逢 i 韵母时为 ŋ，已入疑母细音；其他细音韵时为 ȵ（从宽记作 n），仍为泥母；而日母在非常用字与文读中则为 j，与影母开口细音，云母开口、以母合流。三者分列整齐，划然有别。

再看《客法词典》的情况：

	二	热	惹	软	柔	若
法：	ȵi°	ȵiet˳	ˉnia	ˉnion	ˉjiu	jiok˳

从上表可知，《客法词典》为 n（实也入泥母细音）、ȵ（实也入疑母细音）、j 三分，其中 j 为文读、非常用字读音，但 n、ȵ 的分化条件不显豁，均为白读、常用字读音。《客法词典》与新安《新约》日母三分情况相似，唯《客法词典》白读、常用字读音已经多数入疑母，少量仍为泥母，而新安日母白读、常用字读音显然才开始入疑母。

由四个历史语料的日母分化情况上推，我们认为粤东客话日母是二分的，即大致白读、口语常用字读 n，与泥母细音混；文读、非常用字读 j，已与影母开口细音，云母开口、以母合流。也即从《切韵》时代日母的未分化到早期粤东客音的二分再到四个历史语料所反映的晚近客话二分、三分并存，详参第五章中日母演变的讨论。

第三节 声母系统及特点

根据上文对近代晚期粤东客音四个历史点声类及音值的考察结果，我们得出粤东客音声类共 24 个，其中 n [n] 声类有变体 ny [ȵ]，ṅ [ŋ] 有变体 ny/gn [ɲ]。根据这些声类的语音性质，按照发音部位归为五组，每组再依发音方法排出声类表，每个声类附列四个文献材料中的符号及例字。

一 声母系统（表2-40）

表2-40　　　　　　　　粤东声母系统及拟音

声组	声母	拟音	四点对照				例字
			新安	五经富	《客英》	《客法》	
帮组	帮	[p]	p	p	p	p	巴布班伯
	滂	[pʰ]	ph	ph	ph	p'	怕肥平伏
	明	[m]	m	m	m	m	魔麻迷微
	非	[f]	f	f	f	f	府赴伙和
	文	[v]	w	v	v	v	文窝禾遗
端组	端	[t]	t	t	t	t	多肚胆答
	透	[tʰ]	th	th	th	t'	旦拖驼敌
	泥	[n]	l	n	n	n	泥闹南纳
		([ɳ])	ny				年认验业
	来	[l]	l	l	l	l	拿农炉另
见组	见	[k]	k	k	k	k	哥加姑基
	瓜	[kʷ]	kw	kw	kw		寡卦诡括
	溪	[kʰ]	kh	kh	kh	k'	枯考圈求
			h	h	h	h	口肯坑客
	夸	[kʷʰ]	khw	khw	khw		夸夸亏
	疑	[ŋ]	ṅ	ng	ng	ng	蛾吾涯义
	瓦	([ɲ])	ṅ	ny	ny	gn	愚义言逆
		[ŋʷ]		ngw			瓦外
	晓	[h]	h	h	h	h	虚戏喝香
	安	[ø]					鸦哀奥安
章组	章	[tʃ]	š	ch	ch	tch/tj	猪智著遮
	昌	[tʃʰ]	tšh	chh	chh	tch'	耻迟车深
	书	[ʃ]	š	sh	sh	ch	舍施树市
	喻	[j]	y	y	y	y	如倚冤因
精组	精	[ts]	ts/t	ts	ts	ts/tz	左借诈责
	清	[tsʰ]	tsh/th	tsh	tsh	ts'	且此才蚕
	心	[s]	s	s	s	s	唆需沙色

从四个历史点之间声母差异的比较结果和近200年声母的发展演变情况（详见第五章）来看，近代晚期粤东客音声元音系上当仍有唇化舌根

声母 k^w、k^{wh}、ŋ^w，止开三（含蟹开三）知章组声母 tʃ、tʃ^h、ʃ 所配韵母仍为 i [i]；音韵格局上当还是泥来不混、溪晓严格分立。但是日母已一分为二，即白读、口语常用字读 n，文读、非常用字读 j。

二 声母特点

晚近粤东客话声母的中古来源如表 2-41 所示。

表 2-41　　　　　　　　晚近粤东客话声母中古来源

客话声母	主要来源	其他来源
[p]	帮母	非组部分字
[p^h]	滂母、並母	敷母（纺）；奉母（伏肥符）
[m]	明母	微母（蚊亡望）
[f]	非敷奉晓匣母	並母（埠）
[v]	影母合口、匣母合口	以母（唯遗）
[t]	端母、定母	知母（啄知）
[t^h]	定母	端母（旦）
[n]（[ȵ]）	泥母、疑母、日母	
[l]	来母	
[k]	见群匣以母	
[k^w]	见母合口	匣母（溃）
[k^h]	溪母、群母	
[k^{wh}]	溪晓母合口	
[ŋ]（[ɲ]）	疑母	泥母（女）
[ŋ^w]	疑母合口	
[h]	晓匣母	禅母（涉）；书母（饷）
[ø]	影母洪音	
[tʃ]	知₃章母	
[tʃ^h]	澄₃昌母	禅母（垂臣）
[ʃ]	禅母	邪母（驯）；生母（厦）
[j]	日母、影母细音、云母、以母	
[ts]	精母、庄母	
[ts^h]	清母、从母	生母（冈）
[s]	心母	从母（匠集）；崇母（士愁）；书母（释）

从表 2-41 中可以大致了解粤东晚近客话的声母特点，跟今天大多数客话的音韵特点差异不大，下边我们来归纳其声母的主要特点。

（一）全浊送气

晚近粤东客家方言的古全浊声母字，不论平仄，逢塞音、塞擦音，一律读送气清音。例如：

例字	古声	平仄	新安	五经富	《客英》	《客法》
葡	並	平	$_cp^hu$	$_cp^hu$	$_cp^hu$	$_cp^hu$
部	並	仄	p^hu°	p^hu°	p^hu°	p^hu°
舵	定	仄	t^ho°	t^ho°	t^ho°	t^ho°
徒	定	平	$_ct^hu$	$_ct^hu$	$_ct^hu$	$_ct^hu$
暂	从	仄	ts^hiam°	ts^hiam°	ts^hiam°	ts^hiam°
罪	从	仄	ts^hui°	ts^hui°	ts^hui°	ts^hui°
除	澄	平	$_ctʃ^hu$	$_ctʃ^hu$	$_ctʃ^hu$	$_ctʃ^hu$
撞	澄	仄	$ts^hoŋ^{\circ}$	$ts^hoŋ^{\circ}$	$ts^hoŋ^{\circ}$	$ts^hoŋ^{\circ}$
床	崇	平	$_cts^hoŋ$	$_cts^hoŋ$	$_cts^hoŋ$	$_cts^hoŋ$
崇	崇	平	—	—	$_cts^huŋ$	$_cts^huŋ$
期	群	平	$_ck^hi$	$_ck^hi$	$_ck^hi$	$_ck^hi$
旧	群	仄	k^hiu°	k^hiu°	k^hiu°	k^hiu°

晚近四点语料中例外较少，我们共找出以下 13 例：

例字	古声	平仄	新安	五经富	《客英》	《客法》
婢	並	仄	$_cpi$	$_cpi$	$_cpi$	$_cpi$
伴	並	仄	$_cpan$	$_cp^han$	p^han°	$_cp^han$
辫	並	仄			$_cp^hien$	$_cpien$
跌	定	仄	$tet_{\circ}$	$tiet_{\circ}$	$tiet_{\circ}$	$tiet_{\circ}$
肚①	定	仄	^ctu	^ctu	^ctu	^ctu
队	定	仄	tui°	tui°	tui°	t^hui°
囤	定	仄	^ctun		^ctun	$^ct^hun$
仗	澄	仄	$tʃoŋ^{\circ}$	—	$tʃoŋ^{\circ}$	$tʃoŋ^{\circ}$
着~衫	澄	仄	$tʃok_{\circ}$	$tʃok_{\circ}$	$tʃok_{\circ}$	$tʃok_{\circ}$
佢	群	平	$_cki$		$_cki$	$_cki$
仅②	群	仄	^ckin	^ckiun	^ckiun	^ckiun
鹤	匣	仄	$kok_{\circ}$		$hok_{\circ}$	$hok_{\circ}$
械	匣	仄	kai°	—	hai°	hai°

---

① "肚"字《广韵》两读，端母读法表示动物胃，定母读法表示肚腹，读音因义有别。粤东客话二者无别，都读如端母。

② "仅"字不送气读法有可能是文读层次，暂存疑。

全浊声母清化是汉语诸方言的一大演变，而全浊声母不论平仄都读为送气清音，又是客赣方言最大的语音特点。从粤东晚近客家方言看来，这个特色早已经形成，说明这个演变至少是在 200 年前就已经完成了。历史方言语料犹如标杆，可以为许多语言现象进行历史断代，这里就是一例。

（二）轻重唇不分残余

早期客家方言有较多存古现象，如声母中就残留有"轻重唇不分"的现象，即中古非组字在晚近粤东客音中既有唇齿音声母 [f、v] 也有双唇音声母 [p、p^h、m] 两种读法。

轻重唇不分的现象在晚近粤东客家方言中表现得比较突出，至今犹然，这也是客家方言声母一个重要的语音特征。晚近粤东客家方言中古"帮滂并明"四个声母在语音表现上与其他方言没有差别，但是"非敷奉"三个声母有读为 [p] 和 [p^h] 的情况，"微"母有读为 [m] 的情况。读双唇音声母是较早历史层次的读音，读唇齿音是后起的读音。

黄雪贞（1987）指出："（客家话）古非组声母多数字今读唇齿音 [f、v]，少数字今读双唇音 [p、p^h、m]。"[①] 由于客家方言是一个地域上分布非常广的方言，所以轻重唇的问题在客家方言内部也有许多差异。谢留文（2003）认为"'非敷奉'母字读双唇音的分布，从地域来看，粤北、闽西保存得多一些，赣南客家话要少一些"，且又指出"这反映了客家方言的早期层次"。[②]

从现代方言联系古音的角度看，这种存古现象诚然是"早期层次"。但这种存古现象各个历史阶段是什么情况，发展演变速度如何，却必须依靠历史方音语料来解答。晚近粤东客音语料反映出来的轻唇读如重唇的字数要比现代粤东客音多，说明这个存古现象也是在不断受到消磨的，最终也许要归于消失。我们对晚近粤东文献中这种轻唇读如重唇的字音情况进行了穷尽性的统计，韵图轻唇十韵中非组字在晚近粤东客话文献中出现字数及其读音情况如下：

---

① 黄雪贞：《客家话的分布与内部异同》，《方言》1987 年第 2 期。
② 谢留文：《客家方言语音研究》，中国社会科学出版社 2003 年版，第 3 页。

	[f]	[v]	[p]	[pʰ]	[m]	总字数	重唇比例
新安	50	8	6	5	13	82	29.3%
五经富	42	13	5	7	10	78	28.2%
《客英》	103	14	5	10	21	154	23.3%
《客法》	100	14	5	10	19	142	23.2%

考虑到新安《新约》、五经富《新约》使用的字数较有限，比例可能偏高，而《客英》、《客法》两部词典我们以方言调查字表收字范围为限选录了其中的常用字，所以当时保留重唇读法的轻唇字可认为在常用的轻唇字中占两成左右。

晚近四个历史语料中非组轻唇读重唇的字全举如下：

新安《新约》24字：[p] 粪捧飞斧忘否 [pʰ] 纺喷伏肥扶 [m] 网问蚊味尾舞侮巫望妄亡微晚

五经富《新约》22字：[p] 斧粪放飞腹 [pʰ] 伏缝缚肥符坟纺 [m] 亡网舞尾诬问微忘望味

《客英词典》36字：[p] 粪捧腹斧复 [pʰ] 符肥喷缚辅肺甫吠脯冯 [m] 味蚊问未蔓曼望袜晚务瞀舞诬巫无微亡网尾忘妄

《客法词典》33字：[p] 捧斧放腹粪 [pʰ] 肺蝠肥吠纺缝缚脯甫冯 [m] 问瞀蔓袜味务曼舞巫尾微望妄蚊忘网亡诬

（三）区分尖团

粤东晚近客家方言区分尖团，即古声母精组（精清从心邪）和见晓组（见溪群晓匣）在晚近粤东客家话细音前声母有别，读音不同，古精组字近代读 [ts tsʰ s] 声母，古见晓组近代读 [k kʰ h] 声母。

先看精组情况，如下表。

例字	声组	声母	等第	洪细	新安	五经富	《客英》	《客法》
尖	精	精	三	细音	ꞌtsiam	—	ꞌtsiam	ꞌtsiam
井	精	精	三	细音	ꞌtsiaŋ	ꞌtsiaŋ	ꞌtsiaŋ	ꞌtsiaŋ
酒	精	精	三	细音	ꞌtsiu	ꞌtsiu	ꞌtsiu	ꞌtsiu
祭	精	精	三	细音	tsiᐟ	tsiᐟ	tsiᐟ	tsiᐟ
青	精	清	四	细音	ꞌtsʰiaŋ	ꞌtsʰiaŋ	ꞌtsʰiaŋ	ꞌtsʰiaŋ

例字	声组	声母	等第	洪细	新安	五经富	《客英》	《客法》
妻	精	清	四	细音	₌tsʰi	₌tsʰi	₌tsʰi	₌tsʰi
暂	精	从	一	细音	tsʰiamᐟ	tsʰiamᐟ	tsʰiamᐟ	tsʰiamᐟ
渐	精	从	三	细音	tsʰiamᐟ	tsʰiamᐟ	tsʰiamᐟ	tsʰiamᐟ
就	精	从	三	细音	tsʰiuᐟ	tsʰiuᐟ	tsʰiuᐟ	tsʰiuᐟ
从	精	从	三	细音	₌tsʰiuŋ	₌tsʰiuŋ	₌tsʰiuŋ	₌tsʰiuŋ
匠	精	从	三	细音	sioŋᐟ	sioŋᐟ	sioŋᐟ	sioŋᐟ
需	精	心	三	细音	₌si	₌si	₌si	₌si
四	精	心	三	细音	siᐟ	siᐟ	siᐟ	siᐟ
象	精	邪	三	细音	sioŋᐟ	sioŋᐟ	sioŋᐟ	sioŋᐟ

见晓组声母则不一样，如下表。

例字	声组	声母	等	洪细	新安	五经富	《客英》	《客法》
颈	见	见	三	细音	₌kiaŋ	₌kiaŋ	₌kiaŋ	₌kiaŋ
九	见	见	三	细音	₌kiu	₌kiu	₌kiu	₌kiu
句	见	见	三	细音	kiᐟ	kiᐟ	kiᐟ	kiᐟ
兼	见	见	四	细音	₌kiam	₌kiam	₌kiam	₌kiam
欠	见	溪	三	细音	kʰiamᐟ	kʰiamᐟ	kʰiamᐟ	kʰiamᐟ
轻	见	溪	三	细音	₌kʰiaŋ	₌kʰiaŋ	₌kʰiaŋ	₌kʰiaŋ
欺	见	溪	三	细音	₌kʰi	₌kʰi	₌kʰi	₌kʰi
旧	见	群	三	细音	kʰiuᐟ	kʰiuᐟ	kʰiuᐟ	kʰiuᐟ
穷	见	群	三	细音	₌kʰiuŋ	₌kʰiuŋ	₌kʰiuŋ	₌kʰiuŋ
器	见	溪	三	细音	hiᐟ	kʰiᐟ	hiᐟ	hiᐟ
谦	见	溪	四	细音	₌kʰiam	₌kʰiam	₌kʰiam	₌kʰiam
戏	晓	晓	三	细音	hiᐟ	hiᐟ	hiᐟ	hiᐟ
向	晓	晓	三	细音	hioŋᐟ	hioŋᐟ	hioŋᐟ	hioŋᐟ
显	晓	晓	四	细音	hienᐟ	₌hien	₌hien	₌hien
形	晓	匣	四	细音	₌hin	₌hin	₌hin	₌hin

从上表可看出：

尖≠兼，井≠颈，酒≠九，祭≠句；

欠≠渐，轻≠青，旧≠就，穷≠从，欺≠妻；象≠向。

不分尖团现象一般说来是精组和见晓组声母发生颚化后合流才会产生。晚近粤东客话这两组声母无一颚化，现代粤东客家方言也仍然保持尖团分立。

（四）齿音分立两组

谢留文（2003）从音值角度将客家方言精知庄章四组声母演变区分为两种类型：精庄知章合一，读某一类声母；精知₂庄组读一类声母，知₃章组读一类声母。

新安《新约》、五经富《新约》、《客法词典》、《客英词典》所反映的晚近粤东客家方言无一例外都属于第二类：精知₂庄组，知₃章组分立。其中，精知₂庄组读 [ts、tsʰ、s]，知₃章组读 [tʃ、tʃʰ、ʃ]。

我们先来看精组的情况：

例字	声母	开合	等	洪细	新安	五经富	《客英》	《客法》
左	精	开口	一	洪音	ᶜtso	ᶜtso	ᶜtso	ᶜtso
借	精	开口	三	细音	tsiaᵓ	tsiaᵓ	tsiaᵓ	tsiaᵓ
惨	清	开口	一	洪音	ᵓtsʰam	ᵓtsʰam	ᵓtsʰam	ᵓtsʰam
七	清	开口	三	细音	tsʰitᵓ	tsʰitᵓ	tsʰitᵓ	tsʰitᵓ
罪	从	合口	一	洪音	tsʰuiᵓ	tsʰuiᵓ	tsʰuiᵓ	tsʰuiᵓ
暂	从	开口	一	细音	tsʰiamᵓ	tsʰiamᵓ	tsʰiamᵓ	tsʰiamᵓ
写	心	开口	三	细音	ᶜsia	ᶜsia	ᶜsia	ᶜsia
细	心	开口	四	洪音	seᵓ	seᵓ	seᵓ	seᵓ
旬	邪	合口	三	洪音	ₒsun	ₒsun	ₒsun	ₒsun
详	邪	开口	三	细音	ₒsioŋ	ₒsioŋ	ₒsioŋ	ₒsioŋ

从上表可以看出，中古精组声母演变到近代粤东客音都读 [ts、tsʰ、s]。知组声母则比较复杂：

例字	声母	开合	等	洪细	新安	五经富	《客英》	《客法》
桌	知	开口	二	洪音	tsok₂	tsok₂	tsok₂	tsok₂
猪	知	合口	三	洪音	ₒtʃu	ₒtʃu	ₒtʃu	ₒtʃu
珍	知	开口	三	细音	ₒtʃin	ₒtʃin	ₒtʃin	ₒtʃin
肘	知	开口	三	细音	—	—	ᶜtsiu	ᶜtsiu
拆	彻	开口	二	洪音	tsʰak₂	tsʰak₂	tsʰak₂	tsʰak₂
宠	彻	合口	三	洪音	ᶜtʃʰuŋ	—	ᶜtʃʰuŋ	ᶜtʃʰuŋ
耻	彻	开口	三	细音	ᶜtʃʰi	ᶜtʃʰi	ᶜtʃʰi	ᶜtʃi
茶	澄	开口	二	洪音	—	—	ₒtsʰa	ₒtsʰa
住	澄	合口	三	洪音	tʃʰuˀ	tʃʰuˀ	tʃʰuˀ	tʃʰuˀ
尘	澄	开口	三	细音	ₒtʃʰin	ₒtʃʰin	ₒtʃʰin	ₒtʃʰin
宙	澄	开口	三	细音	—	—	tsʰiuˀ	tsʰiuˀ

从上表我们可以看出，知组因等第为条件分化，三等演变成晚近的 [tʃ、tʃʰ、ʃ]，二等演变为晚近的 [ts、tsʰ、s] 各两组声母。

其次，中古知组声母有少量字在晚近粤东客音中读声母 [t]，如下表：

例字	声母	开合	等	洪细	新安	五经富	《客英》	《客法》
知	知	开口	三	细音	ₒti	ₒti	ₒti	ₒti
中~心	知	开口	三	洪音	ₒtuŋ	—	ₒtuŋ	ₒtuŋ
爹	知	开口	三	细音	—	—	ₒtia	ₒtia
沾	知	开口	三	洪音	—	tiamˀ	ₒtʃam	ₒtʃam
褚	彻	合口	三	洪音	—	—	ᶜtu	ᶜtʃʰu

这应该是反映上古舌头、舌上不分的古音遗留，同闽方言，只不过客方言中字数很有限而已。

庄组声母一律演变为近代的 [ts、tsʰ、s]，如下表：

例字	声母	开合	等	洪细	新安	五经富	《客英》	《客法》
诈	庄	开口	二	洪音	tsaˀ	tsaˀ	tsaˀ	tsaˀ
责	庄	开口	二	细音	tsit₂	tsit₂	tsit₂	tsit₂
察	初	开口	二	洪音	tsʰat₂	tsʰat₂	tsʰat₂	tsʰat₂
床	崇	开口	三	洪音	₂tsʰoŋ	₂tsʰoŋ	₂tsʰoŋ	₂tsʰoŋ
沙	生	开口	二	洪音	ₒsa	ₒsa	ₒsa	ₒsa
瑟	生	开口	三	细音	sit₂	sit₂	sit₂	sit₂

章组声母则演变为近代的 [tʃ、tʃʰ、ʃ]，没有例外，如下表：

例字	声母	开合	等	洪细	新安	五经富	《客英》	《客法》
遮	章	开口	三	洪音	₋tʃa	₋tʃa	₋tʃa	₋tʃa
汁	章	开口	三	细音	tʃipʰ	tʃipʰ	tʃipʰ	tʃipʰ
出	昌	合口	三	洪音	tʃʰut₂	tʃʰut₂	tʃʰut₂	tʃʰut₂
斥	昌	开口	三	细音	tʃʰit₂	—	tʃʰit₂	tʃʰit₂
船	船	合口	三	洪音	₋ʃon	₋ʃon	₋ʃon	₋ʃon
实	船	开口	三	细音	ʃit₂	ʃit₂	ʃit₂	ʃit₂
水	书	合口	三	洪音	ᶜʃui	ᶜʃui	ᶜʃui	ᶜʃui
深	书	开口	三	细音	₋tʃʰim	tʃʰim	₋ʃim	₋ʃim
树	禅	合口	三	洪音	ʃuᵓ	ʃuᵓ	ʃuᵓ	ʃuᵓ
十	禅	开口	三	细音	ʃipʰ	ʃipʰ	ʃipʰ	ʃipʰ

（五）晓匣母合口洪音字与非母合流

晚近粤东客话的牙喉音影组晓母合口洪音一二等字、匣母合口洪音一二等字及晓匣二母极少量三四等字和中古唇音非组非敷奉母的大部合流，也读为 [f]。如 fuᵓ：富 [非] = 副 [敷] = 负 [奉] = 护 [匣]。

详参下表：

例字	开合	等	声母	新安	五经富	《客英》	《客法》
方	合	三	非	₋fon	₋fon	₋fon	₋fon
法	合	三	非	fapᵓ	fapᵓ	fapᵓ	fapᵓ
丰	合	三	敷	₋fuŋ	₋fuŋ	₋fuŋ	₋fuŋ
副	开	三	敷	fuᵓ	—	fuᵓ	fuᵓ
房	合	三	奉	₋fon	₋fon	₋fon	₋fon
乏	合	三	奉	fat₂	fat₂	fat₂	fat₂
化	合	二	晓	faᵓ	faᵓ	faᵓ	faᵓ
欢	合	一	晓	₋fon	₋fan	₋fon	₋fan
忽	合	一	晓	fut₂	fut₂	fut₂	fut₂
毁	合	三	晓	ᶜfui	fuiᵓ	fuiᵓ	ᶜfui
坏	合	二	匣	faiᵓ	faiᵓ	faiᵓ	faiᵓ
患	合	二	匣	famᵓ	famᵓ	famᵓ	famᵓ
护	合	一	匣	fuᵓ	fuᵓ	fuᵓ	fuᵓ
慧	合	四	匣	fuiᵓ	fuiᵓ	fuiᵓ	fuiᵓ

现代粤东客家方言（除五华晓母细音分化作 ʃ 外）和晚近一致。

（六）影匣云四母的部分合口字与微母合流

晚近粤东客话的中古影匣云四母的部分合口字与微母大部分字合流，读为 [v]，例字如下：

例字	开合	等	声母	新安	五经富	《客英》	《客法》
文	合	三	微	₌vun	₌vun	₌vun	₌vun
雾	合	三	微	—	vu⁼	vu⁼	vu⁼
湾	合	二	影	₌van	₌van	₌van	₌van
屋	合	一	影	vuk₂	vuk₂	vuk₂	vuk₂
黄	合	一	匣	₌voŋ	₌voŋ	₌voŋ	₌voŋ
禾	合	一	匣	₌vo	₌vo	₌vo	₌vo
域	合	三	云	—	—	vet₂	vet₂

（七）日（书音）、云（开口）及以、影（开口细音）合流

晚近粤东客话的中古影母细音（主要是开口字），云母（主要是开口字）、以母、日母的书音字合流，读为 [j]，如下表：

例字	开合	等	声母	新安	五经富	《客英》	《客法》
若	开	三	日	jok₂	jok₂	jok₂	jok₂
如	合	三	日	₌ji	₌ji	₌ji	₌ji
音	开	三	影	₌jim	₌jim	₌jim	₌jim
一	开	三	影	jit₂	jit₂	jit₂	jit₂
又	开	三	云	ju⁼	ju⁼	ju⁼	ju⁼
越	合	三	云	jet₂	jet₂	jet₂	jat₂
夜	开	三	以	ja⁼	ja⁼	ja⁼	ja⁼
药	开	三	以	jok₂	jok₂	jok₂	jok₂

这个合流现象和粤语 [j][①] 的情况相似，现代粤东客音中香港、揭西等点的 [j] 还进一步发生浊化，成为 [ʒ]，详见第五章。

---

① 袁家骅：《汉语方言概要》，语文出版社 2001 年版，第 194 页。

（八）船禅书合流

晚近粤东客方言章组船母、禅母清化后均同书母合流，读擦音[ʃ]，禅母偶有塞擦音读法，例字如下：

例字	声母	新安	五经富	《客英》	《客法》
射	船	ʃaᵒ	—	ʃaᵒ	ʃaᵒ
麝	船	—	—	ʃaᵒ	ʃaᵒ
示	船	ʃiᵒ	ʃiᵒ	ʃiᵒ	ʃiᵒ
葚	船	—	—	ʃimᵒ	ʃimᵒ
舌	船	ʃet₂	ʃet₂	ʃet₂	ʃat₂
船	船	ₒʃon	ₒʃon	ₒʃon	ₒʃon
神	船	ₒʃin	ₒʃin	ₒʃin	ₒʃin
实	船	ʃit₂	ʃit₂	ʃit₂	ʃit₂
乘	船	—	—	ʃinᵒ	ₒʃin
树	禅	ʃuᵒ	ʃuᵒ	ʃuᵒ	ʃuᵒ
誓	禅	ʃiᵒ	ʃiᵒ	ʃiᵒ	ʃiᵒ
市	禅	ʃiᵒ	ʃiᵒ	ʃiᵒ	ʃiᵒ
售	禅	—	—	ₒtʃʰiu	ʃuᵒ
十	禅	ʃip₂	ʃip₂	ʃip₂	ʃip₂
常	禅	ₒʃoŋ	ₒʃoŋ	ₒʃoŋ	ₒʃoŋ
承	禅	ₒʃin	ₒʃin	ₒʃin	ₒʃin
石	禅	ʃak₂	ʃak₂	ʃak₂	ʃak₂
蜀	禅	—	—	tʃukₒ	tʃukₒ

这种船禅母合流的现象今天客家方言仍然如此，邵荣芬（1982：101—108）讨论船、禅母在《切韵》中的音值问题，主张"把'常（禅）'和'船'的位置互换一下，'常'是塞擦音，'船'是擦音"。在论证"常"、"船"当互换的过程中，邵先生引用了客家话为证，他说：

"客家话，不论是广东的，台湾的，湖南、江西的或四川的，船母字都读擦音，而常母字则有的读擦音，有的读塞擦音。广东的一些方言也如此。读[ts-]，[tsʰ-]的例子虽然没有读[s-]的那么多，但分布似乎不受什么限制。……读[tsʰ-]的那些字梅县和各地客家话差不多都一致，更有力地说明塞擦音的读法是古音的遗留。"

邵先生仅举出了"售、成_收_①、殖、植、酬"5个客家话读塞擦音的例字。事实上客话中常（禅）母读塞擦音的字确乎很少，我们穷尽性查遍四个材料的禅母字，知新安《新约》共34字，仅"垂"1字读塞擦音；五经富《新约》共35字，仅"臣"1字读塞擦音；《客英词典》共80字，仅"仇、售、酬、植、殖、臣、成"7字读塞擦音；《客法词典》共73字，仅"酬、植、殖、垂、臣"5字读塞擦音。据此，可知邵先生所举5字在晚近《客英词典》、《客法词典》中均予收录，我们还可从中再补充"垂、仇、臣"3字作为常（禅）母读塞擦音的例子。

现代客话中情况又如何呢？我们翻检现代客家方言的报道，能找到的常（禅）母读塞擦音例字也未超出"售、成_收_、殖、植、酬、垂、仇、臣"这8字范围。

那么客家方言这8个常（禅）母字的塞擦音读法是否代表较早的层次呢？我们仔细分析会发现，首先其中"售、殖、植、酬"在客家话中实非口语常用字，塞擦音读法很可能是后起的文读层次，易于受到读书音的影响，用来证明早期的读音，不妥。去此4字，那么邵先生5个例字只留下1个"成"字，下面我们看此字在四个历史材料中的音读情况：

	新	富	英	法
	ʃaŋ_白_/ʃin_文_	ʃin	ʃaŋ_白_/ʃin_文_	ʃaŋ_白_/ʃin_文_

我们看到"成"字在四个材料中不管文读还是白读，都是擦音读法。现代客话中"成_收_"读塞擦音显然是文读，可能后来受到官话读书音的影响。至此，邵先生举出的5个例字我们都予以讨论了。再看我们列出的3个例字的情况：

	新	富	英	法
垂	tʃʰui	ʃui	ʃui	tʃʰui_文_/ʃui_白_
仇	ʃu	ʃiu	tʃʰiu_文_/ʃiu_白_	tʃʰiu_文_/ʃu_白_
臣	tʃʰin_文_/ʃin_白_	tʃʰin	tʃʰin_文_/ʃin_白_	tʃʰin_文_/ʃin_白_

---

① 邵先生文中另指出"成_功_"读[s]。

从四个历史材料中我们也可看出上例 3 字白读的擦音读法应是更早的层次，塞擦音应是晚近方兴的后起读法。

邵先生用大量材料证明常船当互换，但我们觉得其中引客家话材料为证有所欠妥，因为客家话禅母读塞擦音的字实在是后世书音或者说文读的影响，而非古音的遗留。

李方桂（2001：16）则认为中古床_三与禅母本无区别，他说："我以为床禅两母有同一的来源。中古时代《切韵》系的韵书虽有床禅之分，但是从他分配的情形看来，除去少数例外，大都有床母字的韵就没有禅母字，有禅母字的韵就没有床母字。从近代方言的演变看起来，床禅也不易分辨。《守温韵学残卷》也只有禅母而无床母，也可以说是禅床不分。其他字书如《经典释文》、原本《玉篇》也不分船禅。……《切韵》系统的分床禅两母似乎有收集方音材料而定为雅音的嫌疑。……我们情愿把《切韵》系统的分床禅认为是方音的混杂现象。"

中古床禅二母是分是合，诸家见仁见智，未有定论，尚待进一步研究。但就晚近、现代客家话船常（禅）不分现象来说，要么是中古乃至上古船常（禅）不分的遗留；要么就是客话中船常（禅）二母早已合流，已经难以找到原来分立的痕迹。

（九）与清代后期官话的比较

叶宝奎（2001）将清朝通语分为前期官话和后期官话。粤东四个历史文献形成时间在 1866 年（新安罗马字《马太福音》初版为 1860 年）到 1916 年（五经富罗马字《新约》1916 年初版，1924 年修订），约略为晚清的最后半个世纪。在这个时期内，中华教育会、大英圣书公会 1888 年于伦敦出版了官话罗马字本《新约全书》。我们可以借此和粤东客话罗马字文献比较，以求出清代后期客话和通语之间的异同。下面我们先来比较声母的异同。

根据叶宝奎的研究，1888 年官话罗马字《新约全书》声母共 20 个（含零声母在内），声母符号及拟音如下：

p [p]   p' [pʰ]   m [m]   f [f]   t [t]   t' [tʰ]   n [n]   l [l]   ts [ts]
ts' [tsʰ]   s [s]   ch [tʂ]   ch' [tʂʰ]   sh [ʂ]   r [ʐ]   k [k]   k' [kʰ]
h [x]   hs [ɕ]   [ø]

我们对叶宝奎（2001：254—262）所述1888年官话罗马字本《新约全书》声母特点及对官话罗马字《新约全书》正文①进行分析，归纳出若干区别性特征和晚清粤东客话简要比较情况，如表2-42所示。

表2-42　官话罗马字《新约》与晚清粤东客话声母比较

特征	官话《新约》	晚近客话
1. 全浊均送气	-	+
2. 轻重唇部分立	-	+
3. 微疑影为零声母	+	-
4. 泥来部分混并	-	(+)
5. 精庄合流	-	+
6. 庄知章合流	+	-
7. 日母独立为[ʐ]	+	-
8. 唇化舌根音	-	+
9. 晓匣母颚化为[ɕ]	+	-
10. 非组、晓匣母合流	-	+

注：1. 官话是平送仄不送，客话是无论平仄皆送气；2. 官话是轻重唇完全分立；3. 官话是微疑影三母字均合流为零声母，而客话只有影母细音字为零声母；4. 官话泥来完全分立，客话中也只有新安客话属洪混细分，其他三点不混；5. 官话是精庄分立，客话是精庄合流；6. 官话庄知章合流，而客话庄只与知₂合，与知₃章分立，这两点合而观之，则官话表现为齿音精/庄知章分立，而客话是精庄知₂/知₃章分立；7. 官话日母独立为[ʐ]，而客话日母与泥、疑、影母等合流，具[n]、[j]两读；8. 官话无唇化声母，新安、五经富、《客英》三材料所记客话中有唇化舌根声母；9. 官话中晓匣母已然颚化，客话仍未颚化；10. 官话非组和晓匣母分立，客话则非组（微母除外）和晓匣母合流读为[f]。

三　小结

本章我们首先考证了晚近粤东客话的声类，从四种历史客话语料本身及各个声类与现代客话对应的表现出发，对各声类符号进行了分析，求出了24个晚近粤东客话声母。在此基础上讨论了以下八条语音特点：全浊

---

① 叶宝奎：《明清官话音系》，厦门大学出版社2001年版，第254—262页。所引段落为路加15：11—15：24，第110页，叶书未注明所引为《新约全书》中何书何章何节，页码也阙如，不便检寻核对，今兹补上。

送气；轻重唇不分；区分尖团；齿音分立；非、晓匣合流；微影匣云合口合流；日云以、影细音合流。船禅书合流并与 1888 年官话罗马字《新约全书》为代表的清代后期官话的声母作了比较。最后讨论了这四个文献材料所反映的粤东客话声母的内部差异，列表如下：

内部差异	新安《新约》	五经富《新约》	《客英》	《客法》
泥来相混	+	-	-	-
圆唇声母	+	+	+	-
溪晓不混		+		
止摄知章组配 i 韵母	-	-	-	+
日母三分	+	-	-	+

总之，四个材料所反映的晚近粤东客话，内部还是存在比较明显的差异的，有四个类型的不同，但差异所占的比重不大。这说明晚近粤东客话作为一种次方言，它的同构性很明显，差异不是很大，但毕竟不完全相同。这些不同之处所揭示的是四个材料存在异质的成分，这些异质成分的存在，最大的可能就是四个材料各有自身的音系基础。从方言系属的角度看，最大的可能就是它们各自依据的是粤东次方言下面不同的"土语"。也就是说，各自的基础方音仍是不同的。

第三章 韵母系统

这一章我们讨论新安罗马字《新约》、五经富罗马字《新约》、《客英词典》、《客法词典》四个材料所反映的晚近粤东客音韵母系统。在上一章讨论的基础上，从各个材料的音节中切除已经推定的声母符号，得到韵类符号，并揭示各材料韵类符号之间的关系，且予以归并。对照现代粤东客音，进行音位推定，拟出音类音值，求出其韵母系统。接着，找出四个材料所反映出来的晚近粤东客话的韵母特点，区别晚近四点韵母差异，在此基础上结合声母特点进一步推断四个材料所反映粤东客话次方言的基础音系。

第一节 韵类及其拟音

一 韵类符号

上一章我们已经讨论了晚近粤东客话文献声类符号，这里我们在上一章所列出的四个材料的不含声调的音节表中先将上一章论定的声母符号从各音节中剥离出去，留下音节尾音符号，并将各个材料中相同的符号予以归并，遂得到韵类符号，分列如下：

新安《新约》（共 49 个韵类符号）：

a/ai/ak/am/an/aṅ/ap/at/au/e/em/en/ep/et/eu/i/im/in/ip/it/o/oi/ok/on/oṅ/ot/u/ui/uk/un/uṅ/ut/ya/yak/yam/yaṅ/yap/yau/yen/yet/yo/yok/yoṅ/yu/yui/yuk/yun/yuṅ/z

五经富《新约》、《客英词典》（共 50 个韵类符号）①：

a/ai/ak/am/an/ang/ap/at/au/e/em/en/ep/et/eu/i/ia/iak/iam/iang/iap/iau/ien/iet/im/in/io/ioi/iok/iong/ip/it/iu/iuk/iun/iung/iut/o/oi/ok/on/ong/ot/u/ui/uk/un/ung/ut

---

① 五经富《新约》缺 ioi 韵类符号，实为 49 个。

《客法词典》（共 74 个韵类符号）：

a/ac/ai/am/an/ang/ao/ap/at/e/e・/eang/em/en/eong/eou/ep/et/i/ia/iac/iai/iam/ian/iang/iao/iap/ie・/ien/ieou/iet/im/in/io/ioc/ioi/ion/iong/iou/iouc/ioun/ioung/iout/ip/it/o/oc/oe・/oi/on/ong/ot/ou/oua/ouai/ouan/ouang/ouat/ouc/ouen/ouet/oui/oun/oung/ouo/ouoc/ouon/ouong/out/y/ym/yn/yp/yt①

（一）符号关系

晚近粤东客音所使用的韵类符号系统相对声类符号系统来说要复杂得多，为了整体把握各个材料及各罗马字系统之间韵类符号的关系，我们宜对韵类符号做进一步的切分。各个材料内部各韵类符号之间的关系在后文"比较与拟测"中具体讨论。

经过观察，粤东客话文献均存在-ø-i-u（-o）/-m-n-ṅ（-ng）/-p-t-k（-c）韵尾符号，且整齐对立，韵头（介音）则只有-i-（-y-、-e-）、-ou-两类。大致切分出韵头、韵尾符号后，我们也可进一步整理出韵腹符号。我们先来讨论构成韵母的韵头（介音）、韵腹（主元音）、韵尾符号。

1. 韵头（介音）符号

韵头：现代粤东客话语音大部分只有齐齿［i］、合口［u］两个韵头，无撮口韵头［y］，晚近粤东客话韵头与现代粤东客话韵头取例字比较见表 3-1。

表 3-1　　　　　　　　粤东客话韵头历时比较

例字	新安音读	等第	新	荔	杨	深	富	经	云	砂	河	英	五	法	梅
桑	soṅ¹	1													
硬	ṅaṅ⁴	2													
丈	tshoṅ¹	3													
边	pen¹	4				[i]	i	[i]	[i]		[i]	i		i	[i]
田	then²	4				[i]	i	[i]	[i]		[i]	i		i	[i]
先	sen¹	4				[i]	i	[i]	[i]		[i]	i		i	[i]
两	lyoṅ³	3	y	[i]	[i]	[i]	i	[i]	[i]	[i]	[i]	i	[i]	e	[i]
粮	lyoṅ²	3	y	[i]	[i]	[i]	i	[i]	[i]	[i]	[i]	i	[i]	e	[i]
纺	phyoṅ³	3	y				i	[i]	[i]	[i]			i		

---

① 《客法词典》中 y/ym/yn/yp/yt 五个音节中的 y 上一章已经指出其音值为［ji］，即 y 既作声母又作韵母，我们也将它们整个音节都暂行计入韵类符号中。

续表

例字	新安音读	等第	新	荔	杨	深	富	经	云	砂	河	英	五	法	梅
墙	syoṅ²	3	y	[i]	[i]	[i]	i	[i]	[i]	[i]	[i]	i	[i]	i	[i]
兼	kyam¹	4	y	[i]	[i]	[i]	i	[i]	[i]	[i]	[i]	i	[i]	i	[i]
店	tyam⁴	4	y	[i]	[i]	[i]	i	[i]	[i]	[i]	[i]	i	[i]	i	[i]
关	kwan¹	2			[u]		[u]	[u]	[u]	[u]				ou	[u]
归	kwui¹	3		[u]	[u]		[u]	[u]	[u]		[u]			ou	[u]

表 3-1 中新、富、英、法栏下是韵头的罗马字符号，九点现代方言栏下是韵头国际音标记音。表中用两条粗横线隔开三个区域：

第一区域为零韵头（介音）区，此区中全部为空格，表示例字在各历史、现代点中均无介音，说明历史点和现代点在零韵头的表现上基本一致。各个材料含零韵头的韵类符号（开口呼）开列如下：

新安（33 个）：

a/ai/ak/am/an/aṅ/ap/at/au/e/em/en/ep/et/eu/i/im/in/ip/it/o/oi/ok/on/oṅ/ot/u/ui/uk/un/uṅ/ut/z̩

五经富《新约》及《客英词典》（33 个）：

a/ai/ak/am/an/ang/ap/at/au/e/em/en/ep/et/eu/i/im/in/ip/it/o/oi/ok/on/ong/ot/u/uu/ui/uk/un/ung/ut

《客法词典》（34 个）：

a/ac/ai/am/an/ang/ao/ap/at/e/e·/em/en/eou/ep/i/im/in/ip/it/o/oc/oe·/oi/on/ong/ot/ou/ouc/oui/oun/oung/out

第二区域为 y（i/e）韵头区，此区较为复杂。首先有三个韵头符号 y、i、e，其中新安只有 y，五经富及《客英》只有 i，而《客法》有 i 和 e① 两个韵头符号；其次表中尚有空格，表示例字在某些点中为零韵头，如本区前列"边田先"三字若单从新安角度看，应列入第一区零韵头区，但在五经富、《客英》、《客法》三点中三字均有韵头符号 i，故还是列在第二区，排在前头以便和第一区比较。从总体表现来看，此区历史点的各个符号均

---

① -e-韵头只出现在 leang、leong 两音节中，与-i-互补。具体讨论见本节"比较与拟测"中阳声韵部之 aṅ 韵部。

基本对应于现代各点的［i］韵头，所以可推断：y＝i＝e＝［i］。各个材料含 y（i/e）韵头的韵类符号（齐齿呼）开列如下：

新安（16 个）：
ya/yak/yam/yan̈/yap/yau/yen/yet/yo/yok/yoṅ/yu/yui/yuk/yun/yuṅ

五经富《新约》及《客英词典》（17 个）：
ia/iak/iam/iang/iap/iau/ien/iet/io/ioi/iok/iong/iu/iuk/iun/iung/iut

《客法词典》（24 个）：
eang/eong/ia/iac/iai/iam/ian/iang/iao/iap/ie・/ien/ieou/iet/io/ioc/ioi/ion/iong/iou/iouc/ioun/ioung/iout

另外，我们在上一章讨论 y 声类（笔者案：请注意 y 声类一定在音节起首，而作为韵头的 y 不在音节起首）时，已经论述四个材料的 y 声类后面紧跟 a、e、o、u 符号的音节，以及《客法词典》中的 y、ym、yn、yp、yt 四个音节，其中的 y 声类兼具声母和介音（甚至作主元音 i）双重身份，拟为［ji-］，在声母［j］后需添元音［i］，即 y＝［ji］。那么从韵类的角度分析，这些音节显然也属齐齿呼无疑。

我们已经知道在粤东客话罗马字系统中，"y" 既可单独表示韵母的成分，也可兼具声韵双重身份。为了将 y 类音节符号跟韵类符号区别显豁，我们在下文中将此类音节起首的 "y" 均予以大写为 "Y"，后文讨论时也以此法处理，现将四个材料中此类音节的 y 声符改写为 "Y" 全部开列如下：

新安：
Ya/Yam/Yan/Yan̈/Yap/Yau/Yen/Yet/Yok/Yoṅ/Yu/Yui/Yuk/Yun/Yuṅ

五经富：
Ya/Yam/Yang/Yap/Yen/Yet/Yeu/Yok/Yong/Yu/Yui/Yuk/Yun/Yung

《客英》：
Ya/Yak/Yam/Yang/Yap/Yau/Ye/Yen/Yet/Yok/Yong/Yu/Yui/Yuk/Yun/Yung/Yut

《客法》：
Ya/Yac/Yai/Yam/Yan/Yang/Yao/Yap/Yat/Ye・/Yoc/Yong/You/Youc/Youn/Young/Yout/Y/Ym/Yn/Yp/Yt

我们在讨论韵类时，将这类 y 声类起首的音节计入到相应的齐齿呼韵类中，如新安 Ya 音节中的韵母和新安 ya 韵母音值同，五经富 Ya 音节的韵母和五经富的 ia 韵母音值同。在下文对照表中出现相应 y 声类的字时，我们仍旧在其罗马字韵类符号中保留其整个音节的罗马字写法（包含声类符号 y），但将首字母写成大写 Y，并且不再随文一一指出其为 y 声类音节。

在五经富《新约》、《客英》、《客法》三个材料中，这种包含 y 声类符号的韵类符号，如"Yam"，与 i/e 韵头起首的韵类符号，如"iam"，一为音节符号（包含声韵两部分），一为韵类符号，性质不同。

第三区域为 ou 韵头区，该区仅《客法》有 ou 符号。其他三个材料中无相应韵头符号，但声母一般为唇化声母。在法文中 ou 字母组合即读为 [u]①，该韵头所对应现代客方言韵头也为 [u]，由此可证 ou = [u]。

《客法词典》中含 ou 韵头的韵类符号（合口呼）开列如下（11 个）：

oua/ouai/ouan/ouang/ouat/ouen/ouet/ouo/ouoc/ouon/ouong

从上面韵头分析可知，四个历史材料均有开口呼、齐齿呼，但只有《客法词典》有合口呼，其他三个材料无合口呼，内部差异中还当讨论之。应当明确的是，合口韵只出现在《客法词典》中，而我们在声母系统中讨论过的唇化舌根声母则只出现在新安《新约》、五经富《新约》、《客英词典》其他三个历史材料中，合口韵和唇化舌根声母在任何一个历史材料中均不共现，可能意味着《客法》上述合口韵的产生与唇化舌根声母的消失同步。那么我们在第二章声母系统中已经推论晚近粤东声母中当有唇化舌根声母，则晚近粤东客音系统中就应该无上述合口韵，这些合口韵只是四个晚近历史语料中《客法词典》的韵母，下文讨论时不再一一指出。

综上述，晚近粤东客话实际仅 y（i/e）[i]、ou [u] 两类韵头（介音），求出韵头是我们下文讨论各韵部所辖具体韵母的前提。

2. 韵尾符号

韵尾：现代粤东客话语音大部分韵尾格局如下：

---

① 法文中 u 单独作元音时一般读 [y]，如 salut（致敬）读为 [saly]。

阴声韵 [-ø] [-i] [-u] /阳声韵 [-m] [-n] [-ŋ] /入声韵 [-p] [-t] [-k]

这个格局与四个历史材料所体现出来的韵尾格局一致。我们先看阴声韵的情况，见表3-2。

表3-2 粤东客话阴声韵韵尾历时比较

例字	新安音读	韵摄	新	荔	杨	深	富	经	云	砂	河	英	五	法	梅
租	tz̧^{1}	遇													
把	pa^3	假													
洗	se^3	蟹													
衣	yi^1	止													
波	po^1	果													
赔	tu^3	遇													
排	phai^2	蟹	i	[i]	[i]	[i]	i	[i]	[i]	[i]	[i]	i	[i]	i	[i]
灰	foi^1	蟹	i	[i]	[i]	[i]	i	[i]	[i]	[i]	[i]	i	[i]	e·	[i]
妹	moi^4	蟹	i	[i]	[i]	[i]	i	[i]	[i]	[i]	[i]	i	[i]	e·	[i]
吹	tšhui^1	止	i	[i]	[i]	[i]	i	[i]	[i]	[i]	[i]	i	[i]	i	[i]
饱	pau^3	效	u	[u]	[u]	[u]	u	[u]	[u]	[u]	[u]	u	[u]	o	[u]
斗	teu^3	流	u	[u]	[u]	[u]	u	[u]	[u]	[u]	[u]	u	[u]	ou	[u]

表3-2中新、富、英、法栏下是韵尾的罗马字符号，九点现代方言栏下是韵尾国际音标记音（后文表3-3、表3-4同此）。表中以粗横线隔开三个区域：

第一区为零韵尾区。此区中全部为空格，表示例字在各历史、现代点中均无韵尾，说明历史点和现代点在零韵尾的表现上基本一致。

第二区为 i（e·）韵尾区，有两个韵尾符号 i、e·，其中 e· 只出现在《客法》的 oe· 韵类（详见下文 oi 韵部讨论）中，均对应现代客音的[i]，也拟为[i]，即 i = e· = [i]。

第三区为 u（ou）韵尾区，很显然 u = ou = [u]。《客法》中的 ao 音值我们拟为[au]，所以《客法》的两个韵尾 ou、o 都为[u]。

阳声韵的情况最为整饬，晚近和现代粤东客家方言保持一致，见表3-3。

表3-3　粤东客话阳声韵韵尾

例字	新安音读	韵摄	新	荔	杨	深	富	经	云	砂	河	英	五	法	梅
担	tam¹	咸	m	[m]	[m]	[m]	m	[m]	[m]	[m]	[m]	m	[m]	m	[m]
心	sim¹	深	m	[m]	[m]	[m]	m	[m]	[m]	[m]	[m]	m	[m]	m	[m]
判	phan⁴	山	n	[n]	[n]	[n]	n	[n]	[n]	[n]	[n]	n	[n]	n	[n]
银	nyun²	臻	n	[n]	[n]	[n]	n	[n]	[n]	[n]	[n]	n	[n]	n	[n]
灯	ten¹	曾	n	[n]	[n]	[n]	n	[n]	[n]	[n]	[n]	n	[n]	n	[n]
永	yun¹	梗	n	[n]	[n]	[n]	n	[n]	[n]	[n]	[n]	n	[n]	n	[ŋ]
堂	thoṅ²	宕	ṅ	[ŋ]	[ŋ]	[ŋ]	ng	[ŋ]	[ŋ]	[ŋ]	[ŋ]	ng	[ŋ]	ng	[ŋ]
生	saṅ¹	梗	ṅ	[ŋ]	[ŋ]	[ŋ]	ng	[ŋ]	[ŋ]	[ŋ]	[ŋ]	ng	[ŋ]	ng	[ŋ]
通	thuṅ¹	通	ṅ	[ŋ]	[ŋ]	[ŋ]	ng	[ŋ]	[ŋ]	[ŋ]	[ŋ]	ng	[ŋ]	ng	[ŋ]

表3-3以粗横线隔开三个区域，对应非常严整，其中：

第一区四个历史点均为m符号，对应现代客音的[m]，很显然m=[m]；

第二区晚近四点均为n，对应现代客音的[n]，其音值我们拟为[n]；

第三区主要有两个符号，即新安的ṅ和其他三个材料的ng，均对应现代客音的[ŋ]，即ṅ=ng=[ŋ]。

入声韵偶有参差，见表3-4。

表3-4　粤东客话入声韵韵尾

例字	新安音读	韵摄	新	荔	杨	深	富	经	云	砂	河	英	五	法	梅
纳	lap⁶	咸	p	[p]	[p]	[p]	p	[p]	[p]	[p]	[p]	p	[p]	p	[p]
集	sip⁶	深	p	[p]	[p]	[p]	p	[p]	[p]	[p]	[p]	p	[p]	p	[p]
脱	thot⁵	山	t	[t]	[t]	[t]	t	[t]	[t]	[t]	[t]	t	[t]	t	[t]
七	tshit⁵	臻	t	[t]	[t]	[t]	t	[t]	[t]	[t]	[t]	t	[t]	t	[t]
识	šit⁵	曾	t	[t]	[t]	[t]	t	[t]	[t]	[t]	[t]	t	[t]	t	[t]
惜	sit⁵	梗	t	[k]	[k]	[k]	k	[t]	[k]	[k]	[k]	k	[t]	c	[k]
薄	phok⁶	宕	k	[k]	[k]	[k]	k	[k]	[k]	[k]	[k]	k	[k]	c	[k]
角	kok⁵	江	k	[k]	[k]	[k]	k	[k]	[k]	[k]	[k]	k	[k]	c	[k]
国	kok⁵	曾	k	[t]	[t]	[t]	k	[t]	[t]	[t]	[t]	k	[t]	c	[t]
逆	nyak⁶	梗	k	[k]	[k]	[k]	k	[k]	[k]	[k]	[k]	k	[k]	c	[k]
木	muk⁵	通	k	[k]	[k]	[k]	k	[k]	[k]	[k]	[k]	k	[k]	c	[k]

表 3-4 以粗横线分成三个区域，其中：

第一区四个历史点均为 p 符号，对应现代客音的 [p]，很显然 p = [p]。

第二区和第三区有交叉，是音变表现。但其中第二区主要符号晚近四点均为 t，对应现代客音的 [t]，其音值我们拟为 [t]。

第三区主要有两个符号即《客法》的 c 和其他三点的 k，均基本对应现代客音的 [k]，即 k = c = [k]。

3. 韵腹（主元音）符号

四个材料的韵头、韵尾经过切分后，我们可以接着把韵腹符号离析出来。现代粤东客话语音韵腹（主元音）大都为 [ɿ i u a e o] 六元音系统①，而晚近四个材料离析后得 z (u/e)、i (y)、u (ou)、a、e (e·)、o，也均为六个韵腹符号。其中新安《新约》a、i、u、e、o 五个符号是莱普夏斯标准字母。莱普夏斯（Lepsius, 1855: 24-25）指出 a、i、u 构成一个元音三角，顶端是 a，底部是 i 和 u，a 和 i 之间的是 e、a 和 u 之间的则是 o，并指出这五个元音符号按德语和意大利语的发音。根据德文和意大利文的正字法拼读规则，这五个元音与国际音标 [a i u e o] 读音大致相同。莱普夏斯标准字母的说明，可以作为我们拟定韵腹音值的参考。

我们再来看晚近粤东客话与现代客话的对应情况，从格局上看二者也是一致的，见表 3-5。

表 3-5　　　　　　　　　　粤东客话韵腹

例字	新安音读	韵摄	新	荔	杨	深	富	经	云	砂	河	英	五	法	梅
祖	tz̥³	遇	z̥	[u]	[u]	[ɿ]	u̇	[u]	[ɿ]	[ɿ]	[ɿ]	u̇	[ɿ]	e	[ɿ]
子	tz̥³	止	z̥	[ɿ]	[ɿ]	[ɿ]	u̇	[ɿ]	[ɿ]	[ɿ]	[ɿ]	u̇	[ɿ]	e	[ɿ]
婆	tshi³	遇	i	[i]	[i]	[i]	i	[i]	[i]	[i]	[i]	i	[i]	i	[i]
皮	phi²	止	i	[i]	[i]	[i]	i	[i]	[i]	[i]	[i]	i	[i]	i	[i]
集	sip⁶	深	i	[i]	[i]	[i]	i	[i]	[i]	[i]	[i]	i	[i]	i	[i]
七	tshit⁵	臻	i	[i]	[i]	[i]	i	[i]	[i]	[i]	[i]	i	[i]	i	[i]

---

① 现代梅县的 [ə] 从 [i] 演变而来、[ɿ] 大部分从 [i] 演变而来，来源基本相同，[ə] 不能单独成韵，只能构成 [əm]、[ən]、[əp]、[ət] 四个音节，而 [ɿ] 能单独成韵，所以可将二者视为一个音位/ɿ/。

续表

例字	新安音读	韵摄	新	荔	杨	深	富	经	云	砂	河	英	五	法	梅
力	lit⁶	曾	i	[i]	[i]	[i]	i	[i]	[i]	[i]	[i]	i	[i]	i	[i]
定文	thin⁴	梗	i	[i]	[i]	[i]	i	[i]	[i]	[i]	[i]	i	[i]	i	[i]
斧	pu³	遇	u	[u]	[u]	[u]	u	[u]	[u]	[u]	[u]	u	[u]	ou	[u]
酒	tsyu⁴	流	u	[u]	[u]	[u]	u	[u]	[u]	[u]	[u]	u	[u]	ou	[u]
怕	pha⁴	假	a	[a]	[a]	[a]	a	[a]	[a]	[a]	[a]	a	[a]	a	[a]
派	phai⁴	蟹	a	[a]	[a]	[a]	a	[a]	[a]	[a]	[a]	a	[a]	a	[a]
毛	mau¹	效	a	[a]	[a]	[o]	o	[a]	[a]	[a]	[a]	a	[a]	a	[a]
胆	tam³	咸	a	[a]	[a]	[a]	a	[a]	[a]	[a]	[a]	a	[a]	a	[a]
山	san¹	山	a	[a]	[a]	[a]	a	[a]	[a]	[o]	[o]	a	[a]	a	[a]
饼	pyan³	梗	a	[a]	[a]	[e]	a	[a]	[a]	[a]	[a]	a	[a]	a	[a]
果	ko³	果	o	[ɔ]	[ɔ]	[o]	o	[o]	[o]	[o]	[o]	o	[o]	o	[ɔ]
妹	moi⁴	蟹	o	[ɔ]	[ɔ]	[o]	o	[o]	[o]	[o]	[o]	o	[o]	o	[ɔ]
断	thon¹	山	o	[ɔ]	[ɔ]	[o]	o	[o]	[o]	[o]	[o]	o	[o]	o	[ɔ]
薄	phok⁶	宕	o	[ɔ]	[ɔ]	[o]	o	[o]	[o]	[o]	[o]	o	[o]	o	[ɔ]
角	kok⁵	江	o	[ɔ]	[ɔ]	[o]	o	[o]	[o]	[o]	[o]	o	[o]	o	[ɔ]
狗	keu³	流	e	[ɛ]	[ɛ]	[e]	e	[e]	[e]	[e]	[e]	e	[e]	e	[ɛ]
鞭	pen¹	山	e	[ɛ]	[ɛ]	[e]	e	[e]	[e]	[e]	[e]	e	[e]	e	[a]
灯	ten¹	曾	e	[ɛ]	[ɛ]	[e]	e	[e]	[e]	[e]	[e]	e	[e]	e	[ɛ]

表 3-5 中新、富、英、法栏下是韵腹的罗马字符号,九点现代方言栏下是韵腹国际音标记音。表中以粗横线分成六个区域,其中:

第一区有三个符号 z、u̯、e,基本上对应现代客音的 [ɿ]([u] 为音变,另行讨论),但其音值我们拟为 [ɨ],详见下文 z 韵部讨论;

第二区只有 i 符号,基本对应现代客音的 [i],其音值我们拟为 [i];

第三区有两个符号,即《客法》的 ou 和其他三点的 u,基本对应现代客音的 [u],讨论韵头时我们已经拟测 u = ou = [u],我们认为此处与韵头音值无异,也拟为 [u];

第四区只有一个符号 a(部分效摄一等字为 o,为音变,另行讨论),对应现代客音为 [a],拟为 [a];

第五区也仅一个符号 o,对应现代客音 [o] / [ɔ],拟为 [o];

第六区仅一个符号 e,基本对应现代客音 [e] / [ɛ](其中少量字对应于今梅县的 [a],为音变,另行讨论),拟为 [e]。

（二）韵部归并

为进一步整理出晚近四个历史材料的韵母系统，我们在以上对四个材料所作韵头、韵尾及韵腹切分、拟音并理顺各个材料相应符号之间同音关系的基础上，采用韵腹+韵尾组合成"韵基"[①] 的办法，对四个材料的韵类符号进行分韵部归并，先行得出 33 个韵部，以新安韵类符号表示，见表3-6。

表 3-6　　　　　　　　　韵基符号

韵腹 韵尾	z̹ (ṳ/e)	i (y) -	-u (ou) -	-a-	-o-	-e (e·) -
-ø	z̹ (ṳ/e)	i (y)	u (ou)	a	o	e (e·)
-i			ui (oui)	ai	oi	
-u				au (ao)		eu (eou)
-m		im		am		em
-n		in	un (oun)	an	on	en
-ṅ			uṅ (ung)	aṅ (ang)	oṅ (ong)	
-p		ip		ap		ep
-t		it	ut (out)	at	ot	et
-k			uk (ouc)	ak (ac)	ok (oc)	

注：表中括号内为同音异符，即与新安韵类符号语音完全等同可予以合并的符号。

这样共得晚近客话韵部 33 个[②]，阴声韵、阳声韵、入声韵各 11 部，且结合韵尾、韵腹拟音，也可拟出各韵部所含韵类中的韵基音值。分列如下：

阴声韵部：z̹ [ɨ]、i [i]、u [i]、a [a]、o [o]、e [e]、ui [ui]、ai [ai]、oi [oi]、au [au]、eu [eu]

阳声韵部：im [im]、am [am]、em [em]、in [in]、un [un]、an [an]、on [on]、en [en]、uṅ [uŋ]、aṅ [aŋ]、oṅ [oŋ]

入声韵部：ip [ip]、ap [ap]、ep [ep]、it [it]、ut [ut]、at [at]、ot [ot]、et [et]、uk [uk]、ak [ak]、ok [ok]

---

① 刘晓南：《汉语音韵研究教程》，北京大学出版社2007年版，第8—10页。
② 王力：《汉语语音史》，中国社会科学出版社1998年版，第478页。王力先生分现代梅县韵部为37部，除了 [ət]、[ən]、[əm]、[əp] 四部之外，其他33韵部与晚近客话完全吻合。而 [ət]、[ən]、[əm]、[əp] 四部（每部实仅一韵）据我们研究，是在这百年间伴随知章组声母演变而在侵、臻、曾诸韵出现的，详见第五章。

可以说表3-6中得出的韵部及各韵部的韵基，就是晚近粤东客音韵类的"纲"，而前文已经讨论过的晚近粤东客音韵头（介音）符号类别无疑就是每个韵部中的"目"，如此"纲举"而"目张"，每个韵部下辖各韵类也基本上水到渠成，呼之欲出了。如此以简驭繁，也就为接下来韵类的讨论奠定了扎实的基础。粤东客音韵类符号确实数量繁多，关系复杂，但我们只要循其"纲目"，并对照现代粤东客音，从音位上判断相关韵类符号分并的可能性，以具体音值构拟为基础进行音位推定，终能确立韵类，拟定各韵类的音值。

二 比较与拟测

我们先对四个历史材料的每一韵类符号根据该韵类符号相应韵基部分的表现，分类归入相应的韵部，再根据分定的各韵部中所属各韵类符号的韵头（介音）情况，分出各韵部的具体韵类。

接着综合排比各历史材料的韵类及相应现代粤东客音韵母表现，分析粤东四点历史语料韵类是否存在参差之处。并根据现代粤东客音韵母的实际读音，结合部分材料所揭示的韵类符号的表音说明，来拟测晚近粤东客音四个历史语料中韵母的音值。

（一）阴声韵

1. ẓ 韵部

ẓ 韵部在新安《新约》、五经富《新约》、《客英》、《客法》四个语料中符号及字数如下：

韵部	韵类	新安	五经富	《客英》	《客法》	例字
ẓ	z	z（22）	u̞（35）	u̞（80）	e（140）	苏斯辞使

前文韵腹分析中，我们已说明 z、u̞、e 三个符号，基本上对应现代客音的 [ɿ]，从韵腹分析角度看，同属一类，且 ẓ（u̞/e）这类韵腹不接韵头，也不接韵尾，所以 ẓ 韵部各历史语料均只含一个韵类 ẓ。

再请看该韵部四个历史点韵类及九个现代点韵母对照情况，见表3-7。

表 3-7　　　　　　　　　　ẓ 韵部普遍对照表

例	摄	新	荔	杨	深	富	经	云	砂	河	英	五	法	梅
祖	遇	ẓ	[u]	[u]	[ɿ]	ṳ	[u]	[ɿ]	[ɿ]	[ɿ]	ṳ	[ɿ]	e	[ɿ]
苏	遇	ẓ	[u]	[u]	[ɿ]	ṳ	[u]	[ɿ]	[ɿ]	[ɿ]	ṳ	[ɿ]	e	[ɿ]
助	遇	ẓ	[ɔ]	[ɔ]	[ɿ]	ṳ	[u]	[o]	[o]	[ɿ]	o	[ɿ]	o	[ɿ]
自	止	ẓ	[ɿ]	[ɿ]	[ɿ]	ṳ	[ɿ]	[ɿ]	[ɿ]	[ɿ]	ṳ	[ɿ]	e	[ɿ]
师	止	ẓ	[ɿ]	[ɿ]	[ɿ]	ṳ	[ɿ]	[ɿ]	[ɿ]	[ɿ]	ṳ	[ɿ]	e	[i]
字	止	ẓ	[ɿ]	[ɿ]	[ɿ]	ṳ	[ɿ]	[ɿ]	[ɿ]	[ɿ]	ṳ	[ɿ]	e	[ɿ]

从表 3-7 中我们看到该历史韵类及其所对应的粤东现代音有参差之处，如"助"字晚近有 o 韵类符号，现代也有 [o]、[ɔ] 音值，表现为 ẓ 韵类与 o 韵类之间的参差，反映出晚近客音内部的差异及历时的音变。

新安《新约》ẓ，对应于今天香港荔枝庄、杨小坑的 [u]、深圳的 [ɿ]；五经富《新约》的 ṳ，则对应于五经富、五云、下砂、河婆的 [ɿ]；《客英》的 ṳ，对应于五华的 [ɿ]；《客法》che/se/tche/tje/tse/tze 六个音节中的 e 韵类符号①，则对应于梅县的 [ɿ]。

我们仍取新安《新约》—荔枝庄、五经富《新约》—五经富、《客英词典》—五华、《客法词典》—梅县四个历史方言点、四个现代方言点以历史方言点的各个韵类依次作穷尽性点对点两两比较，一如上一章中声类讨论的做法。从两两对应的字中，观察其现代音值的主流（下文称"核心成分"），作为历史方言韵类拟测的主要依据，而对例外（下文或称"游离成分"）举出其表现，略作说明，如属音变则讨论详见第五章。下面看 ẓ 韵类的情况，列表如下：

罗马字	可比字数	现代音值	字数	百分比	例外
新 ẓ	14	荔 [u]	13	93%	[i] 赐
富 ṳ	24	经 [ɿ]	14	58%	[u] 祖醋苏酥助紫此租数 [i] 置
英 ṳ	22	五 [ɿ]	22	100%	
法 e	46	梅 [ɿ]	44	96%	[i] 支 [ɔ] 做

---

① 这里指的符号都是指罗马字韵类符号，不是指字母，在《客法词典》中 e 字母作介音时音值为 [i]，在复合韵母中作主元音时音值为 [e]，前文已述，而这里单独作韵母，则其音值拟为 [i]。

简要说明上表：第一行表示新安《新约》标为 z̩ 的韵类与荔枝庄可对比的字数为 14 个，其中有 13 个在荔枝庄中为 [u] 声母，占新安 z̩ 韵类对应字数的 93%，从字数上看占优势，为核心成分。但其中尚有"赐"字读 [i]，是例外，为游离成分。其余行类推。

此韵类游离成分中富—经 [u] 及"做"韵 [ɔ] 均参第五章"精知庄章分混演变"讨论；"赐支"韵 [i] 疑系早期读法的存留。

莱普夏斯（Lepsius, 1863：54）指出，i̭（巴色会新安客话《新约》文献自 1866 年起修改成了 z̩，有时还省作 z）是央高元音，处于 i 和 u 之间，比 i 位置略后。i̭ 应相当于国际音标的 [ɨ]。而对于 z̩，莱普夏斯（Lepsius, 1863：48）则指出"在汉语中，z 在 sz, tsz 的根部作元音"，且"z̩ 跟 m̩、n̩ 一样可以自成音节"。如此，z̩ 似乎已经相当于舌尖元音 [ɿ]。

《客法词典》的"发音说明"指出"e 在字尾的时候，总是读成哑音，如同法语的 je、me"。而法语 je [ʒə]、me [mə] 中的元音为 [ə]。

我们再来看五经富《新约》和《客英词典》的 u̬。《客英词典》的"导论"中虽然提到了 u̬，但是没有告诉我们这个 u̬ 的读法，只是说可以向老师学习这个韵母的发音，很容易就能学会。言下之意，显然是这个 u̬ 音较难描摹说明，英语中也没有合适的音可以作比照。

u̬ 是这两个材料罗马字系统中唯一用了附加符号的字母，笔者原推想它可能本作 ü，借自德文字母①。为了方便在上方标调，于是把 u 上面的两点挪到下面来了。但笔者后来注意到实际上这个 u̬ 也是采自莱普夏斯标准字母，u 下加两点是莱普夏斯采用的附加符号，莱普夏斯（Lepsius, 1863：54）也说明 u̬ 是比舌面后高元音 u [u] 略前的圆唇元音，这显然相当于国际音标的 [ʉ]。所以五经富《新约》和《客英词典》音系的 u̬ 也可拟成 [ʉ]。

联系现代粤东客话的语音表现，新安《新约》的 z̩，五经富《新约》、《客英》的 u̬，《客法》的 e 似可拟成舌尖元音 [ɿ]。但是我们注意到以下两个现象：

---

① 德文字母的 ü 读作前高圆唇元音 [y]，但英语中无元音 [y]，五经富《新约》和《客英词典》中的 u̬ 跟 [y] 显然也无关。

A. 与新安相互联系的荔枝庄、杨小坑该韵类演变为 [u]，深圳则演变为 [ɿ]。

B. 在上一章声母系统中我们已经讨论了《客法词典》的止开三精组和知章组字在韵类上已经出现合流的现象。即其舌叶塞擦音、擦音 tʃ、tʃʰ、ʃ 和舌尖前塞擦音、擦音 ts、tsʰ、s 均能与韵类符号 e 结合，形成 tje 和 tze 两种组合。

我们先来看《客法词典》的 e 是否合适拟成舌尖元音 [ɿ]。如果 e 拟作 [ɿ]，舌尖前塞擦音、擦音 ts、tsʰ、s 拼 [ɿ] 相当自然，毫无问题；可是《客法词典》的舌叶塞擦音、擦音 tʃ、tʃʰ、ʃ 却较难处理，因为我们若将 tje 和 tze 等音节中的 e 拟成舌尖元音 [ɿ]，则将出现 tʃɿ、tʃʰɿ、ʃɿ 这样的音节。从发音原理和发音实践上看是否可行且另当别论①，至少目前笔者尚未见客家话有舌叶声母和舌尖元音结合成音节的报告。所以我们不把《客法词典》的 e 拟成舌尖元音 [ɿ]。

其次，若将新安《新约》的 z̥ 拟成舌尖元音 [ɿ]，也不好解释一百多年后其到 [u] 的演变。综合上述罗马字符号的音值，即新安的 i̥ [ɨ]、z̥ [ɿ]，五经富《新约》及《客英词典》的 [ʉ]，《客法词典》的 e [ə]，我们觉得还是拟成舌面央高元音 [ɨ] 或 [ʉ] 比较合适。从新安的演变来说 [ɨ] / [ʉ] 向后走就成为舌面后高元音 [u]，向前走就成为舌尖元音 [ɿ]，即

$$[ɿ] \longleftarrow [ɨ] / [ʉ] \longrightarrow [u]$$

而且《客法词典》的 e 拟成 [ɨ] 或 [ʉ]，与舌叶和舌尖塞擦音、擦音拼合，形成 tʃɨ、tʃʰɨ、ʃɨ、tsɨ、tsʰɨ、sɨ 或 tʃʉ、tʃʰʉ、ʃʉ、tsʉ、tsʰʉ、sʉ 等音节也较自然。

但我们考虑到五经富《新约》和《客英词典》的 ʉ 和新安《新约》的 z̥、《客法词典》的 e 来源基本一致，在晚近粤东客话共时平面上并不出现对立，所以四点均拟作音位 /ɨ/，表示舌面央高元音，以求统一并利于比较。

因此，z̥ 韵部所辖 z̥ 韵类，符号分别为新 z̥，五、富 ʉ，法 e，我们统

---

① 汉语方言声韵结合规律复杂，舌尖元音并不一定只能跟舌尖声母拼合，如安徽合肥、山西汾阳 [ɿ] 就能构成 [mɿ]（米）、[tɿ]（低）等音节，参见林焘、王理嘉《语音学教程》，北京大学出版社 1992 年版。

一拟定其音值为/ɨ/。

2. i 韵部

在新安《新约》、五经富《新约》、《客英词典》中只有 i 符号，《客法词典》中则有 i、Y① 两种符号形式。但我们在声母系统中已经对其中的 y 声类进行了分析，《客法》的 y 起首音节 Y/Ym/Yn/Yp/Yt 中的 Y = [ji]，其中包含一个辅音或者说声母 [j]。从韵的角度看，《客法》的 Y 音节符号 = 《客法》的 i 符号，所以四个语料中实则均只有一个韵类 i。i 韵部各历史语料符号及字数如下：

韵部	韵类	新安	五经富	《客英》	《客法》	例字
i	i	i (133)	i (117)	i (335)	i (313) / Y (48)	虚取制迷

再请看该韵部四个历史点韵类及九个现代点韵母对照情况，见表 3-8。

表 3-8　　　　　　　　　i 韵部普遍对照表

例	摄	新	荔	杨	深	富	经	云	砂	河	英	五	法	梅
雨	遇	i	[i]	[i]	[i]	i	[i]	[iu]	[i]	[i]	i	[i]	y	[i]
娶	遇	i	[i]	[i]	[i]	i	[i]	[i]	[i]	[i]	i	[i]	i	[u]
米	蟹	i	[i]	[i]	[i]	i	[i]	[i]	[i]	[i]	i	[i]	i	[i]
皮	止	i	[i]	[i]	[i]	i	[i]	[i]	[i]	[i]	i	[i]	i	[i]
诗	止	i	[i]	[i]	[ɿ]	i	[i]	[i]	[i]	[i]	i	[i]	e②	[ɿ]
衣	止	i	[i]	[i]	[i]	i	[i]	[i]	[i]	[i]	i	[i]	Y	[i]

从表 3-8 中可知，止开三的知章组有部分字《客法》为 e 韵类符号，对应于现代点深圳、梅县的 [ɿ]，表现为四个历史语料中 i 韵类和 ɿ 韵类之间的参差。

新安《新约》i，对应于今天香港荔枝庄、杨小坑、深圳的 [i]；五经富《新约》的 i，则对应于五经富、五云、下砂、河婆的 i；《客英》的 i 对应于五华的 [i]；《客法》的 i 符号，则对应于梅县的 [i]。

---

① 这里的 Y 是《客法词典》中的一个音节，实际上含声韵两部分，所以与《客法词典》及其他历史材料的 i 韵类符号并非同音异符。以下讨论中还将涉及这种 Y 声类音节符号，均大写首字母，以示区别，并且将这种 Y 声类音节符号所辖的字数，均计入到相应韵类符号中，后文不再一一说明。

② 知₃章组止摄字韵母《客法》为 e [ɨ]，而新安、五经富、《客英》均为 i [i]。

穷尽性点对点比较如下：

罗马字	可比字数	现代音值	字数	百分比	例外
新 i	95	荔 [i]	94	99%	[ɿ] 制
富 i	92	经 [i]	90	98%	[ɿ] 刺 [e] 姊
英 i	99	五 [i]	93	94%	[e] 呢 [ui] 杯悲屡 [ɿ] 置 [it] 励
法 i	57	梅 [i]	53	93%	[iu] 须婺 [ɿ] 死四

游离成分中 [ɿ] 详见第五章"元音格局演变"的讨论；"须婺"读 [iu] 参见第五章"鱼支通韵演变"的讨论；"杯悲屡"读 [ui] 参见第五章"唇音演变"讨论；"姊呢"读 [e]、"励"读 [it] 为不规则音变。

综上所述，i 韵类可拟成 [i]。

3. u 韵部

四个历史语料中具韵基 u 的韵类符号共有 u、ou、yu、iu、iou 五种，它们同属 u 韵部。我们再根据前文对四个历史文献语料韵头的分析论证，可知四个材料中上述 u、ou、yu、iu、iou 韵类符号中只出现 [i] 韵头及零韵头两种形式，那么 u、ou 韵类符号无韵头，yu、iu、iou 韵类符号其韵头为 i [i] 系齐齿韵，据此知 u 韵部共有两个韵类。各语料中均分韵类 u（ou）和 yu（iu、iou），u 韵部符号及字数如下：

韵部	韵类	新安	五经富	《客英》	《客法》	例字
u	u	u（100）	u（83）	u（215）	ou（229）	补猪富古
	yu	yu（31）	iu（26）	iu（74）	iou（80）	流酒柔诱

再请看该韵部四个历史点韵类及九个现代点韵母对照情况，见表 3-9。

表 3-9　　　　　　　u 韵部普遍对照表

例	摄	新	荔	杨	深	富	经	云	砂	河	英	五	法	梅
补	遇	u	[u]	[u]	[u]	u	[u]	[u]	[u]	[u]	u	[u]	ou	[u]
主	遇	u	[u]	[u]	[u]	u	[u]	[u]	[u]	[u]	u	[u]	ou	[u]
妇	流	u	[u]	[u]	[u]	u	[u]	[u]	[u]	[u]	u	[u]	ou	[u]
仇	流	u	[iu]	[εu]	[iu]	iu	[iu]	[iu]	[iu]	[iu]	iu	[iu]	iou	[u]
九	流	yu	[iu]	[iu]	[iu]	iu	[iu]	[iu]	[iu]	[iu]	iu	[iu]	iou	[iu]
油	流	Yu	[iu]	[iu]	[iu]	Yu	[iu]	[iu]	[iu]	[iu]	Yu	[iu]	You	[iu]

（1）u 韵类：新安《新约》的 u，对应于今天香港荔枝庄、杨小坑、深圳的 [u]；五经富《新约》、《客英》的 u，则对应于五经富、五云、下砂、河婆的 [u]；《客英》的 u，则对应于五华的 [u]；《客法》的 ou 符号，则对应于梅县的 [u]。赖嘉禄神父在词典的《发音说明》中指出"ou 读如法语发音"①。现代法语 ou 字母组合也正是读 [u]②。点对点穷尽性比较如下：

罗马字	可比字数	现代音值	字数	百分比	例外
新 u	67	荔 [u]	58	87%	[iu] 周臭手昼守收皱咒受
富 u	65	经 [u]	64	98%	[iu] 扭
英 u	63	五 [u]	63	100%	
法 ou	52	梅 [u]	52	100%	

游离成分中 [iu] 参见第五章"流摄三等知章组字演变"讨论。

（2）yu 韵类：新安《新约》的 yu，在荔枝庄、杨小坑、深圳全部为韵母 [iu]。五经富《新约》、《客英》的 yu（iu）则可对应于五经富、五云、下砂、河婆的 [iu]；《客英》的 yu（iu），则可对应于五华的 [iu]；《客法》的 iou 和梅县的 [iu] 也相对应。点对点穷尽性比较如下：

罗马字	可比字数	现代音值	字数	百分比	例外
新 yu	21	荔 [iu]	21	100%	
富 iu	21	经 [iu]	21	100%	
英 iu	21	五 [iu]	14	67%	[u] 授书收手首守受
法 iou	32	梅 [iu]	20	62%	[u] 守寿受绸州周手收臭咒抽昼

其中游离成分 [u] 参见第五章"流摄三等知章组字演变"讨论。

综上所述，韵类 u（ou）和 yu（iu，iou）音值可拟为 [u]、[iu]。

4. a 韵部

四个历史语料中具韵基 a 的韵类符号共有 a、ya、ia、oua 四种，它们

---

① 原文为："ou prononcent comme en français." 见赖嘉禄《客法词典》，第 xi 页。
② 金国芬：《实用法语语音》，外语教学与研究出版社 1985 年版，第 21 页。

同属 a 韵部。根据前文对韵头的分析论证,可知上述韵类符号中出现 [i] 韵头、[u] 韵头及零韵头三种形式,那么 a 韵类符号无韵头系开口韵,ya、ia 韵类符号其韵头为 i [i] 系齐齿韵,oua 韵类符号其韵头为 [u] 系合口韵,据此知 a 韵部共有三个韵类。

a 韵部中四个晚近点都可分 a 和 ya（ia）两个韵类,另《客法》则还可分出 oua 韵类。各历史语料符号及字数如下:

韵部	韵类	新安	五经富	《客英》	《客法》	例字
a	a	a (54)	a (51)	a (122)	a (120)	巴寡花佳
	ya	ya (12)	ia (6)	ia (15)	ia (20)	借写夜其
	oua				oua (8)	瓜夸寡挂

再请看该韵部四个历史点韵类及九个现代点韵母对照情况,见表 3-10。

表 3-10　　　　　　　　　　a 韵部普遍对照表

例	摄	新	荔	杨	深	富	经	云	砂	河	英	五	法	梅
牙	假	a	[a]	[a]	[a]	a	[a]	[a]	[a]	[a]	a	[a]	a	[a]
遮	假	a	[a]	[a]	[a]	a	[a]	[a]	[a]	[a]	a	[a]	a	[a]
话	蟹	a	[a]	[a]	[a]	a	[a]	[a]	[a]	[a]	a	[a]	a	[a]
借	假	ya	[ia]	[ia]	[ia]	ia	[ia]	[ia]	[ia]	[ia]	ia	[ia]	ia	[ia]
夜①	假	Ya	[a]	[a]	[a]	Ya	[ia]	[ia]	[ia]	[a]	Ya	ia	Ya	[ia]
瓦	假	a	[a]	[a]	[a]	a	ua	[a]	[a]	[ua]	a	[a]	oua	[a]
挂	蟹	a	—	—	[ua]	a	[ua]	[ua]	[ua]	[ua]	a	[a]	oua	[ua]

从表 3-10 中可知,《客法》的 oua 韵类符号,对应其他各点的 a 韵类符号,表现为《客法词典》oua 韵类与其他三个点 a 韵类的参差。《客法词典》有合口韵,其他三个历史语料均无合口韵,所以《客法词典》的合口韵往往对应于其他三个历史语料的开口韵,且其他三个历史语料的

---

① "夜"字三个历史点罗马字均记为"Ya","y"字母起头的音节中 y 兼具声母和介音双重身份,拟作 [ji-],前文已经讨论,故韵类我们作"Ya",可拟为 [ia];现代"荔、杨、河"三点为 [ʒaᵊ],故三点韵母记为 [a]。

相应声母往往是唇化舌根声母。这是四个历史语料韵类之间的一大区别。

（1）a韵类：新安《新约》、五经富《新约》、《客英》、《客法》的 a，皆对应于现代各点的韵母［a］。点对点穷尽性比较如下：

罗马字	可比字数	现代音值	字数	百分比	例外
新 a	36	荔［a］	36	100%	
富 a	51	经［a］	49	94%	［ia］舍 ［ai］衙
英 a	37	五［a］	37	100%	
法 a	33	梅［a］	33	100%	

其中"舍"为［ia］当为不规则音变，"衙"韵［ai］当为保留歌韵更早的读法。

（2）ya韵类：新安《新约》的 ya，在深圳方言中全部对应为［ia］，而在荔枝庄、杨小坑则有部分麻韵字对应于［a］；五经富《新约》、《客英》的 ia，则对应于五经富、五云、下砂、河婆的［ia］；《客英》的 ia，则对应于五华的［ia］；《客法》的 ia，对应于梅县的［ia］。点对点穷尽性比较如下：

罗马字	可比字数	现代音值	字数	百分比
新 ya	8	荔［ia］	8	100%
富 ia	6	经［ia］	6	100%
英 ia	5	五［ia］	5	100%
法 ia	7	梅［ia］	7	100%

（3）oua韵类：《客法》的 oua，则多对应于梅县的［ua］。点对点穷尽性比较如下：

罗马字	可比字数	现代音值	字数	百分比	例外
法 oua	3	梅［ua］	2	70%	［a］瓦

其中"瓦"为［a］参见第五章"唇化舌根声母消失"的讨论。

综上所述，a 韵部三个韵类 a、ya（ia）和 oua，可分别拟为［a］、［ia］、［ua］。

5. o 韵部

四个历史语料中具韵基 o 的韵类符号共有 o、yo、io、ouo 四种，它们同属 o 韵部。根据前文对四个历史文献语料韵头的分析论证，可知四个材料中上述 o、yo、io、ouo 韵类符号中出现［i］韵头、［u］韵头及零韵头三种形式，那么 o 韵类符号无韵头系开口韵，yo、io 韵类符号其韵头为 i［i］系齐齿韵，ouo 韵类符号其韵头为［u］系合口韵，据此知 o 韵部共有三个韵类。

o 韵部在新安及五经富《新约》、《客英》三个语料中均可分两个韵类即 o、yo（io），而《客法》中则可分 o、io、ouo 三个韵类。各历史语料符号及字数如下：

韵部	韵类	新安	五经富	《客英》	《客法》	例字
o	o	o（53）	o（76）	o（122）	o（118）	拖挪破唆
	yo	yo（1）		io（6）	io（7）	靴嗦茄锄
	ouo				ouo（3）	果裹过

再请看该韵部四个历史点韵类及九个现代点韵母对照情况，见表 3-11。

表 3-11　　　　　　　　　　o 韵部普遍对照表

例	摄	新	荔	杨	深	富	经	云	砂	河	英	五	法	梅
多	果	o	[ɔ]	[ɔ]	[o]	o	[o]	[o]	[o]	[o]	o	[o]	o	[ɔ]
左	果													[ɔ]
早	效	au	[au]	[au]	[o]	o	[o]	[o]	[o]	[o]	au	[au]	ao	[au]
靴	果	yo	[iɔ]	[iɔ]	[io]	io	[io]	[io]	[io]	[io]	io	[io]	io	[iɔ]
果	果	o	[ɔ]	[ɔ]	[o]	o	[o]	[uo]	[o]	o	[o]	ouo	[cu]

表 3-11 中效摄字"早"反映出五经富《新约》的效摄一等豪韵部分字作 o，今深圳、揭西五点也读［o］，出现歌豪同韵的特色。但是新、英、法三个历史语料均不作 o，而作 au、ao，这三个历史点所对应的现代点韵母也基本上是［au］，显然表现出效摄一等中 o、au 韵部之间的参差。

《客法》的 ouo 韵类符号，对应其他各历史点的 o 韵类符号，表现为《客法词典》ouo 韵类与其他三个点 o 韵类的参差。

五经富《新约》效摄一等豪韵部分字作 o，也是区别于其他三个历史材料的一大特色，《客英词典》虽然和五经富《新约》均出自英国长老会，但从这一点上看，二者所本的音系是有所不同的。五经富《新约》和今天揭西诸点方言在"歌豪同韵"① 这一点上保持高度一致，说明五经富《新约》所用的方言就是当年的揭西方言。

（1）o 韵类：新安《新约》、五经富《新约》、《客英》、《客法》四个语料的 o 在对应的客话点中都读 [o]。点对点穷尽性比较如下：

罗马字	可比字数	现代音值	字数	百分比	例外
新 o	35	荔 [ɔ]	35	100%	
富 o	73	经 [o]	70	96%	[au] 导好毛
英 o	36	五 [o]	35	97%	[ɿ] 助
法 o	28	梅 [ɔ]	28	100%	

其中游离成分中 [au] 详见第五章"效摄一等演变"的讨论，"助"读 [ɿ] 参见第五章"精知庄章分混演变"讨论。

（2）yo 韵类：晚近四点语料的 yo（io）皆对应于现代方言点的 [io]。点对点穷尽性比较如下：

罗马字	可比字数	现代音值	字数	百分比
新 yo	1	荔 [iɔ]	1	100%
法 io	2	梅 [iɔ]	2	100%

（3）ouo 韵类：《客法》的 ouo 符号对应于梅县的韵母 [uɔ]，其他三点没有这个韵类，其原因是《客法》音系中唇化舌根声母已然消失，声母的唇化音色已经转化为合口介音 [u]。

点对点穷尽性比较如下：

---

① 根据鲁国尧、刘晓南等先生的研究，"歌豪同韵"自宋代起就是闽语的一大特色。粤东客话也出现这一特色，是自身演变的结果，还是方言接触的产物，下文再予讨论。

罗马字	可比字数	现代音值	字数	百分比
法 ouo	2	梅 [uɔ]	2	100%

综上所述，韵类 o、yo（io），ouo 可分别拟为 [o]、[io]、[uo]。

6. e 韵部

四个历史语料中具韵基 e 的韵类符号共有 e、e·、ie、ie· 四种，它们同属 e 韵部。根据前文对四个历史文献语料韵头的分析论证，可知四个材料中上述 e、e·、ie、ie· 韵类符号中只出现 [i] 韵头及零韵头两种形式，那么 e、e· 韵类符号无韵头系开口韵，ie、ie· 韵类符号其韵头为 i [i] 系齐齿韵，据此知 e 韵部共有两个韵类。

e 韵部在新安《新约》、五经富《新约》、《客英》、《客法》四个语料中均有 e（e·）韵类。《客法》中的 e· 赖嘉禄神父说明读如法语的 aimé，而 aimé 现代法语读作 [ɛme]，其中 é 的读音为 [e]。《客英》、《客法》则还有一个 ie（ie·）韵类。各历史语料符号及字数如下：

韵部	韵类	新安	五经富	《客英》	《客法》	例字
e	e	e (8)	e (23)	e (26)	e· (37)	洗细系婿
	ie			ie (2)	ie· (1)	蚁

再请看该韵部四个历史点韵类及九个现代点韵母对照情况，见表 3-12。

表 3-12　　　　　　　　　　e 韵部普遍对照表

例	摄	新	荔	杨	深	富	经	云	砂	河	英	五	法	梅
世	蟹	e	[i]	[i]	[ɿ]	e	[e]	[e]	[e]	[e]	e	[i]	e	[ɿ]
洗	蟹	e	[ɛ]	[ɛ]	[e]	e	[e]	[e]	[e]	[e]	e	[e]	e·	[ɛ]
细	蟹	e	—	—	[e]	e	[e]	[e]	[e]	[e]	e	[e]	e·	[ɛ]
蚁	止	—	[i]	[i]	[i]	—	[i]	[i]	[i]	[i]	ie	[i]	ie·	[i]

（1）e 韵类：新安《新约》的 e，今天香港荔枝庄、杨小坑、深圳主要读 [e]、[ɛ]；五经富《新约》、《客英》的 e 对应五华的 [e]，《客法》的 e· 符号对应梅县点 [ɛ]。点对点穷尽性比较如下：

罗马字	可比字数	现代音值	字数	百分比	例外
新 e	3	荔 [e]	2	67%	[i] 世
富 e	22	经 [e]	22	100%	
英 e	8	五 [e]	5	63%	[i] 世势秒
法 e·	7	梅 [ɛ]	7	100%	

其中游离成分 [i] 当为现代客话保留早期音读，可参见第五章"元音格局演变"讨论。

（2）ie（ie·）韵类：《客英词典》、《客法词典》中有一个 ie（ie·）韵类，辖字只有"艾"、"蚁"两字的异读。这个韵类辖字虽少，现代粤东客话各点中多已无 [ie] 韵母，黄雪贞（1995：65）列有 [ie] 韵母，但除"kie、ŋie"两个音节显然是"佢个"、"你个"合音词外，余仅收一个有音无字音节 ie，出现在"□ie 哥芋"一词中。也即粤东客话 ie 韵母辖字少，趋于消失，晚近客话语料中，则新安、五经富《新约》中可能已消失，仅存于《客英》、《客法》两个文献语料中，到现代粤东客话则全部消失。由此我们认为 ie（ie·）韵类代表了晚近乃至早期粤东客话韵母的实际情况，不能因为辖字少且是异读就不予列出。

点对点穷尽性比较如下：

罗马字	可比字数	现代音值	字数	百分比
英 ie	2	五 [i]	2	100%
法 ie·	1	梅 [i]	1	100%

综合考虑，韵类 e（e·）、ie（ie·）可分别拟为 [e]、[ie]。

7. ui 韵部

四个历史语料中具韵基 ui 的韵类符号及音节符号共有 ui、oui、Yui、Youi 四种，它们同属 ui 韵部。根据前文对四个历史文献语料韵头的分析论证，可知四个材料中上述 ui、oui、Yui、Youi 符号中只出现 [i] 韵头及零韵头两种形式，那么 ui、oui 韵类符号无韵头，Yui、Youi 音节符号中其韵头为 i [i] 系齐齿韵，据此知 ui 韵部共有两个韵类。

ui 韵部五经富《新约》只有一个韵类 ui，新安《新约》、《客英》、

《客法》可分两个韵类 ui 及 Yui（Youi）。各历史语料符号及字数如下：

韵部	韵类	新安	五经富	《客英》	《客法》	例字
ui	ui	ui (60)	ui (63)	ui (155)	oui (153)	对诡垒贵
	yui	yui (1)		Yui (1)	Youi (1)	乳锐

再请看该韵部四个历史点韵类及九个现代点韵母对照情况，见表 3-13。

表 3-13　　　　　　　　ui 韵部普遍对照表

例	摄	新	荔	杨	深	富	经	云	砂	河	英	五	法	梅
推	蟹	ui	[ui]	[ui]	[ui]	ui	[ui]	[ui]	[ui]	[ui]	ui	[ui]	oui	[ui]
罪	蟹	ui	[ui]	[ui]	[ui]	ui	[ui]	[ui]	[ui]	[ui]		[i]	oui	[ui]
碎	蟹	ui	[ui]	[ui]	[ui]	ui	[ui]	[ui]	[ui]	[ui]	ui	[ui]	oui	[ui]
悲	止	ui	[i]	[i]	[i]	ui	[ui]	[ui]	[ui]	[ui]	i	[ui]		[i]
吹	止	ui	[ui]	[ui]	[oi]	oi	[oi]	[oi]	[ui]	[oi]	oi	[ui]	oui	[ɔi]
肥	止	ui	[ui]	[ui]	[ui]	ui	[ui]	[ui]	[ui]	[ui]	i	[i]	oui	[i]
锐	蟹	—	—	—	[ui]	—	[ui]	[ui]	[ui]	[ui]	Yui	[ui]	Youi	[ui]/[iui]

（1）ui 韵部：新安《新约》的 ui，绝大多数对应于今天香港荔枝庄、杨小坑、深圳的 [ui]；五经富《新约》、《客英》的 ui，则大多数对应于五经富、五云、下砂、河婆、五华的 [ui]；《客法》oui 符号，对应于梅县的韵母 [ui]。点对点穷尽性比较如下：

罗马字	可比字数	现代音值	字数	百分比	例外
新 ui	41	荔 [ui]	40	98%	[i] 悲
富 ui	50	经 [ui]	50	100%	
英 ui	44	五 [ui]	26	60%	[i] 遗废慧罪毁穗悔未尾为味翡随醉昧虽每美
法 oui	42	梅 [ui]	33	78%	[i] 季味美悲卫尾肥匪肺

其中游离成分 [i] 参见第五章"唇音演变"讨论。

（2）yui 韵部：新安《新约》、《客英》的 Yui，《客法》Youi，仅有"乳"字、"锐"字。

点对点穷尽性比较如下：

罗马字	可比字数	现代音值	字数	百分比
新 Yui	1	荔 [ui]	1	100%
英 Yui	1	五 [ui]	1	100%
法 iui	2	梅 [iui]	2	100%

韵类 ui（oui）、iui 可分别拟为 [ui]、[iui]。

8. ai 韵部

四个历史语料中具韵基 ai 的韵类符号共有 ai、iai、ouai 三种，它们同属 ai 韵部。根据前文对四个历史文献语料韵头的分析论证，可知四个材料中上述 ai、iai、ouai 韵类符号中出现 [i] 韵头、[u] 韵头及零韵头三种形式，那么 ai 韵类符号无韵头系开口韵，iai 韵类符号其韵头为 i [i] 系齐齿韵，ouai 韵类符号其韵头为 [u] 系合口韵，据此知 ai 韵部共有三个韵类。

ai 韵部在新安及五经富《新约》、《客英》三个语料中均只有一个韵类 ai，《客法》中则可分 ai、iai、ouai 三个韵类。各历史语料符号及字数如下：

韵部	韵类	新安	五经富	《客英》	《客法》	例字
ai	ai	ai（60）	ai（36）	ai（124）	ai（105）	带太拜怀
	iai				iai（17）	皆届介解
	ouai				ouai（9）	块乖拐快

再请看该韵部四个历史点韵类及九个现代点韵母对照情况，见表 3-14。

表 3-14 ai 韵部普遍对照表

例	摄	新	荔	杨	深	富	经	云	砂	河	英	五	法	梅
卖	蟹	ai	[ai]	[ai]	[ai]	ai	[ai]	[ai]	[ai]	[ai]	ai	[ai]	ai	[ai]
债	蟹	ai	[ai]	[ai]	[ai]	ai	[ai]	[ai]	[ai]	[ai]	ai	[ai]	ai	[ai]
戒	蟹	ai	[ai]	[ai]	[ai]	ai	[ai]	[ai]	[ai]	[ai]	ai	[ai]	iai	[iai]
稗	蟹	ai	[ai]	[ai]	[ai]	ai	[ai]	[ai]	[ai]	[ai]	ai	[ai]	ouai	[uai]
怪	蟹	ai	—	—	[uai]	—	[uai]	[uai]	[uai]	[uai]	ai	[uai]	ouai	[uai]

从表 3-14 中可知,《客法》的 iai、ouai 韵类符号,对应其他各历史点的 ai 韵类符号,表现为《客法词典》iai、ouai 韵类与其他三个点 ai 韵类的参差。

(1) ai 韵类:四个晚近语料中的符号 ai 都与现代方言点的韵母 [ai] 对应。点对点穷尽性比较如下:

罗马字	可比字数	现代音值	字数	百分比
新 ai	34	荔 [ai]	34	100%
富 ai	26	经 [ai]	26	100%
英 ai	35	五 [ai]	35	100%
法 ai	19	梅 [ai]	19	100%

(2) iai 韵类:《客法》中的 iai 符号,则对应于梅县的 [iai]。点对点穷尽性比较如下:

罗马字	可比字数	现代音值	字数	百分比
法 iai	10	梅 [iai]	10	100%

(3) ouai 韵类:《客法》中的 ouai 符号,则对应于梅县的 [uai]。点对点穷尽性比较如下:

罗马字	可比字数	现代音值	字数	百分比
法 ouai	6	梅 [uai]	6	100%

综上所述,韵类 ai、iai、ouai 可分别拟为 [ai]、[iai]、[uai]。

9. oi 韵部

四个历史语料中具韵基 oi 的韵类符号共有 oi、oe·、yoi、io 四种,它们同属 oi 韵部。根据前文对四个历史文献语料韵头的分析论证,可知四个材料中上述 oi、oe·、yoi、io 韵类符号中只出现 [i] 韵头及零韵头两种形式,那么 oi、oe· 韵类符号无韵头系开口韵,yoi、io 韵类符号其韵头为 i [i] 系齐齿韵,据此知 oi 韵部共有两个韵类。

oi 韵部在新安《新约》、《客英》、《客法》三个语料中均可分两个韵类即 oi（oe·）、yoi（ioi），五经富《新约》则只有一个韵类 oi。四个历史语料符号及其字数如下：

韵部	韵类	新安	五经富	《客英》	《客法》	例字
oi	oi	oi（38）	oi（30）	oi（75）	oi(56) / oe·（20）	胎背税睡
	ioi	yoi（2）		ioi（2）	ioi（2）	脆髓

再请看该韵部四个历史点韵类及九个现代点韵母对照情况，见表 3 – 15。

表 3 – 15　　　　　　　　　oi 韵部普遍对照表

例	摄	新	荔	杨	深	富	经	云	砂	河	英	五	法	梅
待	蟹	oi	[ɔi]	[ɔi]	[oi]	oi	[oi]	[oi]	[oi]	[oi]	oi	[oi]	oi	[ɔi]
背	蟹	oi	—	—	[oi]	oi	[oi]	[oi]	[oi]	[oi]	oi	[oi]	oe·	[ɔi]
妹	蟹	oi	[ɔi]	[ɔi]	[oi]	oi	[oi]	[oi]	[oi]	[oi]	oi	[oi]	oe·	[ɔi]
税	蟹	oi	[ɔi]	[ɔi]	[oi]	oi	[oi]	[oi]	[oi]	[oi]	oi	[oi]	oi	[ɔi]
髓	蟹	yoi	[ɔi]	[ɔi]	[oi]	—	[oi]	[oi]	[oi]	[oi]	ioi	[oi]	ioi	[ɔi]

（1）oi 韵类：新安《新约》、五经富《新约》、《客英》、《客法》四个语料中的符号 oi 都对应于现代各客家方言点的韵母［oi］。

《客法词典》中既有 oi 符号也有 oe· 符号，汤培兰（1999）注意到二者在声韵配合上几乎互补，只有 f［f］声母和 oi、oe· 都能组合。我们经仔细查检《客法词典》原文，认为 1926 年版《客法词典》（林英津、汤培兰和笔者所据皆为同一版本）正文并无 foi 音节，在正文第 110—111 页内 foe· 音节（文中记为 FOE）下所记六字"灰悔诙悝回哙"，前面四个字头均标为 foe·，唯独后面两字后面标为 foi，与词典体例不合（全文体例是每个音节下的每个字头后面所标第一个音都与该音节相同），疑为 oe· 误成 oi，当系误植，说明 f 只跟 oe· 组合。我们经过穷尽性检查，发现 oe· 只跟 p［p］、m［m］、f［f］、v［v］、ch［ʃ］、ng［ŋ］组合，即上述声母也只跟 oe· 组合，中古来源也十分明晰，为帮、明、晓、匣、影、书、疑诸母。其余声母则只跟 oi 结合。所以 oi、oe· 泾渭分明，说明当时 oi、oe· 可能存在实际语音区别，且 oe· 韵类在《客法词典》中辖字也不少。但现代粤东客话已没有任何一个方言点能找到体现这种区别的蛛丝马迹，连晚近其他三个文献中也找不到有这种区分的痕迹。从音位互补的角度考虑，二者可同属一个音位/oi/，但从尊重历史语音面貌角度看，oe·拟音可以是［oe］，与［oi］构成互补关系。

点对点穷尽性比较如下：

罗马字	可比字数	现代音值	字数	百分比
新 oi	22	荔［ɔi］	22	100%
富 oi	26	经［oi］	26	100%
英 oi	29	五［oi］	29	100%
法 oi/oe·	14	梅［ɔi］	14	100%

（2）yoi 韵类：新安《新约》、《客英》、《客法》语料中有韵类符号 yoi (ioi)，辖字极少，仅"脆、髓"数字而已，现代粤东客话中韵母［ioi］几近消失。

点对点穷尽性比较如下：

罗马字	可比字数	现代音值	字数	百分比
新 yoi	1	荔［ɔi］	1	100%
法 ioi	2	梅［ɔi］	2	100%

综上所述，韵类 oi（oe·）、yoi（ioi）可分别拟为［oi］、［ioi］。

10. au 韵部

四个历史语料中具韵基 au 的韵类符号共有 au、ao、yau、iau、iao 五种，它们同属 au 韵部。根据前文对四个历史文献语料韵头的分析论证，可知四个材料中上述 au、ao、yau、iau、iao 韵类符号中只出现［i］韵头及零韵头两种形式，那么 au、ao 韵类符号无韵头系开口韵，yau、iau、iao 韵类符号其韵头为 i［i］系齐齿韵，据此知 au 韵部共有两个韵类。

au 韵部在新安及五经富《新约》、《客英》、《客法》四个语料中均可分两个韵类即 au (ao) 和 yau (iau/iao)。各历史语料符号及字数如下：

韵部	韵类	新安	五经富	《客英》	《客法》	例字
au	au	au (75)	au (29)	au (200)	ao (192)	保袍道貌
	yau	yau (32)	iau (31)	iau (90)	iao (97)	消饶腰晓

再请看该韵部四个历史点韵类及九个现代点韵母对照情况，见表3-16。

表3-16　　　　　　　　　　au 韵部普遍对照表

例	摄	新	荔	杨	深	富	经	云	砂	河	英	五	法	梅
毛	效	au	[au]	[au]	[o]	o	[au]	[au]	[au]	[au]	au	[au]	ao	[au]
道	效	au	[au]	[au]	[au]	au	[o]	[au]	[o]	[o]	auˊ	[au]	ao	[au]
老	效	au	[au]	[au]	[o]	o	[o]	[o]	[au]	[o]	au	[au]	ao	[au]
咬	效	au	[au]	[au]	[au]	au	[au]	[au]	[au]	[au]	au	[au]	ao	[au]
照	效	au	[au]	[au]	[au]	eu	[eu]	[au]	[au]	[au]	au	[au]	ao	[au]
飘	效	yau	[iau]	[iau]	[iau]	iau	[iau]	[iau]	[iau]	[iau]	iau	[iau]	iao	[iau]
摇	效	Yau	[au]	[iau]	[iau]	Yeu	[ieu]	[ieu]	[ieu]	au	Yau	[iau]	Yao	[iau]

从表3-16中可看出，au 韵部诸韵类与 o、eu、ieu 即 o 韵部、eu 韵部韵类存在参差。其中五经富《新约》与现代揭西各点效摄一等作 o，现代揭西方言也读 [o]，不读 [au]，迥异于其他粤东客话，此点在 o 韵部已经谈及。另五经富《新约》效摄三等知章组为 eu，但对应现代客方言基本为 [au]。五经富《新约》少量日影以细音字为 Yeu 符号，揭西各点也相应为韵母 [ieu]，对应于其他点的 iau 韵类。整体反映出 eu 韵部与 au 韵部之间的联系。表3-16出现的 eu、Yeu 符号都当另属 eu 韵部。

（1）au 韵类：新安《新约》的 au，对应于今天香港荔枝庄、杨小坑的 [au]、深圳的 [au] 和 [o]；五经富《新约》、《客英》的 au 大多数对应于五经富、五云、下砂、河婆的 [au]；《客英》的 au 对应于五华的 [au]；五经富《新约》豪韵字为 o，对应于现代揭西四个方言点的韵母也为 [o]；《客法》的 ao 符号对应于梅县的 [au]。点对点穷尽性比较如下：

罗马字	可比字数	现代音值	字数	百分比	例外
新 au	54	荔 [au]	53	98%	[iau] 骄
富 au	22	经 [au]	17	77%	[o] 道盗恼膏 [iau] 锚
英 au	51	五 [au]	1	98%	[iau] 铙
法 ao	54	梅 [au]	54	100%	

游离成分中 [o] 参见第五章"效摄一等演变"的讨论，[iau] 为不规则音变。

（2）yau 韵类：晚近四点语料的 yau（iau/iao）绝大部分对应于现代的 [iau]。点对点穷尽性比较如下：

罗马字	可比字数	现代音值	字数	百分比
新 yau	18	荔 [iau]	18	100%
富 iau	22	经 [iau]	22	100%
英 iau	22	五 [iau]	22	100%
法 iao	29	梅 [iau]	29	100%

韵类符号 au（ao）和 yau（iau/iao）可分别拟为 [au]、[iau]。

11. eu 韵部

历史语料中具韵基 eu 的韵类符号共有 eu、eou、yeu 三种，它们同属 eu 韵部。根据前文对四个历史文献语料韵头的分析论证，可知四个材料中上述 eu、eou、yeu 韵类符号中只出现 [i] 韵头及零韵头两种形式，那么 eu 韵类符号无韵头系开口韵，eu、eou 韵类符号其韵头为 i [i] 系齐齿韵，据此知 eu 韵部共有两个韵类。

eu 韵部在新安《新约》、《客英》、《客法》三个语料中均只有一个韵类 eu，其中《客法》标写为 eou。五经富《新约》则可分两个韵类，即 eu 和 yeu。各历史语料符号及字数如下：

韵部	韵类	新安	五经富	《客英》	《客法》	例字
eu	eu	eu（28）	eu（33）	eu（84）	eou（83）	斗投走后
	yeu		yeu（5）			扰腰舀摇

再请看该韵部四个历史点韵类及九个现代点韵母对照情况，见表 3-17。

表 3-17　　　　　　　　eu 韵部普遍对照表

例	摄	新	荔	杨	深	富	经	云	砂	河	英	五	法	梅
斗	流	eu	[eu]	[eu]	[eu]	eu	[eu]	[eu]	[eu]	[eu]	eu	[iu]①	eou	[eu]
走	流	eu	[eu]	[eu]	[eu]	eu	[eu]	[eu]	[eu]	[eu]	eu	[iu]	eou	[eu]
狗	流	eu	[eu]	[eu]	[eu]	eu	[eu]	[eu]	[eu]	[ieu]	eu	[iu]	eou	[eu]

---

① 魏宇文所记五华县横陂镇方言音系流摄一等侯韵字作 [eu]，和河东镇河口不同。见魏宇文《五华方言同音字汇》，《方言》1997 年第 3 期。

续表

例	摄	新	荔	杨	深	富	经	云	砂	河	英	五	法	梅
谋	流	eu	[ɛu]	[ɛu]	[ieu]	eu	[iau]	[eu]	[eu]	[eu]	iau	[iu]	iao	[ɛu]
愁	流	eu	[ɛu]	[ɛu]	[ieu]	eu	[eu]	[eu]	[eu]	[eu]	eu	[u]	eou	[ɛu]
照	效	au	[au]	[au]	[au]	eu	[au]	[au]	[au]	[au]	au	[au]	ao	[au]
少	效	au	[au]	[au]	[au]	eu	[au]	[au]	[au]	[au]	au	[au]	ao	[au]
扰	效	Yau	—	—	[iau]	Yeu	[ieu]	[iau]	[iau]	[au]	Yau	[iau]	Yao	[iau]
腰	效	Yau	—	—	[iau]	Yeu	[ieu]	[iau]	[iau]	[au]	Yau	[iau]	Yao	[iau]
舀	效	—	[au]	[iau]	[au]	Yeu	[ieu]	[ieu]	[ieu]	[au]	Yau	[iau]	Yao	[iau]

中古效摄开口三等知章组字中,五经富《新约》为 eu,现代五经富方言读 [eu],其他各点均为 au 韵类,表现为 eu、au 韵类之间的参差。效摄开口三等日影以母字,五经富《新约》为 Yeu 音节符号,其他各点均为 Yau(Yao)音节符号,表现为 ieu、iau 韵类之间的参差。即本韵部 eu,与 au 韵部有所错杂。

(1)eu 韵类:新安《新约》的 eu,对应于香港荔枝庄、杨小坑的 [ɛu]、深圳的 [eu];五经富《新约》的 eu,则对应于五经富、五云、下砂、河婆的 [eu];《客英》的 eu 对应于五华的 [iu];《客法》的 eu 符号,则对应于梅县的韵母 [ɛu]。点对点穷尽性比较如下:

罗马字	可比字数	现代音值	字数	百分比
新 eu	24	荔 [ɛu]	24	100%
富 eu	25	经 [eu]	25	100%
英 eu	19	五 [iu]	19	100%
法 eou	26	梅 [ɛu]	26	100%

其中五华主流音值读 [iu],参见第五章"流摄一等演变"讨论。

(2)Yeu 韵类:中古效摄开口三等知章组字中,五经富《新约》为 eu,现代五经富方言读 [eu]。效摄开口三等日影以母字,五经富《新约》为 yeu,现代揭西五经富、五云、下砂仍还相应读 [ieu],晚近及现代其他点效摄均无 eu、yeu 韵类,这进一步说明五经富《新约》和现代揭西客方言的密切关系。点对点穷尽性比较如下:

罗马字	可比字数	现代音值	字数	百分比
富 Yeu	5	经 [ieu]	5	100%

综上所述，韵类 eu（eou）可拟为 [eu]，韵类 Yeu 可拟为 [ieu]。

（二）阳声韵

1. im 韵部

im 韵部在新安及五经富《新约》、《客英》、《客法》四个语料中均只有一个韵类符号 im，其韵基为 im，则 im 韵部实仅一个韵类 im。im 韵类各历史语料符号及字数如下：

韵部	韵类	新安	五经富	《客英》	《客法》	例字
im	im	im (15)	im (16)	im (39)	im (38)	心深禁淫

再请看该韵部四个历史点韵类及九个现代点韵母对照情况，见表 3-18。

表 3-18　　　　　　　　　im 韵部普遍对照表

例	摄	新	荔	杨	深	富	经	云	砂	河	英	五	法	梅
心	深	im	[im]	[im]	[im]	im	[im]	[im]	[im]	[im]	im	[im]	im	[im]
寻	深	im	[im]	[im]	[im]	im	[im]	[im]	[im]	[im]	im	[im]	im	[im]
沉	深	im	[im]	[im]	[im]	im	[im]	[im]	[im]	[im]	im	[im]	im	[əm]
深	深	im	[im]	[im]	[əm]	im	[im]	[im]	[im]	[im]	im	[im]	im	[əm]
阴	深	im	[im]	[im]	[im]	im	[im]	[im]	[im]	[im]	im	[im]	Ym	[im]

新安《新约》的 im，对应于香港荔枝庄、杨小坑、深圳的 [im]；五经富《新约》、《客英》的 im，则对应于五经富、五云、下砂、河婆的 [im]；《客英》的 im，则对应于五华的 [im]。其中五云、五华有个别字变成了韵母 [in]，当是韵尾-m 变成-n，符合客话整体演变趋势；《客法》的 im 符号，则对应梅县的 [im]，但深开三侵韵知章组字则对应梅县韵母 [əm]，说明《客法》侵韵字知章组和精组当时仍同为 im，庄组已分化读 em，详见第五章"精知庄章分混演变"讨论。点对点穷尽性比较如下：

罗马字	可比字数	现代音值	字数	百分比	例外
新 im	12	荔 [im]	11	92%	[in] 慎
富 im	11	经 [im]	10	91%	[in] 今
英 im	10	五 [im]	8	80%	[in] 金今
法 im	13	梅 [im]	10	76%	[əm] 针沉深

其中游离成分 [in] 为韵尾的混并；[əm] 参见第五章"元音格局的演变"讨论。

综上所述，韵类符号 im 可拟为 [im]。

2. am 韵部

四个历史语料中具韵基 am 的韵类符号共有 am、yam、iam 三种，它们同属 am 韵部。根据前文对四个历史文献语料韵头的分析论证，可知四个材料中上述 am、yam、iam 韵类符号中只出现 [i] 韵头及零韵头两种形式，那么 am 韵类符号无韵头系开口韵，yam、iam 韵类符号其韵头为 i [i] 系齐齿韵，据此知 am 韵部共有两个韵类。

新安《新约》、五经富《新约》、《客英》、《客法》四个语料中均可分两个韵类 am、yam（iam）。各历史语料符号及字数如下：

韵部	韵类	新安	五经富	《客英》	《客法》	例字
am	am	am（32）	am（36）	am（95）	am（88）	贪惨胆敢
	yam	yam（29）	iam（17）	iam（39）	iam（44）	暂渐验险

再请看该韵部四个历史点韵类及九个现代点韵母对照情况，见表3－19。

表3－19　　　　　　　　am 韵部普遍对照表

例	摄	新	荔	杨	深	富	经	云	砂	河	英	五	法	梅
贪	咸	am	[am]	[am]	[am]	am	[am]	[am]	[am]	[am]	am	[am]	am	[am]
斩	咸	am	[am]	[am]	[am]	am	[am]	[am]	[am]	[am]	am	[am]	am	[am]
衫	咸	am	[am]	[am]	[am]	am	[am]	[am]	[am]	[am]	am	[am]	am	[am]
犯	咸	am	[am]	[an]	[an]	am	[am]	[am]	[am]	[am]	am	[am]	am	[an]
点	咸	yam	[iam]	[iam]	[iam]	iam	[iam]	[iam]	[iam]	[iam]	iam	[iam]	iam	[iam]
厌	咸	Yam	[am]	[iam]	[iam]	Yam	[iam]	[iam]	[iam]	[am]	Yam	[iam]	Yam	[iam]

（1）am 韵类：晚近四点语料的符号 am 都对应于现代各方言点的韵母 [am]。点对点穷尽性比较如下：

罗马字	可比字数	现代音值	字数	百分比	例外
新 am	24	荔 [am]	24	100%	
富 am	23	经 [am]	23	100%	
英 am	26	五 [am]	25	96%	[iam] 沾
法 am	29	梅 [am]	25	86%	[iam] 占闪 [an] 凡犯

其中游离成分 [iam] 为不规则音变，[an] 为韵尾混并。

（2）yam 韵类：符号 yam（iam）则均对应于现代的 [iam]。点对点穷尽性比较如下：

罗马字	可比字数	现代音值	字数	百分比
新 yam	19	荔 [iam]	19	100%
富 iam	10	经 [iam]	10	100%
英 iam	8	五 [iam]	8	100%
法 iam	19	梅 [iam]	19	100%

韵类 am、yam（iam）可分别拟为 [am]、[iam]。

3. em 韵部

em 韵部在新安及五经富《新约》、《客英》、《客法》四个语料中均只有一个韵类符号 em，其韵基为 em，则 em 韵部实仅一个韵类 em。em 韵类主要是深开三庄组字，与精知章 im 分立。各历史语料符号及字数如下：

韵部	韵类	新安	五经富	《客英》	《客法》	例字
em	em	em（3）	em（2）	em（4）	em（7）	参森砧岑

晚近四点语料中的 em 对应于现代客音韵母 [em] 和 [en]，[en] 是 [em] 鼻音 [m] 向 [n] 演变的结果。《客英词典》正文"森"字头下说"在其他地方读 sen 的几个字在潮州读 sem"（several words elsewhere pronounced sen, are in C. pronounced sem），① 说明当时纪多纳就已经注意

---

① 《客英词典》初版，第 728 页。

到了 [em] 向 [en] 韵转化的现象，不过当时潮州客话比较保守。

再请看该韵部四个历史点韵类及九个现代点韵母对照情况，见表 3-20。

表 3-20　　　　　　　　　em 韵部普遍对照表

例	摄	新	荔	杨	深	富	经	云	砂	河	英	五	法	梅
参①	侵	—	[ɛm]	[ɛm]	[en]	—	[em]	[em]	[em]	[em]	em	[em]	em	[ɛm]
森	侵	—	[ɛm]	[ɛm]	[en]	[em]	[em]	[em]	[em]	[em]	[em]	[em]	[em]	[ɛm]
砛	侵	em	—	—	[en]	[em]	[em]	[em]	[em]	[em]	[em]	[em]	en	[ɛm]

从表 3-20 中可知，em 韵到现代粤东客话，部分点韵尾 m 已经混入 n 尾。

em 韵类所辖字数甚少，不再作点对点穷尽性比较，可拟为 [em]。

4. in 韵部

in 韵部在新安及五经富《新约》、《客英》、《客法》四个语料中均只有一个韵类符号 in，其韵基为 in，则 in 韵部实仅一个韵类 in。in 韵类各历史语料符号及字数如下：

韵部	韵类	新安	五经富	《客英》	《客法》	例字
in	in	in (71)	in (57)	in (180)	in (177)	贫进珍承

再请看该韵部四个历史点韵类及九个现代点韵母对照情况，见表 3-21。

表 3-21　　　　　　　　　in 韵部普遍对照表

例	摄	新	荔	杨	深	富	经	云	砂	河	英	五	法	梅
贫	臻	in	[in]	[in]	[in]	in	[in]	[in]	[in]	[in]	in	[in]	in	[in]
新	臻	in	[in]	[in]	[in]	in	[in]	[in]	[in]	[in]	in	[in]	in	[in]
神	臻	in	[in]	[in]	[ən]	in	[in]	[in]	[in]	[in]	in	[in]	in	[ən]
仁	臻	in	[in]	[in]	[in]	in	[in]	[in]	[in]	[in]	in	[in]	Yn	[in]
证	曾	in	[in]	[in]	[in]	in	[in]	[in]	[in]	[in]	in	[in]	in	[ən]
情文	梗	in	[in]	[in]	[in]	in	[in]	[in]	[in]	[in]	in	[in]	in	[in]
停文	梗	in	[in]	[in]	[in]	in	[in]	[in]	[in]	[in]	in	[in]	in	[in]

---

① "人参" 之 "参"。

粤东客话无论四个历史点还是九个现代点都存在文白异读现象。梗摄开口三、四等历史点文读均为 in，现代客音各点为 [in]。

新安《新约》的 in，对应于香港荔枝庄、杨小坑、深圳的 [in]；五经富《新约》、《客英》、《客法》的 in，对应于五经富、五云、下砂、河婆、五华的 [in]；《客法》的 in，对应于梅县的 [in]、[ən]。相对梅县来说，《客法》臻开三知章组和精组韵母尚未分立，当时仍同为 [in]，讨论详见第五章"元音格局的演变"。

点对点穷尽性比较如下：

罗马字	可比字数	现代音值	字数	百分比	例外
新 in	54	荔 [in]	51	94%	[ɛn] 编痕 [iun] 仅
富 in	41	经 [in]	41	100%	
英 in	44	五 [in]	42	95%	[un] 凭伸
法 in	32	梅 [in]	23	71%	[ən] 蒸真身神肾证陈升镇

游离成分中梅县 [ən] 参见第五章"元音格局演变"的讨论；其他当为现代所保留的客话早期音读。

韵类 in 可拟为 [in]。

5. un 韵部

四个历史语料中具韵基 un 的韵类符号共有 un、oun、yun、iun、ioun 五种，它们同属 un 韵部。根据前文对四个历史文献语料韵头的分析论证，可知四个材料中上述 un、oun、yun、iun、ioun 韵类符号中出现 [i] 韵头及零韵头两种形式，那么 un、oun 韵类符号无韵头，yun、iun、ioun 韵类符号其韵头为 i [i] 系齐齿韵，据此知 un 韵部共有两个韵类。

新安《新约》、五经富《新约》、《客英》、《客法》四个语料中均可分两个韵类 un（oun）和 yun（iun/ioun/youn）。各历史语料符号及字数如下：

韵部	韵类	新安	五经富	《客英》	《客法》	例字
un	un	un (45)	un (48)	un (112)	oun (108)	吞盆嫩困
	yun	yun (14)	iun (9)	iun (19)	ioun (23)	芹军训云

再请看该韵部四个历史点韵类及九个现代点韵母对照情况，见表3-22。

表3-22　　　　　　　　　　un韵部普遍对照表

例	摄	新	荔	杨	深	富	经	云	砂	河	英	五	法	梅
吞	臻	un	[un]	[un]	[un]	un	[un]	[un]	[un]	[un]	un	[un]	oun	[un]
顺	臻	un	[un]	[un]	[un]	un	[un]	[un]	[un]	[un]	un	[un]	oun	[un]
近	臻	yun	[iun]	[iun]	[iun]	iun	[iun]	[iun]	[iun]	[iun]	iun	[iun]	ioun	[iun]
云	臻	Yun	[iun]	[iun]	[iun]	Yun	[iun]	[iun]	[iun]	[iun]	Yun	[iun]	Youn	[iun]
永	梗	Yun	[iun]	[iun]	[iun]	Yun	[iun]	[iun]	[iun]	[iun]	Yun	[iun]	Youn	[iuŋ]

（1）un韵类：晚近四点语料的un（oun），对应于今天各方言点的韵母 [un]。点对点穷尽性比较如下：

罗马字	可比字数	现代音值	字数	百分比	例外
新 un	36	荔 [un]	34	94%	[in] 伸分
富 un	37	经 [un]	35	95%	[in] 伸本
英 un	36	五 [un]	36	100%	
法 oun	28	梅 [un]	28	100%	

其中游离成分 [in] 为不规则音变。

（2）yun韵类：新安《新约》的yun，五经富《新约》、《客英》的iun、《客法》的ioun（youn），则基本对应于现代韵母 [iun]。点对点穷尽性比较如下：

罗马字	可比字数	现代音值	字数	百分比	例外
新 yun	13	荔 [iun]	9	70%	[un] 永云训允
富 iun	4	经 [iun]	4	100%	
英 iun	4	五 [iun]	3	75%	[un] 训
法 ioun	11	梅 [iun]	11	100%	

游离成分中新—荔 [un] 为韵头i失落，可参见第五章"日母演变"的相关讨论。英—五 [un] 参见第五章"五华晓母演变"讨论。

综上所述，韵类 un（oun）和 yun（iun/ioun）可分别拟为［un］、［iun］。

6. an 韵部

四个历史语料中具韵基 an 的韵类符号共有 an、ian、ouan 三种，它们同属 an 韵部。根据前文对四个历史文献语料韵头的分析论证，可知四个材料中上述 an、ian、ouan 韵类符号中出现［i］韵头、［u］韵头及零韵头三种形式，那么 an 韵类符号无韵头系开口韵，ian 韵类符号其韵头为 i［i］系齐齿韵，ouan 韵类符号其韵头为［u］系合口韵，据此知 an 韵部共有三个韵类。

新安《新约》、五经富《新约》、《客英》语料中都只有一个韵类 an，《客法》中则可分三个韵类 an、ian、ouan。

各历史语料符号及字数如下：

韵部	韵类	新安	五经富	《客英》	《客法》	例字
	an	an（61）	an（50）	an（161）	an（146）	甘懒间斑
an	ian				ian（47）	拣奸涧谏
	ouan				ouan（9）	惯款关宽

再请看该韵部四个历史点韵类及九个现代点韵母对照情况，见表 3-23。

表 3-23   an 韵部普遍对照表

例	摄	新	荔	杨	深	富	经	云	砂	河	英	五	法	梅
单	山	an	［an］	［an］	［an］	an	［an］	［an］	［on］	［an］	an	［an］	an	［an］
山	山	an	［an］	［an］	［an］	an	［an］	［on］	［on］	［an］	an	［an］	an	［an］
半	山	an	［an］	［an］	［uon］	an	［uan］	［uan］	［uan］	［uan］	an	［an］	an	［an］
战	山	en	［ɛn］	［ɛn］	［en］	en	［en］	［en］	［en］	［en］	en	［en］	en	［en］
建	山	en	［ɛn］	［ɛn］	［ien］	ien	［ien］	［ien］	［ion］	［ien］	en	［ien］	ian	［ian］
冤	山	Yen	［ɛn］	［ɛn］	［ien］	Yen	［ien］	［ien］	［ien］	［ien］	Yen	［ian］	Yan	［ian］
关	山	an	［an］	［an］	［uon］	an	［uan］	［uan］	［uan］	［uan］	an	［an］	ouan	［uan］

如山摄开口三等知章组字，《客法》为 an，梅县为［an］，其他晚近、现代点山摄三等开口知章组字均为 en 和［en］。《客法》的 ian 和现代梅

县的［ian］，对应其他点则均为 ien 和［ien］，表现出晚近 an 韵部与 en 韵部互有出入。

《客法词典》的 ouan 韵类符号，对应其他各历史点的 an 韵类符号，表现为《客法词典》ouan 韵类与其他三个点 an 韵类的参差。

（1）an 韵类：新安《新约》和《客法》中的 an 都对应于荔枝庄、杨小坑、深圳和梅县的韵母［an］，五经富《新约》、《客英》的 an 则多数对应于现代方言点的［an］，少量对应于韵母［on］。点对点穷尽性比较如下：

罗马字	可比字数	现代音值	字数	百分比	例外
新 an	50	荔［an］	48	96%	［am］甘 ［ɛn］恨
富 an	41	经［an］	39	95%	［uan］还 ［en］间
英 an	47	五［an］	44	94%	［ien］泉 ［en］艰恨
法 an	51	梅［an］	44	86%	［ian］缠展战扇 ［ɔn］干岸欢

其中游离成分中梅县［ian］参见第五章"山摄细音主元音演变"的讨论，余均为不规则音变。

（2）ian 韵类：《客法》的 ian，来源为山摄二、三、四等的见溪群疑泥以母字，皆对应于梅县的韵母［ian］，没有例外。山摄三等开口知章组字《客法》an，梅县为［an］；晚近《客法》的 ian 和现代梅县的［ian］这两种情况其他点都没有，再次说明《客法》与梅县音的紧密关系①。点对点穷尽性比较如下：

罗马字	可比字数	现代音值	字数	百分比
法 ian	17	梅［ian］	17	100%

（3）ouan 韵类：《客法》ouan 对应于现代梅县的［uan］。点对点穷尽性比较如下：

---

① 刘涛（2003）将梅州的梅县、蕉岭、平远视为一个小片，其中该小片的一条语音"山摄开口二等韵牙音字和山摄开口三、四等韵知组、章组、日母、牙喉音字韵母的主要元音为 a"，正与《客法词典》情况相应。参见刘涛《梅州客话音韵比较研究》，硕士论文，暨南大学，2003，第 4 页。

罗马字	可比字数	现代音值	字数	百分比
法 ouan	5	梅 [uan]	5	100%

韵类 an、ian、ouan 可分别拟为 [an]、[ian]、[uan]。

7. on 韵部

四个历史语料中具韵基 on 的韵类符号共有 on、yon、ion、ouon 四种，它们同属 on 韵部。根据前文对四个历史文献语料韵头的分析论证，可知四个材料中上述 on、yon、ion、ouon 韵类符号中出现 [i] 韵头、[u] 韵头及零韵头三种形式，那么 on 韵类符号无韵头系开口韵，yon、ion 韵类符号其韵头为 i [i] 系齐齿韵，ouon 韵类符号其韵头为 ou [u] 系合口韵，据此知 on 韵部共有三个韵类。

新安《新约》、五经富《新约》、《客英》语料中都有两个韵类 on、yon，《客法》中则可分三个韵类即 on、ion、ouon。各历史语料符号及字数如下：

韵部	韵类	新安	五经富	《客英》	《客法》	例字
on	on	on (35)	on (26)	on (102)	on (70)	餐寒安传
	yon	yon (1)	ion (1)	ion (1)	ion (3)	软旋全
	ouon				ouon (12)	管碗灌官

再请看该韵部四个历史点韵类及九个现代点韵母对照情况，见表 3-24。

表 3-24 on 韵部普遍对照表

例	摄	新	荔	杨	深	富	经	云	砂	河	英	五	法	梅
看	山	on	[ɔn]	[ɔn]	[on]	ɔn	[on]	[on]	[on]	[on]	ɔn	[on]	on	[ɔn]
安	山	on	[ɔn]	[ɔn]	[on]	ɔn	[on]	[on]	[on]	[on]	ɔn	[on]	on	[an]
端	山	on	[ɔn]	[ɔn]	[uon]	ɔn	[uon]	[on]	[on]	[on]	ɔn	[on]	on	[ɔn]
算	山	on	[ɔn]	[ɔn]	[on]	ɔn	[uon]	[on]	[on]	[on]	ɔn	[on]	on	[ɔn]
转	山	on	[ɔn]	[ɔn]	[on]	ɔn	[on]	[on]	[on]	[on]	ɔn	[on]	on	[ɔn]
软	山	yon	[ion]	[ion]	[ion]	yon	[ion]	[ion]	[ion]	[ion]	yon	[ion]	ion	[iɔn]
观	山	on	[ɔn]	[ɔn]	[uon]	on	[uon]	[on]	[on]	[on]	on	[on]	ouon	[uɔn]

从表 3-24 中可知,《客法词典》的 ouon 韵类符号,对应其他各历史点的 on 韵类符号,表现为《客法词典》ouon 韵类与其他三个点 on 韵类的参差。

(1) on 韵类:新安《新约》的 on,对应于今天香港荔枝庄和杨小坑的 [ɔn]、深圳的 [uɔn] 和 [ɔn];五经富《新约》、《客英》、《客法》的 on,则对应于五经富、五云、下砂、河婆、五华、梅县的 [on]。点对点穷尽性比较如下:

罗马字	可比字数	现代音值	字数	百分比
新 on	24	荔 [ɔn]	24	100%
富 on	17	经 [on]	17	100%
英 on	18	五 [on]	18	100%
法 on	25	梅 [ɔn]	25	100%

(2) ion 韵类:历史诸点 yon(ion)符号,对应于现代各点的 [ion]／[iɔn],辖字较少。点对点穷尽性比较如下:

罗马字	可比字数	现代音值	字数	百分比
法 ion	1	梅 [iɔn]	1	100%

(3) ouon 韵类:ouon 符号对应于梅县的 [uɔn]。点对点穷尽性比较如下:

罗马字	可比字数	现代音值	字数	百分比
法 ouon	7	梅 [uɔn]	7	100%

韵类符号 on、ion、ouon 可分别拟为 [on]、[ion]、[uɔn]。

8. en 韵部

四个历史语料中具韵基 en 的韵类符号共有 en、yen、ien 三种,它们同属 en 韵部。根据前文对四个历史文献语料韵头的分析论证,可知四个材料中上述 en、yen、ien 韵类符号中只出现 [i] 韵头及零韵头两种形式,那么 en 韵类符号无韵头系开口韵,yen、ien 韵类符号其韵头为 i [i] 系齐齿韵,据此知 en 韵部共有两个韵类。

en 韵部在晚近四点语料中都可分两个韵类，即 en、yen（ien）。各历史语料符号及字数如下：

韵部	韵类	新安	五经富	《客英》	《客法》	例字
en	en	en（66）	en（37）	en（186）	en（82）	变辩坚宣
	yen	yen（20）	ien（62）	ien（98）	ien（83）	然言显园

再请看该韵部四个历史点韵类及九个现代点韵母对照情况，见表 3-25。

表 3-25　　　　　　　　en 韵部普遍对照表

例	摄	新	荔	杨	深	富	经	云	砂	河	英	五	法	梅
灯	曾	en	[ɛn]	[ɛn]	[en]	en	[en]	[en]	[en]	[en]	en	[en]	en	[ɛn]
能	曾	en	[ɛn]	[ɛn]	[en]	en	[en]	[en]	[en]	[en]	en	[en]	en	[ɛn]
省文	梗	en	[ɛn]	[ɛn]	[en]	em	[em]	[em]	[em]	[em]	en	[en]	en	[ɛn]
鞭	山	en	[in]	[ien]	[ien]	ien	[ien]	[ien]	[ien]	[ien]	ien	[en]	in	[ien]
全	山	en	[ien]	[ien]	[ien]	ien	[ien]	[ien]	[ien]	[ien]	ien	[ien]	ien	[ien]
年	山	yen	[ien]	[ien]	[ien]	yen	[ien]	[ien]	[ien]	[ien]	yen	[ien]	ian	[ian]
献	山	en	[ien]	[ien]	[ien]	ien	[ien]	[ien]	[ien]	[ien]	ien	[ien]	ien	[ien]
然	山	Yen	[ien]	[ien]	[ien]	Yen	[ian]	[ian]	[ian]	[an]	Yen	[ien]	Yan	[ian]

粤东客话无论四个历史点还是九个现代点都存在文白异读现象。梗摄开口二等历史点文读均为 en，现代客音各点为 [en]／[em]／[ɛn]。新、富、英三个历史点的 ien 韵类与《客法》的 ian 韵类有参差，在 an 韵部讨论时已提及。

（1）en 韵类：新安《新约》的 en 对应于荔枝庄、杨小坑的韵母 [ɛn] 及深圳的 [ien]。五经富《新约》、《客英》、《客法》的 en 对应于现代各点的 [en] 或 [ɛn]。点对点穷尽性比较如下：

罗马字	可比字数	现代音值	字数	百分比	例外
新 en	53	荔 [ɛn]	51	96%	[in] 宁根
富 en	21	经 [en]	19	90%	[un] 吩 [ien] 跟
英 en	28	五 [en]	24	86%	[ien] 件卷建 [em] 参
法 en	14	梅 [ɛn]	14	100%	

其中游离成分均为不规则音变。

（2）yen 韵类：新安《新约》的 yen 对应于荔枝庄、杨小坑的［εn］及深圳的［ien］。五经富《新约》、《客英》、《客法》的 ien（yen）对应于现代的［ien］，但《客法》hien 音节（晓匣母三四等字）在梅县读［ian］。

本韵部《客法词典》的 ian 韵类和 ien 韵类互补，ian 只跟 k［k］、k'［kh］、n［n］、y［j］声母相拼，中古来源为见组见溪群疑和日影云以等声母。而 ien 只跟 p［p］、p'［ph］、m［m］、t［t］、t'［th］、l［l］、ts［ts］、ts'［tsh］、s［s］①、h［h］，中古来源为：帮组帮滂並明；端组端透定；泥组来母；精组；庄组；影组晓匣母。

现代梅县方言中［ian］和［ien］也呈现互补分布，袁家骅（1989：149）在梅县声韵调系统中，说明"括号中的韵母"［iεn］、［iεt］是［ian］、［iat］的变体。点对点穷尽性比较如下：

罗马字	可比字数	现代音值	字数	百分比		例外
新 yen	17	荔［εn］	17	100%		
富 ien	41	经［ien］	40	99%	［en］	悯
英 ien	33	五［ien］	14	42%	［en］	电前千连献边田殿先天片显面变缅编见绵现
法 ien	32	梅［ian］	32	100%		

其中《客法》的 ien 全部对应梅县的［ian］，参见第五章"山摄开口三四等主元音演变"的讨论；游离成分［en］参见第五章"山摄三四等介音脱落"的讨论。

综上所述，韵类 en、ien 可分别拟为［en］、［ien］。

9. uṅ 韵部

四个历史语料中具韵基 uṅ 的韵类符号共有 uṅ、ung、oung、yuṅ、iung、young 六种，它们同属 uṅ 韵部。根据前文对四个历史文献语料韵头的分析论证，可知四个材料中上述 uṅ、ung、oung、yuṅ、iung、young 韵

---

① 汤培兰：《〈客法大辞典〉音韵研究》，硕士学位论文，台湾国立暨南国际大学，1999，第 20 页。汤培兰也观察到 ian 和 ien 呈现互补分布，但其分布表中漏列了 s 声母。汤全文也缺少演变的观点，虽然也和现代梅县方言作了比较，但未注意到晓匣母中 ien→ian 的变化及入声韵 iat 的出现。未确证《客法词典》的基础音系，致汤文在历史演变上无法展开论证。

类符号中出现 [i] 韵头及零韵头两种形式，其中 uṅ、ung、oung 韵类符号无韵头，iung、ioung 韵类符号其韵头为 i [i] 系齐齿韵，据此知 uṅ 韵部共有两个韵类。

新安及五经富《新约》、《客英》、《客法》四个语料中均可分两个韵类，即 uṅ（ung/oung）、yuṅ（iung/young）。各历史语料符号及字数如下：

韵部	韵类	新安	五经富	《客英》	《客法》	例字
uṅ	uṅ	uṅ（56）	ung（59）	ung（122）	oung（119）	东总风中
	yuṅ	yuṅ（16）	iung（13）	iung（27）	ioung（32）	兄宫供凶

再请看该韵部四个历史点韵类及九个现代点韵母对照情况，见表 3-26。

表 3-26　　　　　　　　uṅ 韵部普遍对照表

例	摄	新	荔	杨	深	富	经	云	砂	河	英	五	法	梅
东	通	uṅ	[uŋ]	[uŋ]	[uŋ]	ung	[uŋ]	[uŋ]	[uŋ]	[uŋ]	ung	[uŋ]	oung	[uŋ]
送	通	uṅ	[uŋ]	[uŋ]	[uŋ]	ung	[uŋ]	[uŋ]	[uŋ]	[uŋ]	ung	[uŋ]	oung	[uŋ]
梦	通	uṅ	[uŋ]	[uŋ]	[uŋ]	ung	[uŋ]	[uŋ]	[uŋ]	[uŋ]	ung	[uŋ]	oung	[iuŋ]
中	通	uṅ	[uŋ]	[uŋ]	[uŋ]	ung	[uŋ]	[uŋ]	[uŋ]	[uŋ]	ung	[uŋ]	oung	[uŋ]
穷	通	yuṅ	[iuŋ]	[iuŋ]	[iuŋ]	iung	[iuŋ]	[iuŋ]	[iuŋ]	[iuŋ]	iung	[iuŋ]	ioung	[iuŋ]
容	通	Yuṅ	[iuŋ]	[iuŋ]	[iuŋ]	Yung	[iuŋ]	[iuŋ]	[iuŋ]	[iuŋ]	Yung	[iuŋ]	Young	[iuŋ]

（1）uṅ 韵类：新安《新约》的 uṅ 对应于荔枝庄、杨小坑、深圳的 [uŋ]；五经富《新约》、《客英》的 ung 对应于五经富、五云、下砂、河婆的 [uŋ]；《客英》的 ung 对应于五华的 [uŋ]；《客法》的 oung 对应于梅县的 [uŋ]。点对点穷尽性比较如下：

罗马字	可比字数	现代音值	字数	百分比	例外
新 uṅ	37	荔 [uŋ]	37	100%	
富 ung	35	经 [uŋ]	31	90%	[iuŋ] 种重虫充
英 ung	36	五 [uŋ]	36	100%	
法 oung	35	梅 [uŋ]	31	90%	[iuŋ] 凤风冯梦

其中游离成分[iuŋ]为现代客音中通摄三等早期读法存留。

（2）yuṅ 韵类：晚近四个语料点的韵类符号 yuṅ、iung、young，也都很整齐地对应于相应的现代方言点的韵母[iuŋ]。点对点穷尽性比较如下：

罗马字	可比字数	现代音值	字数	百分比	例外
新 yuṅ	9	荔[iuŋ]	5	69%	[uŋ]勇容绒用
富 iung	10	经[iuŋ]	10	100%	
英 iung	4	五[iuŋ]	4	100%	
法 ioung	32	梅[iuŋ]	32	100%	

其中游离成分[uŋ]为音变，可参见第五章"日母演变"讨论。

韵类 uṅ（ung/oung）和 yuṅ（iung/young）可分别拟为[uŋ]、[iuŋ]。

10. aṅ 韵部

四个历史语料中具韵基 aṅ 的韵类符号共有 aṅ、ang、yaṅ、iang、eang、ouang 六种，它们同属 aṅ 韵部。根据前文对四个历史文献语料韵头的分析论证，可知四个材料中上述 aṅ、ang、yaṅ、iang、eang、ouang 韵类符号中出现[i]韵头、[u]韵头及零韵头三种形式，那么 aṅ、ang 韵类无韵头系开口韵，yaṅ、iang、eang 韵类符号其韵头为 i[i]系齐齿韵，ouang 韵类符号其韵头为[u]系合口韵，据此知 aṅ 韵部共有三个韵类。

aṅ 韵部是梗摄白读音，在新安《新约》、五经富《新约》、《客英》三个语料中均可分两个韵类，即 aṅ（ang）、yaṅ（iang/yang）；而《客法》中则可分 ang、iang（eang）、ouang 三个韵类。各历史语料符号及字数如下：

韵部	韵类	新安	五经富	《客英》	《客法》	例字
aṅ	aṅ	aṅ（28）	ang（13）	ang（62）	ang（56）	硬行耕另
	yaṅ	yaṅ（22）	iang（19）	iang（31）	iang（37）/eang（3）	柄迎听岭
	ouang				ouang（6）	旷矿茎胱

再请看该韵部四个历史点韵类及九个现代点韵母对照情况，见表 3-27。

表 3-27   aṅ 韵部普遍对照表

例	摄	新	荔	杨	深	富	经	云	砂	河	英	五	法	梅
生白	梗	aṅ	[aŋ]	[aŋ]	[aŋ]	ang	[aŋ]	[aŋ]	[aŋ]	[aŋ]	ang	[aŋ]	ang	[aŋ]
争白	梗	aṅ	[aŋ]	[aŋ]	[aŋ]	ang	[aŋ]	[aŋ]	[aŋ]	[aŋ]	ang	[aŋ]	ang	[aŋ]
饼白	梗	yaṅ	[iaŋ]	[iaŋ]	[ien]	iang	[iaŋ]	[iaŋ]	[iaŋ]	[iaŋ]	iang	[iaŋ]	iang	[iaŋ]
岭白	梗	yaṅ	[iaŋ]	[iaŋ]	[ien]	iang	[iaŋ]	[iaŋ]	[iaŋ]	[iaŋ]	iang	[iaŋ]	eang	[iaŋ]
影白	梗	Yaṅ	[aŋ]	[iaŋ]	[ien]	Yang	[iaŋ]	[iaŋ]	[iaŋ]	[iaŋ]	Yang	[iaŋ]	Yang	[iaŋ]
矿	梗	oṅ	[ɔŋ]	[ɔŋ]	[oŋ]	ong	[oŋ]	[oŋ]	[oŋ]	[uoŋ]	ong	[oŋ]	ouang	[uaŋ]

从表 3-27 中可知，梗摄开口二等历史点白读均为 aṅ 韵类，现代客音各点为 [aŋ]。梗摄开口三、四等历史点白读均为 yaṅ 韵类，现代客音深圳为 [ien]，其余各点均为 [iaŋ]。

《客法词典》的 ouang 韵类符号，对应其他各历史点的 oṅ/ong 韵类符号，表现为《客法词典》ouang 韵类与其他三个点 oṅ 韵类的参差。

在新安《新约》、五经富《新约》、《客英》三个语料中均有两组韵类符号——aṅ（ang）、yaṅ（iang），显然可分两个韵类；而《客法》中则有 ang、iang、eang、ouang 四个韵类符号，却如何划分韵类呢？

首先，我们注意到《客法》中的 eang、eong 韵类符号只和 l [l] 声母组合，而其他声母都为 iang 与 iong。从音节分析来看，其中的 e 无疑是个介音符号，对应现代方言都是介音 [i]。这种 -e-、-i- 介音并存的现象源于《西儒耳目资》（1626），由来已久，如该书中有 eao（聊）①、iao（要），eam（良）、iam（阳）等音节。对于这种现象，薛志霞（2008：32—34）在前辈学者讨论的基础上提出了自己新的看法，她不认为这种介音的区别是反映了汉语中因声母影响而产生的介音变化，并从葡萄牙语 e 字母读法上进行了探讨。但最后又认为"或许是受到葡语的拼写习惯的影响所致"。

林英津（1994）、汤培兰（1999：18—19）均认为这个韵头 e 是当地语感特质的表现。但从与《客法词典》几乎平行的其他三个晚近方言语料及现代粤东客方言的表现看，我们都找不出这种特殊的因 l 声母而出现的介音区别，所以我们不认为 eang、eong 和 iang、iong 存在音质上的区

---

① 《客法词典》也有 ao 韵部，但只有 iao，并无 eao，l 声母也拼 iao，如聊（liao）。

别，也不认为它们是两类条件变体。我们认为最有可能的是《客法词典》沿用了《西儒耳目资》以来的习惯拼法。而这种拼法实际上并不表现汉语中的音质差异，而实际上有可能是其所参照文字正字法的反映，也即"拼写习惯的影响所致"。

（1）aṅ 韵类：新安《新约》的 aṅ 对应于荔枝庄、杨小坑、深圳的 [aŋ]；五经富《新约》、《客英》的 ang 对应于五经富、五云、下砂、河婆、五华的 [aŋ]，个别对应于 [en]；《客法》的 ang 对应于梅县的 [aŋ]。

点对点穷尽性比较如下：

罗马字	可比字数	现代音值	字数	百分比
新 aṅ	16	荔 [aŋ]	16	100%
富 ang	9	经 [aŋ]	9	100%
英 ang	13	五 [aŋ]	13	100%
法 ang	17	梅 [aŋ]	17	100%

（2）yaṅ 韵类：新安《新约》、五经富《新约》、《客英》的韵类符号 yaṅ（iang/yang）也都很整齐地对应于相应的现代方言点的 [iaŋ]。《客法》的 iang（eang）对应于梅县的 [iaŋ]。

点对点穷尽性比较如下：

罗马字	可比字数	现代音值	字数	百分比	例外
新 yaṅ	21	荔 [iaŋ]	18	86%	[aŋ] 营赢影
富 iang	17	经 [iaŋ]	17	100%	
英 iang	17	五 [iaŋ]	17	100%	
法 iang/eang	18	梅 [iaŋ]	18	100%	

其中游离成分为半元音音变，可参见第五章"日母演变"讨论。

（3）ouang 韵类：《客法》的 ouang 对应于梅县的 [uaŋ]。点对点穷尽性比较如下：

罗马字	可比字数	现代音值	字数	百分比
法 ouang	2	梅 [uaŋ]	2	100%

综上所述，韵类 aṅ（ang）、yaṅ（iang/yang/eang）、ouang 可分别拟为[aŋ]、[iaŋ]、[uaŋ]。

11. oṅ 韵部

四个历史语料中具韵基 oṅ 的韵类符号共有 oṅ、ong、yoṅ、iong、eong、ouong 五种，它们同属 oṅ 韵部。根据前文对四个历史文献语料韵头的分析论证，可知四个材料中上述 oṅ、ong、yoṅ、iong、eong、ouong 韵类符号中出现[i]韵头、[u]韵头及零韵头三种形式，那么 oṅ、ong 韵类无韵头系开口韵，yoṅ、iong、eong 韵类符号其韵头为 i[i]系齐齿韵，ouong 韵类符号其韵头为[u]系合口韵，据此知 oṅ 韵部共有三个韵类。

oṅ 韵部为江宕摄字，在新安《新约》、五经富《新约》、《客英》三个语料中均可分两个韵类 oṅ（ong）、yoṅ（iong/yong）；而《客法》中则可分 ong、iong（eong①）、ouong 三个韵类。各历史语料符号及字数如下：

韵部	韵类	新安	五经富	《客英》	《客法》	例字
oṅ	oṅ	oṅ（85）	ong（63）	ong（195）	ong（181）	夸当桑庄
	yoṅ	yoṅ（33）	iong（30）	iong（70）	iong（58）/eong（13）	良量象网
	ouong				ouong（4）	广狂旷光

再请看该韵部四个历史点韵类及九个现代点韵母对照情况，见表 3-28。

表 3-28　　　　　　　　　oṅ 韵部普遍对照表

例	摄	新	荔	杨	深	富	经	云	砂	河	英	五	法	梅
降	江	oṅ	[ɔŋ]	[ɔŋ]	[oŋ]	ong	[oŋ]	[oŋ]	[oŋ]	[oŋ]	ong	[oŋ]	ong	[ɔŋ]
帮	宕	oṅ	[ɔŋ]	[ɔŋ]	[oŋ]	ong	[oŋ]	[oŋ]	[oŋ]	[oŋ]	ong	[oŋ]	ong	[ɔŋ]
张	宕	oṅ	[ɔŋ]	[ɔŋ]	[oŋ]	ong	[oŋ]	[oŋ]	[oŋ]	[oŋ]	ong	[oŋ]	ong	[ɔŋ]
粮	宕	yoṅ	[iɔŋ]	[iɔŋ]	[ioŋ]	iong	[iaŋ]	[iaŋ]	[iaŋ]	[iaŋ]	iong	[ioŋ]	eong	[iɔŋ]
墙	宕	yoṅ	[iɔŋ]	[iɔŋ]	[ioŋ]	iong	[ioŋ]	[ioŋ]	[ioŋ]	[ioŋ]	iong	[ioŋ]	iong	[iɔŋ]
养	宕	Yoṅ	[ɔŋ]	[ɔŋ]	[ioŋ]	Yong	[ioŋ]	[ioŋ]	[ioŋ]	[ioŋ]	Yong	[ioŋ]	Yong	[iɔŋ]
光	宕	oṅ	[ɔŋ]	[ɔŋ]	[uoŋ]	ong	[oŋ]	[oŋ]	[oŋ]	[uoŋ]	ong	[oŋ]	ouong	[ɔŋ]

---

① eong 在 aṅ 韵部已经有所讨论，我们认为和 iong 无别。

从表 3-28 中可知，《客法词典》的 ouong 韵类符号，对应其他各历史点的 oṅ/ong 韵类符号，表现为《客法词典》ouong 韵类与其他三个点 oṅ 韵类的参差。

(1) oṅ 韵类：新安《新约》的 oṅ 对应于荔枝庄、杨小坑、深圳的 [ɔŋ]；五经富《新约》、《客英》的 ong 对应于五经富、五云、下砂、河婆、五华的 [oŋ]，个别对应于 [aŋ]；《客法》的 ong 对应于梅县的 [ɔŋ]。点对点穷尽性比较如下：

罗马字	可比字数	现代音值	字数	百分比	例外
新 oṅ	70	荔 [ɔŋ]	70	100%	
富 ong	50	经 [oŋ]	50	100%	
英 ong	58	五 [oŋ]	57	99%	[ioŋ] 旺
法 ong	43	梅 [oŋ]	43	100%	

其中游离成分"旺"读 [ioŋ]，参见第五章"宕摄合口三等介音演变"的讨论。

(2) yoṅ 韵类：新安《新约》、五经富《新约》、《客英》的韵类符号 yoṅ (iong/yong) 也都很整齐地对应于相应的现代方言点的 [ioŋ]；《客法》iong (eong) 对应于梅县的 [iɔŋ]。点对点穷尽性比较如下：

罗马字	可比字数	现代音值	字数	百分比	例外
新 yoṅ	27	荔 [ɔŋ]	23	85%	[oŋ] 羊养样纺
富 iong	25	经 [ioŋ]	23	92%	[oŋ] 纺放
英 iong	25	五 [ioŋ]	20	80%	[oŋ] 向香乡享响
法 iong/eong	21	梅 [ioŋ]	21	100%	

其中游离成分均为介音 i 脱落音变，其中"羊养样"可参见第五章"日母演变"的讨论；"纺放"参见第五章"宕摄合口三等介音演变"的讨论；"向香乡享响"参见第五章"五华晓母演变"的讨论。

(3) uong 韵类：《客法》的 uong 对应于梅县的 [uɔŋ]。点对点穷尽性比较如下：

罗马字	可比字数	现代音值	字数	百分比
法 ouong	1	梅 [ɔŋ]	1	100%

综上所述，韵类 oṅ（ong）、yoṅ（iong/eong/yong）和 ouong 可分别拟为 [oŋ]、[ioŋ]、[uoŋ]。

（三）入声韵

1. ip 韵部

ip 韵部在新安及五经富《新约》、《客英》、《客法》四个语料中均只有一个韵类符号 ip，其韵基为 ip，则 ip 韵部实仅一个韵类 ip。ip 韵类各历史语料符号及字数如下：

韵部	韵类	新安	五经富	《客英》	《客法》	例字
ip	ip	ip（7）	ip（7）	ip（28）	ip（28）	立汁十及

再请看该韵部四个历史点韵类及九个现代点韵母对照情况，见表 3-29。

表 3-29　　　　　　　　ip 韵部普遍对照表

例	摄	新	荔	杨	深	富	经	云	砂	河	英	五	法	梅
集	深	ip	[ip]	[ip]	[ip]	ip	[ip]	[ip]	[ip]	[ip]	ip	[ip]	ip	[ip]
汁	深	ip	[ip]	[ip]	[ip]	ip	[ip]	[ip]	[ip]	[ip]	ip	[ip]	ip	[əp]
十	深	ip	[ip]	[ip]	[əp]	ip	[ɿp]	[ip]	[ip]	[ip]	ip	[ip]	ip	[əp]
及	深	ip	[ip]	[ip]	[ip]	ip	[ip]	[ip]	[ip]	[ip]	ip	[ip]	ip	[ip]
入	深	ip	[ip]	[ip]	[ip]	ip	[ip]	[ip]	[ip]	[ip]	ip	[ip]	ip	[ip]
挹	深	—	—	—	[ip]	[ip]	[ip]	[ip]	[ip]	[ip]	ip	[ip]	Yp	[ip]

新安《新约》的 ip，对应于今天香港荔枝庄、杨小坑、深圳的 [ip]；五经富《新约》、《客英》的 ip，对应于五经富、五云、下砂、河婆的 [ip]；《客英》的 ip 对应于五华的 [ip]；《客法》的 ip 符号中，知章组字对应于梅县的 [əp]，而精组及其他声组字则对应于梅县的 [ip]。

点对点穷尽性比较如下：

罗马字	可比字数	现代音值	字数	百分比	例外
新 ip	6	荔 [ip]	6	100%	
富 ip	5	经 [ip]	4	80%	[ɿp] 十
英 ip	6	五 [ip]	6	100%	
法 ip	10	梅 [ip]	8	80%	[əp] 十汁

其中游离成分参见第五章"元音格局演变"的讨论。

综上所述，韵类 ip 可拟为 [ip]。

2. ap 韵部

四个历史语料中具韵基 ap 的韵类符号共有 ap、yap、iap 三种，它们同属 ap 韵部。根据前文对四个历史文献语料韵头的分析论证，可知四个材料中上述 ap、yap、iap 韵类符号中只出现 [i] 韵头及零韵头两种形式，那么 ap 韵类符号无韵头系开口韵，yap、iap 韵类符号其韵头为 i [i] 系齐齿韵，据此知 ap 韵部共有两个韵类。

ap 韵部新安及五经富《新约》、《客英》、《客法》四个语料中均可分两个韵类 ap、yap（iap）。各历史语料符号及字数如下：

韵部	韵类	新安	五经富	《客英》	《客法》	例字
ap	ap	ap (15)	ap (15)	ap (51)	ap (47)	答纳鸽押
	yap	yap (13)	iap (8)	iap (33)	iap (35)	接叶帖碟

再请看该韵部四个历史点韵类及九个现代点韵母对照情况，见表 3-30。

表 3-30 ap 韵部普遍对照表

例	摄	新	荔	杨	深	富	经	云	砂	河	英	五	法	梅
塔	咸	ap	[ap]	[ap]	[ap]	ap	[ap]	[ap]	[ap]	[ap]	ap	[ap]	ap	[ap]
法	咸	ap	[at]	[at]	[at]	ap	[ap]	[ap]	[ap]	[ap]	ap	[ap]	ap	[ap]
接	咸	yap	[iap]	[iap]	[iap]	iap	[iap]	[iap]	[iap]	[iap]	iap	[iap]	iap	[iap]
叶	咸	Yap	[ap]	[iap]	[iap]	Yap	[iap]	[iap]	[iap]	[iap]	Yap	[iap]	Yap	[iap]

（1）ap 韵类：晚近四点语料的符号 ap，基本对应于现代各方言点的韵母 [ap]，"法"等少数字对应 [at]。

点对点穷尽性比较如下：

罗马字	可比字数	现代音值	字数	百分比	例外
新 ap	10	荔 [ap]	9	90%	[at] 法
富 ap	9	经 [ap]	9	100%	
英 ap	10	五 [ap]	10	100%	
法 ap	14	梅 [ap]	14	100%	

其中游离成分"法"读［at］，为韵尾在异化作用下的音变（［fap］中声母和韵尾同为唇音）。

（2）yap 韵类：晚近四点语料符号 yap（iap），则对应于现代各方言点的韵母的［iap］。

点对点穷尽性比较如下：

罗马字	可比字数	现代音值	字数	百分比	例外
新 yap	9	荔 [iap]	8	89%	[ap] 叶
富 iap	5	经 [iap]	5	100%	
英 iap	5	五 [iap]	5	100%	
法 iap	8	梅 [iap]	8	100%	

其中游离成分"叶"读［ap］韵头失落，可参见第五章"日母演变"的讨论。

韵类 ap、yap（iap）可分别拟为［ap］、［iap］。

3. ep 韵部

ep 韵部新安及五经富《新约》、《客英》、《客法》四个语料中均只有一个韵类符号 ep，其韵基为 ep，则 ep 韵部实仅一个韵类 ep。ep 韵类中古来源情况与 em 韵类相似，主要是深开三侵韵入声庄组字。各历史语料符号及字数如下：

韵部	韵类	新安	五经富	《客英》	《客法》	例字
ep	ep	ep (1)	ep (1)	ep (2)	ep (3)	涩啬撒笠

再请看该韵部四个历史点韵类及九个现代点韵母对照情况，见表3-31。

表3-31　　　　　　　　ep韵部普遍对照表

例	摄	新	荔	杨	深	富	经	云	砂	河	英	五	法	梅
啬	生	ep	[et]	[ep]	[et]	ep	[et]	[et]	[et]	[et]	ep	[et]	ep	[ep]
涩	生	ep	[ep]	[et]	[et]	ep	[et]	[et]	[et]	[et]	ep	[et]	ep	[ep]
汲	见	ep	[et]	[et]	[et]	ep	[ep]	[et]	[et]	[et]	ep	[ep]	ep	[et]

晚近四点语料中的ep大都变成了韵母［et］，而且ep是一个正在消亡中的韵部，晚近语料中的字例只发现"啬汲涩"等少数几个字。

点对点穷尽性比较如下：

罗马字	可比字数	现代音值	字数	百分比	例外
新 ep	2	荔 [et]	2	100%	
富 ep	3	经 [et]	3	100%	
英 ep	3	五 [et]	3	100%	
法 ep	3	梅 [ep]	2	70%	[et] 汲

结合现代主流音值与例外情况可看出，ep韵类其韵尾p现在已逐渐混入韵尾t。

综上所述，韵类ep可拟为［ep］。

4. it韵部

it韵部新安及五经富《新约》、《客英》、《客法》四个语料中均只有一个韵类符号it（《客法词典》yt =［jit］），其韵基为it，则it韵部实仅一个韵类it。it韵类来自臻摄、曾摄、梗摄三等入声字，其中曾、梗摄韵尾已经大部分变为t。各历史语料符号及字数如下：

韵部	韵类	新安	五经富	《客英》	《客法》	例字
it	it	it (35)	it (37)	it (97)	it (95)	避质必密

再请看该韵部四个历史点韵类及九个现代点韵母对照情况，见表3-32。

表 3-32　　　　　　　　　it 韵部普遍对照表

例	摄	新	荔	杨	深	富	经	云	砂	河	英	五	法	梅
笔	臻	—	[it]	[it]	[it]	it	[it]	[it]	[it]	[it]	it	[it]	it	[it]
七	臻	it	[it]	[it]	[it]	it	[it]	[it]	[it]	[it]	it	[it]	it	[it]
实	臻	it	[it]	[it]	[ət]	it	[it]	[it]	[it]	[it]	it	[ɿt]	it	[ət]
一	臻	it	[it]	[it]	[it]	it	[it]	[it]	[it]	[it]	it	[it]	Yt	[it]
特	曾	it	[it]	[it]	[et]	it	[it]	[it]	[it]	[it]	it	[it]	it	[et]
直	曾	it	[it]	[it]	[et]	it	[it]	[it]	[it]	[it]	it	[it]	it	[ət]
织	曾	it	[it]	[it]	[it]	it	[it]	[it]	[it]	[it]	it	[ɿt]	it	[ət]
积	梗	it	[it]	[it]	[it]	it	[it]	[it]	[it]	[it]	it	[it]	it	[it]
适	梗	—	[it]	[it]	[ət]	—	[it]	[it]	[it]	[it]	it	[ɿt]	it	[ət]
敌	梗	it	[it]	[it]	[et]	it	[it]	[it]	[it]	[it]	it	[it]	it	[it]

it 韵类主要对应于现代客方言的 [it]，梅县则知₌章组字为 [ət]，此外为 [it]。

点对点穷尽性比较如下：

罗马字	可比字数	现代音值	字数	百分比	例外
新 it	30	荔 [it]	29	97%	[ɛt] 历
富 it	28	经 [it]	28	100%	
英 it	27	五 [it]	23	83%	[ɿt] 实失织 [et] 特
法 it	18	梅 [it]	14	78%	[ət] 食直织识

其中游离成分中梅县 [ət]、五华 [ɿt]，参见第五章"元音格局演变"讨论，"历" [ɛt] 为梗摄四等早期读法存留、"特" [et] 为曾摄一等早期读法存留。

综上所述，韵类 it 可拟为 [it]。

5. ut 韵部

四个历史语料中具韵基 ut 的韵类符号共有 ut、out、iut、iout 四种，它们同属 ut 韵部。根据前文对四个历史文献语料韵头的分析论证，可知四个材料中上述 ut、out、iut、iout 韵类符号中只出现 [i] 韵头及零韵头两种形式，那么 ut、out 韵类符号无韵头，iut、iout 韵类符号其韵头为 i [i] 系齐齿韵，据此知 ut 韵部共有两个韵类。

ut 韵部在五经富《新约》、《客英》、《客法》三个语料中均有两个韵类 ut（out）、iut；新安《新约》则只有一个韵类 ut，各历史语料符号及字数如下：

韵部	韵类	新安	五经富	《客英》	《客法》	例字
ut	ut	ut（11）	ut（10）	ut（32）	out（27）	没骨忽出
	iut		iut（1）	iut（4）	iout（5）	屈曲窟掘

再请看该韵部四个历史点韵类及九个现代点韵母对照情况，见表 3–33。

表 3–33　　　　　　　　　ut 韵部普遍对照表

例	摄	新	荔	杨	深	富	经	云	砂	河	英	五	法	梅
骨	臻	ut	[ut]	[ut]	[uit]	ut	[ut]	[ut]	[ut]	[ut]	ut	[ut]	out	[ut]
出	臻	ut	[ut]	[ut]	[uot]	ut	[ut]	[ut]	[ut]	[ut]	ut	[ut]	out	[ut]
物	臻	ut	[ut]	[ut]	[ut]	ut	[ut]	[ut]	[ut]	[ut]	ut	[ut]	out	[ut]
屈	臻	—	[ut]	[ut]	[ut]	iut	[iut]	[iut]	[iut]	[iut]	iut	[ut]	iout	[iut]

（1）ut 韵类：新安及五经富《新约》、《客英》、《客法》四个语料中的符号 ut（out）基本上对应于现代各客家方言点的韵母 [ut]。

点对点穷尽性比较如下：

罗马字	可比字数	现代音值	字数	百分比	例外
新 ut	9	荔 [ut]	9	100%	
富 ut	8	经 [ut]	7	88%	[uot] 律
英 ut	7	五 [ut]	5	71%	[iut] 律 [et] 物
法 out	7	梅 [ut]	7	100%	

其中游离成分五华"律"读 [iut] 存留早期介音尚未失落的读法，五经富"律"读 [uot]、五华"物"作 [et]，待考。

（2）iut 韵类：iut 则基本上对应于现代各客家方言点的韵母 [iut]。

点对点穷尽性比较如下：

罗马字	可比字数	现代音值	字数	百分比
富 iut	1	经 [iut]	1	100%
英 iut	1	五 [iut]	1	100%
法 iout	1	梅 [iut]	1	100%

综上所述，韵类 ut（out）、iut 可分别拟为［ut］、［iut］。

6. at 韵部

四个历史语料中具韵基 at 的韵类符号共有 at、ouat 两种，它们同属 at 韵部。根据前文对四个历史文献语料韵头的分析论证，可知四个材料中上述 at、ouat 韵类符号中只出现［i］韵头及零韵头两种形式，那么 at 韵类符号无韵头系开口韵，ouat 韵类符号其韵头为 u［u］系合口韵，据此知 at 韵部共有两个韵类。

at 韵部在新安及五经富《新约》、《客英》三个语料中均只有一个韵类 at；在《客法》中有 at、ouat 两个韵类。各历史语料符号及字数如下：

韵部	韵类	新安	五经富	《客英》	《客法》	例字
at	at	at（22）	at（15）	at（48）	at（54）	乏萨拔察
	ouat				ouat（3）	刮阔括

再请看该韵部四个历史点韵类及九个现代点韵母对照情况，见表 3 - 34。

表 3 - 34　　　　　　　　　at 韵部普遍对照表

例	摄	新	荔	杨	深	富	经	云	砂	河	英	五	法	梅
达	山	at	[at]	[at]	[at]	at	[at]	[ot]	[ot]	[at]	at	[at]	at	[at]
末	山	at	[at]	[at]	[at]	at	[at]	[ot]	[ot]	[at]	at	[at]	at	[ɔt]
萨	山	at	[at]	[at]	[at]	at	[at]	[at]	[at]	[at]	at	[at]	at	[at]
杀	山	at	[at]	[at]	[at]	at	[at]	[at]	[at]	[at]	at	[at]	at	[at]
舌	山	et	[ɛt]	[ɛt]	[et]	et	[et]	[et]	[et]	[et]	et	[et]	et	[et]
括	山	at	[at]	[at]	[uat]	at	[at]	[ot]	[ot]	[at]	at	[at]	ouat	[ɔt]

at 韵部历史点中 at 韵类与 et 韵类互有出入，即《客法》和梅县山开三知章组入声字（如"舌"字）at、[at]，其他均作 et、[et]，与《客法》、梅县山开三知章组舒声情况一致。

《客法词典》的 ouat 韵类符号，对应其他各历史点的 at 韵类符号，表现为《客法词典》ouat 韵类与其他三个点 at 韵类的参差。

（1）at 韵类：新安《新约》的 at，对应于香港荔枝庄、杨小坑、深圳的［at］；五经富《新约》、《客英》、《客法》的 at 符号则对应于五经富、五云、下砂、河婆、五华、梅县的［at］、［ɔt］。

点对点穷尽性比较如下：

罗马字	可比字数	现代音值	字数	百分比	例外
新 at	14	荔［at］	12	86%	［ap］踏［ak］拍
富 at	11	经［at］	10	91%	［ɔt］撒
英 at	13	五［at］	12	92%	［uot］阔
法 at	16	梅［at］	16	100%	

其中游离成分"［ap］踏［ak］拍"存留早期韵尾未混入 t 的读法；"［uot］阔［ɔt］撒"为现代方言保留早期异读。

（2）ouat 韵类：《客法》ouat 则对应于梅县［ɔt］／［uat］。

点对点穷尽性比较如下：

罗马字	可比字数	现代音值	字数	百分比	例外
法 ouat	3	梅［uat］	1	33%	［ɔt］括［at］阔

其中游离成分"［at］阔"为音变，合口介音失落，"［ɔt］括"疑保留早期异读。

综上所述，韵类 at、ouat 可分别拟为［at］、［uat］。

7. ot 韵部

ot 韵部在新安及五经富《新约》、《客英》、《客法》四个语料中均只有一个韵类符号 ot，其韵基为 ot，则 ot 韵部实仅一个韵类 ot。ot 韵类各历史语料符号及字数如下：

韵部	韵类	新安	五经富	《客英》	《客法》	例字
ot	ot	ot（8）	ot（7）	ot（19）	ot（13）	撒割脱夺

再请看该韵部四个历史点韵类及九个现代点韵母对照情况,见表 3-35。

表 3-35　　　　　　　　ot 韵部普遍对照表

例	摄	新	荔	杨	深	富	经	云	砂	河	英	五	法	梅
割	山	ot	[ɔt]	[ɔt]	[ot]	ot	[ot]	[ot]	[ot]	[ot]	ot	[uot]	ot	[at]
脱	山	ot	[ɔt]	[ɔt]	[uot]	ot	[ot]	[ot]	[ot]	[ot]	ot	[ot]	ot	[ɔt]
夺	山	ot	[ɔt]	[ɔt]	[uot]	ot	[ot]	[ot]	[ot]	[ot]	ot	[ot]	ot	[ɔt]

新安《新约》的 ot,对应于今天香港荔枝庄、杨小坑的 [ɔt],深圳的 [ot] 和 [uot];五经富《新约》、《客英》、《客法》的 ot,则对应于五经富、五云、下砂、河婆、五华、梅县的 [ot]。点对点穷尽性比较如下:

罗马字	可比字数	现代音值	字数	百分比
新 ot	5	荔 [ɔt]	5	100%
富 ot	7	经 [ot]	7	100%
英 ot	5	五 [ot]	5	100%
法 ot	4	梅 [ot]	4	100%

综上所述,韵类符号 ot 可拟为 [ot]。

8. et 韵部

四个历史语料中具韵基 et 的韵类符号共有 et、yet、iet、ouet 四种,它们同属 et 韵部。根据前文对四个历史文献语料韵头的分析论证,可知四个材料中上述 et、yet、iet、ouet 韵类符号中出现 [i] 韵头、[u] 韵头及零韵头三种形式,那么 et 韵类无韵头系开口韵,yet、iet 韵类符号其韵头为 i [i] 系齐齿韵,ouet 韵类符号其韵头为 [u] 系合口韵,据此知 et 韵部共有三个韵类。

et 韵部在新安及五经富《新约》、《客英》三个语料中都可分两个韵类符号 et、iet(yet);《客法》中则可分三个符号 et、iet、ouet。各历史语料符号及字数如下:

第三章 韵母系统 209

韵部	韵类	新安	五经富	《客英》	《客法》	例字
et	et	et (37)	et (29)	et (91)	et (55)	减设德或
	yet	yet (6)	iet (24)	iet (33)	iet (29)	热月血穴
	ouet				ouet (1)	国

再请看该韵部四个历史点韵类及九个现代点韵母对照情况，见表3-36。

表3-36　　　　　　　　　et韵部普遍对照表

例	摄	新	荔	杨	深	富	经	云	砂	河	英	五	法	梅
灭	山	et	[ɛt]	[ɛt]	iet	et	[et]	[et]	[et]	[iet]	et	[et]	et	[ɛt]
北	曾	et	[ɛt]	[ɛt]	[et]	et	[et]	[et]	[et]	[et]	et	[et]	et	[ɛt]
侧	曾	et	—	—	[et]	et	[et]	[et]	[et]	[et]	et	[et]	et	[ɛt]
迫文	梗	et	[it]	[it]	[et]	et	[et]	[et]	[et]	[et]	et	[et]	et	[ɛt]
泽文	梗	—	—	—	[et]	—	[et]	[et]	[et]	[et]	et	[et]	et	[ɛt]
绝	山	et	[ɛt]	[ɛt]	[iet]	iet	[iet]	[iet]	[et]	[iet]	iet	[et]	et	[iɛt]
月	山	yet	[ɛt]	[ɛt]	[iet]	yet	[iet]	[iet]	[iet]	[iet]	yet	[iet]	et	[iat]
血	山	yet	[ɛt]	[ɛt]	[iet]	iet	[iet]	[iet]	[iet]	[iet]	iet	[iet]	et	[iat]
越	山	Yet	[ɛt]	[ɛt]	[iet]	Yet	[iet]	[iet]	[iet]	[iet]	Yet	[iet]	Yat	[iat]
国	曾	ok	—	—	[uet]	et	[uet]	[ok]	[ok]	[uet]	et	[uet]	ouet	[uet]

从表3-36中可知，梗摄存在文白异读，其入声洪音晚近四点为et韵类，现代九点均读为[et]；新、富、英的Yet音节符号和《客法》的Yat音节符号互有参差。

《客法词典》的ouet韵类符号，对应其他各历史点的et、ok韵类符号，表现为《客法词典》ouet韵类与其他三个点et、ok韵类的参差。

（1）et韵类：新安《新约》的et对应于荔枝庄、杨小坑的韵母[ɛt]及深圳的[et]、[iet]；五经富《新约》、《客英》、《客法》的et对应于现代各点的[et]。点对点穷尽性比较如下：

罗马字	可比字数	现代音值	字数	百分比	例外
新et	29	荔[ɛt]	25	86%	[ak]勒革[it]迫[i]币
富et	19	经[et]	19	100%	
英et	18	五[et]	18	100%	
法et	12	梅[et]	9	67%	[iat]月热篾

游离成分中梅县［iat］参见第五章"山摄细音主元音演变"讨论，"［ak］勒革［it］迫［i］币［iet］结"为非规则音变。

（2）yet 韵类：新安《新约》的 yet 对应于荔枝庄、杨小坑的［ɛt］及深圳的［iet］；五经富《新约》、《客英》的 yet 对应于现代的［iet］；《客法》的 iet，见系字对应于梅县的［iat］，其他字对应于［iet］，晚近四点都没有 iat，梅县的［iat］当是个新起的韵母。点对点穷尽性比较如下：

罗马字	可比字数	现代音值	字数	百分比	例外
新 yet	5	荔［ɛt］	5	100%	
富 iet	17	经［iet］	16	94%	［et］革
英 iet	14	五［iet］	4	29%	［et］跌列裂蝎铁节切绝雪血
法 iet	10	梅［iat］	10	100%	

其中游离成分［et］详见第五章"山摄三四等介音脱落"的讨论。

（3）ouet 韵类：《客法》ouet 对应于梅县的［uet］。点对点穷尽性比较如下：

罗马字	可比字数	现代音值	字数	百分比
法 ouet	1	梅［uɛt］	1	100%

综上所述，韵类 et、iet（yet）、ouet 可分别拟为［et］、［iet］、［uet］。

9. uk 韵部

四个历史语料中具韵基 uk 的韵类符号共有 uk、ouc、yuk、iuk、iouc 五种，它们同属 uk 韵部。根据前文对四个历史文献语料韵头的分析论证，可知四个材料中上述 uk、ouc、yuk、iuk、iouc 韵类符号中只出现［i］韵头及零韵头两种形式，那么 uk、ouc 韵类符号无韵头，yuk、iuk、iouc 韵类符号其韵头为 i［i］系齐齿韵，据此知 uk 韵部共有两个韵类。

uk 韵部在新安及五经富《新约》、《客英》、《客法》四个语料中均可分两个韵类 uk（ouc）和 yuk（iuk/iouc）。各历史语料符号及字数如下：

韵部	韵类	新安	五经富	《客英》	《客法》	例字
uk	uk	uk（34）	uk（28）	uk（68）	ouc（66）	复仆谷祝
	yuk	yuk（11）	iuk（12）	iuk（25）	iouc（26）	宿畜狱欲

再请看该韵部四个历史点韵类及九个现代点韵母对照情况，见表3-37。

表3-37　　　　　　　　uk 韵部普遍对照表

例	摄	新	荔	杨	深	富	经	云	砂	河	英	五	法	梅
捉	江	uk	[uk]	[uk]	[uk]	ok	[uk]	[uk]	[uk]	[ok]	ok	[uk]	ouc	[ɔk]
木	通	uk	[uk]	[uk]	[uk]	uk	[uk]	[uk]	[uk]	[uk]	uk	[uk]	ouc	[uk]
独	通	uk	[uk]	[uk]	[ok]	uk	[uk]	[uk]	[uk]	[uk]	uk	[uk]	ouc	[uk]
读	通	uk	[uk]	[uk]	[ok]	uk	[uk]	[uk]	[uk]	[uk]	eu	[uk]	eou	[uk]
目	通	uk	[uk]	[uk]	[uk]	uk	[uk]	[uk]	[uk]	[uk]	uk	[uk]	ouc	[uk]
六	通	uk	[uk]	[uk]	[iuk]	iuk	[iuk]	[iuk]	[iuk]	[iuk]	iuk	[iuk]	iouc	[iuk]
熟	通	uk	[uk]	[uk]	[uk]	uk	[uk]	[ok]	[uk]	[ok]	uk	[uk]	ouc	[uk]
肉	通	yuk	[iuk]	[iuk]	[iok]	yuk	[iuk]	[iok]	[iok]	[iok]	yuk	[iuk]	iouc	[iuk]
畜	通	yuk	[iuk]	[iuk]	[iuk]	iuk	[iuk]	[iuk]	[iuk]	[iuk]	iuk	[iuk]	iouc	[iuk]
足	通	yuk	[iuk]	[iuk]	[iok]	iuk	[iuk]	[iuk]	[iuk]	[iuk]	iuk	[iuk]	iouc	[iuk]
辱	通	Yuk	[iuk]	[iuk]	[iuk]	Yuk	[iok]	[iok]	[iok]	[uk]	Yuk	[iok]	Youc	[iuk]

（1）uk 韵类：新安《新约》的 uk，对应于荔枝庄、杨小坑、深圳的 [uk]；五经富《新约》、《客英》的 uk 基本对应于五经富、五云、下砂、河婆、五华的 [uk]；《客法》的 ouc，66 字，对应于梅县的 [uk]。点对点穷尽性比较如下：

罗马字	可比字数	现代音值	字数	百分比	例外
新 uk	21	荔 [uk]	21	100%	
富 uk	26	经 [uk]	18	69%	[ok] 属复束服熟 [iuk] 祝赎 [iok] 逐
英 uk	28	五 [uk]	23	82%	[ok] 服束促逐熟
法 ouc	13	梅 [uk]	11	85%	[iuk] 烛肃

其中游离成分 [ok] 当为屋韵规则音变，"[iuk] 祝赎烛肃 [iok] 逐"当为通合三仍具介音的早期读法存留。

(2) yuk 韵类：晚近新安韵类符号 yuk，五经富《新约》、《客英》的 iuk，《客法》的 iouc 大多对应于相应的现代方言点的韵母［iuk］，少量字变成了韵母［iok］。

点对点穷尽性比较如下：

罗马字	可比字数	现代音值	字数	百分比	例外
新 yuk	9	荔 ［iuk］	3	33%	［uk］狱辱俗录畜宿
富 iuk	9	经 ［iuk］	9	100%	
英 iuk	12	五 ［iuk］	12	100%	
法 iouc	11	梅 ［iuk］	11	100%	

其中游离成分［uk］"狱辱"可参见第五章"日母演变"相关讨论；"俗录畜宿"失去 i 介音，原因待考。

综上所述，韵类 uk（ouc）和 yuk（iuk/iouc）可分别拟为［uk］、［iuk］。

10. ak 韵部

四个历史语料中具韵基 ak 的韵类符号共有 ak、ac、yak、iak、iac 五种，它们同属 ak 韵部。根据前文对四个历史文献语料韵头的分析论证，可知四个材料中上述 ak、ac、yak、iak、iac 韵类符号中只出现［i］韵头及零韵头两种形式，那么 ak、ac 韵类符号无韵头系开口韵，yak、iak、iac 韵类符号其韵头为 i［i］系齐齿韵，据此知 ak 韵部共有两个韵类。

ak 韵部在新安及五经富《新约》、《客英》、《客法》四个语料中均可分两个韵类，即 ak（ac）、yak（iak/iac）。各历史语料符号及字数如下：

韵部	韵类	新安	五经富	《客英》	《客法》	例字
ak	ak	ak (20)	ak (16)	ak (33)	ac (35)	百白麦炙
	yak	yak (7)	iak (5)	iak (13)	iac (15)	锡胁逆劈

再请看该韵部四个历史点韵类及九个现代点韵母对照情况，见表 3-38。

表 3-38　　　　　　　　　　ak 韵部普遍对照表

例	摄	新	荔	杨	深	富	经	云	砂	河	英	五	法	梅
白	梗	ak	[ak]	[ak]	[ak]	ak	[ak]	[ak]	[ak]	[ak]	ak	[ak]	ac	[ak]
摘	梗	ak	[ak]	[ak]	[ak]	ak	[ak]	[ak]	[ak]	[ak]	ak	[ak]	ac	[ak]
额	梗	—	[iak]	[ak]	[ak]	yak	[iak]	[iak]	[iak]	[iak]	yak	[iak]	iac	[iak]
逆	梗	yak	[iak]	[iak]	[iak]	yak	[iak]	[iak]	[iak]	[iak]	yak	[iak]	iac	[iak]
益	梗	Yit	[it]	[it]	[it]	Yit	[iat]	[iat]	[iat]	[at]	Yak	[it]	Yac	[iak]

从表 3-38 中可知，梗摄入声字存在文白异读，所以历史点中 iak 韵类部分字与 it 韵类互有参差。

（1）ak 韵类：新安《新约》的 ak 对应于荔枝庄、杨小坑、深圳的 [ak]；五经富《新约》、《客英》的 ak 对应于五经富、五云、下砂、河婆、五华的 [ak]；《客法》的 ac 对应于梅县的 [ak]。点对点穷尽性比较如下：

罗马字	可比字数	现代音值	字数	百分比
新 ak	15	荔 [ak]	15	100%
富 ak	12	经 [ak]	12	100%
英 ak	13	五 [ak]	13	100%
法 ac	16	梅 [ak]	16	100%

（2）yak 韵类：晚近四个语料点的韵类符号 yak（iak/iac）基本对应于相应现代方言点的韵母 [iak]。

点对点穷尽性比较如下：

罗马字	可比字数	现代音值	字数	百分比	例外
新 yak	4	荔 [iak]	3	73%	[iap] 胁
富 iak	2	经 [ik]	2	100%	
英 iak	2	五 [iak]	2	100%	
法 iac	7	梅 [iak]	7	100%	

其中游离成分"[iap] 胁"保留早期咸开三韵尾未混入 k 的早期读法。

综上所述，韵类 ak（ac）和 yak（iak/iac）可分别拟为［ak］、［iak］。

11. ok 韵部

四个历史语料中具韵基 ok 的韵类符号共有 ok、oc、yok、iok、ioc、ouoc 六种，它们同属 ok 韵部。根据前文对四个历史文献语料韵头的分析论证，可知四个材料中上述 ok、oc、yok、iok、ioc、ouoc 韵类符号中出现［i］韵头、［u］韵头及零韵头三种形式，那么 ok、oc 韵类无韵头系开口韵，yok、iok、ioc 韵类符号其韵头为 i［i］系齐齿韵，ouoc 韵类符号其韵头为［u］系合口韵，据此知 ok 韵部共有三个韵类。

ok 韵部在新安及五经富《新约》、《客英》三个语料中均有两个韵类 ok 及 yok（iok），而《客法》中则有 oc、ioc、ouoc 三个韵类。各历史语料符号及字数如下：

韵部	韵类	新安	五经富	《客英》	《客法》	例字
ok	ok	ok（29）	ok（39）	ok（90）	oc（79）	薄托洛着
	yok	yok（9）	iok（4）	iok（9）	ioc（10）	若弱约药
	ouoc				ouoc（3）	扩廓郭

再请看该韵部四个历史点韵类及九个现代点韵母对照情况，见表 3-39。

表 3-39　　　　　　　　ok 韵部普遍对照表

例	摄	新	荔	杨	深	富	经	云	砂	河	英	五	法	梅
薄	宕	ok	[ɔk]	[ɔk]	[ɔk]	ok	[ok]	[ok]	[ok]	[ok]	ok	[ok]	oc	[ɔk]
凿	宕	ok	[ɔk]	[ɔk]	[ɔk]	ok	[ok]	[ok]	[ok]	[ok]	ok	[ok]	oc	[ɔk]
桌	江	ok	[ɔk]	[ɔk]	[ɔk]	ok	[ok]	[ok]	[ok]	[ok]	ok	[ok]	oc	[ɔk]
学	江	ok	[ɔk]	[ɔk]	—	ok	[ok]	[ok]	[ok]	[ok]	ok	[ok]	oc	[ɔk]
缚	宕	—	[ɔk]	[ɔk]	[ɔk]	iok	[iok]	[iok]	[iok]	[iok]	iok	[uk]	ioc	[ɔk]
药	宕	Yok	[iɔk]	[iɔk]	[iok]	Yok	[iok]	[iok]	[iok]	[iok]	Yok	[iok]	Yoc	[iɔk]
扩	宕	—	[ɔk]	[ɔk]	[ɔk]	—	[ok]	[ok]	[ok]	[ok]	ok	ouoc	[uɔk]

从表 3-39 中可知，《客法词典》的 ouoc 韵类符号，对应《客英词典》的 ok 韵类符号，表现为《客法词典》ouoc 韵类与其他点 ok 韵类的参差。

（1）ok 韵类：新安《新约》的 ok 对应于荔枝庄、杨小坑、深圳的 [ok]；五经富《新约》、《客英》的 ok 对应于五经富、五云、下砂、河婆的 [ok]；《客英》的 ok 对应于五华的 [ok]；《客法》的 oc 对应于梅县的 [ok]。点对点穷尽性比较如下：

罗马字	可比字数	现代音值	字数	百分比
新 ok	21	荔 [ɔk]	21	100%
富 ok	31	经 [ok]	31	100%
英 ok	29	五 [ok]	29	85%
法 oc	21	梅 [ok]	21	100%

（2）yok 韵类：新安《新约》、五经富《新约》、《客英》的韵类符号 yok（iok）也都很整齐地对应于相应现代方言点的 [iok]；《客法》的 ioc 对应于梅县的 [iok]。

点对点穷尽性比较如下：

罗马字	可比字数	现代音值	字数	百分比	例外
新 yok	9	荔 [iɔk]	6	67%	[ɔk] 药约若
富 iok	3	经 [iok]	3	100%	
英 iok	3	五 [iok]	2	67%	[uk] 缚
法 ioc	3	梅 [iok]	3	100%	

其中游离成分"药约若"可参见第五章"日母演变"讨论；"缚"参见第五章"宕摄合口三等介音演变"讨论。

（3）ouoc 韵类：《客法》的 ouoc 对应于梅县的 [uok]。

点对点穷尽性比较如下：

罗马字	可比字数	现代音值	字数	百分比
法 ouoc	3	梅 [uok]	3	100%

综上所述，韵类 ok（oc）、yok（iok/ioc）和 ouoc 可分别拟为 [ok]、

[iok]、[uok]。

三 四点韵母系统

我们依据以上韵类确定、比较和音值拟测的结果,分别得出晚近粤东客音四个方言点各自的韵母系统,见表3-40至表3-43。

1. 新安《新约》韵母（51个）①

表3-40　　　　　　　　新安《新约》韵母

		元音尾韵			鼻音尾韵			塞音尾韵		
		-ø	-u	-i	-m	-n	-ŋ	-p	-t	-k
开口	罗 拟 字	a [a] 巴麻	au [au] 袍交	ai [ai] 乃排	am [am] 贪三	an [an] 丹滩	aṅ [aŋ] 盲正	ap [ap] 合叶	at [at] 活八	ak [ak] 白百
齐齿	罗 拟 字	ya [ia] 邪写	yau [iau] 消小		yam [iam] 尖廉		yaṅ [iaŋ] 名定	yap [iap] 贴叶		yak [iak] 逆壁
开口	罗 拟 字	e [e] 齐街	eu [eu] 偷烧		em [em] 砧岑	en [en] 全根		ep [ep] 汲	et [et] 列格	
齐齿	罗 拟 字					yen [ien] 年编			yet [iet] 血列	
开口	罗 拟 字	z/z̊ [ɿ] 子粗								
齐齿	罗 拟 字	i [i] 厘诗			im [im] 林沉	in [in] 珍成		ip [ip] 集习	it [it] 七特	
开口	罗 拟 字	o [o] 波多		oi [oi] 胎灰		on [on] 端船	oṅ [oŋ] 旁帮		ot [ot] 说脱	ok [ok] 托桌
齐齿	罗 拟 字	yo [io] 摸靴		yoi [ioi] 髓		yon [ion] 软吮	yoṅ [ioŋ] 良想			yok [iok] 脚略
合口	罗 拟 字	u [u] 奴珠		ui [ui] 杯威		un [un] 喷伦	uṅ [uŋ] 东重		ut [ut] 律忽	uk [uk] 伏木
齐齿	罗 拟 字	yu [iu] 修囚		yui [iui] 乳		yun [iun] 君芹	yuṅ [iuŋ] 宫穷			yuk [iuk] 六足

---

① 新安及以下三点韵母表中的"罗"字表示罗马字韵类符号,"拟"字表示罗马字韵类符号相应国际音标拟音,"字"字表示该韵母的代表例字。

2. 五经富《新约》韵母（49个）

表 3-41 五经富《新约》韵母

		元音尾韵			鼻音尾韵			塞音尾韵		
		-ø	-u	-i	-m	-n	-ŋ	-p	-t	-k
开口	罗拟字	a [a] 花遮	au [au] 袍交	ai [ai] 乃介	am [am] 男三	an [an] 盘滩	ang [aŋ] 生正	ap [ap] 纳叶	at [at] 泼八	ak [ak] 白麦
齐齿	罗拟字	ia [ia] 且写	iau [iau] 消雕		iam [iam] 添廉		iang [iaŋ] 名柄	iap [iap] 贴接		iak [iak] 惜壁
开口	罗拟字	e [e] 泥街	eu [eu] 偷烧		em [em] 森参	en [en] 朋根		ep [ep] 涩	et [et] 得舌	
齐齿	罗拟字					ien [ien] 田编			iet [iet] 节列	
开口	罗拟字	u̇ [ɨ] 之租								
齐齿	罗拟字	i [i] 厘皮			im [im] 慎沉	in [in] 新兴		ip [ip] 集习	it [it] 七力	
开口	罗拟字	o [o] 婆多		oi [oi] 才灰		on [on] 安船	ong [oŋ] 床帮		ot [ot] 割脱	ok [ok] 幕桌
齐齿	罗拟字	io [io] 摸靴					ion [ioŋ] 良网			iok [iok] 缚略
合口	罗拟字	u [u] 徒珠		ui [ui] 回威		un [un] 村伦	uŋ [uŋ] 通重		ut [ut] 出忽	uk [uk] 伏木
齐齿	罗拟字	iu [iu] 修囚				iun [iun] 君近	iuŋ [iuŋ] 供穷		iut [iut] 屈	iuk [iuk] 六足

3. 《客英词典》韵母（51个）

表3-42　　　　　　　　　《客英词典》韵母

		元音尾韵			鼻音尾韵			塞音尾韵		
		-ø	-u	-i	-m	-n	-ŋ	-p	-t	-k
开口	罗拟字	a [a] 他车	au [au] 毛超	ai [ai] 怪排	am [am] 男衫	an [an] 反山	ang [aŋ] 横彭	ap [ap] 蜡甲	at [at] 括辣	ak [ak] 白革
齐齿	罗拟字	ia [ia] 邪姐	iau [iau] 宵聊		iam [iam] 廉甜		iang [iaŋ] 明领	iap [iap] 接碟		iak [iak] 惜壁
开口	罗拟字	e [e] 低齐	eu [eu] 偷楼		em [em] 砧参	en [en] 登生		ep [ep] 齮	et [et] 北墨	
齐齿	罗拟字					ien [ien] 仙田			iet [iet] 铁揭	
开口	罗拟字	ṳ [ɿ] 租次								
齐齿	罗拟字	i [i] 皮眉			im [im] 林心	in [in] 勤成		ip [ip] 汁集	it [it] 七辟	
开口	罗拟字	o [o] 波梳		oi [oi] 胎堆		on [on] 端看	ong [oŋ] 光妆		ot [ot] 脱割	ok [ok] 托勺
齐齿	罗拟字	io [io] 靴		ioi [ioi] 髓			iong [ioŋ] 良相			iok [iok] 掠却
合口	罗拟字	u [u] 模收		ui [ui] 杯脆		un [un] 盆分	ung [uŋ] 东衷		ut [ut] 律出	uk [uk] 木捉
齐齿	罗拟字	iu [iu] 修流		iui [iui] 锐		yun [iun] 君近	yung [iuŋ] 弓龙		iut [iut] 屈	iuk [iuk] 六曲

4. 《客法词典》韵母 (65个)

表 3-43　　　　　　　　　《客法词典》韵母

		元音尾韵			鼻音尾韵			塞音尾韵		
		-ø	-u	-i	-m	-n	-ŋ	-p	-t	-k
开口	罗拟字	a [a] 爬麻	ao [au] 毛朝	ai [ai] 材埋	am [am] 男三	an [an] 难山	aṅ [aŋ] 彭成	ap [ap] 合鸭	at [at] 滑八	ac [ak] 白麦
齐齿	罗拟字	ia [ia] 邪姐	iao [iau] 消聊	iai [iai] 皆街	iam [iam] 甜廉	ian [ian] 圈年	iang/ eang [iaŋ] 平岭	iap [iap] 接夹		iac [iak] 逆惜
合口	罗拟字	oua [ua] 瓦瓜		ouai [uai] 块怪	ouan [uan] 宽顽	ouang [uaŋ] 胱矿		ouat [uat] 括阔		
开口	罗拟字	e· [e] 洗齐	eou [eu] 偷楼		em [em] 砧森	en [en] 恩烹		ep [ep] 嗇涩	et [et] 蜜德	
齐齿	罗拟字	ie· [ie] 蚁				ien [ien] 全天			iet [iet] 雪切	
合口	罗拟字								ouet [uet] 国	
开口	罗拟字	e [ɿ] 私粗								
齐齿	罗拟字	i [i] 衣知			im [im] 金寻	in [in] 民清		ip [ip] 立集	it [it] 七力	
开口	罗拟字	o [o] 坡多		oi [oi] 胎推	on [on] 酸川	ong [oŋ] 帮江		op [op] 蛤	ot [ot] 脱割	oc [ok] 角学
齐齿	罗拟字	io [io] 靴茄		ioi [ioi] 脆	ion [ion] 软旋	iong [ioŋ] 墙放				ioc [iok] 削弱
合口	罗拟字	ouo [uo] 果过			ouon [uon] 观腕	ouong [uoŋ] 光旷				ouoc [uok] 郭扩
合口	罗拟字	ou [u] 徒书		oui [ui] 杯归	oun [un] 论粉	oung [uŋ] 同中		out [ut] 律物		ouc [uk] 服木
齐齿	罗拟字	iou [iu] 修囚			ioun [iun] 训近	ioung [iuŋ] 雄松		iout [iut] 屈倔		iouc [iuk] 肉足

第二节　韵母内部差异

一　歌豪是否同韵

效摄一等豪韵字读同果摄一等歌韵字，称为"歌豪同韵"现象，在分析 o 韵类和 au 韵类时我们已经提及。闽方言中这种现象特别突出，现代毗邻闽方言的客家地区，往往当地的客家方言也有这种现象，比如揭阳、汕头、汕尾等潮汕地区各县市以及梅州市丰顺县的客方言等。

在晚近粤东方言中我们看到五经富《新约》也反映出歌豪同韵的现象，可谓之曰歌豪同韵型；其他三个材料则无此现象，为歌豪分立型。这与粤东现代客方言的表现吻合。我们看下表：

例字	摄	开合	等	韵	五经富	新安	《客英》	《客法》
宝	效	开	一	豪	ᶜpo	ᶜpau	ᶜpau	ᶜpau
报	效	开	一	豪	poᵓ	pauᵓ	pauᵓ	pauᵓ
倒	效	开	一	豪	ᶜto	ᶜtau	ᶜtau	ᶜtau
逃	效	开	一	豪	ₒtʰo	ₒtʰau	ₒtʰau	ₒtʰau
劳	效	开	一	豪	ₒlo	ₒlau	ₒlau	ₒlau
早	效	开	一	豪	ᶜtso	ᶜtsau	ᶜtsau	ᶜtsau
草	效	开	一	豪	ᶜtsʰo	ᶜtsʰau	ᶜtsʰau	ᶜtsʰau
奥	效	开	一	豪	oᵓ	auᵓ	auᵓ	auᵓ
舵	果	开	一	歌	tʰoᵓ	tʰoᵓ	tʰoᵓ	tʰoᵓ
河	果	开	一	歌	ₒho	ₒho	ₒho	ₒho
罗	果	开	一	歌	ₒlo	ₒlo	ₒlo	ₒlo

但是五经富《新约》中并非效摄一等都读同果摄一等，也有"袍好ₓ（好ₓ为 o 韵）膏靠冒恼傲毫暴盗道燥躁"等字读 au，与其他三个晚近材料相同。如下表：

例字	摄	开合	等	韵	新安	五经富	《客英》	《客法》
盗	效	开	一	豪	tʰauᵓ	tʰauᵓ	tʰauᵓ	tʰauᵓ
袍	效	开	一	豪	ₒpʰau	ₒpʰau	ₒpʰau	ₒpʰau
靠	效	开	一	豪	kʰauᵓ	kʰauᵓ	kʰauᵓ	kʰauᵓ
好ₓ	效	开	一	豪	hauᵓ	hauᵓ	ᵓhau	hauᵓ

《客英词典》作者纪多纳、玛坚绣等当时生活在与潮汕闽语区毗邻的潮汕客家山区。那么《客英词典》中是否反映"歌豪同韵"现象呢？在我们制作的《客英词典》数据库中（数据库收字以《方言调查字表》为限），效摄一等豪韵共 118 字（含异读字），其中绝大多数字均作 au，唯有下列 7 字作 o，如下表：

造	$^c\text{ts}^h\text{o}$	潮音
讨	$^c\text{t}^h\text{o}$	潮音
糙	$\text{ts}^h\text{o}^\circ$	潮音
槽	$_c\text{ts}^h\text{o}$	潮音
桃	$_c\text{t}^h\text{o}$	潮音
岛	^cto	潮音
刀	$_c\text{to}$	潮音

但这些字《客英词典》的作者都一一注明了 "C." 字样，标明是潮州客话音。从这一点说明《客英词典》作者纪多纳等人虽在潮汕的五经富地区居住，而且也记录下了潮州客话部分音读，但是从效摄一等音读反映出《客英词典》的基础音系并非五经富地区的音系，否则效摄一等字就应大多数记为 o，一如五经富《新约》才是。我们也同时注意到《客英词典》也用字样 "K." 和 "F." 分别标明了某些音读为"嘉应客话音"和"惠州客话音"。可是，尽管《客英词典》全名中标明是"广东客话"，但作者在序言中指明自己要处理的是嘉、惠、潮三州客话，也实际上就是粤东客话。粤东无非也就此三州之地。词典中大量音读均未标明属地，少量标明属地的则嘉、惠、潮三地均有，那么未标属地的音读究竟又是何地音读呢？这是个令人费解的问题。

我们通过声母、韵母以及后面要谈到的声调的分析，认为《客英词典》和五经富《新约》之所以同出五经富地区英国长老会，而反映出来的读音有异，是因为两个材料所用的基础音系确实不同。五经富《新约》用的就是当地音系（旧五经富地区，今揭西县），《客英词典》记的则是嘉应地区音系，只不过离嘉应州城较远，词典中所标明嘉应州音，是指的狭义说法，即嘉应州城及中心地区（今梅州市区和梅县）音，《客法词典》正是反映了这一中心地区的音系。而《客英词典》则反映的是离五经富地区最近的嘉应州的长乐县（今五华县）音系，我们还将在后面的分析中予以进一步说明。

四点历史材料中唯五经富《新约》有歌豪同韵现象，其他三个材料俱无此现象。而且五经富《新约》中也尚有部分效摄豪韵字不入歌韵，且五经富地区客音在后世演变中原豪韵读入歌韵的字又有不少恢复豪韵读法，歌豪同韵现象受到一定程度的阻遏。结合方言地理，我们认为五经富歌豪相混是因为与潮汕闽方言密切接触造成的，参见第五章中"效摄一等演变"的相关讨论。

据此，我们推定早期粤东客音本当歌豪分立。

二 二等有无介音

二等开口韵摄牙喉音产生介音 i 并使声母颚化，这在现代汉语官话中十分常见。开口二等韵分布在蟹、假、效、咸、山、江、梗诸摄，我们先看晚近粤东客话假、效、咸、江、梗摄牙喉音的表现：

例字	韵摄	开合	等第	新安	五经富	《客英》	《客法》
嫁	假	开	二	ka²	ka²	ka²	ka²
教	效	开	二	ₒkau	ₒkau	kau²	ₒkau
减	咸	开	二	ᶜkam	—	ᶜkam	ᶜkam
角	江	开	二	kok₃	kok₃	kok₃	kok₃
硬	梗	开	二	ŋaŋ²	ŋaŋ²	ŋaŋ²	ŋaŋ²

在这些韵摄中晚近粤东诸点都没有产生 i 介音。看蟹摄开口二等见母字中的表现：

例字	韵摄	开合	等第	新安	五经富	《客英》	《客法》
揩	蟹	开	二	—	—	kai¹	kiai¹
皆	蟹	开	二	—	—	kai¹	kiai¹
届	蟹	开	二	—	—	kai⁴	kiai⁴
疥	蟹	开	二	—	—	kai⁴	kiai⁴
尬	蟹	开	二	—	—	kai⁴	kiai⁴
介	蟹	开	二	—	kai⁴	kai⁴	kiai⁴

| 解 | 蟹 | 开 | 二 | kai⁴ | — | kai⁴ | **kiai⁴** |
| 戒 | 蟹 | 开 | 二 | kai⁴ | kai⁴ | kai⁴ | **kiai⁴** |

《客法词典》中有 iai，其他三点都没有此韵。对应现代方言中仅梅县有［iai］韵母。《客法》中 iai 韵类，几乎都是蟹摄开口二等的见组字。新安《新约》、五经富《新约》、《客英词典》ai 韵部中均无齐齿韵，现代粤东客方言也只有梅县才有这种情况。

再看山摄开口二等见组阳声韵字中的表现：

例字	韵摄	开合	等第	新安	五经富	《客英》	《客法》
间	山	开	二	kan¹	kien¹	kan¹	**kian¹**
柬	山	开	二	—		kan³	**kian³**
简	山	开	二	—		kan³	**kian³**
拣	山	开	二	kan³		kan³	**kian³**
奸	山	开	二	kan¹	kien¹	kan¹	**kian¹**
涧	山	开	二	—		kan³	**kian³**
谏	山	开	二	kan⁴		kan⁴	**kian³**

从上表可知，《客法词典》山摄开口二等见组阳声韵字的韵类 ian①，显然也产生了 i 介音，在现代梅县方言中也为［ian］，有相应的表现。但是新安《新约》、五经富《新约》、《客英词典》中却没有这种现象。

综上所述，作为晚近客话语料的《客法词典》在蟹摄开口二等见母字、山摄开口二等见组字中也产生了 i 介音，但声母并未颚化，可称为二等有介音型。新安《新约》、五经富《新约》、《客英词典》中二等字则基本上还未产生介音，是为二等无介音型。现代梅县方言在蟹摄开口二等见母字、山摄开口二等见组字中表现和《客法词典》一致，这一点再次证明了《客法词典》是主要以当时梅县客话语音为基础音系的。

四个材料中唯有《客法词典》的蟹摄二等见组及山摄二等见组阳声韵字产生了 i 介音，其他三个材料均无二等介音现象。且从《客法词典》所记嘉应客音来看，二等介音也出现在现代梅县方音中，但其他三个材料

---

① 其相应入声韵字未产生 i 介音，不予讨论。

所对应方言点至今仍无此现象。这足以证明二等介音是晚近嘉应方言新起的现象，所以我们据此认为早期粤东客话二等本当无介音。

三 山摄细音有无

新安《新约》山摄阳声韵、入声韵三四等不论开合口均有部分字无 i 介音，这部分字源于中古帮组帮滂并明；端组端透定；泥组来母；精组；见组见溪群；而泥日疑母及影组有介音 i[①]。

五经富《新约》、《客英词典》、《客法词典》则均有 i 介音。看下表：

例字	摄	开合	等第	韵	声	新安	五经富	《客英》	《客法》
变	山	开	三	仙	帮	pen⁼	pien⁼	pien⁼	pien⁼
片	山	开	四	先	滂	₌pʰen	₌pʰien	₌pʰien	₌pʰien
别	山	开	三	仙	并	pʰet₂	pʰiet₂	pʰiet₂	pʰiet₂
绵	山	开	三	仙	明	₌men	₌mien	₌mien	₌mien
天	山	开	四	先	透	₌tʰen	₌tʰien	₌tʰien	₌tʰien
跌	山	开	四	屑	定	tet₂	tiet₂	tiet₂	tiet₂
绝	山	合	三	薛	从	tsʰet₂	tsʰiet₂	tsʰiet₂	tsʰiet₂
宣	山	合	三	仙	心	₌sen	₌sien	₌sien	₌sien
眷	山	合	三	仙	见	ken⁼	kien⁼	ken⁼	kian⁼
缺	山	合	四	屑	溪	kʰet₂	kʰiet₂	kⁱet₂	kʰiet₂
年	山	开	四	先	泥	₌ȵen	₌ȵen	₌ȵen	₌nian
愿	山	合	三	元	疑	ȵen⁼	₌ȵun	ȵen⁼	nian⁼
显	山	开	四	先	晓	hien⁼	₌hien	₌hien	₌hien
贤	山	开	四	先	匣	₌hien	—	₌hien	₌hien

所以，新安可称为山摄无细音型，其他三点为山摄有细音型。

晚近四个材料中唯有新安山摄细音混入山摄洪音，仅部分字尚读细音。其他三个材料山摄均分洪细。从新安客音的后续演变看，其细音到现代深港客话中已经全部混同洪音，说明新安山摄细音混入洪音是晚近兴起的一个音变，由此可推断早期粤东客话山摄当洪细分立，其中古山摄三四

[①] 今香港新界泥日疑母及影组介音 i 也已脱落，山摄三四等已经全部失去介音 i。

等字当有 i 介音。

四　宵侯是否通韵

五经富《新约》中中古效摄开口三等宵韵知章组字均为 eu，现代五经富方言读 [eu]；效摄开口三等宵韵日影以母字，五经富《新约》均为 yeu，韵基均为 [eu]，与侯韵 [eu] 同读。现代揭西方言中仍有这种现象，为宵侯通韵型；而新安《新约》、《客英词典》、《客法词典》中均无此现象，为宵侯分立型。请比较：

例字	摄	开合	等第	韵	声	五经富	新安	《客英》	《客法》
照	效	开	三	宵	章	ᶜtʃeu	ᶜtʃau	ᶜtʃau	ᶜtʃau
烧	效	开	三	宵	书	₀ʃeu	₀ʃau	₀ʃau	₀ʃau
扰	效	开	三	宵	日	₀jeu	₀jau	ᶜjau	₀jau
腰	效	开	三	宵	影	₀jeu	₀jau	₀jau	₀jau
摇	效	开	三	宵	以	₀jeu	₀jau	₀jau	₀jau
斗	流	开	一	侯	端	ᶜteu	ᶜteu	ᶜteu	ᶜteu
走	流	开	一	侯	精	ᶜtseu	ᶜtseu	ᶜtseu	ᶜtseu

很显然，宵侯通韵在晚近粤东客话四个历史语料中是五经富《新约》独有的现象，而且在晚近到现代客话的后续演变中，可以看到宵侯通韵这种现象潮汕客话地区也已经受到一定阻遏，读入侯韵的效摄宵韵字有所回流。其他三点所对应的现代地区至今未出现这种现象。这足证粤东客话宵韵字、侯韵字原本分立，二者并无牵涉。

五　山摄细音韵腹 a/e 之别

《客法词典》山摄三等开口舒声和入声知章组字、日母字，三四等开口牙喉音舒声（见系晓匣母除外）字，主元音均为 [a]，与一二等字无异。晚近其他三个文献中山摄三四等开口主元音均为 [e]，与一二等主元音 [a] 有别。

《客法》的山摄开口二等字也和蟹摄二等一样产生了韵头 [i]，但主元音也还是为 [a]，请看下表：

例字	摄	开合	等	韵	声	新安	五经富	《客英》	《客法》
间	山	开	二	山	见	₋kan	₋kien	kanᵓ	₋kian
谏	山	开	二	删	见	kanᵓ	—	kanᵓ	₋kian
战	山	开	三	仙	章	tʃenᵓ	tʃenᵓ	tʃenᵓ	tʃanᵓ
舌	山	开	三	薛	船	ʃet²	ʃet²	ʃet²	ʃat²
设	山	开	三	薛	书	ʃet₀	ʃet₀	ʃet₀	ʃat₀
然	山	开	三	仙	日	₋jen	₋jen	₋jen	₋jan
建	山	开	三	元	见	kenᵓ	kienᵓ	kenᵓ	kianᵓ
坚	山	开	四	先	见	₋ken	₋kien	₋ken	₋kian
遣	山	开	三	仙	溪	—	₋kʰien	₋kʰen	₋kʰian
件	山	开	三	仙	群	kʰenᵓ	kʰienᵓ	kʰenᵓ	kʰianᵓ
言	山	开	三	元	疑	₋nien	₋ɲen	₋ɲen	₋nian
烟	山	开	四	先	影	₋jen	₋jen	₋jen	₋jan
筵	山	开	三	仙	以	₋jen	₋jen	₋jen	₋jan

《客法》为山摄细音 a 韵腹型，新安《新约》、五经富《新约》和《客英》则是山摄细音 e 韵腹型。

我们推定粤东客话山摄细音主元音本当为 e。因为：其一，四点材料中新安《新约》、五经富《新约》及《客英词典》山摄细音主元音均为 e。其二，我们将《客法词典》所反映的晚近嘉应客音和对应的现代梅县方言结合起来看，就知道山摄细音韵母主元音为 a 是嘉应晚近以来方兴起的音变，到现代才趋于完成。

六 止开三知章组韵母 i/ɿ 之别

《客法词典》止摄开口三等知章组韵母为 [i]，与各个文献的精庄组字韵母相同（但声母有异）。其他三个文献的止摄知章组韵母仍为 [ɿ]，而《客法词典》中的知₃章组字已"告别"了 [ɿ] 韵母。请看下表：

例字	摄	开合	等	韵	声	新安	五经富	《客英》	《客法》
智	止	开	三	支	知	tʃiᵒ	tʃiᵒ	tʃiᵒ	tʃɿᵒ
耻	止	开	三	之	彻	ᶜtʃʰi	ᶜtʃʰi	ᶜtʃʰi	ᶜtʃɿ
治	止	开	三	之	澄	tʃʰiᵒ	tʃʰiᵒ	tʃʰiᵒ	tʃɿᵒ
志	止	开	三	之	章	tʃiᵒ	tʃiᵒ	tʃiᵒ	tʃɿᵒ
齿	止	开	三	之	昌	ᶜtʃʰi	—	ᶜtʃʰi	ᶜtʃɿ
示	止	开	三	脂	船	ʃiᵒ	ʃiᵒ	ʃiᵒ	ʃɿᵒ
诗	止	开	三	之	书	ᶜʃi	ᶜʃi	ᶜʃi	ᶜʃɿ
市	止	开	三	之	禅	ʃiᵒ	ʃiᵒ	ʃiᵒ	ʃɿᵒ
滋	止	开	三	之	精	—	ᶜtsɿ	ᶜtsɿ	ᶜtsɿ
次	止	开	三	脂	清	tsʰɿᵒ	tsʰɿᵒ	tsʰɿᵒ	tsʰɿᵒ
慈	止	开	三	之	从	ᶜtsʰɿ	ᶜtsʰɿ	ᶜtsʰɿ	ᶜtsʰɿ
四	止	开	三	脂	心	siᵒ	siᵒ	siᵒ	siᵒ
辞	止	开	三	之	邪	ᶜtsʰɿ	ᶜtsʰɿ	ᶜtsʰɿ	ᶜtsʰɿ
辎	止	开	三	之	庄	—	—	ᶜtsɿ	ᶜtsɿ
士	止	开	三	之	崇	sɿᵒ	sɿᵒ	sɿᵒ	sɿᵒ
师	止	开	三	脂	生	ᶜsɿ	ᶜsɿ	ᶜsɿ	ᶜsɿ

《客法》为知章组止开三 ɿ 韵母型，新安《新约》、五经富《新约》和《客英》则是知章组止开三 i 韵母型。

晚近粤东客音新安《新约》、五经富《新约》、《客英词典》的止摄各个声组字均仍读 i 韵，但《客法》知章组止开三为 ɿ 韵母，显然在当时是新起的变化。早期粤东客话当和其他三个晚近历史语料反映的一致，即止摄开口三等字在各声组条件下均当读 i。

七 流摄三等知章组韵母 iu/u 之别

晚近客话在流摄开口三等知章组字韵母上也有区别，其中新安《新约》和《客法词典》为 u①，五经富《新约》和《客英词典》为 iu。

---

① 《客法词典》虽然流开三知章组字分别在 tʃu、tʃʰu、ʃu 音读后记有 tʃiu、tʃʰiu、ʃiu 又音，但在 tʃiu、tʃʰiu、ʃiu 音节中却找不到流开三知章组字，同时在词语和例句中也找不到流开三知章组有 tʃiu、tʃʰiu、ʃiu 读法的实例。因此，我们认为 tʃiu、tʃʰiu、ʃiu 记的是异地又音，非当时嘉应音有两读。

例字	摄	开合	等	韵	声	新安	《客法》	五经富	《客英》
昼	流	开	三	尤	知	tʃuᵒ	tʃuᵒ	tʃiuᵒ	tʃiuᵒ
周	流	开	三	尤	章	₋tʃu	₋tʃu	₋tʃiu	₋tʃiu
臭	流	开	三	尤	昌	tʃʰuᵒ	tʃʰuᵒ	tʃʰiuᵒ	tʃʰiuᵒ
手	流	开	三	尤	书	ᶜʃu	ᶜʃu	ᶜʃiu	ᶜʃiu
受	流	开	三	尤	禅	ʃuᵒ	ʃuᵒ	ʃiuᵒ	ʃiuᵒ

这种现象实际上是语音发展在地域上不同步造成的，晚近新安和嘉应客话流摄开口三等知章组的演变轨迹为：中古通语＊tɕiu[①]→tʃiu→tʃu 晚近客话，详见第五章。

新安《新约》和《客法》为知章组流开三 u 韵母型，五经富《新约》和《客英》则是知章组流开三 iu 韵母型。

我们认为新安《新约》和《客法》流开三知章组字读 u 是晚近新起的现象，是韵母介音在声母作用下发生了失落。而粤东客话流开三知章组字显然和其他声组一样，本当读 iu。

八 见组合口介音 u 有无

前文在韵头分析和韵类比较中，我们已经知道晚近粤东四个历史材料中只有《客法词典》出现见组合口介音，其余三个材料均无见组合口介音，但往往具唇化舌根声母，这是《客法词典》韵母区别于其他三个材料韵母的重要特点。

例字	摄	开合	等	韵	声	新安	五经富	《客英》	《客法》
卦	蟹	合	二	佳	见	kʷaᵒ	kʷaᵒ	kʷaᵒ	kuaᵒ
怪	蟹	合	二	皆	见	kʷaiᵒ	kʷaiᵒ	kʷaiᵒ	kuaiᵒ
关	山	合	二	删	见	₋kʷan	₋kʷan	₋kʷan	₋kuan
括	山	合	一	末	见	kʷat₋	kʷat₋	kʷat₋	kuat₋
果	果	合	一	戈	见	ᶜko	ᶜkʷo	ᶜkʷo	ᶜkuo
光	宕	合	一	唐	见	₋koŋ	₋kʷoŋ	₋kʷoŋ	₋kuoŋ

[①] 中古拟音参见李荣《切韵音系》，科学出版社 1958 年版。

例字	摄	开合	等	韵	声	新安	五经富	《客英》	《客法》
夸	假	合	二	麻	溪	₀kʷʰa	—	₀kʷʰa	₀kʰua
块	蟹	合	一	灰	溪	kʷʰaiᵓ	—	kʷʰaiᵓ	kʰuaiᵓ
宽	山	合	一	桓	溪	₀kʰon	₀kʷʰan	₀kʷʰan	₀kʰuan
扩	宕	合	一	铎	溪	—	—	kʷʰokᵓ	kʰuokᵓ
瓦	假	合	二	麻	疑	ᶜŋa	ᶜŋʷa	ᶜŋa	ᶜŋua

这一点就韵母差异来说，《客法词典》属见组有合口介音型，新安《新约》、五经富《新约》、《客英词典》属见组无合口介音型。从声母差异来看，则表现为新安《新约》、五经富《新约》、《客英词典》属具唇化舌根声母型，而《客法词典》为无唇化舌根声母型，已见声母内部差异的讨论。

我们认为《客法词典》见组合口介音 u 是晚近新起的现象，其他三个历史语料见组存在唇化舌根声母且无见组合口介音保留了早期粤东客话的状态，也即粤东客话见组本当没有合口介音 u。

第三节　韵母系统及特点

一　韵母系统

我们根据四个历史点韵母的拟音结果，晚近四点之间韵母同异的比较和近 200 年韵母的发展演变趋势（详见第五章），结合历史音韵格局推测近代晚期粤东客音韵母的音系表现，如下：

歌豪严格分立（歌韵作 [o]，豪韵作 [au]，而尚无五经富《新约》豪韵部分字作 [o] 致歌豪同韵现象）；蟹、山摄二等无 i 介音，仍为开口（尚无《客法》的 [iai]、[ian] 韵母）；止摄知章组韵母仍为 i [ɿ]（尚无《客法》的 [tʃɿ]、[tʃʰɿ]、[ʃɿ] 音节）；效摄三等知章组韵母仍为 [au]，日影以母字仍为 [iau]（尚无五经富《新约》效摄三等知章组字读 [tʃeu]、[tʃʰeu]、[ʃeu] 所致的宵侯通韵现象，也无五经富 [ieu] 韵母）；流摄知章组韵母为 iu（尚无《客法》流摄知章组字为 [tʃu]、[tʃʰu]、[ʃu] 音节现象）；山摄三四等仍有介音 i（尚无新安《新约》山摄部分字介音脱落致读同洪音现象）；山摄三四等韵腹仍为 e（尚无《客法》的 [iai]、[ian] 韵母）；见系仍无合口韵（尚无《客法》[ua]、

[uai]、[uan]、[uaŋ]、[uat]、[uen]、[uet]、[uo]、[uok]、[uon]、[uoŋ] 韵母）。

据此我们可以拟测粤东客音韵母系统，为了表现出粤东音系与四个历史文献所记音系的差异，我们与晚近四点韵母进行对照。表中所体现出的不同之处，正是粤东客音到晚近粤东某一历史语料所记客话的后世发展演变造成的。如粤东客音的衣部 [i] 的韵母 [i] 发展到《客法词典》所记客话分化为 i、e 两个韵母；删部 [an] 的 [an] 韵母发展到《客法词典》所记客话就分化为 an、ian、ouan 三个韵母等。具体全面的讨论见第五章。粤东客音韵母（共计 53 个，其中阴声韵 18 个、阳声韵 18 个、入声韵 17 个）逐一列入表中，见表 3-44 至表 3-46。

（一）阴声韵部

表 3-44　　　　　　　粤东韵母系统（阴声韵）

韵部	韵母	四点对照				例字
		新安	五经富	《客英》	《客法》	
思 [ɿ]	[ɿ]	z̩	ᴜ̩	ᴜ̩	e	苏斯辞使
衣 [i]	[i]	i	i	i	i	虚取制迷
					e	智齿诗市
模 [u]	[u]	u	u	u	ou	补猪富鸟
	[iu]	yu	iu	iu	iou	流酒柔诱
		u			ou	昼周臭手
麻 [a]	[a]	a	a	a	a	巴寡花佳
					oua	卦瓜夸瓦
	[ia]	ya	ia	ia	ia	借写夜其
歌 [o]	[o]	o	o	o	o	拖挪破唉
					ouo	果裹过
	[io]	yo		io	io	靴嗦茄锄
齐 [e]	[e]	e	e	e	e·	洗细系婿
	[ie]				ie·	蚁
队 [ui]	[ui]	ui	ui	ui	oui	对诡垒贵
	[iui]	yui		Yui	Yui	乳锐

续表

韵部	韵母	四点对照				例字
		新安	五经富	《客英》	《客法》	
泰 [ai]	[ai]	ai	ai	ai	ai	带太拜怀
					ouai	拐怪快块
					iai	皆疥介戒
哈 [oi]	[oi]	oi	oi	oi	oi/oe·	胎背税睡
	[ioi]			ioi	ioi	脆髓
豪 [au]	[au]	au	au	au	ao	靠冒恼毫
			o			报劳草奥
			eu			招照兆烧
	[iau]	yau	iau	iau	iao	标料小晓
			Yeu			扰腰摇鲁
侯 [eu]	[eu]	eu	eu	eu	eou	斗投走后

（二）阳声韵部

表 3-45　　粤东韵母系统（阳声韵）

韵部	韵母	四点对照				例字
		新安	五经富	《客英》	《客法》	
侵 [im]	[im]	im	im	im	im	心深禁淫
谈 [am]	[am]	am	am	am	am	贪惨胆敢
	[iam]	yam	iam	iam	iam	暂渐验险
森 [em]	[em]	em	em	em	em	参森砧岑
欣 [in]	[in]	in	in	in	in	贫进珍承
文 [un]	[un]	un	un	un	oun	吞盆嫩困
	[iun]	yun	iun	iun	ioun	芹军训云
删 [an]	[an]	an	an	an	an	甘懒间斑
					ian	间简拣奸
					ouan	关贯宽顽
寒 [on]	[on]	on	on	on	on	餐寒安传
					ouon	观灌碗浑
	[ion]	yon	ion	ion	ion	软旋全

续表

韵部	韵母	四点对照				例字
		新安	五经富	《客英》	《客法》	
先 [en]	[en]	en	en	en	en	崩烹恩根
	[ien]	yen	ien	ien		便选电悬
		en			ian	变辩坚然
东 [uŋ]	[uŋ]	uṅ	ung	ung	oung	东总风中
	[iuŋ]	yuṅ	iung	iung	ioung	兄宫供凶
庚 [aŋ]	[aŋ]	aṅ	ang	ang	ang	硬行耕另
					ouang	胱矿轰茎
	[iaŋ]	yaṅ	iang	iang	iang/eang	柄迎听岭
唐 [oŋ]	[oŋ]	oṅ	ong	ong	ong	夸当桑庄
					ouong	广旷光狂
	[ioŋ]	yoṅ	iong	iong	iong/eong	良量象网

(三) 入声韵部

表 3-46　　　　粤东韵母系统（入声韵）

韵部	韵母	四点对照				例字
		新安	五经富	《客英》	《客法》	
缉 [ip]	[ip]	ip	ip	ip	ip	立汁十及
合 [ap]	[ap]	ap	ap	ap	ap	答纳鸽押
	[iap]	yap	iap	iap	iap	接叶帖碟
啬 [ep]	[ep]	ep	ep	ep	ep	涩啬撮笠
质 [it]	[it]	it	it	it	it	避质必密
物 [ut]	[ut]	ut	ut	ut	out	没骨忽出
	[iut]	iut	iut	iut	iout	屈曲窟掘
黠 [at]	[at]	at	at	at	at	乏萨拔察
					ouat	阔括刮
曷 [ot]	[ot]	ot	ot	ot	ot	撒割脱夺
薛 [et]	[et]	et	et	et	et	减设德或
					ouet	国
					at	舌设蚀折
	[iet]	yet	iet	iet	iet	热月血穴
		et				绝缺别洁

续表

韵部	韵母	四点对照				例字
		新安	五经富	《客英》	《客法》	
屋 [uk]	[uk]	uk	uk	uk	ouc	复仆谷祝
	[iuk]	yuk	iuk	iuk	iouc	宿畜狱欲
麦 [ak]	[ak]	ak	ak	ak	ac	百白麦炙
	[iak]	yak	iak	iak	iac	锡胁逆劈
铎 [ok]	[ok]	ok	ok	ok	oc	薄托洛着
					ouoc	扩廓郭
	[iok]	yok	iok	iok	ioc	若弱约药

晚近粤东客话韵母的中古来源见表3-47。

表3-47　　　　晚近粤东客话韵母中古来源

客话韵母	主要来源	其他来源
[ï]	遇合一精组、遇合三庄组、止开三精庄组	—
[i]	止开三、遇合三	蟹开三精章组
[u]	遇合一、遇合三	流开三非知章组
[iu]	流开三泥精见组	遇合三泥组
[a]	假开二、假合三章组、假合二见晓组	蟹合二见晓组
[ia]	假开三精组、日母	—
[o]	果开一、果合一	遇合一精组、遇合三庄组
[io]	果开三、果合三见组	
[e]	蟹开四	蟹开三章组
[ie]	止开三疑母	
[ui]	止合三	止开三帮组、遇合一端组、蟹合四晓组
[iui]	蟹合三祭韵	—
[ai]	蟹开二、蟹开一	蟹合二晓组、果开一端精见组
[oi]	蟹开一、蟹合一	止合三精组、蟹合三精章组
[ioi]	止合三精组、蟹合三精组	
[au]	效开一、效开二、效开三知章组	流开三帮组
[iau]	效开三、效开四	—

续表

客话韵母	主要来源	其他来源
[eu]	流开一、流开三非组	—
[im]	深开三	—
[am]	咸开一、咸开二、咸开三章组、咸合三非组	—
[iam]	咸开三、咸开四	—
[in]	臻开三、曾开三和梗开三、梗开四部分文读字	—
[un]	臻合一、臻合三	—
[iun]	臻开三、臻合三见晓组	—
[an]	山开一舌齿音、山开二、山合一帮组、山合二、山合三非组	—
[on]	山开一牙喉音、山合一、山合三知章组	—
[ion]	山合三精母、山合三日母	—
[en]	臻开一、曾开一、山开三帮知章组、梗开二帮庄见晓影组	山合三精见组、梗开三帮组
[ien]	山开三、山开四、山合三精见晓影组、山合四见系	—
[uŋ]	通合一、通合三帮非泥精知章组、江开二庄组	—
[iuŋ]	通合三精见晓影组、梗合三晓组	—
[aŋ]	梗开二、梗开三知章组	—
[iaŋ]	梗开三帮泥精见组、梗开四帮端精组	—
[oŋ]	宕开一、江开二、宕开三精知章庄影组、宕合一见晓组、宕合三非组见晓影组	—
[ioŋ]	宕开三泥精章日见晓影组、宕合三非组见组	—
[ip]	深开三	—
[ap]	咸开一、咸开二、咸开三非组	—
[iap]	咸开二庄见晓组、咸开三、咸开四	—
[ep]	曾开三职韵	—
[it]	臻开三、曾开三、止开三、梗开三文读字	—
[ut]	臻合一、臻合三	—
[iut]	臻合三见组	—
[at]	山开一端泥精组、山合一帮见晓组、山合三非组	—

续表

客话韵母	主要来源	其他来源
[ot]	山开一、山合一、山合三非组、知章组	—
[et]	曾开一、曾开三帮庄组、曾合一见晓组	山开三帮章组、山合三精组、梗开二帮见组
[iet]	山摄开合三、四等薛、月、屑韵	—
[uk]	通合一、通合三帮非精知章组、江开二庄组	—
[iuk]	泥母、见晓影组	—
[ak]	梗开二、梗开三章组	—
[iak]	梗开三帮精见组、梗开四帮端精组	—
[ok]	宕开一、宕开三知章日影组、江开二	—
[iok]	宕开三泥精日见晓组、宕合三非组	—

二 韵母特点

从晚近四个文献所记客话韵母的中古来源观察，其共同的韵母语音特点已经和现代粤东客家方言几乎没有差别。很难找到晚近与现代之间的区别性特征。我们只能择其大端分述如下。

（一）六元音系统格局

我们对前文得出的新安《新约》、五经富《新约》、《客英词典》、《客法词典》四个晚近文献的韵母进行分析可以发现，四个材料韵母反映出来的音系格局均为六元音系统，各个文献中六个元音均为［ɿiuaeo］，六个元音中除ɿ外都既能单独成韵，也能与其他元音、辅音组合成韵。

晚近粤东客话的ɿ元音只能独立成韵（其本身构成单元音韵母），不能跟其他元音或辅音组合成复合韵母。

元音系统的完全一致使得粤东晚近客家方言乃至现代粤东客家方言整体上看内部差异较小，保持了很强的内部一致性。

（二）韵尾整饬，韵头不全

1. 韵尾对应整饬

辅音韵尾-m、-n、-ŋ、-p、-t、-k 保留完整。谢留文、黄雪贞（2007）根据辅音韵尾的情况把客家话分为三种：（1）鼻音韵尾 m、n、ŋ 与入声韵尾 p、t、k 俱全，粤东、粤中、台湾的客家方言区多数属于此类；（2）鼻音韵尾无 m，只有 n、ŋ 或鼻化韵；入声韵尾只有 t、ʔ，没有

p、k，甚至连 t 尾已渐趋消失。赣南、闽西、四川、粤西、粤北一带的客家话区多数属于这一类。（3）鼻音韵尾无 m、n，只有 ŋ 韵尾和鼻化韵，入声韵尾消失，入声字今读开尾韵，这一派以闽西长汀为代表。

晚近粤东客家方言四个历史材料属于上述第一种情况，三个阳声韵尾和三个入声韵尾齐全，说明粤东客话晚近到现代都是如此。

新安《新约》、五经富《新约》、《客英》、《客法》反映出的音系韵尾基本与中古韵摄韵尾对应整齐，但也有部分韵摄已然出现混并。

（1）中古收-ŋ\-k 尾的曾摄舒声、入声字全部均已改收-n\-t 尾，例字如下：

例字	摄	韵	开合	等	新安	五经富	《客英》	《客法》
北	曾	德	开	一	pet₂	pet₂	pet₂	pet₂
凳	曾	登	开	一	ten⁰	ten⁰	ten⁰	ten⁰
升	曾	蒸	开	三	₀ʃin	₀ʃin	₀ʃin	₀ʃin
直	曾	职	开	三	tʃʰit₂	tʃʰit₂	tʃʰit₂	tʃʰit₂

（2）中古收-ŋ\-k 尾的梗摄舒声入声字部分（主要是文读）也改收-n\-t 尾，但白读仍为-ŋ\-k 尾，如下表：

例字	摄	韵	开合	等	新安	五经富	《客英》	《客法》
筝	梗	耕	开	二	—	—	₀tsen	₀tsen
境	梗	庚	开	三	ᶜkin	ᶜkin	ᶜkin	kin⁰
情	梗	清	开	三	₀tsʰin	₀tsʰin	₀tsʰin	₀tsʰin
形	梗	青	开	四	₀hin	₀hin	₀hin	₀hin
迫	梗	陌	开	二	pet₂	pet₂	pet₂	pet₂
责	梗	麦	开	二	tsit₂	tsit₂	tsit₂	tsit₂
译	梗	昔	开	三	jit₂	jit₂	jit₂	jit₂
敌	梗	锡	开	四	tʰit₂	tʰit₂	tʰit₂	tʰit₂

（3）咸深（-m\-p）、山臻（-n\-t）、宕江通（-ŋ\-k）诸摄的韵尾例外字全部列举如下（粗体为例外音读）：

例字	摄	韵	开合	等第	新安	五经富	《客英》	《客法》
乏	咸	乏	合	三	fat₂	fat₂	fat₂	fat₂
喝	咸	合	开	一	hot₂	—	hot₂	hot₂
毯	咸	谈	开	一	—	—	ᶜtʰan	ᶜtʰan
贬	咸	盐	开	三	—	—	ᶜpien	ᶜpien
淋	深	侵	开	三	—	ᶜlin	ᶜlim	ᶜlim
今	深	侵	开	三	—	ᶜkim	ᶜkim	ᶜkin
蛰	深	缉	开	三	—	—	tʃiᵒ	tʃitᵒ
禅	山	仙	开	三	—	—	ᶜʃam	ᶜʃam
窃	山	屑	开	四	—	—	tsʰiapᵒ	tsʰiapᵒ
捏	山	屑	开	四	—	—	ɲapᵒ	niapᵒ
幻	山	山	合	二	—	—	famᵒ	famᵒ
衬	臻	真	开	三	—	—	tsʰaŋᵒ	tsʰaŋᵒ
慎	臻	真	开	三	ᶜʃim	ᶜʃim	ᶜʃim	ᶜʃim
胖	江	江	开	二	—	—	pʰanᵒ	pʰanᵒ
秃	通	屋	合	一	—	—	tʰutᵒ	tʰutᵒ

2. 韵头发育不全

从中古音角度来看，开合、洪细都表现在韵头（介音）上，发展到今天的官话即为开口、齐齿、合口、撮口四呼。

从洪细来看，新安《新约》山摄三四等不论开合口均有部分字无韵头（介音）i，这部分字为中古帮组帮滂并明；端组端透定；泥组来母；精组；见组见溪群；而泥日疑母及影组当时仍有介音 [i]。

从开合看，新安《新约》、五经富《新约》、《客英词典》中可以说完全没有合口，只有见组字中各有一套圆唇舌根声母；《客法词典》虽然无圆唇舌根声母，但也基本上只是见组方有合口介音 [u]。

古合口见组字新安《新约》、五经富《新约》、《客英》皆无 [u] 介音，而《客法》则部分字有 [u] 介音，例如：

例字	摄	开合	等	新安	五经富	《客英》	《客法》
果	戈	合	一	ᶜko	ᶜkʷo	ᶜkʷo	ᶜkuo
寡	假	合	二	ᶜkʷa	ᶜkʷa	ᶜkʷa	ᶜkua
挂	蟹	合	二	kʷaᵒ	ᶜkʷa	kʷaᵒ	kuaᵒ
圈	山	合	三	ᶜkʰen	ᶜkʰien	ᶜkʰen	ᶜkʰian
光	宕	合	一	ᶜkoŋ	ᶜkʷoŋ	ᶜkʷoŋ	ᶜkuoŋ

(三) 齿音字庄组韵母分立

晚近粤东客话新安《新约》、五经富《新约》、《客英词典》、《客法词典》都在韵母上残留庄组声母与精、知章组声母分立的现象。这一现象说明现代客家方言声母精庄混一并非上古音的遗留。

李如龙、张双庆（1992：193）指出，"侵韵庄组字'森'、'参ⱼ-'多与其他声组字读音有异，韵腹一般是 ε、ə 或 e"是客赣方言共同的语音特点之一。但在晚近粤东客话中，遇摄合口三等、流摄开口三等、深摄开口三等、臻摄开口三等、曾摄开口三等都能看到庄组分立的痕迹，即其中庄组与精组声母字虽则声母已经混同，但韵母还有分立的痕迹。我们先来观察遇摄庄组字的表现：

例字	韵	声	新安	五经富	《客英》	《客法》
阻	鱼	庄	ᶜtsɨ	ᶜtsɨ	ᶜtso/ᶜtsɨ	ᶜtʃu/ᶜtso/ᶜtsɨ
初	鱼	初	ᶜtsʰo	ᶜtsʰo	ᶜtsʰo/ᶜtsʰɨ	ᶜtsʰo/ᶜtsʰɨ
楚	鱼	初	ᶜtsʰo	—	ᶜtsʰɨ	ᶜtʃʰu/ᶜtsʰɨ/ᶜtsʰo
础	鱼	初	—	—	—	ᶜtʃʰu/ᶜtsʰɨ
锄	鱼	崇	ᶜtsʰo	—	ᶜtsʰo/ᶜtsʰɨ/ᶜtsʰio	ᶜtsʰo/ᶜtsʰio/ᶜtsʰɨ
助	鱼	崇	tsʰɨɔ	tsʰɨɔ	tsʰoɔ/tsʰɨɔ	tsʰoɔ/tsʰɨɔ
雏	虞①	崇	—	—	ᶜtsʰɨ	ᶜtsʰɨ
梳	鱼	生	—	—	ᶜso/ᶜsɨ	ᶜso/ᶜsɨ
疏	鱼	生	ᶜso	—	ᶜso/ᶜsɨ	ᶜso/ᶜsɨ
蔬	鱼	生	ᶜso	ᶜso	ᶜso/ᶜsɨ	ᶜsɨ
所	鱼	生	ᶜso	ᶜso	ᶜso	ᶜso
数	虞	生	sɨɔ	sɨɔ	sɨɔ	sɨɔ

再看遇摄精知章三组字的表现：

---

① 虞韵只作 ɨ，不作 o/u，晚近粤东客话似乎从庄组还能看出鱼虞有别的痕迹。

例字	韵	声	新安	五经富	《客英》	《客法》
蛆	鱼	清			₋tsi	₋tsi
娶	虞	清	₋tsʰi	₋tsʰi	₋tsʰi	₋tsʰi
聚	虞	从	₋tsʰi	tsʰiᵓ	tsʰiᵓ	tsʰiᵓ
需	虞	心	₋si	₋si	₋si	₋si
絮	鱼	心	—	—	siᵓ	siᵓ
叙	鱼	邪	siᵓ	siᵓ	siᵓ	siᵓ
猪	鱼	知	₋tʃu	₋tʃu	₋tʃu	₋tʃu
株	虞	知	—	—	₋tʃu	₋tʃu
除	鱼	澄	₋tsʰu	₋tsʰu	₋tsʰu	₋tsʰu
住	虞	澄	tʃʰuᵓ	tʃʰuᵓ	tʃʰuᵓ	tʃʰuᵓ
诸	鱼	章	—	₋tʃu	₋tʃu	₋tʃu
珠	虞	章	₋tʃu	₋tʃu	₋tʃu	₋tʃu
处	鱼	昌	tʃʰuᵓ	tʃʰuᵓ	tʃʰuᵓ	tʃʰuᵓ
枢	虞	昌	—	—	₋kʰi	₋kʰi
书	鱼	书	₋ʃu	₋ʃu	₋ʃu	₋ʃu
输	虞	书	—	₋ʃu	₋ʃu	₋ʃu
薯	鱼	禅	—	—	₋ʃu	₋ʃu
树	虞	禅	ʃuᵓ	ʃuᵓ	ʃuᵓ	ʃuᵓ

在以上例字中我们看到精组庄组声母同为舌尖前音，知章组为舌叶音，声母上表现为精庄、知章的分立。

但庄组的韵母表现和精组、知章组均不相同。庄组中四个文献中均有相同的两读，或读 [o] 或 [ɨ]；而精组读 [i]，知章组读 [u]。其中《客法词典》还出现另一种读法，即其声母只要是舌叶音，韵母则为 [u]，这种读法同知章组。

流摄字的情况如下：

例字	韵	声	新安	五经富	《客英》	《客法》
皱	尤	庄	tʃʰuᵓ	—	tsiuᵓ	tsiuᵓ
骤	尤	崇	—	—	₋tsʰeu	tsʰeuᵓ
瘦	尤	生	seuᵓ	—	seuᵓ	seuᵓ
修	尤	心	₋siu	₋siu	₋siu	₋siu
昼	尤	知	tʃuᵓ	tʃiuᵓ	tʃiuᵓ	tʃiuᵓ
售	尤	禅	—	—	₋tʃʰiu	ʃuᵓ

其中庄组字主要读 eu，精组读 iu，知章组 iu/u。

我们再来看深开三中的表现：

例字	韵	声	新安	五经富	《客英》	《客法》
岑	侵	崇	₌tsʰem	—	₌tsʰem	₌tsʰem
森	侵	生	₌sem	₌sem	₌sem/₌sen	₌sem
参	侵	生	₌sem	₌sem	₌sem/₌sen	₌sem
渗	侵	生	—	—	semᵒ/simᵒ	tsamᵒ
涩	缉	生	sepᵒ	sepᵒ	sepᵒ	sepᵒ
心	侵	心	₌sim	₌sim	₌sim	₌sim
沉	缉	澄	₌tʃim	₌tʃim	₌tʃim	₌tʃim
深	侵	书	₌tʃʰim	₌tʃʰim	₌tʃʰim	₌tʃʰim

我们注意到庄组韵母为 em/et，而精组、知章组均为 im/it。

四组齿音在臻摄中的表现也和深摄相同：

例字	韵	声	新安	五经富	《客英》	《客法》
臻	真	庄	—	—	₌tsin	₌tsen
衬	真	初	—	—	tsʰaŋᵒ	tsʰenᵒ
瑟	质	生	sitᵒ	sitᵒ	sitᵒ	setᵒ
虱	质	生	—	—	setᵒ/sitᵒ	setᵒ
进	真	精	tsinᵒ	₌tsʰin	tsinᵒ	tsinᵒ
珍	真	知	₌tʃin	₌tʃin	₌tʃin	₌tʃin
真	真	章	₌tʃin	₌tʃin	₌tʃin	₌tʃin

臻摄字少，且变化大。但我们仍能看出庄组韵母为 [en/et]，而精组、知章组均为 [in/it]。

曾摄字的情况如下：

例字	韵	声	新安	五经富	《客英》	《客法》
侧	职	庄	tset₃	tset₃	tset₃	tset₃
测	职	初	—	tsʰet₃	tsʰet₃	tsʰet₃
色	职	生	set₃	set₃	set₃	set₃
即	职	精	tsit₃	tsit₃	tsit₃	tsit₃
直	职	澄	tʃʰit₂	tʃʰit₂	tʃʰit₂	tʃʰit₂
拯	蒸	章	₍c₎tʃin	₍c₎tsʰin	₍c₎tʃin	₍c₎tʃin
职	职	章	tʃit₃	tʃit₃	tʃit₃	tʃit₃

晚近粤东客话曾摄韵尾演变为-n/-t，曾摄三等实际上与臻摄合流，庄组与精组、知章组分立的情况与臻摄无异。

将流摄、深摄、臻摄及跟臻摄完全合流的曾摄三等结合起来看，我们就能注意到晚近客话中庄组韵母主元音均为 e，而精知章组均同为 i。

（四）鱼支通韵

现代客家方言遇摄合口三等鱼虞有别的现象只见于赣南本地客话和闽西客话，不见于广东的客家方言（谢留文，2003：56）。从晚近粤东客音四个文献中，我们发现也已经没有鱼虞分立的痕迹。

但四个材料中遇摄合口三等字（帮组、庄知章组外）韵母入止摄开口三等韵，请看例字：

例字	摄	开合	等	声	韵	新安	五经富	《客英》	《客法》
卑	止	开	三	支	帮	₍c₎pi	₍c₎pi	₍c₎pi	₍c₎pi
地	止	开	三	脂	定	tʰi³	tʰi³	tʰi³	tʰi³
记	止	开	三	之	见	ki³	ki³	ki³	ki³
虑	遇	合	三	鱼	来	li³	₍c₎li	li³	li³
取	遇	合	三	虞	清	₍c₎tsʰi	₍c₎tsʰi	₍c₎tsʰi	₍c₎tsʰi
居	遇	合	三	鱼	见	₍c₎ki	₍c₎ki	₍c₎ki	₍c₎ki

而晚近粤东客话止摄开口三等支脂之三韵为 i，其中四个文献中的精庄组已为 i，而《客法词典》的知章组则已为 ɿ（其他文献知章组仍为 i）。这样就使得遇合三和止开三合流了，形成鱼支同韵的现象。

（五）一、二等蟹山分立，效咸无别

蟹山效咸四摄在十六摄中四等俱全，在晚近粤东客话中蟹摄山摄能够区分一、二等，效摄部分字仅五经富《新约》能区分一、二等（新安等三个材料不能区分），只有咸摄一、二等浑然无别。

蟹摄开口一等读［oi］，开口二等读［ai］；山摄开口一等读［on］、［ot］，开口二等读［an］、［at］。

例字	韵摄	韵	开合	等第	新安	五经富	《客英》	《客法》
胎	蟹	咍	开	一	₌tʰoi	₌tʰoi	₌tʰoi	₌tʰoi
盖	蟹	泰	开	一	koi⁼	koi⁼	koi⁼	koi⁼
拜	蟹	皆	开	二	pai⁼	pai⁼	pai⁼	pai⁼
戒	蟹	皆	开	二	kai⁼	kai⁼	kai⁼	kiai⁼
寒	山	寒	开	一	₌hon	₌hon	₌hon	₌hon
割	山	曷	开	一	kot₌	kot₌	kot₌	kot₌
限	山	山	开	二	han⁼	han⁼	han⁼	han⁼
瞎	山	辖	开	二	hat₌	hat₌	hat₌	hat₌

而新安《新约》、《客英》、《客法》效摄开口一等、二等均读［au］（五经富《新约》一等为［o］，二等为［au］）；咸摄开口一等、二等均读［am］、［ap］。

例字	韵摄	等	开合	韵	新安	五经富	《客英》	《客法》
保	效	开	一	豪	⁼pau	⁼po	⁼pau	⁼pau
靠	效	开	一	豪	kʰau⁼	kʰau⁼	kʰau⁼	kʰau⁼
饱	效	开	二	肴	⁼pau	⁼pau	⁼pau	⁼pau
教	效	开	二	肴	kau⁼	kau⁼	kau⁼	kau⁼
贪	咸	开	一	覃	₌tʰam	₌tʰam	₌tʰam	₌tʰam
敢	咸	开	一	谈	⁼kam	⁼kam	⁼kam	⁼kam
答	咸	开	一	合	tap₌	tap₌	tap₌	tap₌
斩	咸	开	二	咸	⁼tsam	⁼tsam	⁼tsam	⁼tsam
押	咸	开	二	狎	ap₌	ap₌	ap₌	ap₌

（六）江摄庄组读入东韵精组

晚近粤东客话中江摄开口二等江韵舒声入声并入宕摄开口一等唐韵中。如：

例字	韵摄	等	开合	韵	新安	五经富	客英	客法
旁	宕	开	一	唐	₌pʰoŋ	₌pʰoŋ	₌pʰoŋ	₌pʰoŋ
塘	宕	开	一	唐	₌tʰoŋ	₌tʰoŋ	₌tʰoŋ	₌tʰoŋ
桑	宕	开	一	唐	₌soŋ	₌soŋ	₌soŋ	₌soŋ
冈	宕	开	一	唐	₌koŋ	₌koŋ	₌koŋ	₌koŋ
邦	江	开	二	江	₌poŋ	₌paŋ	₌paŋ	₌paŋ
撞	江	开	二	江	tsʰoŋ²	tsʰoŋ²	tsʰoŋ²	tsʰoŋ²
降	江	开	二	江	koŋ²	koŋ²	koŋ²	koŋ²
巷	江	开	二	江	hoŋ²	hoŋ²	hoŋ²	hoŋ²
薄	宕	开	一	铎	pʰok₂	pʰok₂	pʰok₂	pʰok₂
各	宕	开	一	铎	kok₂	kok₂	kok₂	kok₂
剥	江	开	二	觉	pok₂	pok₂	pok₂	pok₂
角	江	开	二	觉	kok₂	kok₂	kok₂	kok₂

  李如龙、张双庆（1992：194）指出，"江韵庄组字在梅县、揭西、宁化、西河等点韵母读作 uŋ，与通摄同"是两广地区客方言部分点的语音特点之一。晚近粤东客话各点二等江韵庄组字均读同通摄一等东韵屋韵精组 [uŋ \ uk]，如：

    窗＝聪：₌tsʰuŋ；双＝松：₌suŋ；镯＝族：tsʰuk₂

  我们已经在前面分析了晚近粤东客话遇摄合口三等、流摄开口三等、深摄开口三等、臻摄开口三等、曾摄开口三等中庄组分立现象。在这些韵摄中庄组与精组声母虽则声母已经混同，但韵母均还有分立的痕迹。

  很显然江韵庄组声母也已混同精组，韵母主元音 u 与江摄其他声组字主元音 o 也自不同。那么庄组在江摄二等的变化是否平行于庄组在其他韵摄的变化呢？我们看一下江摄和其他韵摄主元音的对比情况：

    江摄二等：o（其他声组）-u（庄组）
    他摄三等：i（其他声组）-e、o（庄组）

  我们看出江摄中庄组声母主元音高于其他声组，而其他韵摄中庄组声母主元音要低于其他声组，若从庄组相对于其他声组的变化来看，发展的方向刚好相反。所以，江摄庄组和其他韵摄庄组实际上并不处于同一层次。

  早就有许多学者指出江摄中"窗、双、浊、捉"等字读入东韵是客家话的特点之一，并指出这反映了上古东江不分同在东部的语音层次。上古精庄不分，但庄属二等，李方桂（2001：21—27）等认为上古二等有介音 *r，东部主元音拟音为 *u。"介音 r 使后面的较高元音下降，也可以使后面的低元音上升一点。因此我们可以说介音 r 有一种中央化的作用 centralization"①，我们看到江韵二等其他声组字在二等介音影响下客家今读主元音为 o，从 *u 到 o，较高的 u 元音确实下降了。但在二等介音这个同等演变条件下粤东客话庄组却仍然为 u，同于东韵精组，这显然是个例外。客话的这个例外似给李方桂先生的二等介音央化说提出了一个反证。为什么江韵庄组字在客话中不随其他声组字变化，也不像其他韵摄庄组字那样变化，而仍和东韵无别，呈现存古特点，有待进一步的研究、解读。

（七）与清代后期官话的比较

叶宝奎（2001：256—259）分析1888年官话罗马字《新约全书》韵母为49个，其所归纳的罗马字写法及其拟音见表3-48。

表3-48　　　　　　　　官话罗马字《新约全书》韵母

舒声韵				入声韵			
开	齐	合	撮	开	齐	合	撮
ï [ɿ/ʅ]	i [i]			ïh [ɿʔ]	ih [iʔ]		
		u [u]	ü [y]		iuh [iuʔ]	uh [uʔ]	üh [yʔ]
a [a]	ia [ia]	ua [ua]		ah [aʔ]	iah [iaʔ]	uah [uaʔ]	
æ [ɛ]	ie [iɛ]		üe [yɛ]	eh [ɛʔ]	ieh [iɛʔ]		üeh [yɛʔ]
o [o]				oh [oʔ]	ioh [ioʔ]	ueh [uəʔ]	
ai [ai]	iai [iai]	uai [uai]					
ei [ei]		uei/ui [uei]					
ao [au]	iao [iau]						
eo [əu]	iu [iu]						
an [an]	ien [iɛn]	uan [uan]	üen [yɛn]				
en [ən]	in [in]	uen [uən]	üin [yin]				
ang [aŋ]	iang [iaŋ]	uang [uaŋ]					
eng [əŋ]	ing [iŋ]	ong [oŋ]	iong [ioŋ]				

我们对叶宝奎所述1888年官话罗马字《新约全书》（下称《新约》）韵母特点进行分析，归纳若干区别性特征和晚近粤东客话比较情况见表4-49。

---

① 李方桂：《上古音研究》，商务印书馆2001年版，第23页。

表4-49　　官话罗马字《新约》与晚近粤东客话韵母比较

特征	官话新约	晚近客话
1. 四呼齐全	+	-
2. 舌尖 ɿ/ʅ 元音产生	+	-
3. 韵尾 m 消失	+	-
4. 保留入声韵	+	+
5. 韵尾 p/t/k 消失（弱化为喉塞尾）	+	-
6. 二等介音 i 产生	+	-（《客法》+）
7. 鱼支通韵	-	+
8. 江摄庄组入东韵精组	-	+

表4-49简要说明如下：1. 官话开齐合撮四呼已全，粤东客话则韵头 [y] 没有产生，[u] 也发育不全。2. 官话两个舌尖元音均已出现，粤东客话则尚未产生，只有一个舌面央高元音韵母 [i]。3. 官话鼻音韵尾 [m] 已然消失，但粤东客话则韵尾 [m n ŋ] 俱全。4. 和 5. 官话《新约》中尚保留入声，但 [p t k] 尾已合并为一个喉塞尾 [ʔ]，粤东客话入声则 [p t k] 尾俱全。6. 官话中二等字普遍产生介音，粤东客话只有《客法词典》所记蟹摄、山摄部分字产生介音。7. 官话鱼支分立，粤东客话则存在鱼支通韵现象。8. 江摄庄组读入东韵精组是客话韵母特点之一，官话无此现象。

三　小结

这四个文献材料所反映的粤东客音韵母差异，见表4-50。

表4-50　　　　　　　　晚近粤东客音韵母差异

韵母差异	新安	五经富	《客英》	《客法》
歌豪通押	-	+	-	-
蟹、山摄二等 i 介音	-	-	-	+
止摄知章组韵母为 i	-	-	-	+
效摄三等知章组韵母为 eu	-	+	-	-
流摄知章组韵母为 u	+	-	-	+
山摄三四等无介音 i	+	-	-	-
山摄三四等韵腹为 a	-	-	-	+
见组合口介音 u	-	-	-	+

第四章 声调系统

近代晚期新安《新约》、五经富《新约》、《客英词典》、《客法词典》四个材料所反映的音系，均用声调符号①对声调作了调类的划分，但限于当时历史条件，未对调值作详细的描写。我们根据材料所揭示的声调类别，充分利用历史方言文献，对照现代粤东客音，推断其调类，拟定其中新安《新约》和《客法词典》所记音系的调值。区别各材料在声调上的异同，考察其中古来源，揭示其相关特点。

第一节 调类及其拟测

一 声调符号

新安《新约》、五经富《新约》、《客英》、《客法》罗马字系统调类及标调方法见表 4-1。

表 4-1　　　　　　调类符号

调类	材料	字数	例字	调号	调类	材料	字数	例字	调号
上平（高平）	新安	407	夫	fu╱	下平（低平）	新安	331	乎	fu╱
	五经富	394		fu		五经富	304		fû
	《客英》	1021		fu		《客英》	842		fû
	《客法》	996		foū		《客法》	809		foû
上声	新安	235	府	fu′	去声	新安	444	富	fu╲
	五经富	221		fú		五经富	445		fù
	《客英》	724		fú		《客英》	1054		fù
	《客法》	629		foú		《客法》	1100		foú

---

① 各个材料的声调符号在罗马字音节中均能切分出来，和声韵分离。

续表

调类	材料	字数	例字	调号	调类	材料	字数	例字	调号
上入（高入）	新安	107	服	fuk̖	下入（低入）	新安	165	福	fuk̗
	五经富	118		fúk		五经富	164		fuk
	《客英》	246		fúk		《客英》	502		fuk
	《客法》	260		foŭc		《客法》	410		foŭc

从表 4-1 中可知，四个材料均将所描写的客话分成六个调类，且各个调类基本可以对应起来（对应情况见"调类拟测"）。其中新安《新约》、五经富《新约》无标调说明。

莱普夏斯（C. Lepsius）《标准字母》（1863 年第二版）一书收录了 1860 年巴色会新安客话《新约》的罗马字标调系统，如下图：

Tones.
high phin : pa,
low phin : pa
šon : pa'
khi : pa`
high nyip : pa
low nyip : pa

从上图可知，巴色会客话罗马字材料声调系统分为六个调类，分别为高平、低平、上声、去声、高入和低入。这种标调法用四种符号区分了上平、下平、上声、去声、上入、下入六种调类。调号只标在音节右侧上下部位，符合先写音节再标调号的书写习惯。巴色会罗马字声调符号当是巴色会韩山文或黎力基设计的，因遍查莱普夏斯《标准字母》一书两个版本，其中都无这种声调标记法的讨论。

五经富客话罗马字《新约》采用的罗马字系统经过比对，跟《客英词典》的教育会罗马字系统完全一致，标调方法也相同。《客英词典》的《说明》中有"客话声调（Hakka Tones）"一节，指出"客话有六个声调，分别是上平、下平、上声、去声、上入和下入。本词典中标调法如下：上平不标（fu），下平标抑扬音（circumflex accent）符号（fû），上声标尖音（acute accent）符号（fú），去声标抑音（grave accent）符号（fù），上入标尖音符号（fúk），下入不标（fuk）。因为入声音节总是以 k、t 或 p 作韵尾，所以不至于和上平混淆。这样六个声调的顺序就是 fu 夫、fû 乎、fú 府、fù 富、fúk 服、fuk 福"①。

《客法词典》中"声调说明"可用表 4-2 表示②。

表 4-2 　　　　　　　《客法词典》声调

调序	中文调名	对应法文译名	例字	标调
1	上平	plein haut（高平）	夫	foû
2	下平	plein bas（低平）	湖	foû
3	上声	montant（上升）	虎	foù
4	去声	descendant（下降）	父	foú
5	上入	rentrant haut（高入）	复	foûc
6	下入	rentrant bas（低入）	福	foûc

应该说明的是，这里的法文并非是对六个调类的描摹、说明，而是中文名的相应直译。所以汤培兰（1999：24—25）在误以为是调类描摹、说明之后，对其中上声描写为"montant（上升）"，而今梅县上声却是个低降调表示疑惑不解，"但是上声部分梅县是个低降调，《客法大辞典》却形容是个'上升调'"。另外还是因为这样的误读，汤将"rentrant haut"、"rentrant bas"也误译成了连自己都琢磨不透的"高凹调"、"低凹调"，于是说"《客法大辞典》对于入声的描述很抽象，我们无法掌握高凹调、低凹调的意义"③。实际上"rentrant haut"、"rentrant bas"就是对"上入"、"下入"的直译，"rentrant"就是"入"的直译。

从莱普夏斯（Lepsius）《标准字母》（1863）一书附录的新安客话《新约》罗马字标调说明及《客英词典》、《客法词典》有关声调的说明

---

① 纪多纳：《客英词典》，美华书局 1905 年版，第 viii 页。
② 赖嘉禄：《客法词典》，那匝勒印书馆 1926 年版，第 xii 页。
③ 汤培兰：《〈客法大辞典〉音韵研究》，硕士论文，台湾国立暨南国际大学中文系，1999，第 24 页。

中我们都只能得到当时所分的调类，而无法确知当时各个调类的具体调值。《客英词典》的作者纪多纳还明确告诉读者"要正确掌握这些声调的发音，除了随时向老师学习外，没有别的办法可循（The pronunciation of these tones cannot be properly learned except from the living teacher）"。

客家话的平声、入声被分成两类，在《客英》、《客法》标调说明中汉字调名、客语罗马字调名都是标的"上"、"下"，而对应的英文、法文注解则是用的"upper, lower"和"haut, bas"，莱普夏斯（Lepsius）《标准字母》（1863）则是用的"high, low"。这些外文词无疑都是表示高、低之别。反推过来，我们也可推断中文名中的"上、下"亦即"高、低"之意，且在现代客话中"服、复"属阳入字、"福"为阴入字，阳入调值高，阴入调值低，《客英》、《客法》标调说明中，"服复"两字排在前面，为上入；"福"字列后头，为下入。由此可以看出，中古四声中的平声、入声在客家话中均一分为二，当年可能以声调的高低来区分各自所分化出来的两个调类，即听感上调值高的则名之"上"，调值低的则谓之"下"。

二 调类比较

我们先根据现代粤东客音声调的调类，来推断晚近四个文献方言的调类情况。这里要说明的是，为求简洁，调类都用数字表示。但文献方言和现代方言中各个数码表示的调类不同，见表 4-3。

表 4-3 　　　　　　　粤东晚近与现代方言调类对照

	1	2	3	4	5	6
现代方言	阴平	阳平	上声	去声	阴入	阳入
文献方言	上平	下平	上声	去声	下入	上入

为了方便对应，我们在这里将上入、下入的顺序进行了调换，下入为 5，上入为 6，理由见下文。

（一）上平（见表4-4）

表4-4　　　　　　　声调普遍对照表（晚近上平）

例字	新安音读	清浊	古调	新	荔	杨	深	富	经	云	砂	河	英	五	法	梅
波	po¹	全清	平	1	1	1	1	1	1	1	1	1	1	1	1	1
铺	phu¹	次清	平													
毛	mau¹	次浊	平													
鸟	tyau¹	全清	上	1	1	1	1	1	1	1	1	1	1	1	1	1
断	thon¹	全浊	上													
有①	yu¹	次浊	上	1	1	1	1	1	1	1	1	1	1	1	1	3

从表4-4中基本可以看出，4个历史文献的上平和现代9个点客音声调的阴平基本对应。其中如：新安《新约》上平字与荔枝庄相互对应者为284字，荔枝庄读阴平者为268字，占94%强；五经富《新约》上平与现代五经富方言阴平字数对比为264:250，今读阴平者占95%；《客英》与今五华上平与阴平字数对比为237:230，今读阴平者占97%；《客法》与今梅县上平与阴平字数对比为289:274，今读阴平者占95%。点对点穷尽性比较如下：

晚近	字数	现代	字数	百分比	例外
新	284	荔	268	94%	2 拈虽拿臣如 3 抱忍引旅允拢 4 聚伴互惰扮
富	264	经	250	95%	2 拈语俄 3 恼燥伴钉友引拯近 4 挽监妇
英	237	五	230	97%	2 语拈樵聋渊 3 下阉
法	286	梅	274	97%	2 拈瓢瓢 3 吕允引忍猛暖敏软 4 伴

例外字中，现代读阳平（2）者，是次浊平仍读阳平，未归阴平；读上声（3）者，是次浊上仍作上声，未入阴平；读去声（4）者，是全浊上作去声，未作阴平。

经以上点对点穷尽性比较，说明新安《新约》、五经富《新约》、《客英》、《客法》上平跟现代客音各点的阴平基本一致。文献方言四点除文

---

① "有"字《客英词典》尚有上声，当系文读。

白异读（如"有"字《客英词典》白读上平，文读上声）偶有参差外，晚近四点均为上平，对应一致。现代九点阴平也与文献方言的上平基本吻合。这说明新安《新约》、五经富《新约》、《客英》、《客法》的声调调类上平，和现代客话的声调阴平一致。下边我们还要看下平的情况。

（二）下平（见表 4–5）

表 4–5　　　　　　　声调普遍对照表（晚近下平）

例字	新安音读	清浊	古调	新	荔	杨	深	富	经	云	砂	河	英	五	法	梅
扶	phu²	全浊	平	2	2	2	2	2	2	2	2	2	2	2	2	2
时	ši²	全浊	平	2	2	2	2	2	2	2	2	2	2	2	2	2
麻	ma²	次浊	平	2	2	2	2	2	2	2	2	2	2	2	2	2
牙	ṅa²	次浊	平	2	2	2	2	2	2	2	2	2	2	2	2	2
扶	phu²	全浊	平	2	2	2	2	2	2	2	2	2	2	2	2	2

从表 4–5 中例字可以看出，新安《新约》的下平也与现代九点客音声调的阳平一致，五经富《新约》、《客英》、《客法》下平也均跟现代客音各点的阳平一致。文献方言四点均为下平，对应整齐。现代九点阳平也与文献方言的下平吻合。点对点穷尽性比较如下：

晚近	字数	现代	字数	百分比	例外
新	251	荔	251	100%	
富	226	经	223	99%	1 乎祈诬
英	227	五	219	97%	1 弥旁乎诬驴 3 筵祈骇
法	210	梅	208	99%	1 菌蟊

例外字中，现代读阴平（1）者，主要是次浊平读阴平，不作阳平。

由此说明新安《新约》、五经富《新约》、《客英》、《客法》的声调调类下平，和现代客话的声调阳平完全一致。根据现代阴平、阳平的调值表现，阴平高，阳平低。四点文献方言的上平对应于阴平，下平对应于阳平。

（三）上声（见表 4-6）

表 4-6　　　　　　　　声调普遍对照表（晚近上声）

例字	新安音读	清浊	古调	新	荔	杨	深	富	经	云	砂	河	英	五	法	梅
斧	pu³	全清	上	3	3	3	3	3	3	3	3	3	3	3	3	3
影	yan³	全清	上	3	3	3	3	3	3	3	3	3	3	3	3	3
纺	phyoṅ³	次清	上	3	3	3	3	3	3	4	4	4	3	3	3	3
土	thu³	次清	上	3	3	3	3	3	3	3	3	3	3	3	3	3
肚①	tu³	全浊	上	3	3	3	3	3	3	3	3	3	3	4	3	3
跪	khui³	全浊	上	3	3	3	3	4	3	3	3	3	3	3	3	3
米	mi³	次浊	上	3	3	3	3	3	3	3	3	3	3	3	3	3
舞	wu³	次浊	上	3	3	3	3	3	3	3	3	3	3	3	3	3
片	phen³	次清	去	3	3	3	3	3	3	3/4	3/4	3	3	3	3	3
妙	myau³	次浊	去	3	3	3	3	3/4	3	3	3	3	3	3	3	4

新安《新约》的上声与现代九点客音声调的上声一致。五经富《新约》、《客英》、《客法》上声也均跟现代客音各点的上声一致。文献方言四点均为上声，对应一致。现代九点上声也基本与文献方言的上声基本吻合，参差之处主要是受通语"浊上归去"影响，现代客音有少量读入去声的文读或地域异读，如"纺肚跪片妙"等字。这说明新安、五经富《新约》、《客英》、《客法》的上声，和现代客话的上声完全一致，请看点对点穷尽性比较：

晚近	字数	现代	字数	百分比	例外
新	165	荔	162	96%	4 闷陷杖
富	169	经	161	95%	1 悯 2 姊谱 4 奈据恐庀昧
英	168	五	151	90%	1 荡忍 2 苇鲁抚 4 慧庀慰昧废妄具罕谤拥供据
法	149	梅	148	99%	1 演

例外字中则是少数字在晚近和现代归调略有不同。

---

① 腹肚，徒古切。又当古切，胃。

（四）去声（见表 4-7）

表 4-7　　　　　　　　声调普遍对照表（晚近去声）

例字	新安音读	清浊	古调	新	荔	杨	深	富	经	云	砂	河	英	五	法	梅
罪	tshui⁴	全浊	上	4	4	4	4	4	4	3	4	3	4	3	4	4
象	syoṅ⁴	全浊	上	4	4	4	4	4	3	4	4	3	4	4	4	4
布	pu⁴	全清	去	4	4	4	4	4	3	4	4	4	4	4	4	4
爱	oi⁴	全清	去	4	4	4	4	4	4	4	4	4	4	4	4	4
怕	pha⁴	次清	去	4	4	4	4	4	4	4	4	4	4	4	4	4
看	khon⁴	次清	去	4	4	4	4	4	3	4	4	4	4	4	4	4
谢	tshya⁴	全浊	去	4	4	4	4	4	3	4	3	3	4	4	4	4
旧	khyu⁴	全浊	去	4	4	4	4	4	3	4	3	3	4	4	4	4
骂	ma⁴	次浊	去	4	4	4	4	4	4	4	4	4	4	3	4	4
饿	ṅo⁴	次浊	去	4	4	4	4	4	4	4	4	4	4	4	4	4

新安《新约》的去声与现代荔枝庄、杨小坑、深圳和梅县客音声调的去声基本一致，《客法》上声也均跟现代客音各点的上声基本一致。但现代揭西的经、云、砂、河四个方言点和五华方言点因存在去声读入上声（主要是浊去归上）情况，对应较为参差，请看点对点穷尽性比较：

晚近	字数	现代	字数	百分比	例外（含去声作上声音变字）
新	297	荔	291	98%	1 后撑旱近 2 舵 3 慰
富	308	经	57	19%	(今读上声 251，占 81%) 3 兆四闹次教醉酹漂庙妙致笑至戏议照少穗智钓位未剌翠置气异到倒意睡毁市报试貌贵躁用喂为傲弃号奥味豹累众道顾祭墓怕吐露露醋布故华库恶助去预付雾错帕做个饿籤磨座慕怕句骂架价下借赦化过退闭造帝吊细系聚对晒碎悔最会税废背爱戴秒带待代袋再势赛世拜界芥戒派债树菜并电辩粪静便面贱净聘性旺敬件建病献变聘按定看岸罕辨翰辩殿并易圣慢望分状训认柄撞怨症恨尽院降孕兴印证论逊凳顺润信乱硬荐见现宴半万断烂算换跳应盗串幔诱样众梦救旧喊右向象匠送径淡暂又让共供叫尚斗透授缝受够候富就丈暗豆犯难叹炭葬禁栋放丧探痛弄范念店厌沾亮验洞渐焰动将赚
英	312	五	176	56%	(今读上声 136，占 44%) 3 践贱傲洞罪面辩辨撞预内慢貌动象现路露倒道盗柄外电坏建件烂悟造恶病序叙殿豆漂监字赚样暂碍调害载并验又旧救受败后就誓妇第庙用住树怒诵弄丈渐状定待兆犯代袋召耐望又但亮备奋尽易议恨义梦毁近愿类万院氏谢位换睡润大个饿吏运二丧鼻示市顺惰士座顿地硬分乱宴暴判幔妒卫慕夜畏步部味未
法	278	梅	275	99%	1 稻撑 3 染

例外字中，富—经和英—五有不少字改读上声是规律音变，见第五章声调演变的讨论，新—荔、法—梅则是少数字在晚近和现代归调略有不同。

历史文献中五经富《新约》、《客英》也存在少量其他历史点读去声而五经富《新约》、《客英》读入上声的情况。列举如下：

古去声：（清）奋更禁灿戍；（全浊）汴仗被坠共慧骤俸；（次浊）迈艳刃
古上声：（清）贿；（全浊）棒陛愤忿沌混；（次浊）染诱朗

总体来看，新安、《客法》的去声，和现代客话的去声调类仍基本一致。但五经富《新约》、《客英词典》中的去声字近百年来发生了较大的变化，较多字归入现代的上声，详见第五章中声调演变的讨论。

（五）下入（见表4-8）

表4-8　　　　　　声调普遍对照表（晚近下入）

例字	新安音读	清浊	古调	新	荔	杨	深	富	经	云	砂	河	英	五	法	梅
接	tsyap⁵	全清	入	5	5	5	5	5	5	5	5	5	5	5	5	5
割	kot⁵	全清	入	5	5	5	5	5	5	5	5	5	5	5	5	5
祝	tsuk⁵	全清	入	5	6	5	5	5	5	5	5	5	6	5	6	5
塔	thap⁵	次清	入	5	5	5	5	5	5	5	5	5	5	5	5	5
畜	khyuk⁵	次清	入	5	5	5	5	5	5	5	5	5	5	5	5	5
踏	thatʰ⁵	次清	入	5	6	6	6	6	5	5	5	5	6	5	6	5
术	šut⁵	全浊	入	5	6	5	5	6	5	5	5	5	6	5	6	6
木	muk⁵	次浊	入	5	5	5	5	5	5	5	5	5	5	5	5	6
日	nyit⁵	次浊	入	5	5	5	5	5	5	5	5	5	5	5	5	5
洛	lok⁵	次浊	入	5	5	5	5	6	6	6	6	6	6	6	6	5

从表4-8中可以看出，新安《新约》的下入与现代九点客音声调的阴入一致。五经富《新约》、《客英》、《客法》上入也均跟现代客音各点的阴入一致。所以我们在上文中将下入、上入的顺序进行了调换，下入作5，上入作6，使之和现代粤东客音阴入、阳入顺序相同。文献方言四点下入调类对应一致。现代九点阴入也与文献方言的下入基本吻合。说明新

安《新约》、五经富《新约》、《客英》、《客法》的声调调类下入，和现代客话的声调阴入基本一致。点对点穷尽性比较如下：

晚近	字数	现代	字数	百分比	例外
新	113	荔	107	95%	6 轭踏弱祝恰术
富	113	经	111	98%	6 跌避
英	124	五	120	97%	6 祝泊疫着
法	110	梅	102	93%	6 木六跌脉袜笠戳

例外字参差之处主要是历史客音中读下入的次浊入声字在有些方言点中归阳入，如梅县的"木"字等。

（六）上入（见表4-9）

表4-9　　　　　　　声调普遍对照表（晚近上入）

例字	新安音读	清浊	古调	新	荔	杨	深	富	经	云	砂	河	英	五	法	梅
踏	thap⁶	次清	入	6	6	6	5	6	5	5	5	5	6	5	6	5
达	that⁶	全浊	入	6	6	6	5	5	6	6	6	6	6	6	6	6
舌	šet⁶	全浊	入	6	6	6	6	6	6	6	6	6	6	6	6	6
律	lut⁶	次浊	入	6	6	6	6	6	6	6	6	6	6	6	6	6
业	nyap⁶	次浊	入	6	6	6	6	6	6	6	6	6	6	6	6	6

新安《新约》的上入与现代九点客音声调的阳入一致。五经富《新约》、《客英》、《客法》下入也均跟现代客音各点的阳入一致。文献方言四点上入调类对应一致。点对点穷尽性比较如下：

晚近	字数	现代	字数	百分比	例外
新	84	荔	81	94%	5 抹宿陆
富	88	经	77	88%	（今读阴入11，占22%）5 牧狭贼踏习幕缚腹没玉蜜
英	101	五	63	62%	（今读阴入38，占38%）5 或络习越悦乐骆铍白落洛切贼别灭述若歇术鼋缚蜜牧狭独鹿毒服石目仆踏赎局玉伏席籍
法	64	梅	61	95%	5 俗逆踏

例外字中，富—经和英—五有不少字改读阴入是规律音变，见第五章声调演变的讨论，新—荔、法—梅则是少数字在晚近和现代归调略有

不同。

五经富《新约》、《客英词典》有较多上入字在现代粤东客话对应点中今读归入阴入，如上表所示。但现代九点阳入基本与文献方言的上入吻合。这说明新安《新约》、五经富《新约》、《客英》、《客法》的声调调类上入，和现代客话的声调阳入基本相同。

三　调值拟测
（一）新安客话调值

巴色会新安材料用的是莱普夏斯标准字母系统，但我们推测新安《新约》声调标法是巴色会教牧人员新创，并非标准字母系统原有。我们在两个版本的《标准字母》中均没有找到有关声调调值的论述。

庄延龄（E. H. Parker, 1880）曾将新安客话的声调分成上平、下平、上上、下上、上去、下去、上入、下入八个，并分别与广州话、福州话、汉口话的相关声调调值进行了模拟。就其原意我们做适当改述，即我们将庄延龄所说"(exactly) the same as"转写为"="，表示调形和调值都相近；所说"like"转写为"≈"，大致表示调形相似，并附上现代方言调值①，以便参照：

客家上平（今34）＝广州上去（今33）
客家下上≈福州上入（<u>23</u>）
客家下平（今21）＝广州下平（今21）
客家上上（今31）≈汉口上声（今42）
客家下上＝福州上入（今<u>23</u>）
客家上去（今53）＝客家下去（今53）＝广州上平（今53或55）
客家上入（今2）≈客家上上（今31）≈福州下平（今52）
客家下入②（今5）≈客家去声（今53）≈广州上入（今5或33）、上平（今53）

---

　①　广州话、福州话、汉口话调值引自北京大学中国语言文学系语言学教研室：《汉语方音字汇》（重排本），语文出版社2003年版；客家今声调为香港西贡荔枝庄调值。

　②　参见 Parker, Edward Harper（庄延龄）：Syllabary Of The Hakka Language Or Dialect. *The China Review, Or Notes & Queries On The Far East*, 1880, Vol. 8, No. 4. 从庄延龄所举下去例字"罢、鼻、丈、件"和下入例字"疾、拔、特"，并由此奇怪于这些字都读送气音，与Chalmers发现的汉语大多数方言规律不合，说明他们当时注意到了客家话浊声母字今读不论平仄均送气的特点。我们推断庄延龄已经能根据中古声母的清浊来区分方言调类，只不过他仍沿用"上、下"分调法。所以他所说的上入、下入相当于阴入、阳入，跟本书近代四个文献的两个入声名称正好调换，这是要予以特别注意的。

虽然庄延龄对各方言间调值的模拟并不十分科学，但在当时，就其方法而言，应该是相当先进的了。能做到这点也不太容易，需要对参与比较的方言都很熟悉，还要有良好的听音辨调能力。后世的研究者可从这种比较中推测出当时的调值来。我们对以上庄延龄所做的声调比拟，略作分析。

新安的上平估计在当时是个中平调，调值为33；下平应该就是个低平略降的调，调值仍为21；上声是个低降，调值为31；去声应该仍是个高降调，调值为53，还可推知广州话当时的阴平就只有53调值，高平调55是后来才出现的。庄延龄对当时新安客话入声的比拟，从今天广州、福州相应调类的调值看，我们看不出这两个调类的区别在哪里，因为福州的阳上和广州的阴平今调值都是高降调。原因可能是方言声调调值在一百年间发生了变化，也有可能庄延龄当时的比拟有误。幸好庄延龄还告诉我们，新安客话两个入声分别跟上声、去声的调值相似。上声、去声的调值上文我们已经拟出，一高降，一低降。如果调形相似的话，入声相应的要短促，时长缩短。与上声相似的是下入（案：庄延龄的"上入"），调值当拟为53，一般记为5；与去声相似的是上入（案：庄延龄的"下入"），调值当拟为31，一般记为3。

从上面分析可以看出，在一百多年的时间内，新安客话声调调值基本上未起变化。

（二）嘉应客话调值

毕安（C. Piton，1880）在评论庄延龄的声调模拟做法时，特别指出庄延龄像处理本地话（粤方言）那样，区分客家话上声为上上、下上两个，去声为上去、下去两个。他说："我自己研究这个方言已经15年了，还有别人（笔者案：可能指像黎力基这样的巴色会先驱）研究了双倍于我的时间，我们从来都未发现有这个不同。我肯定地说这个区别根本不存在。客家话都只有一个上声、一个去声。只不过有许多地方的去声字中，本地（案：广府人，即粤方言中）读下去的，那些地方的客家人也读为上声，造成那些地方读上声的字数量上要远远超过去声。"

至于声调调值的比较，毕安也就客家话和本地话（粤方言）提出了自己的看法。但要注意的是，他所说的客家话，应该是嘉应州客话，而非新安客话。为什么这样说呢？一是因为毕安在论文甫开篇便说：

客家胜地莫过于粤省东北的嘉应州,到那里我们可找到最纯粹的客家话。虽说其他各地客家大都系自嘉应州迁至临近州府,但在那儿生活久了之后多少都会和本地(案:指广府人)、学佬(案:指潮汕人)混同,其语言也必定受到影响——或者说败坏了自己的语言。新安县的情况更是如此,在新安客家仅占人口的三分之一,甚或还要更少些。①

从这里我们可以看出,毕安对嘉应客话、新安客话所持的截然不同的态度。另外他对新安客话和嘉应客话都素有研究,他参与编写了新安客话的罗马字《新约》,前文已经说明。他还在嘉应传教,文中他自己说在嘉应州居住了多年(lived many years in the Ka-ying Prefecture)②。作为一个研究客话多年的"学者型"传教士,又在嘉应多年,再加上他以嘉应客话为纯正客话的鲜明的语言态度,显然他要比较的是嘉应客话而不可能是新安客话了。

下边我们来看他对嘉应客话和粤方言的比较,他说:

> 至于广州话和客家话的调值的比较,我认为广州的上去和客家的上平相同,广州的下去和客家的下平一致,广州的上平和客家的去声相同,而两个入声却正好相反。③

我们也按他的原意转成如下等式,并分别加上今梅县、广州相关声调调值,以便参考:

---

① 原文为:"Now the Hakka-country par excellence is the prefecture of Ka-ying-chao (嘉应州) in the N. E. corner of the province of Canton, to which then we are to look for the purest form of that dialect. For although the Hakkas have extended from Ka-yingchao to the neighbouring Prefectures, they are living there more or less mixed up with Puntis and Hoklos, whose language must necessarily have influenced or-so to say deteriorated their own one. This must be the case especially in the Sin-on (新安) district, where the Hakkas form only about one third or even less of the population." 见 Ch. Piton: Remarks on the Syllabary of the Hakka Dialect by Mr. E. H. Parker, *The China Review, or notes & queries on the Far East*(《中国评论》),1880, Vol. 8, No. 5, p. 316.

② 毕安 1864 年来华,随即与边得志驻长乐县(今广东省五华县)大田乡樟村,1869 年起又至长乐县长埔(今作长布)乡源坑里。其主要活动地区都在今五华县。

③ 原文为:"As regards the comparative value of the tones in the Cantonese and the Hakka, I think that the Cantonese 上去 is the same as the Hakka 上平, the Cantonese 下去 is the same as the Hakka 下平, the Cantonese 上平 is the same as the Hakka 去声, and the two 入声 are simply inverted." 见 Ch. Piton: Remarks on the Syllabary of the Hakka Dialect by Mr. E. H. Parker, *The China Review, or notes & queries on the Far East*, 1880, Vol. 8, No. 5, p. 318.

客家上平（今 44）＝广州上去（今 33）
客家下平（今 11）＝广州下去（今 22）
客家去声（今 52）＝广州上平（今 53、55）
客家上入（今 5）＝广州下入（今 5）
客家下入（今 1）＝广州上入（22、2）

毕安比较了嘉应客家话上平、下平、去声、上入、下入五个调类，上声没有比较，说明他非常严谨，宁缺毋滥。梅县客家两个平声现在是高平、低平之别，相对应的广州阴上和广州阳去今天也还是中平、低平之别。梅县去声和广州阴平今天仍是高降，广州阴平今天有读高平 55 的，但从庄延龄和毕安两人的比较来看，这个高平读法应该是后来才有的①。从客家话的两个入声的比较来看，毕安显然意识到了客家话阴入调值低，阳入调值高的特点，因为他注意到了客家入声的调值正好和广州的相反。我们根据毕安的比较，拟定嘉应的声调调值如下：

上平 33　下平 11　上声 31　去声 53　上入 5　下入 2

上声的调值，毕安未做比较，但是我们根据现代梅县的上声调值，并考虑上声与所拟其他调值的区别关系，我们拟当时嘉应的上声为低降调，调值 31。

我们已经从历史背景和文献方言本身论定《客法词典》的基础音系是嘉应方言。且赖嘉禄在《客法词典》的《声调说明》（les tons）最后说：

此外，相同的字在不同的地方并非调都一样，这就使人乍一听，以为是两种互有区别的方言。在本书中所标注的是嘉应州的声调。②

---

① 施其生曾根据 J. Dyer Ball（波乃耶）的两本粤语教材 *Cantonese Made Easy*（1883）和 *How to Speak Cantonese*（1902）研究广州话阴平调两个调值 53、55 的来源。他发现 1883 年本几乎只有本调 53，而 1902 年本两个调都有。施氏认为："可能是编写 1883 本时作者忽视两读，凡能读本调的都记本调，也可能是阴平变读 55 的情况当时刚刚发端，何种原因尚有待其他材料证实，估计前一种的可能性较大。"见施其生《一百年前广州话的阴平调》，《方言》2004 年第 1 期。我们根据 1880 年庄延龄、毕安对客家话去声和广州话阴平的模拟反推，认为后一种的可能性大些，即在 1880 年左右阴平变读 55 的情况当时刚刚发端，故尚未引起波乃耶等三人的注意。

② 原文为："De plus, les mêmes mots n'ont pas toujours le même ton dans tous les pays, c'est ce qui fait paraître de prime abord deux patois si différents l'un de l'autre. Dans cet ouvrage on a indiqué les tons du langage de Ka-yn-tchou."

由此，我们可以进一步确定《客法词典》的声调必为嘉应声调无疑。

五经富罗马字《新约》和《客英词典》的声调，两个材料本身无具体调值说明，暂时也还未找到其他相关材料可予佐证，目前难以进行拟定，只好留待日后再行补苴。

四　四点声调系统

我们依据以上调类比较和调值拟测的结果，分别得出晚近粤东客音四个方言点各自的声调系统，见表4-10至表4-13。

表4-10　　　　　　　　　　新安《新约》声调

今调类名	阴平	阳平	上声	去声	阴入	阳入
旧调类名	上平	下平	上声	去声	下入	上入
拟定调值	33	21	31	53	3	5
例字	青舅冷毛	详囚来苇	表跪女震	店谢道染	迹曲六术	白别力宿

表4-11　　　　　　　　　　五经富《新约》声调

今调类名	阴平	阳平	上声	去声	阴入	阳入
旧调类名	上平	下平	上声	去声	下入	上入
例字	穿礼毛邦	残廊来蓝	饱灌此扭	部创烂浪	八北哭拍	白雹鹿力

表4-12　　　　　　　　　　《客英词典》声调

今调类名	阴平	阳平	上声	去声	阴入	阳入
旧调类名	上平	下平	上声	去声	下入	上入
例字	青舅冷毛	详囚来苇	表跪女震	店谢道染	迹曲六术	白别力宿

表4-13　　　　　　　　　　《客法词典》声调

今调类名	阴平	阳平	上声	去声	阴入	阳入
旧调类名	上平	下平	上声	去声	下入	上入
拟定调值	33	11	31	53	2	5
例字	青舅冷毛	详囚来苇	表跪女震	店谢道染	迹曲六术	白别力宿

第二节 声调内部差异

新安《新约》、五经富《新约》、《客英词典》和《客法词典》都为阴平、阳平、上声、去声、阴入、阳入六个调类，非常一致。在调值上我们拟定的新安声调和嘉应声调的相应调类调值也很接近。五经富《新约》、《客英词典》因无描写调值的文献，未予拟值，暂无法比较调值。

在中古声调调类的分混上规律也基本一致，差异不大。比较而言，有差别的是中古去声读入今上声的情况。五经富《新约》和《客英词典》有此情况，新安《新约》和《客法词典》基本上没有这种表现。

五经富《新约》中有434个古去声字，其中22个读为上声，列举如下：

[清去] 庇卷更据慰谤顿旦灌片旷况判
[全浊去] 慎但导惧仅
[次浊去] 昧奈伪妄

《客英词典》数据库中（以方言调查字表收字为限），收有1075个古去声字，其中有79个读为上声，也列举如下：

[清去] 冀佐奋讽溉概腕迸间$_{动词}$涧较竟据卷绢懊愧更震振臂废笮殡镇畀庇慰谤纵鬓慨晦灿畅脆讳旷困戍片况
[全浊去] 校共授俸导汴骤坠字遁绘具惠忌仅惧慧会倦
[次浊去] 迈纬孕咏泳辆艳擂茂贸绕妄昧寐闷妙刃谬

李如龙、张双庆（1992：192）发现广东翁源、揭西、福建武平等客方言把多数浊去字和清上字合为一调。魏宇文（1997）也揭示了五华横陂镇客家方言"浊去归上"的特点①。但从晚近文献材料看来仍有不少清去字也读入上声。我们调查的现代粤东方言中揭西四个点包括今五经富、五云、下砂、河婆，以及五华河东也都具有这个特点，不但"浊去归上"，而且还有部分清去字也读作上声了。

---

① 魏宇文：《五华方言同音字汇》，《方言》1997年第3期。但在其同音字表中稍稍浏览，便检得"悔晦慰谤况"等清去字在同音字表中标作上声。

从中古去声读入今上声的比例来看，现代粤东方言的比例要远远高于晚近两个客话文献。如五华河东 357 个中古去声字中，有 140 个读入今上声。而今五经富镇方言比例更高，370 个古去声字中，有 280 个读今上声。这样一比较，可以发现五经富《新约》、《客英词典》中"浊去归上"这种情况才刚刚开始。因为在两个材料中，不管是全浊去声字，还是次浊去声字，其主体部分仍为去声，变读上声的还是少部分字。

第三节　声调系统及特点

一　声调系统

我们根据上文对近代晚期粤东客音四个历史点声调调类及调值的考察结果来看，四个历史点声调调类是一样的，调值也基本接近。从四个历史语料所记客话之间差异的比较结果可以知道，只是部分点开始有部分中古去声字读入上声的情况，但并未造成调类格局的变化。

据此，我们可以拟出近代晚期粤东客音声调系统。我们认为这个系统也仍为六个调类，其中阴平调值为中平，阳平调值为低平，上声调值为低降，去声调值为高降，阴入调值低，阳入调值高；且中古去声字还没有读入上声的情况，见表 4-14。

表 4-14　　**粤东客话调类与文献四点对照**

粤东声调	拟值	四点对照					例字
		四点调类	新安—拟值	五经富	《客英》	《客法》—拟值	
阴平	˧ (33)	上平	fu˧	33	fu	fu	foū　33	夫
阳平	˩ (11)	下平	fu˩	21	fû	fû	foû　11	乎
上声	˧˩ (31)	上声	fu˧˩	31	fú	fú	foù　31	府
去声	˥˧ (53)	去声	fu˥˧	53	fù	fù	foú　53	富
		上声			fú	fú		慧
阴入	˧ (3)	下入	fuk˧	3	fuk	fuk	foŭc　2	福
阳入	˥ (5)	上入	fuk˥	5	fúk	fúk	foŭc　5	服

二　声调特点

晚近粤东客话声调的中古来源见表 4-15。

表4-15　　　　　　　　晚近粤东客话声调中古来源

旧调名	中古来源	
	主要来源	其他来源
上平	清平	次浊平、全浊上、次浊上部分字
下平	全浊平、次浊平	清平、上声、去声的部分字
上声	清上和次浊上	部分全浊上字
去声	去声和全浊上声	少量平声、上声、入声字
下入	中古清入	部分次浊入、少量全浊入字
上入	全浊入、次浊入	部分次清入字

再从中古声调角度出发比较一下晚近粤东客话声调和中古声调的异同，同时也进一步观察晚近粤东客话中声调分布的特点。我们且以新安客话为例，见表4-16。

表4-16　　　　　　　　新安声调比较

中古	晚近 清浊	阴平	阳平	上声	去声	阴入	阳入
平声	清	巴非招官 偷青三私					
	全浊		朋房童唐				
	次浊	捐拿鳞聋毛 蚊昂拈援	男民伦林				
上声	清			本斧顶古 土嫂手晓			
	全浊	抱坐丈巨			犯待市限		
	次浊	某旅领允		米揽眼雨			
去声	清				报付见案 怕退货库		
	全浊				败豆贱谢		
	次浊				卖万耐念		
入声	清					百搭迹德 脱萨册七	
	全浊						白读舌石
	次浊					木脉目睦洛六 粒肉日弱跃	麦列热翼

从表4-15、表4-16可以看出粤东晚近客话的声调特点跟今天大多数客话的特点无异。客家方言的声调很有特色，人们认识客家方言的声调特点也经历了一个不断发现、不断深化的历史过程。

目前对于客家话声调，已经总结出了全浊上归阴平、次浊上归阴平、次浊平归阴平、次浊入部分字归阴入部分字归阳入、次浊去归清去[①]等特点，且这些字的归派，在各地客家话中往往比较一致。

这些特点看上去杂乱，实际在表述上还可更为精练一些，许多学者也从这里头再次寻找规律。刘纶鑫（2001：105—123）最早做到了这点，他表述为：（一）浊上部分归阴平；（二）次浊部分随清流。但我们觉得从影响面来说，次浊声母字的分化涉及古平上去入所有声调，而浊上字的分化只涉及两个古声调。从整体与部分关系角度看，"次浊部分随清流"这个特点明显比"浊上部分归阴平"这个特点要更为突出。所以"次浊部分随清流"是客家方言声调的最大的特色，其次才是"浊上部分归阴平"，这是我们一个新的思考。

下面我们就从这两大规律来逐一检视晚近粤东客话声调的情况，并对各个特点略作分析。

（一）古平声次浊声母字两分

古平声次浊声母字在晚近粤东客话中均两分，部分读入阴平，大部仍读阳平。

1. 新安《新约》11字读入阴平，次浊平总字数为143字，所占比例为7.70%。例字如下：

摩毛［明］；蚊［微］；拈拿［泥］；聋鳞［来］；如［日］；昂［疑］；揩［以］；援［云］

2. 五经富《新约》9字读入阴平，次浊平总字数为138字，所占比例为6.52%。例字如下：

弥毛［明］；拿拈［泥］；聋笼［来］；俄［疑］；捐逾［以］

[①] 本书所涉晚近或现代粤东语料，去声均已合流，已然不见"次浊去归清去"，但笔者推测粤东客话早期当去声二分，具次浊去归清去特点，留待进一步研究。

3.《客英词典》12字读入阴平,次浊平总字数为363字,所占比例为3.30%。例字如下:

妈毛[明];蚊[微];拈[泥];捞聋笼_白[来];戎[日];研[疑];捐[以];援于[云]

4.《客法词典》17字读入阴平,次浊平总字数为379字,所占比例为4.48%。例字如下:

妈毛[明];蚊[微];拈拿[泥];擂聋轮鳞篮笼[来];戎瓤[日];研[疑];捐[以];于援[云]

晚近粤东次浊平读入阴平的字总数为20个左右,数量不大,所占比例为全部次浊平字的5%左右。各点也基本对应一致。

(二) 古上声次浊声母字两分

古上声次浊声母字在晚近粤东客话中也两分,部分读入阴平,大部归于上声。

1. 新安《新约》46字读入阴平,次浊上总字数为82字,所占比例为56.10%。例字如下:

某猛满买马勉每免美[明];晚武尾[微];恼乃[泥];里敛拢卤理里礼旅冷懒领岭鲁[来];乳挠扰忍尔惹[日];语咬我[疑];允养引以也野[以];友有永往[云]

2. 五经富《新约》43字读入阴平,次浊上总字数为75字,所占比例为57.34%。例字如下:

马买满猛皿某勉免母美每蠓[明];晚挽侮尾[微];乃恼[泥];冷礼理里敛领两鲁笼[来];尔扰软忍[日];雅咬拟语仰[疑];野也以引养[以];友有[云]

3.《客英词典》63字读入阴平,次浊上总字数为201字,所占比例为31.30%。例字如下:

满_白每_白猛_白免_白勉_白敏_白悯_白秒_{又读}马码买卯美皿某母亩[明];挽_白晚_白侮武_白尾[微];

奶暖 [泥]；卤_白 鲁_白 懒冷里理里礼鲤两领岭榄吕旅 [来]；尔_第二人称 冉惹忍软 [日]；我_文 雅仰咬语 [疑]；养_白 痒_白 也_白 野_白 允_白 引_文 以酉与 [以]；往_白 友_白 有_白 永_白 矣_又读 [云]

4.《客法词典》65字读入阴平，次浊上总字数为210字，所占比例为31.00%。例字如下：

免勉卯悯敏某母每满猛亩皿码秒美买马 [明]；尾晚武侮 挽_又读 [微]；乃你奶恼暖 [泥]；冷吕岭懒拢榄理礼里_邻_里_面 领鲁鲤卤两_斤_ [来]；忍扰软惹_白 [日]；仰蚁语雅咬我 [疑]；也以引痒与酉野养允_白 [以]；友往有禹矣_又读 [云]

晚近粤东次浊上读入阴平的字数量比较大，按数量对比的话当是读入阴平的全浊上字的两倍左右，是中古上声转入阴平的主体。在全部次浊上字中，大致占1/3，也即读阴平的次浊上字和读入上声与清上为伍的次浊上字是1:2的比例。次浊上读阴平在数量上、比例上看来是极其引人注目的。

（三）古入声次浊声母字两分

古入声次浊声母字在晚近粤东客话中也两分，部分读入阴入，大部归于阳入。

1. 新安《新约》11字读入阴入，次浊入总字数为57字，所占比例为19.30%。例字如下：

睦目木脉 [明]；六洛粒 [来]；肉日弱 [日]；跃 [以]

2. 五经富《新约》12字读入阴入，次浊入总字数为64字，所占比例为20.31%。例字如下：

立六 [来]；麦抹_布 目木 [明]；诺聂_姓 捏 [泥]；日 [日]；额 [疑]；育 [以]

3.《客英词典》35字读入阴入，次浊入总字数为143字，所占比例为25.17%。例字如下：

脉抹觅陌漠寞幕木目_汁 [明]；袜 [微]；捺诺聂蹑镊捏 [泥]；笠粒六劣陆禄 [来]；日肉 [日]；额孽虐疟 [疑]；跃钥育疫_白 页_又读 [以]；域曰 [云]

4.《客法词典》34字读入阴入，次浊入总字数为140字，所占比例为24.28%。例字如下：

寞幕抹木漠脉觅陌目_眉、摸［明］；袜［微］；捏捺聂诺蹑［泥］；六劣禄笠陆拉辣粒［来］；肉日［日］；孽疟额［疑］；育跃浴［以］；域［云］

晚近粤东客话次浊入读入阴入的字数量不算太大，因为入声字少，但比例还是高的，大致占全部次浊入字的1/4弱。读阴入和读阳入的次浊入字大致比例为1:3。这在比例上来看也是比较高的。

（四）古上声全浊声母字两分

古上声全浊声母字在晚近粤东客话中也两分，部分读入阴平，大部归于去声。

1. 新安《新约》17字读入阴平，全浊上总字数为62字，所占比例为27.41%。例字如下：

伴婢抱被［並］；妇_白［奉］；惰断动_白［定］；聚坐在［从］；丈_{~人}重_{~轻}［澄］；上_{~山}［禅］；舅巨［群］；下_{底~}［匣］

2. 五经富《新约》13字读入阴平，全浊上总字数为62字，所占比例为21.00%。例字如下：

伴被婢［並］；妇［奉］；弟挑_{~战}［定］；坐在［从］；重_{轻~}［澄］；上_{~山}［禅］；拒技近［群］

3.《客英词典》30字读入阴平，全浊上总字数为197字，所占比例为15.23%。例字如下：

被辫蚌簿伴_白婢_白［並］；犯_白［奉］；挑断动_白稻_{又读}［定］；坐_白在［从］聚_{又读}［从］；雉苎柱重［澄］；社鳝上_{动词}［禅］；荷舅白巨近_白［群］；旱_白后_{白读、~年}下_{名词、形容词白读}缓_{又读}［匣］

4.《客法词典》28字读入阴平，全浊上总字数为194字，所占比例为14.43%。例字如下：

婢拌簿辫被_{~套}蚌伴_{又读}［並］；挑断_{~绝}动囤_白弟堕_{又读}［定］；在_白坐_白［从］；柱苎雉

重~轻,白读[澄]；柿[崇]；社鳝上动词[禅]；白舅近白圈动词[群]；旱白[匣]

晚近粤东客话全浊上读阴平的字，往往具文白异读。白读为阴平，文读为去声。《客英词典》和《客法词典》往往予以标明。全浊上读阴平的字数当在30—40字，约占全浊上字数的1/6弱；读阴平的全浊上字与读入去声的全浊上字的比例为1∶5。

我们所选的晚近粤东四个历史语料中去声均不分阴阳，① 所以我们无法考察次浊去的两分情况，去声的分化我们这里不予讨论。但我们从上面的分析中，特别是进行一定程度的数量分析之后，我们确实能够进一步认识到中古平、上、去、入四声中的次浊声母字在客家话中都存在分读二调现象是粤东客家话声调相当显著的特点，图示如下。

$$中古平声：次浊平\begin{cases}→阴平\\→阳平\end{cases}$$

$$中古上声：次浊上\begin{cases}→阴平\\→上声\end{cases}$$

$$中古入声：次浊入\begin{cases}→阴入\\→阳入\end{cases}$$

从上文对四个粤东历史文献语料的各个古声调中次浊声母字分化或者对立情况（分读两调之字数比例）的分析来看，分读两调最显著的是次浊上，最弱的是次浊平②。分立从强到弱③依次为：次浊上＞次浊入＞次浊平。

中古上声中的全浊声母字在晚近粤东客话中也存在分调现象，和次浊上的分化是完全相同的。

$$中古上声\begin{cases}全浊上\begin{cases}→阴平\\→上声\end{cases}\\次浊上\begin{cases}→阴平\\→上声\end{cases}\end{cases}$$

---

① 但我们推测本书所讨论的六个调的粤东客话曾经也存在去声分阴阳的情况，正如现代海陆客话一样。前文已说明，留待进一步讨论。

② 去声二分的客家话可看出，次浊去的分立更弱，大概只有"骂、暮、墓、慕、募、露、雾、妹、面、问、艾"等字读入阴去。

③ 本书分立强弱系指客话古平、上、去、入四声中的次浊声母字读入阴调者在相应该声调所有次浊声母字中所占比例的大小。

但是我们前边分析已知，全浊上读入阴平的字数几乎仅为次浊上读阴平的一半，远没有次浊上读阴平现象显著。

所以我们认为次浊声母字分化读成两调的现象是粤东客话声调最大的特色，其次的特色才是全浊上归阴平。这两种现象还可进一步概括为客家方言浊声母字在声调演变上的二分。这两种现象之间的关系值得我们深入探究。

（五）与清代后期官话的比较

官话罗马字《新约全书》（1888）拼法中不标声调，但入声韵以-h标出，说明其至少具有一个入声调。《李氏音鉴》声调特点为"平分阴阳、浊上归去、入派三声"。晚近粤东客话与清代后期官话声调特点比较如下：

声调特点	官话《新约》	《李氏音鉴》	晚近粤东客话
平分阴阳	?	+	+
浊上归去	?	+	+
入派三声	-	+	
次浊字二分	?	-	+
浊上归阴平	?		+
浊去作上	?	-	+

三　小结

本章我们讨论了晚近粤东客音声调系统，得出阴平、阳平、上声、去声、阴入、阳入六个调类，与现代粤东六个调类的客话无异；结合中古来源分析了晚近粤东客音声调特点主要是中古次浊声母字不论在古平声、上声、入声中均出现规律性二分现象。揭示出其内部差异为中古去声是否读入上声（主要是浊去作上），如下所示：

方言文献：	新安《新约》	五经富《新约》	《客英词典》	《客法词典》
浊去归上：	-	+	+	+

第五章　近二百年粤东客音演变

第二、三、四章我们已经结合现代粤东方音对近代晚期粤东客话四个历史语料的声母、韵母和声调系统作了较为深入、细致的描写、拟音，探讨了四个语料所反映出来的音类差异，据此求出了近代晚期粤东客音的声韵调系统及相应特点。

本章探讨粤东客音近二百年来的演变情况。我们在已有文史考察的基础上，首先根据四个文献材料反映出的语音系统特征对照现代粤东客音特点，确定四个文献所反映的基础方音，即论证各文献所描写的方言究竟属粤东哪一具体地域（点）。

在求出基础方音的基础上，我们进一步将晚近四个历史语料所反映的历史方音点和相应的现代方音点紧密联系起来，点对点地追踪其历史演变轨迹，描写演变进程，归纳演变规律。

第一节　基础方音

为了准确、清晰地展现粤东客家方言的具体演变情况，我们有必要确定晚近粤东四个历史方言文献各自的基础方音。即结合文献编著背景的考证及现代粤东方音表现，确定文献所录方音的具体地域（点）。我们先从前面声母、韵母、声调三章"内部差异"一节相关讨论内容中归纳12条鲜明的音韵特征，这些特征是从四个文献方言中提取的，又是音系内部比较所得出的结果，这些特征在四个音系中的分布是不平衡的，因而反映出四个文献音系之间存在着差异。请看下表：

第五章　近二百年粤东客音演变　271

音韵特征	新安《新约》	五经富《新约》	《客英》	《客法》
1 泥来相混	+	-	-	-
2 唇化舌根声母	+	+	+	-
3 溪晓不混	-	+	-	-
4 歌豪通韵	-	+	-	-
5 蟹、山摄二等 i 介音	-	-	-	+
6 止摄知章组韵母为 ɿ	-	-	-	+
7 效摄三等知章组韵母为 eu	-	+	-	-
8 流摄知章组韵母为 u	+	-	-	-
9 山摄三四等无介音 i	+	-	-	-
10 山摄三四等韵腹为 a	-	-	-	+
11 见组合口介音 u	-	-	-	-
12 浊去归上	-	+	+	-

从上表中我们看到：

1. 新安《新约》"人无己有"，跟其他三个材料相区别的区别性音韵特征有两条——泥来相混；山摄三四等无介音。这两条特征跟现代香港新界客话密合，跟深圳龙岗爱联客话比较，第二条合，第一条不合。结合我们对新安客话《新约》编著历史背景的考证，特别是其中中国编者戴文光里籍为新安李朗吓村（今深圳市龙岗区李朗），我们认为新安罗马字《新约》基础音系即为当时新安（今深圳、香港）客话音系。

2. 五经富《新约》排他性的区别特征有三条：溪晓不混；歌豪通押；效摄三等知章组韵母读为 eu。这三条特征基本上和现代揭西各点均密合，且不见于其他现代粤东客话次方言中。我们考证五经富罗马字《新约》的译者为中国牧师彭启峰，其里籍即为旧陆丰县五云洞乡（今揭西县五云乡）。因此，我们由语言内部特征和文献编写背景考证两方面的证据认定五经富《新约》所用的方言即为当时揭阳五经富地区（今揭西县）客家方言。

3. 《客英词典》没有一条排他性区别特征，但是很显然，从声韵调特点综合看来，它也区别于其他三个历史材料。首先，《客英词典》泥来不混，显见与新安《新约》不同，而且作者纪多纳也曾明言巴色会记的是西南部的客话，他记的是东北部的客话。其次，因《客英词典》作者长期住五经富，它会不会和五经富《新约》音系相同呢？可是就单从歌豪同韵这一个特征看来，《客英词典》就不可能和五经富《新约》的基础音系相同。

最后，那它会不会和《客法词典》音系相同呢？可上表显示它和《客法词典》在6条音韵特征上有区别。那《客英词典》究竟以哪里的方音为基础音系呢？我们在前面的考证中因为缺乏直接的材料也未能确证。但是我们认为其基础方言点应该距离五经富地区不远，但距嘉应州城为中心的区域（今梅州市梅江区、梅县）应该不近。从上表中我们看到声调特征"浊去作上"只见于五经富《新约》和《客英词典》，这给了我们一个重要的提示。结合粤东现代客家方言情况看来，距原五经富客属地区（今揭西县）不远，且其方言声调"浊去作上"的只有五华县（旧广东长乐县）。我们据此认为长乐客方言音系是《客英词典》的基础音系。长乐虽然属于嘉应州，词典正文中出现的"K."也代表"Ka-yin-chou（嘉应州）"，但我们认为词典中出现的"K."实际上代表嘉应州城地区，及嘉应州这个行政区域的中心地带，也即今梅州市梅江区、梅县。①

4.《客法词典》有五条排他性的韵母特征：1）无唇化舌根声母；2）蟹、山摄二等有i介音；3）止摄知章组韵母为ɿ；4）山摄三四等韵腹为a；5）有见组合口介音u。

其中第二、三、四条都和今梅县方言紧密联系（其中第三条中 ɿ 演变为 ŋ̍）。我们前面曾考察《客法词典》作者赖嘉禄神父来华经历，发现其来华后的最初十年都是在嘉应州城附近住堂。而《客法词典》显示的音韵特征又和今梅县方言密合。两相结合，那么我们可以认定嘉应州城客话就是《客法词典》的基础音系。四个材料和今粤东客话的对应关系如下：

历史文献	现代客话
新安《新约》	香港新界（荔、杨）、深圳（深）
五经富《新约》	揭西（经、云、砂、河）
《客英词典》	五华（五）
《客法词典》	梅县（梅）

本章的演变分析即以上述音系考订的结果为基础展开，以充分展示粤东客话近200年来的演变，包括整体的、全局性的变化，也包括个别的、局部性的变化。

---

① 我们在第三章第四节讨论"歌豪同韵"时已有所述及。

第二节 声母演变

一 精知庄章分混演变

近代晚期粤东客音声母系统中齿音的格局是精庄知₂‖知₃章严格分立的。随后在传教士的记述中，这个格局在音类上没有大的变化，新安《新约》、五经富《新约》、《客英词典》、《客法词典》在声母上均仍表现出精庄知₂‖知₃章整齐分立的格局，精庄知₂读 ts、tsʰ、s，知₃章读 tʃ、tʃʰ、ʃ。举例如下：

例字	声组	新安	五经富	《客英》	《客法》
写	精	ᶜsia	ᶜsia	ᶜsia	ᶜsia
沙	庄	ᶜsa	ᶜsa	ᶜsa	ᶜsa
桌	知₂	tsok₂	tsok₂	tsok₂	tsok₂
住	知₃	tʃʰu°	tʃʰu°	tʃʰu°	tʃʰu°
遮	章	ᶜtʃa	ᶜtʃa	ᶜtʃa	ᶜtʃa

我们在前面的分析中已经发现晚近乃至现代客话中庄组三等字韵母变为洪音，且与同摄精组韵母不同，如：

韵摄	遇合三	流开三	深开三	臻开三	曾开三
庄组	o\ɨ	eu	em	en	en
精组	i	iu	im	in	in

将上表中流摄、深摄、臻摄及跟臻摄完全合流的曾摄三等结合起来看，我们就能注意到晚近客话中庄组韵母主元音均为 e，而精知章组均同为 i。

据李荣（1958：150）臻摄开口三等各韵分别拟为子类殷 *iən、寅类臻 *iĕn、真 *iĕn，深摄开口三等侵韵拟作 *iəm，深臻两摄主元音可以说是相同的。那么从中古到晚近，粤东客话深臻两个开口三等韵摄合理的演变当为 *iəm→im，*iən、*iĕn→in，即韵头 i 脱落，主元音 ə（ĕ）→i，流开三、曾开三主元音也都合流为 i。

晚近庄组主元音作 e（现代庄组仍作 e）显然另有原因，是因为庄组字在从舌叶音演变为舌尖前音与精组声母合流之前，因为语言内部保持区别的要求，于是流摄、深摄、臻摄及跟臻摄完全合流的曾摄庄组的主元音 *i 低化演变为 e，从而从韵的角度保持了庄组的独立。

晚近粤东客话精庄二组虽则声母已然混一，但二者区别仍保留在韵母上头。这个现象：一印证了高本汉（2003：313）关于山西、甘肃、陕西以及广州、客家等现代方言庄组读如精组的现象都是近代演变结果而非上古音遗留的观点；二也说明庄组三等在其声母演变时，韵母的韵头 i 脱落，主元音发生变化；三说明了知₂庄组首先变读精组，而知₃章组读入精组则相当晚近，二者演变不同步。

但近百余年来，粤东客话齿音这种二分格局发生了分化，主要出现于旧属新安、嘉应地区。有新安《新约》、五经富《新约》、《客英词典》、《客法词典》这四个历史材料作支撑，我们可以确证现代香港、深圳、梅县及其他客话中精庄知章混一的类型是源于精庄知₂‖知₃章二分的类型，而且四组混一的历史只有百年左右，相当晚近。

先看新安的齿音演变情况。张双庆、庄初升（2003：28）在归纳香港新界客家话语音特点时指出古精庄知章组声母今读合流，老派一般读为舌叶音 tʃ、tʃʰ、ʃ，还有一些中、老年人塞擦音读 tʃ、tʃʰ，擦音为 s，青派则一般读为舌尖前音 ts、tsʰ、s。而深圳已经完全合流读为 ts、tsʰ、s。故我们认为新安客话到现代深港客话齿音字是这样演变的：

$$\left.\begin{array}{l}\text{精庄知}_{\text{二}}: \text{ts、tsʰ、s} \\ \text{知}_{\text{三}}\text{章}: \quad \text{tʃ、tʃʰ、ʃ}\end{array}\right\} \text{tʃ、tʃʰ、ʃ} \to \text{tʃ、tʃʰ、s} \to \text{ts、tsʰ、s}①$$

即在新界客家方言点中、老年人口中，舌叶音中的擦音先变为了舌尖前音，而在新界客话青派口中及深圳客话中则全部变为舌尖前音。现代新界客音齿音存在的异读，说明齿音混一成舌尖前音这个演变发生在近百年间，已接近完成。

再看《客法词典》所反映的齿音后世演变。

---

① tʃ、tʃʰ、ʃ→tʃ、tʃʰ、s，即舌叶音中的擦音先变为舌尖前音。

精庄知₂：ts、tsʰ、s ⎫
知₃章： tʃ、tʃʰ、ʃ ⎭ → ts、tsʰ、s

这说明《客法词典》到现代梅县方言，已然完成了齿音混一的过程。

而齿音从晚近到现代客话演变的早期信息，历史文献能透露的也不多。我们在前文中已经注意到粤东客话文献中止摄开口三等韵的知章组字，历史文献材料的韵母表现二分，《客法词典》为 ɿ，同精庄组；而新安《新约》、五经富《新约》及《客英词典》均为 i，与精庄组韵母 ɿ 不同。例如：

例字	声母	声组	新安	五经富	《客英》	《客法》
智	知	知	tʃiᵒ	tʃiᵒ	tʃiᵒ	tʃɿᵒ
指	章	章	ᶜtʃi	ᶜtʃi	ᶜtʃi	ᶜtʃɿ
斯	心	精	sɿ1	sɿ3	sɿ1	sɿ1
师	生	庄	sɿ1	sɿ1	sɿ1	sɿ1

表中我们看到《客法词典》中四组声母仅声母两分，韵母已经混同；而其他三个材料中声韵皆两分。

联系现代客方言情况看，香港新界虽然齿音声母已混一为 tʃ、tʃʰ、ʃ，但止开三精庄为 ɿ、知章为 i，韵母仍有别；五经富《新约》对应的揭西现代客话、《客英词典》对应的五华客话则仍精庄知₂‖知₃章声韵皆分立；唯有现代梅县精庄、知章组字声韵均已混同。

那么这个现象联系起《客法词典》的表现来说，可以认为嘉应客话齿音声母混一导源于止开三，先是韵母混同，再是声母合一。

梅县齿音混同为 ts、tsʰ、s 的时间不会早于《客法词典》修订出版的时间，即不会早于 1926 年。甚至于 1925 年接替巴黎外方传教会，在嘉应主持教务的美国天主教会玛丽诺会（Maryknoll）1948 年出版的客话课本 *Beginning Hakka* 中仍然是精庄知₂‖知₃章分立的（谢留文，2003：20）。这样看来，梅县齿音 tʃ、tʃʰ、ʃ；ts、tsʰ、s 二分到合流为 ts、tsʰ、s，至今仅历半个世纪左右。

那么，结合粤东客音四个历史点齿音的情况，可以看到其中揭西、五华仍与五经富《新约》、《客英词典》无异，保留早期粤东客音格局；新安《新约》发展到现代深港客话，其中香港新界客家方言点老派、中派正在演变，新界青派则和深圳客话一样已经合流为舌尖齿音；《客法词典》发展到现代梅县客话，则齿音已完全合流，均作舌尖齿音。如此，在约二百年的时间里，从空间分布看来，粤东客话齿音演变正好构成三个依次相承的历史阶段。

二　日母演变

粤东客音日母是二分的，即白读、口语常用字读 n，与泥母细音合流；文读、非常用字读 j，与影母细音及云以母合流。而晚近客话四个语料中日母字因地域不同呈现两种类型的分化：其一为二分型，五经富《新约》、《客英词典》中大致白读、口语常用字读 ȵ，文读、非常用字读 j；其二为三分型，《客法词典》、新安《新约》属此类。《客法词典》为 n、ȵ、j 三分，其中 j 为文读、非常用字，但 n、ȵ 的分化条件不显豁。新安《新约》则为 ŋ、ȵ、j 三分，三者分化条件十分清晰。

我们来看新安《新约》与现代对应点的对照情况，先来看例字：

	二	耳	惹	入	柔	若
新：	ŋi°	˚ȵi	˖ȵia	ȵip₂	˖jiu	jiok₂
荔：	ᵍgi°	˚ᵍgi	˚ᵍgia	ᵍgip₂	˖ʒiu	ʒɔk₂
杨：	ᵍgi°	˚ᵍgi	˚ᵍgia	ᵍgin₂	˖jiu	jiɔk₂
深：	ni°	˚ni	˖nia	nip₂	˖jiu	jiok₂

在上表中，我们看到新安日母逢 i 韵母时为 ŋ，其他细音韵时为 ȵ（从宽记作 n），而日母在非常用字与文读中则为 j，分列整齐。实际上晚近粤东客话日母字只有两个层次 ȵ（ŋ 显然是在韵母作用下由 ȵ 演变而来）和 j。其中 j 声母可能是受通语影响所致，并非粤东客话本来的层次①。所以现代香港客话中两个层次的演变便也各异，i 韵母而外其他细音的 ȵ 继续向 ŋ 合流，经过鼻冠塞音 ᵍg，最终演变为浊塞音 g。而新安日母文读层次的 j，现

---

① 此点刘泽民从客赣方言语音层次角度，结合通语中日母的历史演变，详细讨论过。但无方言历史文献支撑，目前只能作此假说，还待印证。参刘泽民《客赣方言历史层次研究》，甘肃民族出版社 2005 年版，第 81—86 页。

代则有部分点已经发展为浊擦音ʒ。其演变可以表示如下：

新—荔/杨/深：

$$\begin{cases} ŋ（逢i韵母）\\ ɲ（逢i之外细音）\\ j（非常用字、文读） \end{cases} \begin{matrix} →ŋ→{}^ŋg→g \\ \\ →ʒ \end{matrix}$$

五经富《新约》及《客英词典》中日母后世演变情况如下：

富—经/云/砂/河：

$$\begin{cases} ɲ（白读、口语常用字） \quad → \quad ɲ（白读、口语常用字）\\ j（文读、非常用字） \quad \quad — \quad j（非常用字、文读） \quad → \quad ʒ \end{cases}$$

英—五：

$$\begin{cases} ɲ（白读、口语常用字） \quad → \quad ɲ（白读、口语常用字）\\ j（文读、非常用字） \quad \quad — \quad j（非常用字、文读） \end{cases}$$

五经富《新约》和《客英词典》所描写的中心地域客话后世演变基本相同，总体看变化甚微，仍维持文白二分格局。只是白读音由 ɲ→ɲ̟，符合发音省力原则。文读音揭西、河婆等部分点也由 j→ʒ，即声母发生了全浊化，且韵母中原来的韵头 i 也发生脱落。

再看《客法词典》日母的演变。

法—梅：

$$\begin{cases} n（常用字、白读部分字）\\ ɲ（常用字、白读部分字）\\ j（非常用字、文读） \end{cases} \begin{matrix} →ɲ \\ \\ →ø \end{matrix}$$

《客法词典》白读音二分本来条件就不显豁，所以到现代梅县二分不能继续维持，遂合流为 ɲ；而文读音的 j 摩擦成分可能逐渐减弱，现代记音也就一般作零声母了。

从晚近新安音系的声母配列来看 j 应当和 ʧ、ʧʰ、ʃ 排在一起，即 ʧ、

tʃʰ、ʃ、j①，跟这些声母的中古主要来源配列也相当，即章：tʃ；昌：tʃʰ；船书禅：ʃ；日：j。

而现代粤东和闽西客话中，日母也多有作浊擦音声母者，如河源 j、揭西 ʒ、秀篆 z 等（李如龙、张双庆，1992：3—5），和晚近粤东读 j 的日母字直接呼应。这些浊擦音在国际音标表上的部位为舌叶、舌面中浊擦音，大致对应于舌面前鼻音 ȵ、舌面中鼻音 ɲ。我们可以认为晚近客话日母的 j 进一步演变成了现代客话的 ʒ、z；也可反过来推测是否中古日母 *ȵ②鼻音失去后成了 j。日母只有三等，三等的介音可以从高本汉的构拟为 j 化的 i。那么日母鼻音声母脱落后，三等介音 j 就顺理成章成了演变后的声母。如果三等不是 j 的话，我们就要面临鼻音脱落后变成零声母 ø，而零声母如何再变成 ʒ、z 这样一个难题。

我们将客话中日母演变情况表示如下：

$$日母 *ȵ \to \begin{cases} ȵ \to \begin{cases} ŋ（逢 i 韵母） \\ ɲ（逢 i 之外细音） \end{cases} \to ŋ \to {}^{ŋ}g \to g \\ j \quad \to \quad j（口语非常用字、文读） \to ʒ \end{cases}$$

(I)　　　(II)　　　(III)　　　　　　　　　　　　　　(IV)

从中古到晚近客音，也即上图中的（I）—（II），日母字一部分并未变化，仍然读 ȵ，这部分是口语常用字、白读；一部分鼻音脱落，介音 j 作了声母，即 ȵ→j③。李玉（1986：114—127）则认为原始客家话的日母为 *ȵz，并以日母分裂说来解释日母后来的演变，*ȵz 分裂为 *ȵ、*z，后来 *z→j。这样日母就是双线发展，我们不从此说。

（II）是晚近客话日母两分的通常情况，五经富《新约》、《客英词典》

---

① 《汉语方言概要》就是这样处理广州音系的，而且从中古来源上来说，广州的日母全读 j。参袁家骅《汉语方言概要》（第二版），语文出版社 2001 年版，第 180、194 页。另外要指出的是，晚近新安《新约》、五经富《新约》及《客英词典》所反映出来的客话声母系统，除现代广州舌叶音和舌尖前音已经合并为一套（20 世纪早期仍为两套），客话排唇音行的 v 和广州排舌根音的 w 有异外，其余声母及声母系统配列完全相同。

② 中古日母最早由高本汉拟为 ȵz。我们此处从李荣先生的拟音 ȵ，李荣先生的系统中取消了娘母，故日母拟为 ȵ。参李荣《切韵音系》，科学出版社 1958 年版，第 128 页。

③ 日母这个音变的动因很可能是被齿音章组前化所拉动的。首先庄组前化入精组，形成空格，拉动章组补入，可表示为章 tɕ→庄 tʃ→精 ts，而日母也跟着发生演变，ȵ→j，章组前化失去三等介音 i，日母相应变化则脱落声母。

正是这个层次;(Ⅲ)则是晚近新安的情况(《客法词典》类似,但分化条件不如新安《新约》显豁),这是晚近粤东客话中的特例,其中韵母为 i 的日母字最早受到本地围头话的影响,发生 ȵi→ŋi 演变;(Ⅳ)则为晚近到现代的演变,其中新安 ȵ→ŋ 演变继续扩散,并最终归于浊塞音;而新安、五经富音系的 j 到现代部分方言点则演变成了 ʒ。粤东客音日母本两分,晚近 100 年中虽然新安、嘉应经历了短暂的三分格局,但发展到现代,粤东客音均又回归了日母两分的格局,只不过音值已然有所变化。

从粤东客话日母文读 j→ʒ 音变受到启发,可能通语(北京音)中日母 ʐ 也经历了一个和香港新界、揭西等地客话相似的过程,即 ȵ→j→ʒ;接着由于舌叶塞擦音向舌尖后音演变,擦音 ʒ 也跟着演变,即 ʒ→ʐ。

三 唇化舌根声母消失

在第二章声母的分析中我们认为粤东客话中曾存在一套唇化舌根声母 k^w、k^{wh}、$ŋ^w$。

但是在粤东客话四个历史语料中,这套唇化舌根声母已然发生严重的磨损,其中只有新安《新约》、五经富《新约》和《客英词典》中仍保留这套圆唇舌根音。而且新安《新约》和《客英词典》中已然不见唇化舌根鼻音 $ŋ^w$。那么从中透露出这样一个信息,即唇化舌根鼻音 $ŋ^w$ 率先发生演变,可认为 k^w、k^{wh}、$ŋ^w$→k^w、k^{wh}、ŋu。

且新安《新约》、五经富《新约》和《客英词典》中这套唇化舌根音也已经开始扩散式演变,见表 5-1。

表 5-1　　　　　　晚近粤东三点客音唇化声母分布

声 点 韵	k:(-)/kw:(+)			kh:(-)/khw:(+)		
	新安	五经富	《客英》	新安	五经富	《客英》
o	-	+	+			
oṅ/ong	-	+	+	-	+	+
ui	-/+	+	+	-/+	+	+
uk						
un	+	+	+	-	+	+
uṅ/ung	-	+	+			

从表 5-1 中可看出，所列 6 个韵类中凡标 "-" 的表示其舌根声母已经非唇化，凡标 "-/+" 的唇化声母和非唇化声母处于中立状态。

而《客法词典》所代表的晚近嘉应音系中这套唇化声母已经消失，声母的唇化音色全部转由介音 u 代替，可以认为这个演变迅速由圆唇舌根鼻音 ŋʷ 扩散到唇化舌根塞音 kʷ、kʷʰ，即粤东客音的 kʷ-、kʷʰ-、ŋʷ-到《客法词典》均作 ku-、kʰu-、ŋu-。现代客话中，有部分地区见组字存在无合口介音的情况，见组字不分开合口，均作 k-、kʰ-、ŋ-。我们以五经富《新约》（富）以及现代五经富（经）、五云（云）、下砂（砂）、河婆（河）、五华（五）客话观察这套舌根音的演变，如下表：

例字	果	关	光	国	款	旷	瓦	外
声母	见	见	见	见	溪	溪	疑	疑
富：	ˬkʷo	ˬkʷan	ˬkʷoŋ	kʷetˬ	ˬkʷʰan	ˬkʷʰoŋ	ˬŋʷa	ˬŋʷai
经：	ˬko	ˬkuan	ˬkoŋ	kuotˬ	ˬkʰuan	ˬkʰoŋ	ˬŋua	ˬŋuai
云：	ˬko	ˬkuan	ˬkoŋ	kuotˬ	ˬkʰan	ˬkʰoŋ	ˬŋa	ˬŋuai
砂：	ˬkuo	ˬkuan		kuetˬ	ˬkʰuan	ˬkʰoŋ	ˬŋa	ˬŋoi
河：	ˬko	ˬkuan	ˬkuoŋ	kuetˬ	ˬkʰuan	ˬkʰuoŋ	ˬŋua	ˬŋuai
五：	ˬko	ˬkan	ˬkoŋ	ketˬ	ˬkʰan	ˬkʰoŋ	ˬŋa	ˬŋoi

从上表中我们看到晚近粤东客话唇化舌根声母到现代客话的演变，有两种情况：一种有 u 介音，即作 ku-、kʰu-、ŋu-；一种无 u 介音，见组字均作 k、kʰ、ŋ。

李方桂（2001：16）认为上古存在一套圆唇舌根声母 *kw-、*khw-、*gw-、*ngw-、*hw-、*·w-，而且认为这些声母也就是中古的大部分的合口的来源。从语音史的角度看，汉语的合口介音可能来自早期的圆唇舌根音。

袁家骅（2001：150）说"客家话实际上可以说没有韵头-u-。合口呼韵母 ua、uai、uan、uaŋ、uen、uon、uoŋ、uat、uak、uet、uot、uok 只能与声母 k、kʰ-配合，相拼时韵头实际上不是圆唇元音，而是唇齿摩擦音 v，如'瓜' kva，'快' kʰvai。其实，如果在声母系统中增加 kv、kʰv 两个声母，这一套带韵头-u-的韵母就都可以取消韵头，而归入相当的闭口韵"。

晚近粤东客话也正是这种情况，见系而外几无合口（仅少数唇音字有合口介音，详下）。四个粤东客话文献材料中，新安《新约》、五经富《新约》、《客英词典》三个文献无或少有合口介音，且见系又存在唇化舌根声母，唯《客法词典》有合口介音 u 又无唇化舌根声母。虽然我们现在还无法确定粤东客话的唇化舌根声母是否直接承自上古，但音系中因圆唇舌根声母存在而相应缺乏合口介音，且因唇化舌根声母的消失而在一些地域产生了合口介音，却是晚近粤东方音演变中可以观察得到的事实。

张双庆、庄初升（2003：31）注意到《圣经书节择要》中有"快 kwhai \ khai①，跪 kwhui \ khui"等两读情况，说明当时唇化声母已然开始走向消失，而今天深港客话已经完全没有唇化声母了。我们举现代深、港客话的演变为例：

例字	寡	夸	归	括	关	棍	骨	国
韵摄	假	假	止	山	山	臻	臻	曾
新	ᶜkʷa	ᶜkʷʰa	ᶜkʷui	kʷatˀ	ᶜkʷan	kʷunˀ	kʷutˀ	kʷetˀ
荔	ᶜka	ᶜkʰa	ᶜkui	katˀ	ᶜkan	kunˀ	kutˀ	kɛtˀ
杨	ᶜka	ᶜkʰa	ᶜkui	katˀ	ᶜkan	kunˀ	kutˀ	kɛtˀ
深	ᶜkua	ᶜkʰua	ᶜkui	kuatˀ	ᶜkuon	kunˀ	kuitˀ	kuetˀ

我们注意到唇化声母消失后，香港新界两个方言点均无合口介音 u，而深圳则有合口介音 u。五经富《新约》、《客英词典》、《客法词典》所对应的现代粤东方言点中也是有的点有 u 介音，有的点无 u 介音。

那么这种情况就造成了这样一个问题——粤东客音唇化舌根声母消失后，u 介音是如何产生的？我们目前的推想是唇化舌根声母消失后，唇化舌根音的圆唇性质转化为 u 介音，但 u 介音后来很可能出现了脱落。由于这种演变在粤东地区表现得不平衡，暂还无法解释唇化舌根声母圆唇特征消失后为何在部分地区不转化为合口介音这一现象，所以其内在深层的原因还有待进一步研究。

---

① 注意后一读音唇化消失，但没有合口介音 u。

四　唇音演变
（一）轻唇化扩大

唇音字可分重唇帮组和轻唇非组两组。晚近粤东客话轻唇非组中仍有不少字读如重唇，是古音轻重唇不分现象的遗留。韵图轻唇十韵中非组字在晚近粤东客话文献中出现字数及其读音情况以及对应现代方言点保留重唇情况如下：

历史点	[f]	[v]	[p]	[pʰ]	[m]	总字数	重唇比例	现代重唇字数/比例
新	50	8	6	5	13	82	29.3%	荔枝庄20：24%
富	42	13	5	7	10	78	28.2%	五经富17：22%
英	103	14	5	10	21	154	23.3%	五华27：18%
法	100	14	5	10	19	142	23.2%	梅县28：20%

考虑到新安、五经富《新约》使用的字数较有限，而《客英》、《客法》两部词典我们以方言调查字表收字范围为限选录了其中的常用字，所以当时保留重唇读法的轻唇字在常用的轻唇字中约占23%。

四点文献中非组轻唇读重唇的字全举如下：

新安24字：[p] 粪捧飞斧忘否 [pʰ] 纺喷伏肥扶 [m] 网问蚊味尾舞侮巫望妄亡微晚

五经富22字：[p] 斧粪放飞腹 [pʰ] 伏缝缚肥符坟纺 [m] 亡网舞尾讴问微忘望味

《客英》36字：[p] 粪捧腹斧复 [pʰ] 符肥喷缚辅肺甫吠脯冯 [m] 味蚊问未蔓曼望袜晚务墁舞讴巫无微亡网尾忘妄

《客法》33字：[p] 捧斧放腹粪 [pʰ] 肺蝠肥吠纺缝缚脯甫冯 [m] 问墁蔓袜味务曼舞巫尾微望妄蚊忘网亡讴

可以看出晚近粤东客话四点文献语料中轻唇保留重唇读法的字已不到40个。经过百多年的演变，现代粤东客家方音虽然仍有部分轻唇字保留重唇读法，但是比晚近四点材料中轻唇字读如重唇的字数要渐趋减少，早已不足30字了。

新安、五经富、《客英》、《客法》旧音中轻唇字保留重唇读法的字部分今音已经改读轻唇音或轻重唇两读，即 p/pʰ→f，例如：今音"[非]飞ₑfui；[敷] 纺ᵒfɔŋ；[奉] 扶ₑfu"；m→v，如今音"[微] 舞ᵒvu 侮ᵒvu

巫ₑvu 妄vɔnᶜ 微ₑvi 晚ᶜvan"等。

从现代读重唇的字数和所占比例看来，晚近到现代重唇读为轻唇的字增幅为3%—6%，说明晚近到现代粤东客音轻唇化仍在继续扩大。

在调查中发现老年层保留重唇读法保存较好，在30字左右；中年层则已有一部分较文的字出现轻重唇两读；而青年层则受普通话影响极深，有些字轻重两可，有些字已经只会说轻唇读法了。我们以揭西县的三位发音人曾惠堂（1925年生）、张永辉（1956年生）、曾旭山（1987年生）的读音分别作老年层、中年层和青年层的代表，观察晚近轻唇字进一步的变化（取37字）：

老（曾惠堂）：[p] 粪捧放斧 [pʰ] 肥喷缚辅肺甫吠脯冯 [m] 味蚊问蔓曼望袜晚舞诬巫无微亡网尾忘 [f] 腹复符 [v] 未务鳘妄（计读重唇30字，轻唇7）

中（张永辉）：[p] 粪捧放斧 [pʰ] 肥喷缚辅肺甫吠脯 [m] 味蚊问蔓曼望袜亡网尾忘 [pʰ/f] 冯 [m/v] 晚舞诬巫无微 [f] 腹复符 [v] 未务鳘妄（计读重唇23字，轻唇7字，轻重两可7字）

青（曾旭山）：[p] 粪捧 [pʰ] 喷缚辅甫吠脯 [m] 蚊问蔓曼望袜亡网尾忘 [p/f] 放斧 [pʰ/f] 肥 [m/v] 味 [f] 腹复符冯肺 [v] 未务鳘妄晚舞诬巫无微（计读重唇18字，轻唇15字，轻重两可4字）

我们由此认为轻唇音扩大的基本原因是受到通语强势的影响。可以看出客家方言轻唇保留重唇读法的字数量在逐步减少，说明近200年来这个轻唇保留重唇读法的语音存古现象在快速衰减，随着普通话强势通语语音的不断冲击，将来也许完成扩散，终归消失殆尽。

（二）唇音合口进一步脱落

帮系里头蟹止摄晚近粤东客话四个材料中 i 韵和 ui 韵共存，ui 韵的 u 可看成合口介音。四个历史方言材料因为材料本身的限制，字数多寡不一。但我们发现，四个材料中蟹止摄帮系读 i 韵的尽管数量多寡不一，新安《新约》为12字，五经富《新约》为14字，《客英词典》为39字，《客法词典》为31字，但读合口韵 ui 的字数四个材料却基本相同，为14个，全举如下。

[帮] 悲；[並] 倍；[明] 寐美；[非] 痱匪飞非；[敷] 妃；[奉] 翡肥；[微] 味未尾

从这些字中我们看不出 ui 韵和 i 韵有何分化条件。而在英、法两个材料中 i 韵字数相对 ui 韵要多出许多。所以我们认为四个材料表现出唇音合口介音脱落的状态。

从四个历史材料的表现到现代粤东各点客方言，合口介音 u 的脱落现象仍在迅速扩大，我们以晚近嘉应客话和现代梅县方言为例。

例字	倍	肺	飞	费	肥	尾
韵摄	蟹	蟹	止	止	止	止
声母	並	敷	非	敷	奉	微
《客法》	p^hui°	p^hui°	$_cpui/fui$	fui°	$_cp^hui$	$_cmui$
梅县	$p^{h\circ}$	fi°	$_cpi_c/fi$	fi°	$_cp^hi$	$_cmi$

从例字中我们清晰地看到了近 100 年内这种唇音后面 u 介音的持续失落。另外，我们推测轻唇化还在其中起了推波助澜的作用。因为 p、p^h 是双唇塞音，与 u 介音结合还相对省力，但 f、v 是唇齿擦音，与 u 介音结合难度加大。所以在轻唇化的同时，往往 u 介音也就被放弃了。

我们图示粤东客话 ui 的演变如下：

pui →pi
p^hui →p^hi
mui →mi
fui →fi

五 新安明微泥疑浊塞化

晚近粤东客音的次浊声母明微泥疑等音色上都只为鼻音 m、n、ŋ，新安《新约》、五经富《新约》、《客英词典》、《客法词典》四点历史客话语料中也莫不如此。到现代粤东客话中，五经富《新约》、《客英词典》、《客法词典》所对应的现代方言点也仍然没有变化，乃至于与新安《新约》相应的深圳客话也没有变化，仍为次浊的鼻音声母。只有对应于新安旧地的香港新界客话声母中明微泥疑母出现了浊塞化的现象，即出现了两个鼻冠塞音 ᵐb、ᵑg 甚至有些点已经是浊塞音 b、g。

香港新界客话的 ᵐb、ᵑg（b、g）声母表现及来源说明如下：

ᵐb（b）源于晚近新安客话读鼻音 m 的中古明、微二母字。新界客话从鼻音 m 演变为同部位的鼻冠浊塞音ᵐb。可浊塞音前的同部位鼻音 m 非常轻微，但张双庆、庄初升（2003：18—35）指出香港新界沙头角麻雀岭和沙田赤泥坪客话音系中则已经是纯粹的 b。也即 m→ᵐb→b，从双唇鼻音变成了双唇浊塞音。现在香港新界客话中ᵐb→b 的演变仍在进行，鼻冠浊塞音ᵐb 仍是主流，如明母 "名₌ᵐbiaŋ 苗₌ᵐbiau 命ᵐbiaŋᵓ 密ᵐbit₌"，微母 "网ᶜᵐbɔŋ 舞ᶜᵐbu 尾ᶜᵐbui 味ᵐbuiᵓ"。

ⁿg（g）源于晚近新安分别为读 n 的泥母字，读 ŋ 的疑母字。我们先看例字，如表 5-2、表 5-3 所示。

表 5-2　　　　　　　　　新安泥母晚近现代对比

泥母字	新	荔	杨	深
拿	₌la	₌la	₌la	₌na
脑	ᶜlau	ᶜlau	ᶜlau	ᶜno
纳	lap₌	lap₌	lap₌	nap₌
念	①niamᵓ	ⁿgiamᵓ	ⁿgiamᵓ	niamᵓ
年	₌nien	₌ⁿgɛn	₌ⁿgɛn	₌nien
娘	—	₌ⁿgiɔŋ	₌ⁿgiɔŋ	₌niɔŋ
蛾	₌ŋo	₌ⁿgɔ	₌ⁿgɔ	₌ŋo
验	niamᵓ	ⁿgiamᵓ	ⁿgiamᵓ	niamᵓ

表 5-3　　　　　　　　　新安疑母晚近现代对比

疑母字	新	荔	杨	深
牙	₌ŋa	₌ⁿga	₌ⁿga	₌ŋa
昂	₌ŋoŋ	₌ⁿgɔŋ	₌ⁿgɔŋ	₌ŋoŋ
语	ᶜŋi	ᶜⁿgi	ᶜⁿgi	ᶜni
遇	ŋiᵓ	ⁿgiᵓ	ⁿgiᵓ	niᵓ
迎	₌niaŋ	₌ⁿgiaŋ	₌ⁿgiaŋ	₌niaŋ
业	niap₌	ⁿgiap₌	ⁿgiap₌	niap₌
念	niamᵓ	ⁿgiamᵓ	ⁿgiamᵓ	niamᵓ
验	niamᵓ	ⁿgiamᵓ	ⁿgiamᵓ	niamᵓ

---

①　新安 n 实际拟为 ȵ，从宽。

从上述泥母例字可以看出，其中现代深圳（深）泥来不混，而现代香港新界荔枝庄和杨小坑仍以今读的洪细分类，洪音入来母，细音则已混入疑母，与"蛾、验"两疑母字声母同为鼻冠浊塞音 ^ŋg，有些人已发的是纯粹的浊塞音 g（香港沙头角麻雀岭和沙田赤泥坪客话音系中也完全是纯粹的 g）。则这近 200 年内新安客话到现代深港客话泥母演变过程当为 ȵ→ŋ→^{ŋ}g→g，从舌面前鼻音变成了舌根浊塞音，发音部位和发音方法都发生了变化。

而疑母字则在新安《新约》中出现很整齐的分化，凡逢洪音及 i 韵母（ŋi 音节韵母主要来源于中古遇合三鱼虞韵、止开三支脂之韵及蟹开三祭韵，声母则为泥日疑三母）为 ŋ，如下列"牙昂语遇"数字，逢其他细音则读 ȵ（从宽记作 n），如"迎业"二字，与泥母"念验"二字声母同。现代深圳疑母，与香港新界两点演变不同，此处不论。香港新界客话的疑母在近 200 年内则不论洪细均发生了浊塞化，先是不论 ŋ 还是 ȵ 均演变成了鼻冠浊塞音 ^{ŋ}g，再由 ^{ŋ}g 演变为纯浊塞音 g，与前边分析的泥母、部分日母字的演变可谓殊途同归。

根据上面的讨论，我们可以总结新安明微母、泥母、疑母从中古到现代的演变方式如下：

明母 *m → m ⎫
⎬ → ^{m}b → b
（微母）*m → { m / v① ⎭ v

疑母 *ŋ → { ŋ（逢洪音及 i 韵母）/ ȵ（逢 i 韵母之外细音）} ŋ / ȵ } → ŋ → ^{ŋ}g → g

泥母 *n → { ȵ（逢细音，入疑母）/ l（逢洪音，入来母）} l   l

(I)　　　　　　　　(II)　　　　　　　　(III)

其中：(I) 为中古明（微）母、疑母、泥母均未分化的阶段；(II) 为新安明（微）母重轻唇分化，疑母、泥母大致以洪细为条件分化的时期，其中泥母洪音入来母，泥母细音和疑母细音合流，实即泥母已经归入疑母，

---

① 应该说明的是，晚近新安客话中已经轻唇化读作 [v] 的微母字，现代香港新界也读 [v]，不浊塞化为 [^{m}b] / [m]。

新安《新约》反映的是这个阶段较晚的一个切面；（Ⅲ）为明（微）母浊塞化，泥母入疑后，疑母洪细又合流，重新为 ŋ，接着再浊塞化为 g 的阶段。这个阶段当起自新安《新约》写成之后。m→ᵐb、ŋ→ᵍg 演变已经完成，ᵐb→b、ᵍg→g 演变则还未全部完成。近 200 年来新安明微、泥疑母都属于这个阶段。

从 100 多年前的新安客话罗马字文献中我们找不到这种浊塞音的影子，明、微二母的字要么是鼻音 [m]，要么是浊擦音 [v]（新安罗马字文献记作 w），泥疑母则要么是鼻音 [ȵ]（从宽记 [n]），要么是鼻音 [ŋ]。可以看出，这种鼻音变成同部位浊塞音的现象就是在这 100 多年的时间里出现的。另外，在现代粤东其他客方言点也不见这种浊塞音的情况。我们还检查了江西、福建、广西及广东等其他地区客家方言现已发表的材料，音系中均无这种类似于吴、闽方言浊塞音的报道。这就清楚地说明这种浊塞化并非客话的普遍音变，而是只出现于香港新界的局部音变。

那么这种现象是香港新界客话自身演变的结果还是和其他方言接触，而发生感染的结果呢？我们认为发生这种音变的香港新界地域比较特殊，因为它与具有同样方音特征的粤闽音地域毗连，所以我们断定这是受周边粤闽方音影响而出现的音变。

张双庆、庄初升（2003：18—35）对香港新界方言进行了系统的调查，香港新界分布客家话、围头话、疍家话（又称水上广东话）、福佬话四种汉语方言。其中"围头"话、疍家话属于粤方言、福佬话属于闽方言。其中围头话和福佬话声母系统中均有一套浊塞音（或浊塞擦音），如：

新田蕃田围头话： b 马雾米美　d 南娘女浓　g 银额硬我　gʷ 岸安
　　　福佬话： b 马米冒味　　　　　　　　dz 蛇日尿热

我们从音系例字中看出围头话和福佬话的 b 来源正是明微两母，跟新界客家话的 ᵐb 或 b 声母来源相同。围头话的 d、g、gʷ 从音系例字中可以看出来源为泥母、疑母字，新界客话的 g 也正是疑母和泥母，而泥母则在新安客话时代就已经并入疑母。这样就可以说新界客话和新界围头话的 g 声母来源相同。

很显然，新界客话的浊塞音主要是在与周边犬牙交错的粤闽方言接触，特别是在称为本地人所讲的围头话的长期接触下，受其强势的深刻影响，而发生演变所致。

将新安唇音明微母、舌齿音泥母和日母（部分字，详参上文日母演变的讨论）、牙喉音疑母的演变合而观之，可以看到：

第一，都在这近200年内发生了浊塞化；第二，明微母合流，泥、日（部分）、疑母合流；第三，由此在音系中产生了两个新声母即 b（ᵐb）、g（ⁿg），但显然这两个全浊声母并非全浊声母古音遗存，而是新起音变的结果。

明微日疑母的浊塞化现象只见于新安旧地（今香港新界），是粤东地区局部的变化。这种变化是与粤闽方言密切接触、受其影响的结果。所以变化的动力来自外因，是方言接触引起的。

六 五华晓母演变

晚近粤东客话晓母字分化的情况在声母特点中我们讨论过，即晓母合口洪音一二等字与非母合流。四点历史语料表现出来的情况基本上均为：

晓母开口及合口细音（三四等）：h ‖ 晓母合口洪音（一二等）：f

现代粤东客话各方言点也基本上仍是这样的二分格局，变化不大。但是《客英词典》所对应的现代方言点五华却出现了三分的格局，表示如下：

晓母开口洪音（一二等）：h ‖ 晓母合口洪音（一二等）：f ‖ 晓母细音（三四等）：ʃ

请看例字：

例字	好₋坏	孝	婚	花	戏	畜	兴₋起	显	血
等第	一	二	一	二	三	三	三	四	四
开合	开	开	合	合	开	合	开	开	合
《客英》	ᶜhau	hauᵒ	ᶜfun	ᶜfa	hiᵒ	hiuk₀	ᶜhin	ᶜhien	hiet₀
五华	ᶜhau	hauᵒ	ᶜfun	ᶜfa	ʃiᵒ	ʃuk₀	ᶜʃin	ᶜʃen	ʃet₀

其演变的轨迹图示如下：

$$*h \rightarrow \begin{cases} f \text{合口洪音} \\ h \text{开口及合口细音} \end{cases} \rightarrow \begin{cases} f \text{合口洪音} \\ h \text{开口洪音} \\ \int \text{细音} \end{cases}$$

          (Ⅰ)   (Ⅱ)   (Ⅲ)

其中：（Ⅰ）表示中古晓母及其未分化的时期；（Ⅱ）表示客话晓母大体依照开合口二分的时期，晚近粤东客话及大多数现代客话都仍处于这个阶段，这个阶段中主要是晓母在合口介音 u 为条件下分化为非母 f；（Ⅲ）表示的是现代五华晓母新兴的变化，可以看出这个变化是转而由洪细作为分化条件的，也即是晓母在齐齿介音 i 为条件下，分化为书母 $\int$，而且原来的韵头 i 在声母 $\int$ 的作用下也发生了脱落。

第三节　韵母演变

一　元音格局演变

晚近粤东客音我们认为是 [ɨ i u a e o] 六元音系统。但此六元音系统中的 ɨ 尚非舌尖元音，还是和 i、u 关系密切的舌面央高元音。晚近粤东客音的 ɨ 源于 i、u，是 i、u 在受到精庄组声母 ts tsʰ s 舌尖音的作用下而产生的。六元音系统当脱胎于更早的 [i u a e o] 五元音系统。现代香港新界客方言从 150 年前的新安客话的六元音系统又演变成了 [i u a e o] 五元音系统，就是因为 ɨ 韵母全部字又倒流回 u 韵母中。这种回流现象更印证了上述晚近之前的粤东客话当为五元音系统的推论。

（一）梅县 ə 的出现

新安《新约》、五经富《新约》、《客英词典》、《客法词典》四个晚近文献反映出来的音系格局均为六元音系统，各个文献中六个元音均为 [ɨ i u a e o]，但是现代梅县元音系统为 [ɿ ɨ i ə u a e o] 共七个元音，与百年前晚近粤东客话中的嘉应方音比较，在 100 年左右内多出了一个元音 ə，在梅县韵母系统中也就相应产生了 əm、əp、ən、ət 四个新韵母。下面先看新元音 ə 的分布及来源。

1. əm / əp
深开三知章组

例字	沉	针	深	十	汁
声组	知	章	章	章	章
《客法》	$_c$tʃʰim	$_c$tʃim	$_c$tʃʰim	ʃip$_\supset$	tʃip$_\supset$
梅县	$_c$tsʰəm	$_c$tsəm	$_c$tsʰəm	səp$_\supset$	tsəp$_\supset$

2. ən / ət
臻开三知章组

例字	镇	陈	真	身	肾
声组	知	知	章	章	章
《客法》	^{c}tʃin	$_c$tʃʰin	$_c$tʃin	$_c$ʃin	ʃin$_c$
梅县	^{c}tsən	$_c$tsʰən	$_c$tsən	$_c$sən	sən$_c$

曾开三知章组

例字	蒸	神	升	直	织
声组	章	章	章	知	章
《客法》	$_c$tʃin	$_c$ʃin	$_c$ʃin	tʃʰit$_\supset$	tʃit$_\supset$
梅县	$_c$tsən	$_c$sən	$_c$sən	tsʰət$_\supset$	tsət$_\supset$

我们从上述三摄演变的情况可归纳如下几点：三摄韵母是中古三等的闭音节韵（阳声韵、入声韵）；在《客法词典》反映的晚近嘉应客话中主元音均为 i，到现代主元音变为 ə，由细变洪；声母为知章组，晚近读 tʃ、tʃʰ、ʃ 到现代入精组读 ts、tsʰ、s。

很显然，ə 元音的出现是在齿音知章组声母演变作用下产生的，是声韵互动的结果。从历时角度看，现代粤东客话知章组入精组跟晚近粤东客话庄组入精组时发生的韵母变化现象应该是完全相类的。请看晚近客话中庄组和精组三等韵母的比较：

韵摄	流开三	深开三	臻开三	曾开三
庄组	eu	em	en	en
精组	iu	im	in	in

虽然我们没有精庄混一前的历史客话文献可资证明，但很显然，晚近精组韵母实则代表了庄组或知₃章组入精前的韵母，也即当精组和庄组或知₃章组声母相区别时，其韵母没有区别，主元音同为 i，这是粤东客音演变的出发点。随着声母的合流，原声母的区别，就转移到韵母上，则原庄组或知₃章组的韵母即出现洪化。那么，由此我们可以推论庄组 *tʃ、*tʃʰ、*ʃ 入精组 *ts、*tsʰ、*s 时，上述四摄韵母也从 *i 演变到了 *e，由细变洪。所以说，客话现代知₃章组入精和近代庄组三等入精，声韵的演变是相似的，图示如下：

近代庄组三等： 声母 *tʃ、*tʃʰ、*ʃ → *ts、*tsʰ、*s   韵母主元音 *i → *e
晚近知₃章组：   声母   tʃ、tʃʰ、ʃ → ts、tsʰ、s   韵母主元音 i → ə

从共时平面看来，梅县 ə 的出现，即 i→ə，也跟嘉应客话及其他粤东客话知₃章组字中 i→ɨ→ʅ 的演变是平行的。请看止开三知章组字的情况：

例字	智	耻	治	志	齿	示	诗	市
声母	知	彻	澄	章	昌	船	书	禅
新安	tʃi˚	˖tʃʰi	tʃʰi˖	tʃi˚	˖tʃʰi	ʃi˖	˷ʃi	ʃi˖
《客法》	tʃɨ˚	˖tʃɨ	tʃɨ˖	tʃɨ˚	˖tʃɨ	ʃɨ˖	˷ʃɨ	ʃɨ˖
梅县	tsʅ˚	˖tsʅ	tsʰʅ˖	tsʅ˚	˖tsʰʅ	sʅ˖	˷sʅ	sʅ˖

很显然，梅县止开三的 ʅ 是从 i 演变来的，只不过经过了《客法词典》记录的 ɨ 的阶段。那么 ɨ①（ʅ）的出现，即 i→ʅ 的变化，也和 i→ə 的变化平行。只不过两个演变中前后的元音均各有限制：i→ʅ 中的 i、ʅ 元音是单音韵母 i、ʅ，不结合韵头或韵尾；i→ə 中的 i、ə 均非单音韵母，后面必须跟 -m、-p、-n、-t 韵尾。所以它们出现的环境是互补的，实际上现代梅县的 ə、ʅ 就可以归并为一个音位 /ʅ/，即

$$/ʅ/ \begin{cases} [ʅ] & 单韵母 \\ [ə] & 不能单独成韵，必须带韵尾 \end{cases}$$

---

① 很显然嘉应的 ɨ 比 ʅ、ə 均先出现，且 ʅ 出现后就取代了 ɨ。

经这样合并音位后，梅县实际上仍然是六元音系统。那么这个音位的演变途径为：

$$\left.\begin{array}{c}\left.\begin{array}{c}i\\u\end{array}\right\}\to\dot{i}\to\gamma\\i\text{-}\to\text{ə-}\end{array}\right\}\to/\gamma/$$

很显然，梅县/ɣ/音位的形成完全是在具体韵摄条件下受中古声母精庄知章四组演变的影响下所逐步形成的。

（二）ɨ 的演变

1. 梅县 ɨ→ɣ

晚近粤东客话止开三知章组韵母为 i。先请看四个历史点和九个现代点止开三（含蟹开三）知章组及止开三精组、遇合一精组、遇合三庄组所配韵母的比较：

	新	富	英	法	荔	杨	深	经	云	砂	河	五	梅
止开三知章组：	i	i	i	ɨ	i	i	ɣ	i	i	i	i	i	ɣ
止开三及遇合一精组、遇合三庄组：	ɨ	ɨ	ɨ	ɨ	u	u	ɣ	ɣ	ɣ	ɣ	ɣ	ɣ	ɣ

从上表可得出两个演变阶段：

第一阶段：新安《新约》、五经富《新约》、《客英词典》止开三（含蟹开三）知章组韵母为［i］，止开三精组、遇合一精组、遇合三庄组韵母则为［ɨ］，没有合流；且现代香港新界及揭西、五华各点也仍然保持分立，知章组仍然为［i］，精庄组为［u］、［i］。五经富《新约》和《客英词典》音系发展到现代揭西、五华的方言音系，今天止开三齿音精组和知章组的声母、韵母均未出现合流，而新安音系发展到今天香港、深圳现代客话，韵母虽然未合流，但声母已然合流。

第二阶段：《客法词典》止摄开口三等韵（含蟹开三）的知章组和遇合一精组、遇合三庄组在韵类上已经混同，韵类符号为 e（拟音为［ɨ］），这表明《客法词典》止开三知章组字韵母已经领先其他三个晚近方言点一步，从［i］发展为［ɨ］，和止开三、遇合一精组、遇合三庄组中的韵母已经趋同合流。《客法词典》发展到今天梅州现代客话，则声母、韵母都合流了，韵母则从［ɨ］→［ɣ］。

2. 香港 i→u

梅县升为七元音格局的同时，香港新界客话却降为五元音格局了，原因是晚近客话中四个材料中的止开三精组及遇合一精组、遇合三庄组均存在的 i，这个 i 梅县后来继续发展为舌尖元音 ɿ，而在香港新界客话中这个 i 却似乎逆时代大潮而动，反其道而行，未像其他地方一样变成舌尖元音 ɿ，却演变成了本来在元音格局中已经存在的舌面元音 u，导致音系从六元音系统变回到 [i u a e o] 五元音系统。我们先来看看新安从晚近到现代 i→u 演变的情况：

例字	摄	开合	等	声组	新安	荔枝庄	杨小坑	深圳
租	遇	合	一	精	ᶜtsi	ᶜtʃu	ᶜtʃu	ᶜtsɿ
粗	遇	合	一	精	ᶜtsʰi	ᶜtʃʰu	ᶜtʃʰu	ᶜtsʰɿ
苏	遇	合	一	精	ᶜsi	ᶜʃu	ᶜʃu	ᶜsɿ
子	止	开	三	精	ᶜtsi	ᶜtʃu	ᶜtʃu	ᶜtsɿ
此	止	开	三	精	ᶜtsʰi	ᶜtʃʰu	ᶜtʃʰu	ᶜtsʰɿ
字	止	开	三	精	siᶜ	ʃuᶜ	ʃuᶜ	tsʰɿᶜ
司	止	开	三	精	ᶜsi	ᶜʃu	ᶜʃu	ᶜsɿ
词	止	开	三	精	ᶜtsʰi	ᶜtʃʰu	ᶜtʃʰu	ᶜtsʰɿ
事	止	开	三	庄	siᶜ	ʃuᶜ	ʃuᶜ	sɿᶜ
使	止	开	三	庄	ᶜsi	ᶜʃu	ᶜʃu	ᶜsɿ

我们从上表中可以观察到这个演变涉及遇合三精组和止开三精庄组字。遇合三其他声组字韵母为 u，而止开三其他声组字为 i，可以说晚近客话的 i，现代客话的 ɿ 都导源于遇合三的 u 和止开三的 i，其一般演变途径如下：

$$\left.\begin{array}{r} *u \\ *i \end{array}\right\} \to i \to ɿ$$

但是新安到香港新界客话却是 i→u，有异于一般演变途径。究其原因，一是可能受其他方言影响，但香港新界围头话、福佬话等都无此种情况或类似情况；二是 i（我们所拟是音位/i/）本身音值可能接近 [u]，在构拟新安 z 声母符号时，我们已经考虑过其实际音值也许是 [ʉ]，即音值接近 [u] 而不可能就是 [u]，否则巴色会牧师设计罗马字时直接用 u 符号就行了，无须煞费苦心用了带附加符号的 i 或 z。

尽管香港新界遇合三其他声组字也读 u，但和精组的 u 实非同一历史层次。总之 ɿ→u 的 u 都是一个新起的 u，只不过和较早层次的 u 迭置（overlap）了而已。

张双庆等（2003：31）将新安的 z 拟成 ʅ，并认为"其演变可能经历了这样一个过程：ʅ→ʮ→u"。我们觉得这个演变过程还可以商讨。其问题在于过早地认为新安《新约》的 z 已经是舌尖元音。这样就必然面临接下来的难题，即如何解释刚刚兴起的舌尖元音何以在百年内就又演变为舌面后高元音 u，舌尖元音作为新安客话中的"新质要素"何以如此不稳定？我们的看法是新安的 z 仍是个央高元音，至于是否确实如此，还有待进一步的研究。

二 等第的演变
（一）山摄三四等介音脱落

晚近粤东客话山摄细音（三四等）有介音 i，晚近四点语料中五经富《新约》、《客英词典》、《客法词典》山摄细音（三四等）均有介音 i。但是新安《新约》中山摄三四等介音 i 已经发生部分脱落，当时出现在：唇音帮组帮滂并明；端组端透定；泥组来母；精组；见组见溪群。列举如下（依中古声母排序）：

例字	声	韵	摄	开合	等	新安	荔枝庄	杨小坑
鞭	帮	仙	山	开	三	$_c$pen	$_c$pɛn	$_c$pin
骗	滂	仙	山	开	三	phen$^\circ$	phɛn$^\circ$	phɛn$^\circ$
别	并	薛	山	开	三	phet$_{\supset}$	phɛt$_{\supset}$	phɛt$_{\supset}$
免	明	仙	山	开	三	$_c$men	$_c{}^m$bɛn	$_c{}^m$bɛn
典	端	先	山	开	四	^{c}ten	^{c}tɛn	^{c}tɛn
铁	透	屑	山	开	四	thet$_{\supset}$	thɛt$_{\supset}$	thɛt$_{\supset}$
殿	定	先	山	开	四	then$^\circ$	thɛn$^\circ$	thɛn$^\circ$
列	来	薛	山	开	三	let$_{\supset}$	lɛt$_{\supset}$	lɛt$_{\supset}$
节	精	屑	山	开	四	tset	tʃɛt	tʃɛt
千	清	先	山	开	四	$_c$tshen	$_c$tʃhɛn	$_c$tʃhɛn
前	从	先	山	开	四	$_c$tshen	$_c$tʃhɛn	$_c$tʃhɛn
先	心	先	山	开	四	$_c$sen	$_c$ʃɛn	$_c$ʃɛn
洁	见	屑	山	开	四	ket	kɛt	kɛt
缺	溪	屑	山	合	四	khet	khɛt	khɛt
权	群	仙	山	合	三	$_c$khen	$_c$khɛn	$_c$khɛn

而当时新安《新约》中泥日疑母及影组是有介音 i 的，但新安《新约》之后到现代香港新界客方言这种介音的脱落现象仍持续发生，逐步扩散到其他当时未脱落的声母中。今天香港新界泥日疑母及影组介音 i 也已脱落，山摄三四等已经全部失去介音 i，已经完成这个介音脱落的过程，如下表：

例字	摄	开合	等	声	韵	新安	荔枝庄	杨小坑
年	山	开	四	泥	先	˳nien	˳gɛn	˳gɛn
热	山	开	三	日	薛	niet₂	gɛt₂	gɛt₂
原	山	合	三	疑	元	˳nien	˳gɛn	˳gɛn
冤	山	合	三	影	元	˳jen	˳ʒɛn	˳jɛn
显	山	开	四	晓	先	hienᵒ	hɛnᶜ	hɛnᶜ
血	山	合	四	晓	屑	hiet	hɛt	hɛt
县	山	合	四	匣	先	jenᵒ	ʒɛnᵒ	jɛnᵒ
穴	山	合	四	匣	屑	hiet	hɛt	hɛt
远	山	合	三	云	元	˳jen	˳ʒɛn	˳jɛn
越	山	合	三	云	月	jet₂	ʒɛt₂	jɛt₂
缘	山	合	三	以	仙	˳jen	˳ʒɛn	˳jɛn
阅	山	合	三	以	薛	jet₂	ʒɛt₂	jɛt₂

从以上两个表看，演变前后两个阶段中不分等第、开合，阳声入声韵尾字均同步参与演变，没有先后之别。

从这里我们可以看出新安客话山摄三四等演变的轨迹，图示如下：

$$\left.\begin{array}{l}\text{三等}: *\text{ien}/*\text{iet} \\ \text{四等}: *\text{ien}/*\text{iet}\end{array}\right\} \rightarrow *\text{ien}/*\text{iet} \rightarrow \left\{\begin{array}{l}\text{ien/iet} \\ \text{en/et}\end{array}\right\} \rightarrow \text{en/et}$$

$$\text{(I)} \qquad\qquad \text{(II)} \qquad \text{(III)} \qquad\quad \text{(IV)}$$

其中：(I) 为起点，这一阶段四等也开始产生介音 i[①]；(II) 三四等混同，均有介音 i；(III) 介音以声类为条件开始扩散性脱落，约 150 年前的新安《新约》即为这个阶段其中一个截面；在这个截面中我们看到唇音帮组帮滂并明、端组端透定、泥组来母、精组、见组见溪群母中的 i 已脱落，但泥日疑母及影组 i 介音尚未脱落；(IV) 山摄三四等 i 介音在

---

① 我们从李荣先生构拟，认为中古四等无介音。

所有声类中都已脱落，完全混入曾摄开口一等，如香港荔枝庄：田 = 藤 $_{\underline{c}}$t‛ɛn、前 = 层 $_{\underline{c}}$tʃʰɛn、绝 = 贼 tsʰɛt$_{\circ}$、歇 = 黑 hɛt$_{\circ}$，演变过程完成。

分别对应于《客英词典》和五经富《新约》的现代粤东五华客话和揭西下砂客话中山摄细音字介音也有不同程度的脱落。其中：五华唯有疑母、影母、云母、以母、泥母、日母字尚完全未脱落介音；而揭西下砂则见母尚未完全脱落介音，疑母、影母、晓母、匣母、云母、以母、泥母、日母字则完全还未脱落介音。五华客话和揭西下砂客话中山摄细音字都还处在上面演变图的第（III）阶段。

（二）蟹山摄二等介音出现

粤东客话二等本没有介音，因为晚近四点客话历史语料中新安《新约》、五经富《新约》、《客英词典》二等均无介音，但《客法词典》所记晚近嘉应客话二等产生了新的介音。

有二等的韵摄为假摄、蟹摄、效摄、咸摄、山摄、江摄、梗摄，在《客法词典》中已经反映出晚近嘉应客话中的蟹摄开口二等字、山摄开口二等字出现了介音 i，先看蟹开二：

	皆	楷	介	界	芥	疥	戒	街	解
《客法》	$_{c}$kiai	$_{c}$kʰiai	kiai$^{\circ}$	kiai$^{\circ}$	kiai$^{\circ}$	kiai$^{\circ}$	kiai$^{\circ}$	$_{c}$kiai	^{c}kiai
梅县	$_{c}$kiai	$_{c}$kʰiai	kiai$^{\circ}$	kiai$^{\circ}$	kiai$^{\circ}$	kiai$^{\circ}$	kiai$^{\circ}$	$_{c}$kiai	^{c}kiai

从声组看都是见组字（经仔细调查、检核只能找到见、溪母字）。再来看山开二的情况：

	间	拣	眼	眼	奸
《客法》	$_{c}$kian	^{c}kian	^{c}nian	^{c}ŋan	$_{c}$kian
梅县	$_{c}$kian	^{c}kian	^{c}ɲian	^{c}ɲian	$_{c}$kian

山摄二等介音也都是在见组中产生，只有见母、疑母字。从现代梅县方音来看，这个新起的二等介音还是维持与《客法词典》一样的规模，没有扩大。这说明这个演变发展缓慢，到现在几乎停滞不前。

官话中是二等见系字先产生介音 i，然后声母在 i 介音作用下发生舌面化的。王力先生（1980）谈到二等字的介音时，指出：

> 本来没有韵头的开口呼，在发展过程中插入了韵头 i。这要具备两个条件：（一）必须是喉音字（指影晓匣见溪疑六母）；（二）必须是二等字。除假二等不算，真正具有二等而又有喉音字的韵是江佳皆删山肴咸衔麻庚耕（麻庚兼有三等），拿语音学的术语来说，就是舌根音和喉音在元音 a（ɐ ɔ æ）前面的时候，a 和辅音之间逐渐产生一个短弱的 i（带半元音性质的）。

他又指出二等介音产生及其声母颚化孰先孰后的顺序，"应该认为先产生了韵头 i，然后 k, kh, x 受了 i 的影响变为 tɕ、tɕh、ɕ；而不是先产生了 tɕ、tɕh、ɕ，然后元音 a 受 tɕ、tɕh、ɕ 的影响才生出韵头 i 来。否则，'鸦'由 a 变 ia 这一类现象就不能说明了"[①]。

王力先生上述论断是基于北京话作出的，北京话二等早已经颚化，韵头 i 已然产生，没有历史材料印证，韵头产生先于声母颚化即便对于王力先生来说也只能是个合理的推断。

但我们掌握的客话历史语料却证实了王力先生的推断。《客法词典》记录的蟹摄、山摄二等见组字出现了 i 韵头，但声母尚未发生颚化。与官话比较，粤东客话二等的变化到现在还是处于萌芽或称早期状态，现代梅县方言至今仍与《客法词典》的表现一致。这样我们就能清楚地观察到二等演变过程中的实际情形，可以说客话中蟹山摄二等见组演变为观察整个汉语二等颚化的早期情况提供了一个极佳的窗口。

（三）宕摄合口三等介音演变

秋谷裕幸（2002：440）提到"客家话阳韵唇音字不仅未轻唇化，而且还保留了介音＊i"，并认为这是"客家话独有的现象"。项梦冰（2004）也详细考察了客赣闽粤方言的这一项音韵表现，认为秋谷的观察是很有价值的。项梦冰（2006）将这个现象作为区分客赣两大方言的条件之一。

晚近粤东客话宕合三所有声组（非组、影组、见组）字都是有 i 介音的，在四个历史语料中这种保留介音的现象都有存留。以新安客话为例来

[①] 王力：《汉语史稿》，中华书局 1996 年版，第 136—137 页。

观察一下这个阳韵唇音字①保留介音的现象：

例字	音韵地位	新安	荔枝庄	杨小坑	深圳
纺	宕合三上阳敷	$_cp^hioŋ$	$^cfoŋ$	$^cfoŋ$	$^cfoŋ$
访	宕合三去阳敷	$^cfoŋ$	$^cfoŋ$	$^cfoŋ$	$^cfoŋ$
缚	宕合三入药奉	$p^hiok^⸽$	$pok_⸽$	$pok_⸽$	$pok_⸽$
亡	宕合三平阳微	$_cmoŋ$	$_c{}^mboŋ$	$_c{}^mboŋ$	$_cmoŋ$
网	宕合三上阳微	$^cmioŋ$	—	—	$^cmoŋ$

我们看到新安客话中"纺、缚、网"三字除带三等介音 i 外，还读如重唇。但是到现代深圳、香港客话中百余年间介音已然不见，而且多数字也已改读轻唇。

事实上同在宕合三的见组字中，晚近粤东客话和今天的粤东客话中都是有介音 i 的，例如：

	匡	筐	眶	框	镢
《客法》	$_ck^hioŋ$	$_ck^hioŋ$	$_ck^hioŋ$	$_ck^hioŋ$	$kiok$
梅县	$_ck^hioŋ$	$_ck^hioŋ$	$_ck^hioŋ$	$_ck^hioŋ$	$kiok_⸽$

可以看到宕合三见组的 i 介音在梅县客话中至今犹存。

甚至粤东客话晓组也有证据证明历史上曾经存在过介音 i。据祝允明撰《正德兴宁志》（转录自嘉靖三十年《嘉靖兴宁县志》卷之三《人事部·方言》）载"亦有'杨'、'王'不辨之陋，如'天王寺'为'天洋'之类。至有姓王者自呼杨，问之，云'王乃吾上，避不敢犯'"，说明约五个世纪前的兴宁客话中宕合三的云母字亦有介音 i②。这就证明了宕合三在近代（至迟在 16 世纪）应该各个声组中都是有齐齿介音 i，但很可能无合口介音 u。只不过各个声组演变不一，其中非组晚近开始脱落介音；见组则声母和介音 i 配合紧密，介音至今犹存；影组（常用字如"旺王往枉况"）不见 i

---

① 实际上晚近客话中这个现象还包括入声药韵字，如"缚"。
② 周德清《中原音韵·正语作词起例》提到"王"、"杨"不分为"诸方语之病"，可见此种现象在南方方言中很普遍。

介音，其中云母、影母字 i 介音被合口介音 u 替代，之后又变为 v 声母①，晓母字"况"客话读入溪母，其变化还待研究。

宕合三非组本身辖常用字不多，《方言调查字表》总计收入 20 字。而且观察历史语料并联系现代方音，其失去介音的演变已经处于末期，演变行将完成。部分现代客话宕合三非组保留介音这样一个现象确实值得重视，它是近代晚期客音的遗留。如粤东客话中仅有几个字还残存 i 介音。以现在官话的强势影响力度，和客方言演变的速度看，客话宕合三非组保留介音这个现象势必很快消亡，届时在这个条件上客赣方言也许就不存在差距了。

三 阴声韵的演变
（一）遇摄
1. 声化韵的形成

我们认为早期粤东客话遇摄的合口一等疑母和合口三等泥母字不读声化韵，但在晚近和现代客话中均有演变成声化韵的情况，我们以嘉应客话为例：

例字	吴	五	伍	午	误	悟	女②
等第	一	一	一	一	一	一	三
声母	疑	疑	疑	疑	疑	疑	泥
《客法》	ᶜŋ	ᶜŋ	ᶜŋ	ᶜŋ	ŋuᶜ	ŋuᶜ	ᶜniu/ᶜɲi/ᶜŋ
梅县	ᶜn	ᶜn	ᶜŋ	ᶜŋ	ŋuᶜ	ŋuᶜ	ᶜŋ

从例字我们可推知三个历史阶段：

疑母字"误悟"从早期粤东客话到百年前的《客法词典》到今天的梅县客话均不读声化韵，一直未发生变化，为第一个阶段；同为疑母字的"伍午"则在《客法词典》中已经读声化韵 ŋ，此为百年前的变化，到现代梅县仍为声化韵，泥母字"女"在《客法词典》中则记有"ɲiu、ɲi、ŋ"三个读音，到现代梅县则仅读 ŋ 一音，这是百年间的变化，是为第二个阶段；"吴五"两字百年前的《客法词典》中已经作声化韵 ŋ，百年后

---

① 现代各地客家方言里有个词"口 [ioŋᶜ]"表示"市场繁荣，交易者众"。这个词有学者记为"炀"，但此字于义未合。笔者认为其本字当即"旺"字。这样的话，祝允明记录的兴宁客话"杨、王不辨"的情况，即便到今天，客家方言中仍有残存。

② 泥母仅此一例。

更进一步演变为 ṅ，是为第三个阶段。

可以推测，因为舌根鼻音 ŋ 和后高元音 u 同具后位性（+back）、浊音性（+voiced），但 u 元音具圆唇性（+round），不如发 ŋ 省力，于是 u 元音就失去了。而 ȵiu 首先发生鱼支通韵变化，演变成 ȵi，但 ȵ 具后位性（+back），i 具前位性（+front），在省力原则下，i 遂失落，ȵ 也成为声化韵 ŋ̍。这两种可能的演变途径图示如下：

$$\left.\begin{array}{l}\text{遇合一疑母：}\quad \eta u \rightarrow \eta \upsilon \\ \text{遇合三泥母：}\quad \textnormal{ȵ}iu \rightarrow \textnormal{ȵ}i\upsilon \rightarrow \textnormal{ȵ}i\end{array}\right\} \rightarrow \quad \eta \rightarrow \dot{n}$$

其中 ṅ 可作 ŋ̍ 的自由变体。至于声化韵的具体、准确的形成机制、原因，还有待进一步探讨。

2. 鱼支通韵的演变

晚近粤东客话存在鱼支通韵现象，我们推测是遇摄合口三等字（帮组、庄知章组外）韵母本当为 *iu。iu 中的 u 逐渐弱化、脱落，即 *iu→*iʊ→i，这样也就入止摄开口三等韵，也就是说由鱼入支。

我们为什么能推断遇摄合口三等字（帮组、庄知章组外）韵母本当为 *iu，是因为正好在我们所调查的粤东客话中保留有这个鱼支通韵前的存古现象。五经富《新约》（富）中遇合三泥组精组和牙喉音的韵母都为 i，现代揭西其他点也是 i，可五经富《新约》的编译者彭启峰牧师家乡五云（云）现在却是 iu。例字如下：

例字	虑	叙	如	居	举	据	语	虚	雨
声母	来	邪	日	见	见	见	疑	晓	云
富	₌li	si°	₌ji	₌ki	ᶜki	ki°	₌ȵi	₌hi	₌ji
经	li°	si°	ji°	ki°	ki°	ki°	ni°	hi°	ji°
云	₌liu	₌siu	₌jiu	₌kiu	ᶜkiu	kiu°	₌niu	₌hiu	₌jiu
砂	₌li	ᶜsi	₌ji	₌ki	ᶜki	ki°	₌ni	₌hi	₌ji
河	₌li	ᶜsi	₌ʒi	₌ki	ᶜki	ki°	₌ȵi	₌hi	₌ji

从中古音韵结构上来看，显然 iu 的层次要比 i 的层次要早。可是现存的揭西五云的 iu 韵母比五经富《新约》的 i 韵母却晚了一个世纪，那这

是否一种方言返祖现象，从 i 又演变回 iu 呢？联系现代五云止开三的韵母，我们认为是不可能的。五云止开三读 i，如果五云遇合三也曾经读 i 的话，那就属于鱼支通韵的层次，两摄合流。合流后若 i 变成 iu，势必在止开三也会出现这个现象。但现在五云鱼支划然，泾渭分明。显然不曾经历过鱼支通韵的层次，也就是说五云遇合三未经历过读 i 的层次。那么彭启峰牧师（五云人）亲手翻译的五经富《新约》为什么未体现出五云鱼支分立的现象呢？我们认为较为合理的解释是百年前彭牧师编译《新约》时，遇合三作 i 韵是当时为五经富客家地区，也为整个粤东客家地区所广为接受的读法，所以彭牧师就采用了这种读法。而揭西五云因为地处山区，交通不便①，所以 iu 的读法就一直绵延至今，也就为我们观察鱼支通韵的演变产生之前的状态提供了方便之门。

这个现象正好说明了晚近客话的鱼虞韵混一后除非组、知章组读 u，鱼虞韵庄组分别读 o、u 及 ɿ，其余声组均演变为 i。我们推测其演变轨迹大致为：

$$\left.\begin{array}{l}虞*io\\鱼*ɔi\end{array}\right\} \rightarrow *iu \rightarrow *iʉ \rightarrow *iə \rightarrow i$$

其中 *iu 主元音 u 可能逐步发生央化、弱化直至脱落，遂演变为 i，由鱼入支。至于推测成立与否，有待材料进一步证实或证伪。

（二）效摄

1. 效摄一等的演变

晚近粤东客话韵母系统歌豪分立，效摄和果摄无涉。四点历史语料中唯有五经富《新约》有歌豪通押现象，新安《新约》、《客英词典》、《客法词典》等其他三个历史语料都没有这个现象，与此三个语料相对应的现代粤东方言点也不见这种现象。

五经富《新约》中效摄一等豪韵字共 41 字，其中读 o 入果摄一等歌韵字者 28 字，占 68%，为"宝报保毛帽刀袴岛倒到讨导萄逃劳老早草槽造扫高告奥好₋坏号"；读 au 者 13 字，占 32%，为"暴袍冒盗道恼躁燥膏靠傲好₋喜₋毫"。

---

① 纪多纳牧师等本在五云传教，后来改至五经富，也是这个原因。

效摄一等豪韵这两种读法从声类、调类和口语常用字、不常用字的角度都看不出有什么分化条件。如从中古声类看：明母：帽 o 冒 au；定母：导 o 盗 au；见母：高 o 膏 au；匣母：毫 o 号 au。

那么在近 100 年的时间里这种现象又有什么变化呢？请参下表：

例字	保	毛	刀	讨	道	恼	老	早	造	膏	奥
声母	帮	明	端	透	定	泥	来	精	从	见	影
富	ˬpo	ˬmo	ˬto	ˬtho	thau˫	ˬnau	ˬlo	ˬtso	tsho˫	ˬkau	o˫
经	ˬpo	ˬmo	ˬto	ˬtho	tho˫	ˬno	ˬlo	ˬtso	ˬtsho	ˬko	o˫
云	ˬpau	ˬmau	ˬtau	ˬthau	ˬthau	ˬnau	ˬlo	ˬtso	ˬtsho	ˬko	au˫
砂	ˬpau	ˬmau	ˬtau	ˬtho	ˬtho	ˬnau	ˬlo	ˬtso	ˬtsho	ˬko	au˫
河	ˬpo	ˬmau	ˬto	ˬtho	ˬtho	ˬno	ˬlo	ˬtso	ˬtsho	ˬkau	o˫

上表中现代五经富（经）语音是请五经富基督堂老牧师曾惠堂先生发音的，曾老牧师生于 1925 年，他的语音可以代表 20 世纪 50 年代的五经富镇客话，那么我们可以看到就五经富镇来说，歌豪同韵现象达到极致，"道盗恼膏"等字五经富《新约》读 au，曾老牧师都读 o，五经富青年大学生曾旭山（1987 年生）这些字则都读为 au。现代河婆镇（河）歌豪同韵相对来说和百年前持衡，变化不大。而现代五云、下砂则有不少豪韵字改读 au。也许还要再经过较长时间的 o、au 共存时期，会逐渐地走向效摄一二等无别的格局。

通过以上对地处潮汕的揭西地区（旧五经富地区）晚近及现代效摄一等豪韵字的考察，说明这一地区大部分豪韵字读入歌韵，形成歌豪通押的现象。

造成潮州客话这种现象的直接原因，显然是受到了潮汕闽方言强势的影响。就揭西县域而言，我们在绪论中说明过该县使用客家话和潮州话（属闽方言）的人口分别为 56%、44%，几乎各占一半，潮州话地域和客话地域也以县城河婆镇南北为界，也差不多相当。据揭西客属地域诸大姓族谱所述，县内各客家姓氏大体在元末明初自嘉应诸县迁入开基。这说明潮州客话与潮州本地人所操的闽方言相互接触的历史当已在 500 年之上。

闽方言自宋代起就为人瞩目的一大特色即歌豪通押，且涉及地域甚广，闽南、闽东豪韵字大部分入歌，豪韵不独立。那么与闽语比邻而居数百年之久的潮州客话带上歌豪通韵的语音特色，而粤东不接近闽方言的客家话基本上没有这种现象，我们也就并不需要感到奇怪了。这自然是因为方言之间接触，闽方言影响客家方言所造成的结果。①

2. 五经富效摄三等的演变

晚近粤东客音不存在宵侯通韵现象。我们在韵母内部差异讨论时指出，在四个历史语料中唯五经富客话《新约》中存在此现象，即五经富《新约》中效摄开口三等宵韵知章组字为 eu，效摄开口三等宵韵日影以母字为 ieu，韵基均为 eu，同侯韵 eu 同读。而新安《新约》、《客英词典》、《客法词典》中均为 au，无此现象，与这三个历史点相对应的现代客话地区也仍然读 au。

现代揭西方言中这种现象是依然保存还是发生了变化，我们将五经富客话《新约》中具宵侯通韵现象的字全举、对照如下：

例字	召	兆	照	招	少多	少年	烧	扰	腰	耀	䚻	摇
声母	澄	澄	章	章	书	书	书	日	影	以	以	以
富	tʃheu⁼	tʃheu⁼	tʃeu⁼	꜀tʃeu	꜄ʃeu	ʃeu⁼	꜀ʃeu	꜄jeu	꜀jeu	jeu⁼	꜀jeu	꜄jeu
经1	꜀tʃheu	tʃheu⁼	꜀tʃeu	꜀tʃeu	꜀ʃeu	ʃeu⁼	꜀ʃeu	꜄jieu	꜀jieu	꜀jieu	꜀jieu	꜄jieu
经2	꜀tʃhau	tʃhau⁼	꜀tʃeu	꜀tʃeu	꜀ʃeu	ʃau⁼	꜀ʃeu	꜄jiau	꜀jieu	꜀jieu	꜀jieu	꜄jieu
云	꜀tʃhau	tʃhau⁼	꜀tʃau	꜀tʃau	꜀ʃau	ʃau⁼	꜀ʃau	꜄jiau	꜀jiau	꜀jiau	꜀jieu	꜄jieu
砂	꜀tʃhau	tʃhau⁼	꜀tʃau	꜀tʃau	꜀ʃau	ʃau⁼	꜀ʃau	꜄jiau	꜀jiau	꜀jiau	꜀jieu	꜄jieu
河	꜀tʃhau	tʃhau⁼	꜀tʃau	꜀tʃau	꜀ʃau	ʃau⁼	꜀ʃau	꜄ȝau	꜀ȝau	꜀ȝau	꜀ȝau	꜀ȝau

上表中经 1 为五经富曾惠堂牧师的口音，属老年层次，经 2 为五经富青年大学生曾旭山的发音。我们发现，就曾老牧师的口音来说，这种现象依然完好保存，无一变化；而青年层则有所松动，"召、兆、少年~、扰、耀"五字已经改读 au。

而在现代五云、下砂，只有日影以母字尚存这种现象，知章组字已全

---

① 据李如龙等《粤西客家方言报告》，暨南大学出版社 1999 年版，远离闽方言区的粤西客话效摄区分一二等，效摄一等和果摄一等同读，歌豪通押。粤西的客家话是明末清初以来闽西和粤东、粤北客地的居民直接或间接向粤西移民而逐渐形成的，粤西客话歌豪通韵还值得研究。

然改读 au 了；河婆是县城，则几乎不存在这种情况了。看来，五经富地区效摄开口三等的演变目前受到了阻扼，部分混读了的字又在恢复其原有的区别。

（三）流摄

1. 流摄三等知章组字演变

晚近客话流摄开口三等知章组字其韵母为 iu，具介音。四点历史语料在流摄开口三等知章组字声母均为舌叶音（ʧ、ʧʰ、ʃ），但韵母发生了变化，出现了区别，其中新安新约和《客法词典》为 u①，五经富新约和《客英词典》为 iu：

例字	摄	开合	等	韵	声	新安	《客法》	五经富	《客英》
昼	流	开	三	尤	知	ʧuᵊ	ʧuᵊ	ʧiuᵊ	ʧiuᵊ
周	流	开	三	尤	章	ₒʧu	ₒʧu	ₒʧiu	ₒʧiu
臭	流	开	三	尤	昌	ʧʰuᵊ	ʧʰuᵊ	ʧʰiuᵊ	ʧʰiuᵊ
手	流	开	三	尤	书	ᶜʃu	ᶜʃu	ᶜʃiu	ᶜʃiu
受	流	开	三	尤	禅	ʃuᵊ	ʃuᵊ	ʃiuᵊ	ʃiuᵊ

这种现象实际上是语音发展在地域上不同步造成的，实际上此处韵母的区别，反映的就是各地语音演变的快慢。很显然流摄三等本当有介音 i，随着知章组声母的演变，介音逐渐脱落，新安《新约》和《客法词典》流开三知章组字其演变过程可图示如下：

$$中古通语 \quad *tɕiu② \to ʧiu \to ʧu$$

而五经富新约和《客英词典》则还停留在演变的第二阶段。从地理位置上看，当时新安是通商大埠，嘉应系客家之都，相对于五经富《新约》和《客英词典》所描写的粤东中部客方言区来说，没有那么偏僻闭

---

① 《客法词典》虽然流开三知章组字分别在 ʧu、ʧʰu、ʃu 音读后记有 ʧiu、ʧʰiu、ʃiu 又音，但在 ʧiu、ʧʰiu、ʃiu 音节中却找不到流开三知章组字，同时在词语和例句中也找不到流开三知章组有 ʧiu、ʧʰiu、ʃiu 读法的实例。因此，我们认为 ʧiu、ʧʰiu、ʃiu 是记的异地又音，非当时嘉应音有两读。

② 中古拟音参李荣《切韵音系》，科学出版社 1958 年版。

塞，交通相对便利，人员流动频繁。这也是为什么五经富《新约》和《客英词典》要慢一拍，而新安、嘉应两地客话演变较快的原因之一。

晚近粤东客话到现代粤东客话这一现象又是否进一步发生变化呢？我们先逐点比较：

新一荔： tʃu→tʃiu/tsiu；

富一经： tʃiu—tʃiu；

英一五： tʃiu→tʃu；

法一梅： tʃu→tsu；

其中，我们可知现代揭西五经富地区因地处偏僻还停留在第一阶段，演变最为缓慢；五华地区次之，tʃiu→tʃu，演变到第二阶段；新安和《客法》词典起点就已在第三阶段，但近200年的演变趋向不一，新安到现代深港为 iu，有介音，《客法》到现代梅县为 u，无介音。

《客法》到现代梅县为 tʃu→tsu，跟新安 tʃu→tʃiu/tsiu 的演变不同，目前我们还不能很好解释。有可能是受到通语强势的影响，阻断了 i 介音的产生，留待进一步研究。

我们下面来看新安到现代深港的变化，请先看例字：

例字	昼	皱	周	咒	臭	收	手	守	仇	受
声母	知	庄	章	章	昌	书	书	书	禅	禅
新	tʃuᵒ	tʃʰuᵒ	ₒtʃu	tʃuᵒ	tʃʰuᵒ	ₒʃu	ᶜʃu	ᶜʃu	ₒʃu	ʃuᵒ
荔	tʃiuᵒ	tʃiuᵒ	ₒtʃiu	tʃiuᵒ	tʃʰiuᵒ	ₒʃiu	ᶜʃiu	ᶜʃiu	ₒʃiu	ʃiuᵒ
杨	tʃiuᵒ	tʃiuᵒ	ₒtʃiu	tʃiuᵒ	tʃʰiuᵒ	ₒʃiu	ᶜʃiu	ᶜʃiu	ₒʃɛu	ʃiuᵒ
深	tsiuᵒ	tsʰiuᵒ	ₒtsiu	tsiuᵒ	tsʰiuᵒ	ₒsiu	ᶜsiu	ᶜsiu	ₒtsʰiu	siuᵒ

我们从例字中看到，香港新界荔枝庄（荔）、杨小坑（杨）、深圳流摄开口三等知章组今读均为 iu，但深圳声母记为 ts、tsʰ、s，香港新界两方言点则记为 tʃ、tʃʰ、ʃ。

看上去现代新界客音发生了"返祖"现象，从 tʃu 又变回晚近之前的 tʃiu 了。事实上是否如此呢？看深圳的情况我们就了然了。深圳读 tsiu，从晚近新安到现代深圳演变为 tʃu→tsiu，中间我们认为当存在一个过渡层次 tʃiu，即知章组（声母为 tʃ、tʃʰ、ʃ）在向精组（声母为 ts、tsʰ、s）靠拢时，应是先衍生出一个介音 i 来，而且这个 i 介音可能在舌尖和舌叶音开始混一前就出现了，即

晚近客话（1）ʧu→（2）ʧⁱu→（3）tʃiu→（4）tsiu 现代客话

张双庆、庄初升（2003：28）在归纳新界客家话语音特点时指出古精庄知章组声母今读合流，老派一般读为舌叶音 ʧ、ʧʰ、ʃ，还有一些中、老年人塞擦音读 ʧ、ʧʰ，擦音为 s，青派则一般读为舌尖前音 ts、tsʰ、s。而新安客话是精庄、知章分立的。那么就正好说明目前新界老派及中老年流摄开口三等知章组字读音正好处于上述演变（3）的阶段，而新界青派和深圳则已处于（4）的阶段。

这样我们就通过对香港新界客话共时层次进行分析的方法弄清楚了新界读 tʃiu 的层次并非"返祖"现象，而是一种过渡的但又是新起的语音现象。赣南、闽西客话舌尖细音进一步颚化为舌面音，很显然也不意味着合流归入精组后的知章组又返祖到了读＊ʧ、＊ʧʰ、＊ʃ 的近代时期。

这样我们可以作一个演变示意图，表示客话流摄开口三等知章组字韵母从中古到现代的系列演变：

＊tɕiu①→ʧiu→ʧu→ʧⁱu→tʃiu→tsiu→tɕiu

四　阳（入）声韵的演变

中古音系中阳声韵、入声韵相配，粤东客话中也仍表现为阳、入相配，二者变化也几乎同步，故我们放在一起讨论。

（一）山摄

1. 山摄开口一等主元音演变

晚近粤东客话中山摄开口一等舌齿音为 an，主元音为 a，牙喉音为 on，主元音为 o；山摄开口一等舌齿音读同山摄开口二等则为 an，主元音为 a。山摄开口一等舌齿音读同山摄开口二等。四个历史材料均同。现代粤东客话（除五云、下砂外）山摄开口一等、二等表现基本和晚近粤东

---

① 中古拟音参李荣《切韵音系》，科学出版社 1958 年版。

客话保持一致。

但在现代揭西五云、下砂客话中，山摄开口一等舌齿音大都演变为 on/ot，先请看山开一例字：

例字	单	滩	弹	达	难	栏	餐	散	看
声母	端	透	定	定	泥	来	清	心	溪
富	₌tan	₌tʰan	₌tʰan	thatɔ	₌nan	₌lan	₌tsʰon	₌san	kʰonɔ
云	₌tan	₌tʰon	₌tʰon	tʰotɔ	₌non	₌lon	₌tsʰon	₌son	kʰonɔ
砂	₌ton	₌tʰon	₌tʰon	tʰotɔ	₌non	₌lon	₌tsʰon	₌son	kʰonɔ
经	₌tan	₌tʰan	₌tʰan	tʰatɔ	₌nan	₌lan	₌tsʰon	₌san	kʰonɔ
河	₌tan	₌tʰan	₌tʰan	tʰatɔ	₌nan	₌lan	₌tsʰon	₌san	kʰonɔ

我们看到其中五经富《新约》译者彭启峰牧师的家乡五云（云）以及原本就属于五云的下砂（砂）除见系字本来主元音为 o 外，舌齿音字主元音也基本变为 o 了。

甚至山开二、山合三部分字在现代五云、下砂客话中也出现了主元音为 o 的情况：

例字	察	山	慢	奸	设	源	怨
开合	开	开	开	开	开	合	合
等第	二	二	二	二	三	三	三
韵母	黠	山	删	删	薛	元	元
声母	初	生	明	见	书	疑	影
富	tsʰatɔ	₌san	manɔ	₌kien	ʃetɔ	₌nen	jenɔ
云	tsʰotɔ	₌son	₌mon	₌kon	ʃotɔ	₌nien	jienɔ
砂	tsʰotɔ	₌son	₌mon	₌kon	ʃotɔ	₌nion	nionɔ
经	tsʰatɔ	₌san	₌man	₌kan	ʃetɔ	₌nien	₌jien
河	tsʰatɔ	₌san	₌man	₌kan	ʃetɔ	₌nien	ʒenɔ

如此，我们认为五云、下砂山摄开口一等舌齿音字主元音发生了 a→o 的变化，这种变化还逐渐波及了山开二、山合三的部分字。

2. 山摄开口三四等主元音演变

晚近粤东客话新、富、英三点及三点所对应的现代粤东客话山摄开口三四等主元音基本为 e，没有变化。但我们在分析晚近客话韵母异同时注意到了山摄开口三四等舒声入声主元音《客法词典》和其他三个材料表现不一，其他材料中各声组均为 e，而《客法词典》中则知章组舒声入声、泥母、日母、牙喉音舒声（见系晓匣母除外）字，主元音均为 a，如表 5-4 所示。

表 5-4　《客法词典》山摄开口三四等舒声入声主元音

声组（母）	帮组	端组	泥母		来母	精组	知组	章组	日母		见组		晓匣	影喻
			舒	入					舒	入	舒	入		
《客法》	e	e	a	e	e	e	a	a	a	a	e	e	e	a

那么这两种类型中究竟哪一种是早期的层次呢？也就是说，究竟是主元音 e→a 呢，还是 a→e 呢？光依靠历史方言材料本身我们已难以解决这个问题。历史方言材料和现代方言材料相结合，也许能找到相关的线索，辨明演变的方向。

我们检视现代梅县方言山开三四等主元音的情况，发现已然有所变化，我们与《客法词典》进行了对照，如表 5-5 所示。

表 5-5　嘉应山摄开口三四等舒声入声主元音演变

声组（母）	帮组	端组	泥母		来母	精组	知组	章组	日母		见组		晓匣	影喻
			舒	入					舒	入	舒	入		
《客法》	e	e	a	e	e	e	a	a	a	a	e	e	e	a
梅县①	e	e	a	**a**	e	e	a	a	a	**a**	e	**a**	**a**	a

这样，我们就能清楚地看到，主元音 a 在近 100 年内仍在扩散，今天梅县方言中见组入声、泥日晓匣母入声主元音从 e 演变到 a，即 iet→iat，例如：

例字	结	洁	缺	杰	竭	馨	血	歇	穴
声母	见	见	溪	群	群	疑	晓	晓	匣
《客法》	kiet₂	kiet₂	kʰiet₂	kʰiet₂	kʰiet₂	ȵet₂	hiet₂	hiet₂	hiet₂
梅县	kiat₂	kiat₂	kʰiat₂	kʰiat₂	kʰiat₂	ȵiat₂	hiat₂	hiat₂	hiat₂

---

① 李如龙、张双庆：《客赣方言调查报告》，厦门大学出版社 1992 年版。该书字音对照表中误将梅县山摄开口三四等帮组、端组、来母、精组字的主元音排印成 a，与所附音系不合，也与林立芳、黄雪贞及笔者的调查不合。

而晓匣母的舒声也发生演变，hien→hian，例如：

例字	献	掀	贤	现
声母	晓	晓	匣	匣
《客法》	hien³	₋hien	₋hien	hien³
梅县	hian³	₋hian	₋hian	hian³

这样现代梅县和晚近嘉应相较，就出现了一个新韵母 iat 和一个新音节 hian，这两个客话的新质要素，均不见于晚近客话的四个材料。那么从这百年内新起的变化反推回去，百年前的变化也应该是山摄三四等主元音从 e 到 a 的演变，而非相反，这百年内的演变正是百年前 e→a 演变的进一步延续。

（二）梗摄

1. 深圳梗山三四等阳声韵合流

根据第三章的分析，晚近粤东客话四个语料中梗摄均存在文白异读，文读为洪 en/et 细 in (en) /it，白读为洪 aŋ/ak 细 iaŋ/iak，现代九点粤东客话中梗摄也存在文白异读，其表现和晚近客话基本一致。

但现代深圳客话韵母中有个非常突出的现象，与晚近粤东客话及现代其他八点客方言均迥然不同，即深圳梗摄开口三四等阳声韵部分白读字读入山摄三四等，如：

饼 = 扁 ₋pien；病 = 骗 pʰien³；井 = 剪 ₋tsien；请 = 浅 ₋tsʰien；晴 = 前 ₋tsʰien；颈 = 检 ₋kien；轻 = 圈 ₋kʰien；影 = 远 ₋jien

但梗摄三四等入声韵并无此种现象。我们看以下例字比较：

	饼白	病白	岭白	井白	晴白	颈白	影白	厅白	青白	醒白
等	三	三	三	三	三	三	三	四	四	四
新	₋piaŋ	pʰiaŋ³	₋liaŋ	₋tsiaŋ	₋tsʰiaŋ	₋kiaŋ	₋iaŋ	₋tʰiaŋ	₋tsʰiaŋ	₋siaŋ
荔	₋piaŋ	pʰiaŋ³	₋liaŋ	₋tʃiaŋ	₋tʃʰiaŋ	₋kiaŋ	₋ʒaŋ	₋tʰiaŋ	₋tʃʰiaŋ	₋ʃiaŋ
杨	₋piaŋ	pʰiaŋ³	₋liaŋ	₋tʃiaŋ	₋tʃʰiaŋ	₋kiaŋ	₋jiaŋ	₋tʰiaŋ	₋tʃʰin	₋ʃiaŋ
深	₋pien	pʰien³	₋lien	₋tsien	₋tsʰien	₋kien	₋jien	₋tʰien	₋tsʰien	₋sien

从以上例字中很显然可看出深圳梗开三四等阳声韵白读为 ien，与诸点作 iaŋ 不同。

另外，我们注意到深圳客话山摄三四等仍有介音，而香港新界客话山摄三四等 150 年前已经脱落介音，如：

	鞭	免	连	剪	件	边	面	莲	千	牵
等	三	三	三	三	三	四	四	四	四	四
新	₋pen	ᶜmen	₋len	ᶜtsen	kʰɛnᶜ	₋pen	menᶜ	₋len	₋tsʰen	₋kʰen
荔	₋pɛn	ᵐbɛn	₋len	ᶜtʃɛn	kʰɛnᶜ	₋pɛn	ᵐbɛnᶜ	₋len	₋tʃʰɛn	₋kʰɛn
杨	₋pin	ᵐbɛn	₋len	ᶜtʃɛn	kʰɛnᶜ	₋pɛn	ᵐbɛnᶜ	₋lɛn	₋tʃʰɛn	₋kʰɛn
深	₋pien	ᶜmien	₋lien	ᶜtsien	kʰienᶜ	₋pien	mienᶜ	₋lien	₋tsʰien	₋kʰien

那么我们结合上述两表可以看出：深圳梗摄三四等部分白读字与山摄三四等同读 ien；而新界梗摄三四等部分文读字也与山摄三四等同读 en。我们将新界、深圳梗摄山摄各自关系及相关情况图示如下：

新界：梗摄三四等文读 en = 山摄三四等 en（新界山摄细音转洪）
深圳：梗摄三四等白读 ien = 山摄三四等 ien（深圳山摄洪细有别）

我们认为早期粤东客话山摄三四等是有介音的，新安及香港新界山摄三四等 i 介音是晚近才脱落的，前文已述，也即新安和新界山摄三四等的 en 是 *ien 演变来的，即 *ien→en。那么我们也就可合理地推测与新界山摄三四等同读 en 的梗摄三四等文读之前也当是 *ien，图示即：

早期粤东客话（新安）：梗摄三四等文读 *ien = 山摄三四等 *ien（早期新安山摄洪细有别）

那么，上图和现代深圳的梗山摄细音的关系几乎相同了，唯一不同的是与山摄细音同读的梗摄字，早期新安是文读，现代深圳是白读。

我们细检粤东客话梗摄文白读的情况，可知晚近粤东客话四个历史材料及现代粤东除深圳外八个客家方言点中梗摄二等白读为 aŋ、文读为 en，读入臻（曾）摄一等，文白读共两种音读；而三四等白读为 iaŋ，文读则有 en、in 两个层次，计三种音读。图示如下：

$$\text{梗开二} \begin{cases} a\eta\text{（白读）} \\ en\text{（文读）} \end{cases} : \text{梗开三四} \begin{cases} ia\eta\text{（白读）} \\ en\text{（文读 1）} \\ in\text{（文读 2）} \end{cases}$$

但是我们注意到深圳梗开三四只有 ien（白读）、in（文读）两种音读，与晚近及现代其他点梗开三四相比少了一种读音，我们对比图示如下：

$$\text{晚近及其他现代点} \begin{cases} ia\eta\text{（白读）} \\ en\text{（文读 1）} \\ in\text{（文读 2）} \end{cases} \begin{matrix} ien\text{（白读）} \\ = in\text{（文读）} \end{matrix} \Big\} \text{现代深圳点}$$

从上图的比较中，我们认为深圳的 in（文读）应该和晚近及其他现代点的 in（文读 2）对应一致，但是剩下深圳的白读 ien 和其他点的 iaŋ（白读）和 in（文读 1）之间有着什么样的关系呢？

我们认为早期粤东客音梗摄也一样分洪细，细音皆有 i 介音或主元音本身为 i，另注意到其他点梗开三四白读及文读 2 均具 i 介音或主元音本身为 i，但是文读 1 无 i 介音，所以推测文读 1 在早期粤东客音中的前身也当为 *ien，具 i 介音，其他点的早期文读 *ien 后来和梗开二的文读 en 合流了。而深圳的 ien（白读）我们认为即这个早期文读 *ien 的存留。也即是说深圳的 ien（白读）和其他点的 en（文读 1）是对应的，而非白读 iaŋ 变来的。那么，现在剩下的问题是晚近的白读 iaŋ 在深圳客话中为什么不见了？

目前我们的解释是现代深圳客话梗开三四的白读 ien 是早期粤东客话文读 *ien 的直接遗留，早期文读 *ien 和白读 *iaŋ 长期处于竞争状态，最终早期文读获得完全胜利，导致白读 *iaŋ 完全消失。最后剩下 ien 和晚期文读 in 并驾齐驱，构成新的文白二元对立。

第四节 声调演变

客家方言的声调很有特色，许多学者一直在深入地发现、挖掘客家方言声调的特色，从而不断地深化我们对客家方言语言事实的认识。早在 1880 年，庄延龄就注意到了新安客话"浊上归阴平"这个现象，他说

"但客家的下上（笔者案：即浊上）……也许可以读成上平（笔者案：即清平），如此巴色会的词典将所有的下上（笔者案：疑误，当为部分下上）和所有的上平都标成同一个声调"①。

1905 年，纪多纳也注意到客家话声调的两个"特别有意思又难于掌握"的特点。其一就是"浊上归阴平"②，他说：

> 许多在书面语中读上声或者去声的字，在客家俗话中却读上平调。庄延龄先生（在翟理思的字典中）认为它们实则一个名称下的两个声调，并与其他方言的调类作了比较。……这样的字还是很多的，可以列出一个很长的表来，但这样的字里头大多数都是普通口语中使用的（笔者案：即白读字）。③

据此我们知道，对于客家话声调特点的认识和讨论距今至少已有 130 年的历史了。此后，桥本万太郎（Hashimoto, Mantaro J., 1973）、黄雪贞（1988，1989）、罗杰瑞（2003 [1989]）、刘纶鑫（1999，2001）等学者对客家方言声调的研究都作出了积极的贡献，深化了人们对客家方言声调特点的认识。

就粤东客音的声调而言，近 200 年来中古平声、上声变化不大，其中变化稍大的是中古的去声和入声。下面我们就先来讨论粤东客音去声的演变情况。

一 去声的演变

我们认为晚近粤东方言去声变化不大，但我们调查的现代粤东方言中揭西县所属四点——五经富（富）、五云（云）、下砂（砂）、河婆（河）及五华河东（五）都具有"浊去归上"的特点，与其他大多数客家方言"浊上归去"的特点形成鲜明的对照。具体说就是这类客家方言的中古去

---

① 原文为："The 下上 ..., but may be pronounced as the Hakka 上平, and hence the Basel Mission Dictionary marks all 下上 and all 上平 words as having the same tone."

② 另一个则是"浊去归上"，我们在下文将提及，此处不表。

③ 原文为："Many words which in book language are pronounced in the Rising or in the Departing Tones, are in Hak-ka Colloquial pronounced in the Upper Even Tone. Mr. Parker (in Giles) thinks they are really two tones under one name, and makes comparisons with other dialects. ... The list of words where this happens is a very long one; most of such words are in common colloquial use."

声中的全浊声母字、次浊声母字有不少归入今上声中；另中古上声中的全浊声母字除少部分归阴平外，大部分也都归入今上声中。

那么粤东客话这种现象是否古老呢？"浊去归上"发生在什么时候呢？现在读入上声的全浊上声字是一直和清上、次浊上共处未分化呢，还是发生"浊上变去"后，再与全浊去共变，又回到上声来的呢？

其实早在1905年，《客英词典》作者纪多纳就注意到了粤东客家话声调中这种"浊去归上"现象，他说：

  在（广东的）西部客家地区读去声调的许多字，在东部客家地区（嘉应州和潮州，尤其是潮州）却读作上声。其他方言的去声也有一些弱化；但客家话特别明显。查查翟理思的词典（笔者案：指《华英大词典》，上面的方言语音包括客家话音均系庄延龄所标注，纪多纳为这部词典编写了客家话语音索引）大家就会发现，其他方言读去声的字，客家话却常常读上声。①

纪多纳长期在今揭西县居住，且"举凡韩江上流，北抵汀州府属，西至惠州之海陆丰等处，凡客人之地，足迹莫不遍及"②，熟稔粤东地区客家方言的情况。他所指的西部客家地区实际上就是新安（今深港地区），而东部地区实则包括我们所调查的今揭西和五华等县。巴色会新安《新约》中也确实没有"浊去归上"的现象，这在第四章声调系统中我们已讨论过；同时我们也讨论到赖嘉禄《客法词典》中，如果剔除各地异读成分后，《客法词典》语音系统也没有这种现象。对应到现代方言，现在香港新界、深圳客话，以及梅县客话都不存在这种现象。

所以浊去归上在我们讨论的历史客话材料中只出现于五经富《新约》和《客英词典》中，在我们所讨论的现代粤东客家方言点中，只出现于揭西（含五经富、五云、下砂、河婆四点）和五华。从晚近和现代两个

---

  ① 原文为："Many words which in the western parts of the (Canton) Hakka field are pronounced in the Departing Tone, are in the eastern parts (K. and especially C.) pronounced in the rising Tone. There is some weakness about the Departing Tone in other dialects; but especially in Hakka. Looking over the characters in Giles' Dictionary one notices that where other dialect read Khi Shang, Hakka often reads Shong Shang." 见纪多纳《客英词典》，美华书局1905年版，第 viii 页。

  ② 汕头市档案馆：民国资料 C287《潮惠长老总会记事册》岭东长老大会第13次（1911年5月3—5日），《纪多纳牧师小传》。

层面看，都符合100年前纪多纳所论及的这种现象的地域范围。

那么当时这种浊去变上的现象是什么样的情况呢？我们选了"混、跪、道、件、共、慧、豆、匠、妙、硬"十个字来进行观察，其中"混、跪、道、件"四字为上声全浊声母字，"共、慧、豆、匠"四字为去声全浊声母字，"妙、硬"二字为去声次浊声母字。晚近点是五经富《新约》、《客英词典》，我们还选了《客法词典》作参照；现代点是揭西的经、云、砂、河和五华点，另外我们用梅县作参照，见表5-6。

表5-6　　　　　　　　粤东浊去归上（含浊上）演变①

例字	混	跪	共	慧	妙	道	件	豆	匠	硬
清浊古调	全浊上	全浊上	全浊去	全浊去	次浊去	全浊上	全浊上	全浊去	全浊去	次浊去
富	3	3	4	4	4	4	4	4	4	4
英	3	3	3	3	4	4	4	4	4	4
法	4	3	4	4	3	4	4	4	4	4
经	3	3	3	4	3	3	3	3	3	3
云	3	3	3	3	3	3	3	3	3	3
砂	3	3	3	3	3	3	3	3	3	3
河	3	3	3	3	3	3	3	3	3	3
五	3	3	3	3	3	3	3	3	3	3
梅	4	3	4	4	4	4	4	4	4	4

我们注意到粗竖线左边的"混、跪、共、慧、妙"五字，在五经富《新约》中"混、跪"读上声而"共、慧、妙"三字读去声，《客英词典》中则五字都读上声；而"道、件、豆、匠、硬"五字在晚近五经富《新约》、《客英词典》中则均读去声，并不读上声。但这十个字在现代揭西、五华五个点中几乎都读上声。

从这些例字中我们可以知道在晚近材料中浊去归上还未像现代那样覆盖较多浊去字和全浊上字。所以纪多纳也只是说"许多（many）"而非"全部（all）"西部客家地区读去声调的字，在东部客家地区读作上声。第四章"声调系统"中我们检查了五经富《新约》、《客英词典》中去声

---

① 为求显豁，我们仅比较声调，声韵从略，表中数字"3"代表上声，"4"代表去声。

读为上声的情况，联系粤东揭西、五华现代方言看来，这个现象在当时实际上才开始发端不久。所以我们认为粤东客家方言"浊去归上"是个相当晚近的现象，是最近 100 年左右才发端并完成的①。

二　入声的演变

晚近粤东客话入声主要是以清浊分调，清为阴入，浊为阳入，次浊入字则阴阳二分，且阴入调值低，阳入调值高。四个历史语料中都是这种情况。

从晚近到现代客话，大多数粤东客方言点入声变化不大，一般仅几个字的出入。但我们注意到原来在五经富《新约》、《客英词典》中作上入（案：即阳入）的部分字到了相对应的现代五经富镇及五华，却改读阴入了。字数和比例还不少，我们全举如下：

五经富（11 字，占 22%）：[清] 腹踏；[次浊] 牧幕没玉蜜；[全浊] 狭习贼缚
五　华（38 字，占 38%）：[清] 歇切踏；[次浊] 蜜灭牧落陆鹿乐络洛骆若玉越悦；[全浊] 白仆钹别雹缚服伏毒独贼籍席习着赎述术石局或狭

我们在上文谈到的"浊去归上"现象也发生在今揭西和五华地区，而"阳入归阴入"现象也正好发生在这一地域，粤东深港和梅州地区都不见这两种声调的演变现象。那么揭西和五华地区的"浊去归上"和"阳入归阴入"两种现象是否互有联系呢？我们现在还难以找到答案。但我们注意到，从调值高低角度来看，揭西和五华地区的上声、去声刚好和其阴入、阳入是平行相配的，即

上声 31—去声 53：阴入 3（实为 31）—阳入 5（实为 53）

这样我们就很清晰地看到，这两类变化都是从调值高的调类流向调值低的调类。至于变化的原因、机制，尚有待我们作进一步的探索、研究。

---

① 作者 2014 年在江西南昌参加第 9 届客家方言研讨会时，承庄初升先生指教，他认为"浊去归上"现象在粤东相关地区现在并不明显。

结　语

　　客家民系、客家方言的研究是在晚清土客论争、客家民系积极寻求认同的大背景下开始的。其中有徐旭曾、黄钊、温仲和、杨恭桓、罗翙云、罗香林等大批客籍学者涌现出来，奋起著书立说，成为早期客家研究的主力军；另外中土非客籍学者如章太炎、朱希祖等及部分西洋来华人士也纷纷著文声援，从中推波助澜，壮大声势。如此形成一股蔚为壮观的风潮，力求从历史、语言的角度证明客家人、客家话渊源有自。在这种大背景下，客家方言的研究可以说从一开始就具有强烈的探本寻源意识，如早期客籍学者传统语言学范畴内的客话研究就旨在说明客家话古音古义古词往往而是，但这种研究某些地方则难免存在简单比附之嫌。

　　虽然客家方言研究向来具有历史比较意识，但是因为客家方言历史语料难以发掘，传统语言学时期之后的研究又往往只着眼于现代客家方言平面的记录、描写，但平面描写"不能说明方言之间的关系，不能深入了解方言的本质"（刘晓南，2008：5），于是客家方言研究自发地转向了以现代方言的比较和"层次"分析为主的客家方言历史来源考察的领域。

　　现代方言平面调查的局限性（参刘晓南，2008：6）使单从现代客话着手的历史考察也所获有限，不足以"重建"客家方言的历史，也不能充分解释客家方言的种种语言事实。

　　笔者有幸觅得新安客话罗马字《新约》系列单篇、五经富客话罗马字《新约》、《客英词典》、《客法词典》数种晚近粤东客话罗马字文献，将历史客话文献和现代口语材料结合起来，以新二重证据法为指导，从客家方音史的角度对粤东客家方言晚近以来的状况、演变作一点初步的探索。

　　我们的工作首先是客话历史材料的系统整理、准确考证和现代客家方言的田野调查、甄别核实，以此构建研究客家方言历史的坚实基础。笔者

结　语　317

所搜求到的晚近西方教会客话罗马字文献是一种特殊的语料，迥异于中土音释材料、诗文用韵材料。对这些罗马字客话材料的整理、释读以及对客话历史文献制作背景的考证、调查用去了我们大半的时间。同时我们还从地方史志、姓氏谱牒、教会档案、相关传记中查索证据。在这样的基础上，本书对晚近粤东客家方言语音的历史状况、内部差异和演变规律进行了较为系统的探讨，主要的内容和观点如下：

一、全面考察了巴色会、英国长老会、巴黎外方传教会在粤东客属地区传教的情况及相关客家方言文献的编著背景。考证了客话文献的中外编著者的基本情况，以戴文光、彭景高、彭启峰等为例，指出了中国人在西方教会早期罗马字汉语方言文献编著过程中所作出的不容磨灭的贡献。基本考证了三个教会文献描写的方言点为新安、以五经富地区为主的中部粤东山区，嘉应州城及其附近地区。分析了三个教会的罗马字系统特点，总结了客话方言罗马字材料的整理、释读方法。

二、本书充分利用四个历史语料所描写粤东客家次方言时距不远，且地域上自东而西均衡分布的特点，放在一起进行共时比较，同中见异，指其所同、别其所异，以更加彰显晚近粤东客话整体特色和内部差异。并联系现代粤东9个点客家方言进行历时比较，对晚近粤东客话文献罗马字系统进行了全面构拟，求出了晚近粤东客话各点的声韵调系统及其整体特点。晚近客话在共时比较中所表现出来的参差，笔者归纳为晚近粤东客话声韵调内部差异共11条。结合对客话文献编写背景的考证，以这些内部差异作为区别性特征，我们进一步确认了四个材料的基础音系。

三、本书因为早期客话历史材料的匮缺，对近代客家方言的历史我们只能对晚近以来百余年的历史作出考察，还无法上窥宋元，下探明清。另外客家人"宁卖祖宗岭，不卖祖宗嗓；宁卖祖宗田，不忘祖宗言"的语言态度，也曾使笔者一度认为客家方言或许发展迟缓，百年时间当变化无多。但是事实上，就在这短短的一两百年中客家方言也发生了不少的变化。这些变化无不表明客家方言从来不曾停下过发展演变的脚步。尽管这些变化有些是全局性的，有些还是局部性的，有些是内部自发的演变，有些是外部方言接触影响的结果，有些是内外因共同作用的结果。

主要变化有：1. 声母。梅县、深圳香港精庄知$_二$‖知$_三$章分立的格局已然瓦解，齿音合流；唇化舌根音消失；香港明微母、泥日疑母分别浊塞化为b、g；香港、揭西影云以母合流浊化为ȝ；五华晓母细音与书母合流

为 ʃ。2. 韵母。遇合一、止开三梅县、深圳、揭西各点、五华均产生舌尖元音 ɿ，而香港新界则由 ɨ 变为 u；梅县深臻曾摄知章组产生新元音 ə；梅县二等蟹山摄产生 i 介音，山摄三四等主元音变为 a；而香港新界山摄三四等则逐步失去了 i 介音。3. 声调。晚近五经富《新约》和《客英词典》中"浊去作上"现象刚刚开始，但百年之间这个过程已基本完成，且对应现代揭西五华方言点有部分阳入字改读阴入。

准确的罗马字文献表音工具相对先进，语音系统也完备、具足，在方音史的研究中可以称得上是上佳的语料。结合现代方言对罗马字文献进行系统研究，方言语音在历史进程中出现的音韵格局调整以及音系格局的变迁，均可以从这种研究中作准确、细致的观察。这种音韵、音系双维度的观察结果，也可以为纯以汉字表音的材料所进行的方音史研究提供借鉴和参考。利用这种得天独厚的材料优势，本书对晚近粤东客话历史语音概况和百多年来的发展演变脉络进行了全面的考察。

然而因为时间紧张且个人学识有限，晚近文献的发掘利用、现代方言的描写分析都还欠深度、广度。总之，本书的研究仅仅是个开端，希望所考求、所明确的粤东近代晚期客音成为客家方音史早期方言长链中小小的一环，为客家方音史的研究提供些微的参考。

附录一　发音合作人情况

曾惠堂，1925年生，广东省揭西县五经富镇六村，牧师，高中文化，会本地客家话、潮州话和普通话，未离开过本地。

曾旭山，1987年生，广东省揭西县五经富镇，调查时就读于嘉应学院计算机专业。

彭诒炮，1940年生，广东省揭西县五云镇罗洛村洛布寨，退休小学教师，高中文化，只会说本地话、普通话，未离开过本地。

彭辉来，1987年生，广东省揭西县五云镇径下横楼村，调查时就读于嘉应学院英语师范专业。

邱晓壹，1988年生，广东省揭西县五云镇崇坑村委线坑村（原属下砂乡），调查时就读于广东技术师范学院中文专业。

张永辉，1956年生，广东省揭西县河婆镇，曾编写《揭西县志》（1994）中的方言部分，现从事文学创作，自由职业者。

刘宇志，1990年生，广东省揭西县河婆镇，调查时就读于嘉应学院汉语言文学专业。

朱宏锋，1987年生，广东省五华县河口镇河东村，调查时就读于嘉应学院汉语言文学专业。

邓永强，1960年生，广东省深圳市龙岗区爱联小区，初中文化，经商，个体摊主。

附录二 晚近粤东客话音系

（一）新安《新约》音系

1. 声母（23个）

拟音	p [p]	ph [pʰ]	m [m]	f [f]	w [v]
例字	飞跛变八	肥婆纺白	摩麻蚊牧	夫浮欢阔	禾围王屋
拟音	t [t]	th [tʰ]	ny [ȵ]		l [l]
例字	多朵丹搭	妥大动脱	牛惹年月		拿内岭六
拟音	k [k]	kh [kʰ]	ṅ [ŋ]	h [h]	[ø]
例字	哥佢捐蝎	概可看曲	牙二岸乐音	虚何肯合	鸦矮安轭
拟音	kw [kʷ]	khw [kʷʰ]			
例字	寡鬼关谷	快亏况扩			
拟音	tš [tʃ]	tšh [tʃʰ]		š [ʃ]	y [j]
例字	遮猪种祝	池车重直		蛇树神识	由腰荣然
拟音	ts [ts]	tsh [tsʰ]		s [s]	
例字	左找宗桌	初就青凿		写沙森恤	

2. 韵母（51个）

		元音尾韵			鼻音尾韵			塞音尾韵		
		-ø	-u	-i	-m	-n	-ŋ	-p	-t	-k
开口	罗拟字	a [a] 巴麻	au [au] 袍交	ai [ai] 乃排	am [am] 贪三	an [an] 丹滩	aṅ [aŋ] 盲正	ap [ap] 合叶	at [at] 活八	ak [ak] 白百
齐齿	罗拟字	ya [ia] 邪写	yau [iau] 消小		yam [iam] 尖廉		yaṅ [iaŋ] 名定	yap [iap] 贴叶		yak [iak] 逆壁

续表

		元音尾韵			鼻音尾韵			塞音尾韵		
		-ø	-u	-i	-m	-n	-ŋ	-p	-t	-k
开口	罗拟字	e [e] 齐街	eu [eu] 偷烧		em [em] 砧岑	en [en] 全根		ep [ep] 汲	et [et] 列格	
齐齿	罗拟字					yen [ien] 年编			yet [iet] 血列	
开口	罗拟字	z/z̩ [ï] 子粗								
齐齿	罗拟字	i [i] 厘诗			im [im] 林沉	in [in] 珍成		ip [ip] 集习	it [it] 七特	
开口	罗拟字	o [o] 波多		oi [oi] 胎灰		on [on] 端船	oṅ [oŋ] 旁帮		ot [ot] 说脱	ok [ok] 托桌
齐齿	罗拟字	yo [io] 摸靴		yoi [ioi] 髓		yon [ion] 软吮	yoṅ [ioŋ] 良			yok [iok] 脚略
合口	罗拟字	u [u] 奴珠		ui [ui] 杯威		un [un] 喷伦	uṅ [uŋ] 东重		ut [ut] 律忽	uk [uk] 伏木
齐齿	罗拟字	yu [iu] 修囚		yui [iui] 乳		yun [iun] 君芹	yuṅ [iuŋ] 宫穷			yuk [iuk] 六足

3. 声调（6个）

今调类名	阴平	阳平	上声	去声	阴入	阳入
旧调类名	上平	下平	上声	去声	下入	上入
拟定调值	˧ (33)	˨˩ (21)	˧˩ (31)	˥˧ (53)	˧ (3)	˥ (5)
例字	青舅冷毛	详囚来荸	表脆女震	店谢道染	迹曲六术	白别力宿

（二）五经富《新约》音系

1. 声母（24个）

拟音	p [p]	ph [pʰ]	m [m]	f [f]	v [v]
例字	背斧半八	谱破步白	摩麻问木	夫妃烦护	威禾万划
拟音	t [t]	th [tʰ]	n [n]		l [l]
例字	知白多丹搭	他大唐特	拿奴南弱		罗露蓝列
拟音	k [k]	kh [kʰ]	ng/ny [ŋ]（[ɲ]）	h [h]	[ø]
例字	加句茎革	概可具极	蛾牙愚热	虚何肯合	哑矮暗鸭
拟音	kw [kʷ]	khw [kʷʰ]	ngw [ŋʷ]		
例字	果寡关谷	快脆况哭	瓦外		
拟音	ch [tʃ]	chh [tʃʰ]		sh [ʃ]	y [j]
例字	志猪掌汁	车住沉直		树蛇身式	乳腰园约
拟音	ts [ts]	tsh [tsʰ]		s [s]	
例字	租燥桌卒	菜罪像七		酥沙愁萨	

2. 韵母（49个）

		元音尾韵			鼻音尾韵			塞音尾韵		
		-ø	-u	-i	-m	-n	-ŋ	-p	-t	-k
开口	罗拟字	a [a] 花遮	au [au] 袍交	ai [ai] 乃介	am [am] 男三	an [an] 盘滩	ang [aŋ] 生正	ap [ap] 纳叶	at [at] 泼八	ak [ak] 白麦
齐齿	罗拟字	ia [ia] 且写	iau [iau] 消雕		iam [iam] 添廉		iang [iaŋ] 名柄	iap [iap] 贴接		iak [iak] 惜壁
开口	罗拟字	e [e] 泥街	eu [eu] 偷烧		em [em] 森参	en [en] 朋根		ep [ep] 涩	et [et] 得舌	
齐齿	罗拟字					ien [ien] 田编			iet [iet] 节列	

续表

		元音尾韵			鼻音尾韵			塞音尾韵		
		-ø	-u	-i	-m	-n	-ŋ	-p	-t	-k
开口	罗拟字	u [ɨ] 之租								
齐齿	罗拟字	i [i] 厘皮			im [im] 慎沉	in [in] 新兴		ip [ip] 集习	it [it] 七力	
开口	罗拟字	o [o] 婆多		oi [oi] 才灰		on [on] 安船	ong [oŋ] 床帮		ot [ot] 割脱	ok [ok] 幕桌
齐齿	罗拟字	io [io] 摸靴					ioŋ [ioŋ] 良网			iok [iok] 缚略
合口	罗拟字	u [u] 徒珠		ui [ui] 回威		un [un] 村伦	uŋ [uŋ] 通重		ut [ut] 出忽	uk [uk] 伏木
齐齿	罗拟字	iu [iu] 修囚				iun [iun] 君近	iuŋ [iuŋ] 供穷		iut [iut] 屈	iuk [iuk] 六足

3. 声调（6个）

今调类名	阴平	阳平	上声	去声	阴入	阳入
旧调类名	上平	下平	上声	去声	下入	上入
例字	穿礼毛邦	残廊来蓝	饱灌此扭	部创烂浪	八北哭拍	白雹鹿力

（三）《客英词典》音系

1. 声母（23个）

拟音	p [p]	ph [pʰ]	m [m]	f [f]	v [v]
例字	补杯粪壁	肥败盘伏	枚无晚木	花非番乏	武围文屋
拟音	t [t]	th [tʰ]	n [n]		l [l]
例字	多都单答	图大唐择	奴内难纳		罗雷粮辣
拟音	k [k]	kh [kʰ]	ng/ny [ŋ]（[ɲ]）	h [h]	[ø]
例字	个加间各	科期看吸	我雅严热	何海寒合	鸦矮暗轭
拟音	kw [kʷ]	khw [kʷʰ]			
例字	瓜果罐骨	快裙狂酷			
拟音	ch [tʃ]	chh [tʃʰ]		sh [ʃ]	y [j]
例字	追朱中折	柱吹陈出		世蛇船食	儒友院译
拟音	ts [ts]	tsh [tsʰ]		s [s]	
例字	左最斩责	次草寻七		些沙三煞	

2. 韵母（51个）

		元音尾韵			鼻音尾韵			塞音尾韵		
		-ø	-u	-i	-m	-n	-ŋ	-p	-t	-k
开口	罗拟字	a [a] 他车	au [au] 毛超	ai [ai] 怪排	am [am] 男衫	an [an] 反山	ang [aŋ] 横彭	ap [ap] 拉甲	at [at] 括辣	ak [ak] 白革
齐齿	罗拟字	ia [ia] 邪姐	iau [iau] 宵聊		iam [iam] 廉甜		iang [iaŋ] 明领	iap [iap] 眨碟		iak [iak] 惜壁
开口	罗拟字	e [e] 低齐	eu [eu] 偷捞		em [em] 砧参	en [en] 登生		ep [ep] 鵪	et [et] 北踢	
齐齿	罗拟字					ien [ien] 仙田			iet [iet] 铁揭	
开口	罗拟字	u [i] 租次								
齐齿	罗拟字	i [i] 皮眉			im [im] 林心	in [in] 勤成		ip [ip] 汁集	it [it] 七辟	

续表

		元音尾韵			鼻音尾韵			塞音尾韵		
		-ø	-u	-i	-m	-n	-ŋ	-p	-t	-k
开口	罗拟字	o [o] 波梳		oi [oi] 胎堆		on [on] 端看	ong [oŋ] 光妆		ot [ot] 脱割	ok [ok] 托勺
齐齿	罗拟字	io [io] 靴瘸		ioi [ioi] 髓			iong [ioŋ] 良相			iok [iok] 掠却
合口	罗拟字	u [u] 模收		ui [ui] 杯脆		un [un] 盆分	ung [uŋ] 东衷		ut [ut] 律出	uk [uk] 木捉
齐齿	罗拟字	iu [iu] 修流		iui [iui] 锐·		yun [iun] 君近	yung [iuŋ] 弓龙		iut [iut] 屈	iuk [iuk] 六曲

3. 声调（6个）

今调类名	阴平	阳平	上声	去声	阴入	阳入
旧调类名	上平	下平	上声	去声	下入	上入
例字	青舅冷毛	详囚来荠	表跪女震	店谢道染	迹曲六术	白别力宿

（四）《客法词典》音系

1. 声母（21个）

拟音	p [p]	p' [pʰ]	m [m]	f [f]	v [v]
例字	跛补变剥	怕婆判白	麻梅蚊木	夫花烦罚	无话王物
拟音	t [t]	t' [tʰ]	n [n]		l [l]
例字	知_白多当答	头大同塔	恼忍迎业		螺雷量落
拟音	k [k]	k' [kʰ]	ng/gn [ŋ]（[ɲ]）	h [h]	[ø]
例字	瓜困捐合	科葵空吸	我语岸人	虚河坑客	鸦矮暗轭
拟音	tch/tj [tɕ]	tch'/tch [tɕʰ]		ch [ʃ]	y [j]
例字	志遮中竹	助车深轴		蛇世扇湿	衣夜圆一
拟音	ts/tz [ts]	tsh/ts [tsʰ]		s [s]	
例字	租早张责	初茶状凿		些沙山杀	

2. 韵母（65个）

		元音尾韵			鼻音尾韵			塞音尾韵		
		-ø	-u	-i	-m	-n	-ŋ	-p	-t	-k
开口	罗拟字	a [a] 爬麻	ao [au] 毛朝	ai [ai] 材埋	am [am] 男三	an [an] 难山	añ [aŋ] 彭成	ap [ap] 合鸭	at [at] 滑八	ac [ak] 白麦
齐齿	罗拟字	ia [ia] 邪姐	iao [iau] 消聊	iai [iai] 皆街	iam [iam] 甜廉	ian [ian] 圈年	iang/eang [iaŋ] 平岭	iap [iap] 接夹		iac [iak] 逆惜
合口	罗拟字	oua [ua] 瓦瓜		ouai [uai] 块怪		ouan [uan] 宽顽	ouang [uaŋ] 胱矿		ouat [uat] 括阔	
开口	罗拟字	e· [e] 洗齐	eou [eu] 偷楼		em [em] 砧森	en [en] 恩烹		ep [ep] 啬涩	et [et] 蜜德	
齐齿	罗拟字	ie· [ie] 蚁				ien [ien] 全天			iet [iet] 雪切	
合口	罗拟字								ouet [uet] 国	
开口	罗拟字	e [ɨ] 私粗								
齐齿	罗拟字	i [i] 衣知			im [im] 金寻	in [in] 民清		ip [ip] 立集	it [it] 七力	
开口	罗拟字	o [o] 坡多		oi [oi] 胎推		on [on] 酸川	ong [oŋ] 帮江	op [op] 蛤	ot [ot] 脱割	oc [ok] 角学
齐齿	罗拟字	io [io] 靴茄		ioi [ioi] 脆		ion [ion] 软旋	iong [ioŋ] 墙放			ioc [iok] 削弱
合口	罗拟字	ouo [uo] 果过				ouon [uon] 观腕	ouong [uoŋ] 光旷			ouoc [uok] 郭扩

续表

		元音尾韵			鼻音尾韵			塞音尾韵		
		-ø	-u	-i	-m	-n	-ŋ	-p	-t	-k
合口	罗拟字	ou [u] 徒书		oui [ui] 杯归		oun [un] 论粉	oung [uŋ] 同中		out [ut] 律物	ouc [uk] 服木
齐齿	罗拟字	iou [iu] 修囚				ioun [iun] 训近	ioung [iuŋ] 雄松		iout [iut] 屈倔	iouc [iuk] 肉足

3. 声调（6个）

今调类名	阴平	阳平	上声	去声	阴入	阳入
旧调类名	上平	下平	上声	去声	下入	上入
拟定调值	33	11	31	53	2	5
例字	青舅冷毛	详囚来苇	表跪女震	店谢道染	迹曲六术	白别力宿

附录三 现代粤东客话音系

（一）香港新界西贡荔枝庄音系[①]

1. 声母

p 邦坡币飞	ph 扮扑蓬肥	ᵐb 马米尾棉	f 风法荒胡	v 无乌话围
t 东都肚知	th 土推动地	l 浓尼笼隆		
tʃ 祭猪捉终	tʃh 聪虫窗充		ʃ 送缩叔蜀	ʒ 雨油县荣
k 家弓忌巨	kh 菊恐穷徐	ᵑg 耳严月额	h 腔糠胸合	∅ 哑鸭安轭

2. 韵母

	i 徐蛆批迷	u 布诸妇字
a 马巴遮车	ia 写惹姐且	
ɔ 河初波多	iɔ 瘸靴茄	
ɛ 制婿洗誓		
ai 灾排蹄鞋		
ɔi 帅女袋灰	iɔi 艾累	
ui 飞配推桂		
au 袍包炒矛	iau 笑彪刁彪	

[①] 取自张双庆、庄初升《香港新界方言》，商务印书馆（香港）有限公司2003年版，第18—19页。

续表

ɛu 兜头口否	iu 流秋酒幼	
im 林侵心深		
am 南担杉沾	iam 廉验嫌剑	
ɛm 森		
an 般单凡山		
ɔn 端穿碗肝	iɔn 软	
ɛn 崩全田藤		
in 冰鞭倾勤		
un 滚旬分吞	iun 银裙芹仅	
aŋ 横胖彭钉	iaŋ 病青精瓶	
ɔŋ 邦糖江方	iɔŋ 粮将枪墙	
uŋ 蓬葱龙窗	iuŋ 绒浓共兄	
ip 十集习执		
ap 答插甲折	iap 接协劫帖	
ɛp 涩		
it 七僻疾悉		
ut 骨突律物		
at 拨达瞎法		
ɔt 脱劣发割		
ɛt 国绝撤裂		
uk 木目绿浊	iuk 肉菊促粟	
ak 握百石笛	iak 脊迹劈踢	
ɔk 托朴郭博	iɔk 爵削雀脚	
m̩ 唔不	ŋ̍ 五吴	

3. 声调

调类	阴平	阳平	上声	去声	阴入	阳入
调值	34	21	31	53	2	5
例字	坐惹吹臼	牌池流田	果五跪酒	路树怪问	鸭割郭额	十舌滑石

（二）香港新界屯门杨小坑音系[①]

1. 声母

p 邦坡币飞	ph 扮扑蓬肥	ᵐb 蒙梦微武	f 风逢挥胡	v 无乌话围
t 东都肚知	th 土推动地	l 浓尼笼隆		
tʃ 嘴中捉终	tʃh 聪虫窗充		ʃ 送缩叔蜀	j 融熊衣绒
k 公弓忌巨	kh 菊恐穷吸	ᵑg 尿肉玉遇	h 合腔降胸	∅ 哀袄暗轭

2. 韵母

	i 离蛆批迷	u 慈诸妇符
a 瓜巴遮车	ia 姐且写惹	
ɔ 做初波多	iɔ 瘸靴茄	
ɛ 制洗势誓		
ai 灾排蹄我		
ɔi 帅女梅胎	iɔi 艾	
ui 飞肥推桂		
au 袍包朝矛	iau 猫燎刁彪	
ɛu 兜偷浮否	iu 流秋修幼	
im 林侵心寻		
am 耽担杉沾	iam 廉甜严剑	
ɛm 森		
in 冰鞭倾勤		
un 奔旬分吞	iun 匀君芹仅	

[①] 取自张双庆、庄初升《香港新界方言》，商务印书馆（香港）有限公司 2003 年版，第 20—21 页。

续表

an 般单凡泛		
ɔn 端穿餐肝	iɔn 软	
ɛn 崩全生跟		
uŋ 蓬风封窗	iuŋ 绒浓茸兄	
aŋ 横胖彭钉	iaŋ 平名精瓶	uaŋ 轰
ɔŋ 邦庞帮方	iɔŋ 良将枪墙	
ip 笠集习执		
ap 答插甲折	iap 狭聂劫帖	
ɛp 涩		
it 逼僻疾悉		
ut 核突律物		
at 拨达瞎法		
ɔt 脱劣发割		
ɛt 国绝撇获		
uk 瀑目绿浊	iuk 肉菊促粟	
ak 握百脉只	iak 剧迹劈踢	
ɔk 剥朴郭博	iɔk 爵削弱脚	

3. 声调

调类	阴平	阳平	上声	去声	阴入	阳入
调值	34	21	31	53	2	5
例字	坐吹舅惹	牌田池流	跪酒果五	问路树怪	割郭鸭额	十舌滑石

（三）深圳龙岗爱联音系

1. 声母

p 斑婢粪妇	ph 爆派朋白	m 埋盲亡网	f 斧纺扶话	v 文温禾为
t 登但掷瞻	th 胎吐驼道	n 难染忍业	l 楼轮漏泪	
ts 增燥智织	tsh 凄贼斜巢		s 羞象衫尚	
k 肝割仅佢	kh 骄轻可旧	ŋ 昂危岸外	h 厦鹤	∅ 安哑爱恶（j 仍妖云耀）

2. 韵母

ɿ 斯苏誓驶	i 备移体济	u 部珠母妇
a 马霸抓打	ia 尔谢野射	ua 挂卦夸寡
o 做宝多摸	io 瘸扭	
e 尼埋界否		ue 盖
	iu 乳羞周油	
ui 悲遂屡碎		
ai 拜哪晒耐		uai 外块怪拐
oi 吹背改簸		
au 袍饱潮招	iau 苗钓觉腰	
eu 某头瘦鸠	ieu 谋愁	
im 慎心金阴		
am 担衫闪堪	iam 甜粘蘸欠	
əm 审深		
in 症静进认		
un 吞伸蚊醇	iun 荣巾群永	
an 暂坛山岸		
on 赶棺按案	ion 软	uon 团秆船赚
en 等善层森	ien 骗院命井	
ən 胜诚尘神		
uŋ 蓬忠窗准	iuŋ 从虫恭用	
aŋ 猛正声冷		
oŋ 同江账盲	ioŋ 粮详强样	uoŋ 光
ip 立集入急		
ap 答纳扎塔	iap 粒碟夹接	
əp 十		
it 避式席膝	uit 律骨	
ut 卒不术述		
at 拔萨拍踏		uat 括
ot 割物		uot 脱说出夺
et 特设迫密	iet 刻烈结革	uet 国
ət 实		
uk 仆祝谷捉	iuk 六曲畜欲	
ak 麦册炙赤	iak 劈迹绩逆	
ok 督确恶桌	iok 俗削约肉	
ek 只踢		

3. 声调

调类	阴平	阳平	上声	去声	阴入	阳入
调值	35	11	31	53	2	5
例字	星舅干友	愁移软倘	产雨震妙	超救市圣	劫踏迭脉	业辣石翼

（四）揭西五经富音系

1. 声母

p 保婢粪柄	ph 谱篇避缚	m 苗味亡妙	f 反犯红祸	v 万瘟换为
t 答贴跌知	th 托吐弹第	n 难弱严仪		l 乐流累轮
ts 左摘偾侧	tsh 仓撞册仇		s 新象朔属	
tʃ 张召照症	tʃh 长吹深臣		ʃ 实手承树	j 让腰游引
k 加建顾卷	kh 开祈况极	ŋ 俄咬午危	h 肯香害还	ø 安奥爱恶

2. 韵母

ɿ 斯私滋司	i 机需祭易	u 数铺富夫
a 佳怕那牙	ia 且写也借	ua 挂瓦
o 错劳波多	io 摸	
e 呢街世犁		
ui 随悲慧废		
ai 派大在奈		uai 外快
oi 吹赔害胎		
iu 流修囚收		
au 恼好包交	iau 樵雕某谋	
eu 烧钓偷愁	ieu 摇扰舀腰	
im 慎临心寻		
am 凡贪担咸	iam 暂蘸严添	
em 省参		
in 升平亲今		
un 盆伦吞伸	iun 润君忍隐	
an 盘弯丹山	ian 然筵	uan 款冠关还
on 端传餐赚	ion 软	

续表

en 崩善皿银	ien 连边跟殷		
uŋ 蓬冬风凭	iuŋ 虫胸容兄		
aŋ 邦生丧城	iaŋ 粮平名青		
oŋ 扛撞方张	ioŋ 纺网良将		
ip 立集习汁			
ap 踏纳塔合	iap 狭聂业帖		
it 励力僻七			
ut 没不出物			
at 钹发达八	iat 益	uat 阔	
et 北舌革蜜	iet 绝血别铁		
ot 脱发割渴		uot 国律	
ik 织职			
uk 仆督目促	iuk 陆宿属赎		
ak 伯石客摘	iak 额逆惜绩		
ok 服剥博拍	iok 陆足缚削		

3. 声调

调类	阴平	阳平	上声	去声	阴入	阳入
调值	44	24	31	53	2	5
例字	伸毛野荫	沉蝗明如	矮老试亮	倍妒住浪	只出贼悦	熟学力鹿

（五）揭西五云音系

1. 声母

p 崩玻婢粪白	ph 谱篇朋肥	m 冒每亡味	f 飞服火混	v 挽黄换旺旺
t 灯贴跌知	th 瘫退投洞	n 南日议严	l 厘虑乐力	
ts 早践摘斩	tsh 仓疾察仇		s 萨席士索	
tʃ 张转肢祝	tʃh 沉充深臣		ʃ 醒蛇舍上	j 然阎右译
k 更颈古据	kh 糠期况骑	ŋ 蛾鱼饿悟	h 气香何现	∅ 亚矮暗恶

2. 韵母

ɿ 字师醋祖	i 皮举体易 交~	u 数肚富妇
a 话帕那打	ia 谢舍野且	ua 挂
o 错槽多河	io 摸	
e 细势系母		
ui 悲水队卫		
ai 派我怀豺		uai 外快
oi 煨待大税		
iu 据语授仇		
au 宝教照毫	iau 表鸟铙腰	
eu 透谋愁候	ieu 摇舀	
im 慎禁音淫		
am 犯谈堪暗	iam 暂蘸签谦	
em 省参人~		
	in 称情认仁	
un 吞村顺稳	iun 谨训云运	
an 炭罕万湾	ian 然筵	uan 关
on 散餐专船	ion 软言	uon 丹
en 灯丁根悯	ien 电宣跟殷	
uŋ 铜双孔工	iuŋ 从恐容兄	
aŋ 邦丧正横	iaŋ 粮两井营	
oŋ 讲扛尝王	ioŋ 纺相向乡	
ip 习汁入及		
ap 法塔盒纳	iap 帖聂狭叶	
it 励媳积失		
ut 扑物卒述		
at 萨杀钹发	iat 益	uat 阔
ot 割设泼夺		uot 国律
et 贼舌踢蜜	iet 裂洁越血	
	ik 织	
uk 读束捉督	iuk 宿属局畜	
ak 伯炙客册	iak 惜绩额逆	
ok 束雹泊拍	iok 足肉弱约	
m̩ 唔不	ŋ̍ 五吴	

3. 声调

调类	阴平	阳平	上声	去声	阴入	阳入
调值	44	24	312	53	35	5
例字	鸦围养被	臣赢又蝗	指雨戴画	喊象智训	发渴席陆	属服译麦

（六）揭西下砂音系

1. 声母

p 邦玻斧放	ph 编派葡肥	m 蒙微无网	f 风伏毁红	v 诬翁话围
t 东贴肚知	th 胎剃地徒	n 农软疑愚	l 乐窿鹿录	
ts 足践桌庄	tsh 聪赚吵仇		s 送详师士	
tʃ 智著纸珠	tʃh 虫充伸纯		ʃ 赎水熟睡	j 绒拥雨勇
k 公供扛归	kh 况穷空家	ŋ 岳危五鱼	h 弃胸学害	ø 安矮暗恶

2. 韵母

ɿ 斯私滋租	i 施余妻易	u 数驴珠富
a 巴佳哪蛇	ia 邪且写也	ua 挂跨
o 蔬劳驼摸		uo 过果
e 世洗系母		
ui 催危罪慧		
ai 怀奈街个		uai 快
oi 睡赔台开		
iu 修囚收仇		
au 袍咬兆少	iau 樵消条箫	
eu 偷头谋愁	ieu 摇舀	
im 慎临心寻		
am 贪担咸监	iam 暂蘸陷添	
em 省参		
	in 承清民因	
un 盆旬坟伸	iun 孕君谨训	
an 欢弯间班	ian 沿然筵	uan 款关

续表

on 端单奸赚	ion 缘原权言	uon 丹
en 崩边更恨	ien 冤献跟殷	
uŋ 东农窿缝	iuŋ 兄供拥充	
aŋ 邦横争声	iaŋ 粮平名青	
oŋ 扛方帮张	ioŋ 网放相详	
ip 立集习汁		
ap 塔答踏纳	iap 狭接业帖	
it 息译戚膝		
ut 卒不出物		
at 钹八杀撒	iat 益	uat 阔
ot 泼达割抹		
et 塞舌笛蜜	iet 月血热歇	uet 国
ik 织职		
uk 仆督目赎	iuk 逐祝俗辱	
ak 百麦只石	iak 额逆惜绩	
ok 剥博着拍	iok 陆足缚削	
m̩ 唔不	ŋ̍ 五吴	

3. 声调

调类	阴平	阳平	上声	去声	阴入	阳入
调值	44	35	312	41	42	5
例字	飞下永拉	除房红和	本倍者指	应暗正秘	渴宿肉出	伏合悦疫

（七）揭西河婆音系

1. 声母

p 帮保叛粪	ph 谱篇便伏	m 明面尾亡	f 法分虎惑	v 舞瘟禾位
t 癫贴跌知	th 探塔豆袋	n 纳弱言验	l 郎蓝裂乐	
ts 走字桌斩	tsh 餐造吵仇		s 新邪士索	
tʃ 中正至汁	tʃh 沉丈称伸		ʃ 舌收石上	ʒ 仁音衣易
k 高根假角	kh 看奇求件	ŋ 我岸牙俄	h 休喜河后	ø 安矮奥恶

2. 韵母

ɿ 思事租助	i 异娶帝易	u 数步富诱
a 话怕阿打	ia 邪且谢借	ua 挂瓦
o 错刀多禾	io 摸	
e 姊剃岁势		
ui 雷围悔罪		
ai 灾大个街		uai 外快
oi 吹台袋睡		
iu 留酒受救		
au 毛烧咬毫	iau 妙铙樵晓	
eu 偷豆愁谋	ieu 狗口牛偶	
im 慎寻深淫		
am 淡斩厌焰	iam 暂蘸渐添	
em 参		
	in 拯并亲今	
un 荣永魂孕	iun 唇忍谨训	
an 炭换间赚		uan 冠款冠关
on 餐断转船	ion 软	
en 灯边听恨	ien 辩更跟愿	
uŋ 蓬疯双公	iuŋ 兄共从充	
aŋ 廊正赢横	iaŋ 亮命青颈	
oŋ 邦谤尝望	ioŋ 颂象乡网	uoŋ 旷光况
ip 习集汁十		
ap 踏盒叶鸽	iap 捏贴接狭	
ep 塌		
it 实疫滴息		
ut 不物卒述		
at 八萨益杀		uat 阔
ot 扑夺割律		uot 律
et 德舌迫蜜	iet 裂绝革结	uet 国
	ik 织职	
uk 木祝屋幕	iuk 六肉局畜	
ak 百只石客	iak 惜绩额逆	
ok 熟剥落拍	iok 俗玉削宿	
m̩ 唔ᅟ	ŋ̍ 五吴	

3. 声调

调类	阴平	阳平	上声	去声	阴入	阳入
调值	44	24	31	52	2	5
例字	家冷荫摸	沉云城羊	古主柄眼	住嫁部暗	汁各肉切	属直落墨

（八）五华河东音系

1. 声母

p 包玻暴粪	ph 拼聘薄肥	m 民梦微望	f 发缝火混	v 闻稳黄卫
t 刀吊跌知	th 旦拖驼荡	n 能弄任验	l 蓝落乐两	
ts 滋摘捉豺	tsh 成亲财察		s 消席事朔	
tʃ 珍著遮种	tʃh 沉吹伸臣		ʃ 神舍弃享	j 若因右焰
k 监卷肯_文困	kh 家开及况	ŋ 蛾咬恶外	h 肯_白行学休	ø 安矮暗恶

2. 韵母

ɿ 数字租阻	i 美居第驴	u 墓故富授
a 骂那下沙	ia 邪借野夜	
o 模蔬饿过	io 摸侯后候	
e 呢洗细系		
ai 卖坏大个		
oi 睡赔才簸		
ui 威屡对催		
iu 路酒豆走		
au 岛召照毫	iau 飘吊笑摇	
im 慎寻饮淫		
am 范贪堪嫌	iam 暂签点焰	
em 参人-		
in 承聘信令		
un 吞伸魂粉	iun 荣忍银运	
an 弹还争弯	ian 渊冤园怨	
on 端串翰按	ion 软	uon 冠欢
en 凳鞭牲根	ien 辩建全沿	
uŋ 蒙双兄忠	iuŋ 从绒供勇	

续表

aŋ 丧听声横	iaŋ 命净颈营	
oŋ 撞谤讲望	ioŋ 颂抢扬养	
ip 集汁入及		
ap 塌盒纳鸽	iap 帖接叶聂	
it 即滴疾膝		
ut 扑卒述出	iut 律	
at 八末笛萨		
ot 脱夺		uot 渴割阔
et 特列革物	iet 别结越热	
ṇt 实失		
uk 木捉缚祝	iuk 录肉畜宿	
ŋk 织职		
ak 白只客拆	iak 席惜额逆	
ok 熟岳诺拍	iok 俗局弱药	
m̩ 唔	ŋ̍ 五吴	

3. 声调

调类	阴平	阳平	上声	去声	阴入	阳入
调值	44	24	31	53	3	5
例字	丁下毛礼	肥城遗羊	粉犯慎顿	祸暗利戏	足局育饰	俗直录墨

（九）梅县音系①

1. 声母

p 巴布背脊	ph 怕别扶被	m 门尾目外	f 夫花反还	v 文王横舞
t 多端斗灯	th 太豆弟断	n 南努拿脑	l 来路郎老	
ts 祖针折正	tsh 粗郑朝参		s 苏沙上使	
k 哥家车街	kh 可共去骑	ŋ 牙昂熬瓦 (ȵ② 元人眼迎)	h 何限下好	ø 安音耀恶

---

① 取自李如龙、张双庆《客赣方言调查报告》，厦门大学出版社1992年版，第3页。
② 笔者案——对照黄雪贞等其他学者记音及笔者听音，[ȵ] 实际上当为舌面中音 [ɲ]，黄雪贞《梅县方言词典》则从宽记为 [ŋ]。

2. 韵母

ɿ 思初数士	i 衣威匪肺	u 布朱符妇
a 巴话花下	ia 姐野也邪	ua 瓜跨挂垮
ɔ 哥货禾火	iɔ 靴茄	uɔ 过果
ɛ 齐细洗系		
ui 对内回汇		
ai 再坏拜买		iai 皆解介挨
oi 害外灰海		
au 包刀好孝	iau 晓笑晓骄	
ɛu 走楼猴愁	iu 流九丘休	
im 林心禁琴		
am 三南含汗	iam 欠嫌险镰	
ɛm 森岑		
əm 针深		
in 民亲形林		
un 本分坟混	iun 运忍熏训	
ɛn 恨根丁星	iɛn 先边天连	
an 半难闲限	ian 嫌献奸见	uan 关惯
ɔn 端安欢换		uɔn 官观冠贯
ən 真身升肾		
uŋ 东公封红	iuŋ 从龙凤凰	
aŋ 冷硬坑房	iaŋ 饼惊明名	uaŋ 矿
ɔŋ 长讲航巷	iɔŋ 颂软香响	uɔŋ 光广港
ip 急入吸及		
ap 甲法合狭	iap 叶业协猎	
ɛp 粒涩		
əp 计湿十汁		
it 笔日一役		
ut 出骨忽突	iut 屈曲	
at 八袜阔刷	iat 结月血罚	uat 括阔
ɔt 说割括末		
ɛt 北色黑特	iɛt 雪铁	uɛt 国

ət 室直色食		
uk 叔谷目服	iuk 足玉畜曲	
ɔk 剥落壳学	iɔk 脚雀约削	uɔk 郭
ak 吓伯石拆		
m̩ 唔	ŋ̍ 五鱼	

3. 声调

调类	阴平	阳平	上声	去声	阴入	阳入
调值	44	24	31	53	3	5
例字	丁下毛礼	肥城遗羊	粉犯讲顿	祸暗利戏	足局育饰	俗直录墨

参考文献

[1] 巴色会：《马太福音》（新安客话罗马字），1866 年。
[2] 巴色会：《路加福音》（新安客话罗马字），1866 年。
[3] 巴色会：《马可福音》（新安客话罗马字），1874 年。
[4] 巴色会：《使徒行传》（新安客话罗马字），1874 年。
[5] 巴色会：《约翰福音》（新安客话罗马字），1879 年。
[6] 巴色会：《玛太福音》（客话汉字本），1908 年。
[7] 宝安县地方志编纂委员会：《宝安县志》，广东人民出版社 1997 年版。
[8] 北京大学中国语言文学系语言学教研室编：《汉语方音字汇》（重排本），语文出版社 2003 年版。
[9] 陈梦家：《梦甲室存文》，中华书局 2006 年版。
[10] 陈彭年等：《广韵》（宋巾箱本），江苏教育出版社 2005 年影印 2 版。
[11] 陈千华：《从族谱看梅州客家人口的变迁》，《南方人口》1993 年第 4 期。
[12] 陈泽平：《19 世纪传教士研究福州方言的几种文献资料》，《福建师范大学学报》（哲学社会科学版）2003 年第 3 期。
[13] 陈泽平：《十九世纪的福州话音系》，《中国语文》2002 年第 3 期。
[14] 戴黎刚：《莆田话〈新约全书附诗篇〉（1912 年）所见音系》，《中国语文》2007 年第 1 期。
[15] 德礼贤：《中国天主教传教史》，台湾商务印书馆 1983 年版。
[16] 邓晓华、王士元：《古闽、客方言的来源以及历史层次问题》，《古汉语研究》2003 年第 2 期。
[17] 邓晓华：《论客家方言的断代及相关音韵特征》，《厦门大学学报》1997 年第 4 期。

[18] 邓晓华：《客家话与赣语及闽语的比较》，《语文研究》1998 年第 3 期。

[19] 丁邦新：《一百年前的苏州话》，上海教育出版社 2000 年版。

[20] 丁度等：《集韵》（宋刻本），中华书局 2005 年影印 2 版。

[21] ［瑞典］高本汉：《中国音韵学研究》，商务印书馆 2003 年版。

[22] 葛剑雄：《中国移民史》，福建人民出版社 2002 年版。

[23] 葛剑雄：《中国人口史》，复旦大学出版社 2002 年版。

[24] 顾裕禄：《中国天主教的过去和现在》，上海社会科学院出版社 1989 年版。

[25] 顾长声：《传教士与近代中国》，上海人民出版社 1981 年版。

[26] 顾长声：《从马礼逊到司徒雷登——来华新教传教士评传》，上海人民出版社 1985 年版。

[27] 广东省方言调查指导组：《客家人学习普通话手册》，广东人民出版社 1958 年版。

[28] 广东省兴宁市政协文史资料研究委员会：《兴宁文史》第 13 辑（罗香林教授专辑），广东省兴宁市政协 1989 年内部印刷。

[29] 广东省兴宁市政协文史资料研究委员会：《兴宁文史》第 18 辑（宗教专辑），广东省兴宁市政协 1994 年内部印刷。

[30] 广东省中山图书馆、梅县剑英图书馆：《客家文献综录》（图书部分），香港天马图书有限公司 1994 年版。

[31] 何大安：《规律与方向—变迁中的音韵结构》，北京大学出版社 2004 年版。

[32] 何耿镛：《汉语方言研究小史》，山西人民出版社 1984 年版。

[33] 胡方：《试论百年来宁波方言声母系统的演变》，《语言研究》2001 年第 3 期。

[34] 胡适、唐德刚：《胡适口述自传》，华文出版社 1992 年版。

[35] 胡希张、莫日芬、董励、张维耿：《客家风华》，广东人民出版社 1997 年版。

[36] 黄国奎修，盛继纂：《嘉靖兴宁县志》（天一阁藏明代方志选刊续编六十六），上海书店 1990 年版。

[37] 黄灵燕：《罗马字官话圣经译本的拼写系统：〈新约全书〉和〈约翰福音书〉拼写比较》，《语言研究》2007 年第 2 期。

［38］黄诗惠：《〈客英大辞典〉研究》，硕士学位论文，台湾彰化师范大学国文研究所，2003 年。

［39］黄锡凌：《粤音韵汇》，中华书局 1940 年版。

［40］黄笑山：《对国际音标及其译名的理解》，《浙江大学学报》（社科版）2006 年第 5 期。

［41］黄雪贞：《客家话的分布与内部异同》，《方言》1987 年第 2 期。

［42］黄雪贞：《客家方言声调的特点》，《方言》1988 年第 4 期。

［43］黄雪贞：《客家方言声调的特点续论》，《方言》1989 年第 2 期。

［44］黄雪贞：《梅县客家话的语音特点》，《方言》1992 年第 4 期。

［45］黄雪贞：《梅县方言词典》，江苏教育出版社 1995 年版。

［46］黄雪贞：《客家方言古入声字的分化条件》，《方言》1997 年第 4 期。

［47］黄钊：《石窟一征》，1880 年（光绪六年）刻本。

［48］蒋平、谢留文：《古入声在赣、客方言中的演变》，《语言研究》2004 年第 4 期。

［49］揭西县地方志编纂委员会：《揭西县志》，广东人民出版社 1994 年版。

［50］揭西县地方志编纂委员会：《揭西县志：1979—2003》，广东人民出版社 2005 年版。

［51］金国芬：《实用法语语音》，外语教学与研究出版社 1985 年版。

［52］金有景：《汉语史上［ï］(ɿ，ʅ) 音的产生年代》，《徐州师范大学学报》1998 年第 3 期。

［53］［美］拉波夫：《拉波夫语言学自选集》，北京语言文化大学出版社 2001 年版。

［54］赖文英：《〈客英大辞典〉的客话音系探析》，台湾《暨大学报》2003 年第 2 期。

［55］蓝小玲：《客方言声调的性质》，《厦门大学学报》1997 年第 3 期。

［56］李方桂：《上古音研究》，商务印书馆 2001 年版。

［57］李军：《近代江西赣方言语音考论》，博士学位论文，南京大学，2006 年。

［58］李军：《二十世纪二十年代的江西高安方音》，《方言》2009 年第 3 期。

［59］李荣：《切韵音系》，科学出版社1958年版。

［60］李荣：《我国东南各省方言梗摄字的元音》，《方言》1996年第1期。

［61］李荣译：《国际语音学会关于国际音标的说明》，上海教育出版社1998年版。

［62］李如龙、张双庆：《客赣方言调查报告》，厦门大学出版社1992年版。

［63］李如龙：《粤西客家方言报告》，暨南大学出版社1999年版。

［64］李新魁：《广东的方言》，广东人民出版社1994年版。

［65］李玉：《原始客家话的声母系统》，《语言研究》1986年第1期。

［66］练春招：《客家的迁移与客家方言的分布》，《福建师范大学学报》1993年第1期。

［67］梁猷刚：《广西钦州地区的语言分布》，《方言》1986年第3期。

［68］林立芳：《梅县方言语法论稿》，中华工商联合出版社1997年版。

［69］林立芳、庄初升：《粤北地区汉语方言概况》，《方言》2000年第2期。

［70］林伦伦：《广东揭西县方言研究》，《汕头大学学报》（人文社科版）1994年第3期。

［71］林清书：《闽西方言研究述略》，《龙岩师专学报》1996年第1期。

［72］林焘、王理嘉：《语音学教程》，北京大学出版社1992年版。

［73］林英津：《论〈客法大辞典〉之客语音系》，《声韵论丛》1994年第二辑。

［74］刘大可、周明：《论清代客家人的迁徙及其历史影响》，《中南民族学院学报》1993年第6期。

［75］刘丽川：《深圳客家研究》，南方出版社2002年版。

［76］刘纶鑫：《客赣方言比较研究》，中国社会科学出版社1999年版。

［77］刘纶鑫：《客赣方言的声调系统综述》，《南昌大学学报》2000年第4期。

［78］刘纶鑫：《江西客家方言概况》，江西人民出版社2001年版。

［79］刘纶鑫、田志军：《客赣方言研究的回顾与展望》，《南昌大学学报》（社哲版）2003年第2期。

［80］刘涛：《梅州客话音韵比较研究》，硕士学位论文，暨南大学，

2003 年。

[81] 刘晓南:《宋代闽音考》,岳麓书社 1999 年版。

[82] 刘晓南:《宋代福建诗人用韵所反映的十到十三世纪的闽方言的若干特点》,《语言研究》1998 年第 1 期。

[83] 刘晓南:《宋代闽音次浊声母清送气现象》,载《庆祝〈中国语文〉创刊 50 周年学术论文集》,2004 年。

[84] 刘晓南:《〈韵会〉赀字母韵考论》,《中国语文》2005 年第 2 期。

[85] 刘晓南:《汉语音韵学教程》,北京大学出版社 2007 年版。

[86] 刘晓南:《汉语历史方言研究》,上海人民出版社 2008 年版。

[87] 刘泽民:《客赣方言的知章精庄组》,《语言科学》2004 年第 4 期。

[88] 刘泽民:《客赣方言舌齿音声母按等分立的格局》,《兰州大学学报》2005 年第 2 期。

[89] 刘泽民:《客赣方言历史层次研究》,甘肃民族出版社 2005 年版。

[90] 刘镇发:《温州方言在过去一世纪的元音推移》,《语言研究》2006 年第 2 期。

[91] 刘织超修,温廷敬等纂:《民国新修大埔县志》,1942 年(民国三十一年)铅印本。

[92] 鲁国尧:《鲁国尧自选集》,大象出版社 1994 年版。

[93] 鲁国尧:《论"历史文献法"与"历史比较法"的结合》,《古汉语研究》2003 年第 1 期。

[94] 鲁国尧:《鲁国尧语言学论文集》,江苏教育出版社 2003 年版。

[95] 陆铭:《19 世纪末 20 世纪初的宁波方言》,硕士学位论文,上海大学,2004 年。

[96] 罗常培:《语言与文化》,语文出版社 1989 年版。

[97] 罗翙云:《客方言》,1932 年(民国二十一年)铅印本。

[98] [美] 罗杰瑞:《闽北方言的第三套清塞音和清塞擦音》,《中国语文》1986 年第 1 期。

[99] [美] 罗杰瑞:《汉语概说》,张惠英译,语文出版社 1995 年版。

[100] [美] 罗杰瑞:《何谓客家话》(What is Kejia Dialect?)(载《语言学论丛》第 28 辑),项梦冰译,商务印书馆 2003 年版。

[101] 罗美珍、邓晓华:《客家方言》,福建教育出版社 1995 年版。

[102] 罗香林:《客家史料汇篇》第一册,中国学社 1965 年版。

[103] 罗香林:《客家研究导论》,台湾古亭书屋 1981 年再版。
[104] 罗香林:《客家源流考》,中国华侨出版公司 1989 年版。
[105] 吕嵩雁:《〈客英大辞典〉的客语音韵特点》,《花莲师范学院学报》2002 年第 4 期。
[106] 梅县地方志编纂委员会:《梅县志》,广东人民出版社 1994 年版。
[107] 梅州市地方志编纂委员会:《梅州市志》,广东人民出版社 1999 年版。
[108] 潘家懿:《海陆丰客家话与台湾"海陆客"》,《汕头大学学报》2000a 年第 2 期。
[109] 彭钦清:《〈客英大辞典〉海陆成分初探》,《台湾语言与语文教育》2005 年第 6 期。
[110] [日] 桥本万太郎:《语言地理类型学》,余志鸿译,北京大学出版社 1985 年版。
[111] 饶秉才:《客家人怎样学习普通话》,广东人民出版社 1957 年版。
[112] 饶秉才:《客家方言的分布和主要特点》,《暨南学报》1989 年第 3 期。
[113] 桑宇红:《中古知庄章三组声母在近代汉语的演变》,博士学位论文,南京大学,2004 年。
[114] 汕头礼拜堂鸿雪轩:《客语罗马字新约圣书》,1924 年。
[115] 上海大英圣书公会:《旧新约全书》(客话汉字本),1923 年。
[116] 上海美国圣经会:《新旧约全书》（官话和合译本上帝版）,1923 年。
[117] 邵荣芬:《切韵研究》,中国社会科学出版社 1982 年版。
[118] 沈兼士:《广韵声系》,中华书局 1985 年版。
[119] 圣书公会:《客话旧新约全书》,1931 年。
[120] 施其生:《一百年前广州话的阴平调》,《方言》2004 年第 1 期。
[121] 汤培兰:《〈客法大辞典〉音韵研究》,硕士学位论文,台湾暨南国际大学中文系,1999 年。
[122] 汤泳诗:《一个华南客家教会的研究从巴色会到香港崇真会》,基督教中国宗教文化研究社 2002 年版。
[123] 田志军:《16 世纪的兴宁客家方言》,《江西教育学院学报》2009 年第 2 期。

[124] 田志军:《一百五十年前新安(香港)客家方言声母及其流变》,《江西教育学院学报》2010年第1期。

[125] 万波:《赣方言声母的历史层次研究》,博士学位论文,香港中文大学中国语言及文化部,1998年。

[126] 王福堂:《关于客家话和赣方言的分合问题》,《方言》1998年第1期。

[127] 王福堂:《汉语方言语音的演变和层次》,语文出版社2005年第2版。

[128] 王力:《汉语语音史上的条件音变》,《语言研究》1983年第1期。

[129] 王力:《汉语史稿》,中华书局1996年版。

[130] 王力:《汉语语音史》,中国社会科学出版社1998年版。

[131] 王仁杰:《宋元之际东南地区移民研究》,博士学位论文,暨南大学,2004年。

[132] 王治心:《中国基督教史纲》,上海古籍出版社2004年版。

[133] 魏宇文:《五华方言同音字汇》,《方言》1997年第3期。

[134] 温昌衍:《客家方言》,华南理工大学出版社2006年版。

[135] 温美姬、温昌衍:《广东客家方言的源与流》,《嘉应大学学报》2003年第5期。

[136] 吴宗焯、李庆荣修,温仲和纂:《光绪嘉应州志》,1901年(光绪二十七年)刻本。

[137] 五华县地方志编纂委员会:《五华县志》,广东人民出版社1991年版。

[138] 项梦冰:《客家话古非组字的今读》,《语言学论丛》2003年第28辑。

[139] 谢复生:《梅县要览》,新中华书局1941年版。

[140] 谢留文、黄雪贞:《客家方言的分区(稿)》,《方言》2007年第3期。

[141] 谢留文:《客家方言古入声次浊声母字的分化》,《中国语文》1995年第1期。

[142] 谢留文:《客家方言语音研究》,中国社会科学出版社2003年版。

[143] 谢永昌:《梅县客家方言志》,暨南大学出版社1994年版。

[144] 辛世彪:《客方言声调的演变类型》,《海南大学学报》2000年第

1期。
[145] 熊燕：《客赣方言语音系统的历史层次》，博士学位论文，北京大学，2004年。
[146] 熊正辉：《广东方言的分区》，《方言》1987年第3期。
[147] 徐通锵：《百年来宁波音系的演变》，《语言学论丛》1991年第16辑。
[148] 徐通锵：《历史语言学》，商务印书馆1991年版。
[149] 薛志霞：《〈西儒耳目资〉新探》，博士学位论文，南京大学，2008年。
[150] 寻仲臣：《论中古船禅二母的分合演变》，《古汉语研究》1994年第2期。
[151] [苏] 雅洪托夫：《汉语史论集》，北京大学出版社1986年版。
[152] 严修鸿：《客家话匣母读同群母的历史层次》，《汕头大学学报》2004年第1期。
[153] 严学宭、李玉：《客家话的原始形式述论》，《广西民族学院学报》1986年第2期。
[154] 杨恭桓：《客话本字》，1908年（光绪三十三年）刻本。
[155] 叶宝奎：《明清官话音系》，厦门大学出版社2001年版。
[156] 游汝杰：《汉语方言学导论》，上海教育出版社2000年版。
[157] 游汝杰：《西洋传教士汉语方言学著作书目考述》，黑龙江教育出版社2002年版。
[158] 游文良：《畲族语言》，福建人民出版社2002年版。
[159] 余颂辉：《近代永新方音演变研究》，博士学位论文，南京大学，2009年。
[160] 袁家骅：《汉语方言概要》（第二版），语文出版社2001年版。
[161] 耘田：《英语中的威妥玛式汉语拼音》，文字改革出版社1958年版。
[162] 詹伯慧：《广东境内三大方言的相互影响》，《方言》1990年第4期。
[163] 詹伯慧：《广东客家方言研究之我见》，《学术研究》1997年第7期。
[164] 詹伯慧：《汉语方言及方言调查》，湖北人民出版社1981年版。

[165] 张光宇：《切韵与方言》，台湾商务印书馆1990年版。

[166] 张光宇：《汉语语音史中的双线发展》，《中国语文》2004年第6期。

[167] 张洁：《太原方音百年来的演变》，硕士学位论文，山西大学，2005年。

[168] 张龙平：《中国教育会与清末官话罗马字改革》，《贵州社会科学》2007年第5期。

[169] 张书锋：《上古汉语清鼻音声母说商榷》，《广西师范大学学报》1987年第8期。

[170] 张双庆、万波：《赣语南城方言古全浊上声字今读的考察》，《中国语文》1996年第5期。

[171] 张双庆、万波：《客赣方言"辫"读如"边鞭"的性质》，《方言》2002年第1期。

[172] 张双庆、庄初升：《从巴色会出版物看一百多年前新界客家话的否定词和否定句》，《语言研究》2001年第4期。

[173] 张双庆、庄初升：《香港新界方言》，商务印书馆（香港）有限公司2003年版。

[174] 张双庆、庄初升：《一百多年来新界客家方言音系的演变》，香港中文大学《中国文化研究所学报》2003年新12期。

[175] 张振兴：《福建省龙岩市境内闽南话与客家话的分界》，《方言》1984年第3期。

[176] 张振兴：《闽语的分区（稿）》，《方言》1985年第3期。

[177] 赵元任：《语言问题》，商务印书馆1985年版。

[178] 中国社会科学院、澳大利亚人文科学院：《中国语言地图集》，香港朗文出版有限公司1989年版。

[179] 中国社会科学院：《世界中国学家名录》，社会科学文献出版社1994年版。

[180] 中国社会科学院近代史研究所翻译室：《近代来华外国人名辞典》，中国社会科学出版社1981年版。

[181] 中华续行委办会调查特委会：《中华归主——中国基督教事业统计1901—1920》，中国社会科学出版社1987年版。

[182] 周柏胜、刘镇发：《香港客家话向粤语转移的因素和趋势》，《方

言》1998年第3期。
[183] 周德清：《中原音韵》（明讷庵本），学海出版社1996年版。
[184] 周抗美：《德语语音教程》，同济大学出版社2002年版。
[185] 周日健：《广东省惠阳客家话音系》，《方言》1987年第3期。
[186] 周燮藩：《中国的基督教》，商务印书馆1997年版。
[187] 朱晓农：《说鼻音》，《语言研究》2007年第3期。
[188] 朱晓农：《说流音》，《语言研究》2008年第4期。
[189] 祝允明：《正德兴宁志》，中华书局1962年影印版。
[190] 庄初升、林立芳：《粤北土话中古全浊声母字今读的类型》，《语文研究》2000年第2期。
[191] 庄初升、刘镇发：《巴色会传教士与客家方言研究》，《韶关学院学报》（社会科学版）2002年第7期。
[192] 庄初升：《一百多年前新界客家方言的反复问句》，香港中文大学《中国语文研究》2003年第2期。
[193] 庄初升：《韶华集——汉语方言学论稿》，香港中文大学中国文化研究所2004年版。
[194] 庄初升：《一百多年前新界客家方言的体标记"开"和"里"》，《暨南学报》2007年第3期。
[195] 庄初升、罗秋平：《一百多年前新界客家方言的语音系统》香港中文大学《中国语文研究》2009年第2期。
[196] 庄初升：《清末民初西洋人编写的客家方言文献》，《语言研究》2010年第1期。
[197] 庄初升、黄婷婷：《19世纪香港新界的客家方言》，广东人民出版社2014年版。
[198] 左芙蓉：《基督教在近代客家人中间的传播与影响》，《北京联合大学学报》（人文社会科学版）2004年第3期。
[199] Ball J. Dyer（波乃耶）, *Cantonese Made Easy*, Hong Kong: The "China Mail" Office, 1880.
[200] Ball, J. Dyer（波乃耶）, "Easy Sentences In The Hakka Dialect" *The China Review, Or Notes & Queries On The Far East*, 1881, Vol. 10, No. 3.
[201] Ball J. Dyer（波乃耶）, *How To Speak Cantonese: Fifty Conversations In Cantonese Colloquial*, Hong Kong: Kelly & Walsh, 1902, 2nd Ed.

[202] Branner, David Prager, "The Linguistic Ideas of Edward Harper Parker" *Journal of the American Oriental Society*, 1999, Vol. 119, No. 1.

[203] Brown, Keith et al., *Encyclopedia of Language And Linguistics*, Elsevier: 2005, 2nd Ed.

[204] Giles, Herbert A. (翟理思), *A Chinese-English Dictionary* (《华英字典》), London: Kelly & Walsh, Limited., 1912.

[205] Hashimoto, Mantaro J. (桥本万太郎), *The Hakka Dialect: A Linguistic Study of Its Phonology, Syntax and Lexicon*, Cambridge: Cambridge University Press, 1973.

[206] Lamarre, Christine (柯理思), "Early Hakka corpora held by the Basel Mission library: an introduction" *Cahiers de Linguistique-Asie Orientale*, 2002, vol. 31, no. 1.

[207] Lepsius, C. R., *Standard Alphabet For Reducing Unwritten Languages And Foreign Graphic Systems To A Uniform Orthography In European Letters*, London: seeleys, 1855.

[208] Lepsius, C. R., *Standard Alphabet For Reducing Unwritten Languages And Foreign Graphic Systems To A Uniform Orthography In European Letters*, London: Williams &. Norgate, 1863, 2nd ed.

[209] Lutz, Jessie & Rolland Lutz., *Hakka Chinese Confront Protestant Christianity, 1850 - 1900—with the autobiographies of eight Hakka Christians, and Commentary*. Armonk/London: M. E. Sharpe, 1998.

[210] Lutz, Jessie G., "The Legacy of Rudolf Christian FriedrichLechler" *International Bulletin of Missionary Research*, 2007, Vol. 31, No. 1.

[211] MacIver, D., *A Hakka Index To Chinese-English Dictionary*, Shanghai: American Presbyterian Mission Press, 1904.

[212] MacIver, D., *A Chinese-English Dictionay: Hakka Dialects Spoken In Kwangtung Province*, Shanghai: Presbyterian Mission Press, 1905.

[213] Mackenzie, M. G., *A Chinese-English Dictionay: Hakka Dialects Spoken In Kwangtung Province*, Shanghai: Presbyterian Mission Press2nd ed, 1926.

[214] Norman, Jerry (罗杰瑞), "Tonal development in Min" *Journal of Chinese Linguistics*, 1975, vol. 1, no. 2.

［215］Norman, Jerry（罗杰瑞）&. South Coblin.（柯蔚南），"A new approach to Chinese historical linguistics" *Journal of the American Oriental Society*, 1995, vol. 114. no. 4.

［216］Parker, Edward Harper（庄延龄），"Syllabary Of The Hakka Language Or Dialect" *The China Review, Or Notes & Queries On The Far East*, 1880, Vol. 8, No. 4.

［217］Paton, W. Bernard（碧安然），*The Stranger People: A Story and A Chanllenge*, London: The Religious Tract Society, 1924.

［218］Piton, Charles（毕安），"Remarks on the Syllabary of the Hakka Dialect by Mr. E. H. Parker" *The China Review, or notes & queries on the Far East*, 1880, Vol. 8 No. 5.

［219］Rey, Charles, *Dictionaire chinoi-fransais, dialecte Hac-ka, precede de quelques notions sur la syntaxe chinoise*, Taibei: Southern Materials Center, 1988.

［220］Some Missionaries, *The New Testament In The Colloquial Of The Hakka Dialect By Some Missionaries Of The Basel Evangel. Missionary Society*, Basel: British and Foreign Bible Society, 1874.

［221］Vömel, Johann Heinrich, "Der Hakkadialekt" *T'oung Pao*, 1913, vol. 14.

［222］Wells, Williams S.（卫三畏），*A Tonic Dictionary Of The Chinese Language In The Canton Dialect*（《英华分韵撮要》），Canton: Office of the Chinese Repository, 1856.

［223］Wylie, Alexander, *Memorials of Protestant Missionaries to the Chinese: Giving a List of Their Publications, and Obituary Notices of the Deceased*, Shanghai: American Presbyterian Mission Press, 1867.

［224］Yang, Paul S. J.（杨福绵），"Elements of Hakka Dialectology" *Monumenta Serica*, 1967, vol. xxvi.

［225］Yang, Paul（杨福绵），*Chinese Dialectology: A Selected and Classified Bibliography*, Hong Kong: Chinese Univ. Press, 1981.

后 记

这册小书是在作者 2011 年提交给南京大学博士学位论文的基础上修订而成的。这次有幸得到宜春学院学术出版基金资助，交由中国社会科学出版社出版。作者在博士论文完成后，逐渐又发现了不少新的文献材料，原想据此做较大的修改。但无奈数年来糊口四方，且教学、科研、学工（带班做班主任）等任务繁重，遂无暇及此。所以这次只好略加删改，待以后有机会再事补葺。

作者在博士论文写作过程中得到导师刘晓南教授悉心指导，在导师的严格要求下，六易其稿。刘老师当时已调至复旦，作者当时在江西师大教课，导师每次评改后都将意见以电子邮件返回给我修改，回头看刘老师写给我的评改意见，一封又一封，加起来何止万言！这册小书要出版了，刘老师又慨然赐序，奖掖有加！

博士论文提交答辩时，也得到了评阅专家、答辩委员的极为具体的指教。感谢太老师鲁国尧先生、张振兴先生、李开老师、黄笑山老师、杨军老师、张玉来老师等，给出了"优秀"甚而两个"特优"的评价以示鼓励，也给作者进一步的研究指明了方向。

本书在文献收集、田野调查以及写作过程中，也得到国内外许多师友各方面的具体支持、帮助。上有八九十岁的耄耋老人，下至二十出头的青年学生，毫不夸张地说，没有他们的鼎力相助，也就没有此册小书的面世。美国圣经会的的 Liana Lupas 馆长、法国巴黎的沙百里神父（Fr. Jean Charbonnier）；暨南大学黄景纯教授、汕头大学郑义教授、台湾中研院林英津老师、中山大学庄初升老师、山东大学胡卫清老师、嘉应学院冯丽云老师；广东揭西县的张永辉老师、曾惠堂牧师、王伟和牧师、高细铲老人、庄建坚司铎……，这些师友的尊名及其所予支助，作者也已在书中以正文、脚注、参考文献或附录形式予以载明，以示感激，以表铭记。

在南京大学求学数年，感谢太老师鲁先生、感谢刘老师、周师母以及李开老师、汪维辉老师等的悉心关怀和教育。感谢学长余颂辉、李军、罗荣华兄的引领，让我得以忝列鲁门。感谢陈大为、薛志霞、卢一飞、王曦、钱毅、王琪、吕胜男、邓强、雷励、封传兵等学长多年的启发和帮助，感谢齐小刚、颜培建、吕璜、庞欢等南大同窗好友给我的大力支持。

感谢我的硕士导师刘纶鑫先生，是刘老师领我这位上犹客家小老乡进入语言研究之门。

感谢宜春学院的相关领导和同事在本书面世前所给予的具体帮助。感谢原江西教育学院（今南昌师范学院）中文系、江西师范大学初等教育学院、乐山师范学院文学与新闻传播学院的领导和同事给我的支持和鼓励。同时感谢作者所任教过的这几所院校的同学，尤其是陈敏、吴可珍、熊逸群、胡军山、冷志敏、陈地华等，在本书文献整理及校对过程中给予作者的帮助。

感谢本书责任编辑中国社会科学出版社刘艳博士的辛勤付出，正是刘博士和校对人员不厌其烦的耐心和细致，才让这样一册表格和音标繁复的小书，得以准确无误、且悦目赏心。

感谢家父田文滨，父亲在乡村教书四十余载，也让我从四岁起就发蒙读书。感谢养我育我的母亲郭兰英，感谢宽厚负重的兄长田春阳，谨以此册小书的面世，告慰母亲、兄长在天之灵。

感谢舅父郭德芳、舅母刘桥秀。舅父、舅母在本书写作最紧张、也是我处境最困难的时候，给予我们最大的关爱，让内子和小女母子平安，让作者的小家庭度过难关。

感谢内子王丽慧这么多年来的风雨相伴、扶老携幼、家务操劳；感谢小女田若然，你的童言和笑靥，为我工作之余带来无尽的欢乐。

作者深知这册小书还很不成熟，不足之处实多，错漏也在所难免。书中的一切错讹皆由作者负责，并敬祈海内外方家不吝赐教、指正，作者电子邮箱为 sytzj@ sina. com。

田志军
2015 年 11 月 9 日识于宜春学院北校区好古斋